인지언어학과 의미

김동환
해군사관학교 영어교관 역임
(현) 창원대학교 어학교육원 전임강사

저서
『개념적 혼성 이론: 인지언어학과 의미구성』(박이정, 2002)
(*2004년 대한민국학술원 선정 우수학술도서)

역서
『인지언어학 개론』(태학사, 1998)(임지룡과 공역)
『언어의 의미: 의미·화용론 개론』(태학사, 2002)(임지룡과 공역)
『인지언어학 입문』(한국문화사, 2003)(임지룡과 공역)
『영어 전치사의 의미론: 인지언어학적 접근』(박이정, 2004)(김주식과 공역)
『인지문법』(한국문화사, 2005)(임지룡과 공역)

인지언어학과 의미

초판 1쇄 발행 2005년 1월 25일 • 초판 2쇄 발행 2017년 3월 6일
지은이 김동환 • 펴낸이 지현구 • 펴낸곳 태학사
주소 경기도 파주시 광인사길 223 • 전화 (031)955-7580(代) • 전송 (031)955-0910
전자우편 thaehak4@chol.com • 등록 제406-2006-00008호

ISBN   89-7626-951-9   93700
값 20,000원

☞ 잘못된 책은 구입한 곳이나 본사에서 바꾸어 드립니다.
☞ 인지는 지은이와 협의하여 생략합니다.

인지언어학과 의미

김동환 지음

태학사

책머리에

국외에서 인지언어학에 대한 연구는 1970년대 중반 Talmy로부터 시작되었고, 1980년대 초에 Lakoff 및 Langacker에 의해서 인지언어학이 본격적으로 연구되기 시작했다고 할 수 있다. 급기야 1990년에 *Cognitive linguistics*의 창간호가 나왔으며, 1990년에 무톤 출판사(Mouton de Gruyter)에서 인지언어학 관련 단행본들이 출간되기 시작한다. 1980년대 초부터는 이기동 교수를 비롯한 여러 분들의 수고로 인지언어학이 국내에도 소개되었다. 그리고 1994년에 '담화·인지 언어학회'가 창립된 이후로 국내에도 인지언어학, 인지의미론, 인지문법 등 다양한 이름으로 언어 연구에 '인지'를 이용하는 연구가 활발하게 시도되고 있다.

인지언어학이 국내에 소개된 지 20년 이상의 시간이 눈 깜짝할 사이에 흘러가 버렸다. 그 기간 동안 국내에 인지언어학의 발전을 위해서나 개인적인 정서와 인지언어학의 정신이 일치한다고 느낀 여러 선생님들께서 인지언어학에 관한 많은 논문을 비롯해서 저서 및 번역서를 세상에 내놓았다. 그 작업들이 아무리 많다고 하더라도 인간이 사용하는 광범위한 언어의 인지적 현상을 모두 다 드러내 보였다고는 할 수 없을 것이다. 어떤 작업은 인지문법 쪽에, 어떤 작업은 은유 및 환유와 같은 비유법에, 어떤 작업은 언어의 의미 쪽에 치우치면서 부분적인 작업일 수밖에 없었을 것이다. 너무나 당연한 일이다. 한 개인이 주어진 사태 전체를 모두 총망라할 수는 없는 일이다. 조금씩 그 광범위한 전체중 일부를 보여 주는 역할분담식의 작업을 해야 하는 것이다. 따라서 이 책 또한 역할 분담의 차원에서 의미를 인지언어학의 틀로 다루고자 하는 취지로 꾸몄다.

　개인적으로 나는 Lakoff & Johnson(1980)의 *Metaphors we live by*를 읽으면서 인지언어학을 시작했다. 그 이전에는 촘스키의 생성문법으로 언어학을 시작했었다. 언어학이란 언어에 대한 연구이고, 언어는 형태와 의미가 통합되어 있는 복합체라고 할 때, 의미를 배제한 형태 자체에 대한 연구나, 형태를 배제한 의미 자체에 대한 연구는 언어학으로서는 불완전한 연구일 것이다. 그래서 나는 형태 위주의 연구도 아니고 의미 위주의 연구도 아닌, 형태와 의미 둘 다를 통합적으로 다룰 수 있는 언어학을 하고 싶었다. 맹목적으로 생성문법을 공부했을 때 얼마간의 시간이 흐르자 생성문법은 나의 소견으로는 형태 위주의 연구라는 느낌이 들었다. 그래서 서서히 의미에 관심을 가지고 시작했고, 언어에서 의미의 중요성을 강조하는 인지언어학에 매료되었다.

　결국 난 생성문법으로부터 등을 돌리게 되었다. 사실 생성문법의 이론이 나름대로 한계가 있었다기보다는 나의 정서와 맞지 않았다는 점을 시인하고 싶다. 어차피 삶이 허락하는 순간까지 책을 보고자 마음을 먹은 이상 난 나의 정서에 맞는 책을 읽고 싶었다. 마치 평생을 같이 할 반려자를 만나는 것처럼 나에게 맞는 언어학을 만나고 싶었던 것이다. 그래서 난 그 당시에 지배적이었던 언어학 틀에서 외면당해 왔던 의미를 보듬어 주는 인지언어학을 만난 것이다. 따라서 나는 이 책의 제목을 『인지언어학과 의미』라고 정하게 되었다. 이 책에서 내가 흥미를 가진 '의미'를 나의 정서에 맞는 '인지언어학'의 관점에서 분석하고자 했다.

이 책은 인지언어학에 관심을 갖고 있는 후학들에게 인지언어학을 안내함과 동시에 인지언어학의 다양한 모습들과 아울러 인지언어학으로 다룰 수 있는 언어 현상의 광범위함을 보여 주고자 하는 데 그 목적이 있다. 따라서 이 책은 인지언어학 개론의 성격을 띤 것으로 모두 8부 22장으로 되어 있으며, 인지언어학의 주요 용어를 해설해 놓은 '용어집'도 아울러 실어 두었다. 제1부에서는 인지언어학의 본질을 규명한다. 인지언어학에서는 의미를 해명할 때 객관적인 의미자질에 의존하는 것이 아니라 인간의 일상 경험에 의해서 구조화되는 인지적 구성물에 의존하는데, 이것은 언어를 통해 환기되는 개념들이 조직되는 방식을 모형으로 나타낸 인지모형이다. 제2부에서는 틀, 영상도식, 정신공간과 같은 인지모형을 다룬다. 인지모형에서 작용하는 과정을 인지과정이라고 하는데, 제3부에서 지금까지 인지언어학 문헌에서 논의한 범주화, 주의 배분, 은유 과정, 환유 과정, 문법화, 주관화, 개념적 혼성과 같은 인지과정을 검토한다. 제4부에서는 의미의 두 가지 속성으로 의미의 비합성성과 다의성을 논의한다. 제5-8부에서는 각각 명사 및 동사와 같은 통사 범주의 의미, 대립어 및 동의어와 같은 어휘의미론에서 다루었던 구조적 의미, 상승 구문 및 사역이동 구문과 같은 구문 의미, 은유, 환유, 아이러니와 같은 비유적 의미를 인지언어학 방법론으로 다룬다.
　끝으로 어려운 여건 속에서도 이 책의 출판을 흔쾌히 맡아주신 태학사의 지현구 사장님과 이 책의 초고를 지금의 모습으로 편집해 주신 편집부에 감사드린다. 이 책의 내용 검토와 교정 및 색인 작업을 도와 준

김옥녀, 남정이, 이숙명, 이종열, 최인혜 선생님께도 이 자리를 빌어서 감사의 마음을 전하고 싶다. 『인지언어학과 의미』가 인지언어학을 공부하는 모든 사람들에게 올바른 지침이 되고, 이 책이 좀더 높은 곳에 있는 인지언어학으로 다가갈 수 있게 하는 사다리가 되기를 희망한다. 그렇게만 된다면 이 책을 쓰면서 겪었던 나의 수고는 큰 보람이 될 것이다. 마지막으로 이 작업을 하는 동안 때로는 투정을 부리면서도 책 보는 아빠를 잘 이해해 준 아들 세홍이 고맙기도 하고 한편으로 많은 시간을 함께 보내 주지 못해 미안하기도 하다. 그리고 언제나 적당한 거리에서 나를 지켜봐 주면서 나를 이해해 주고 내 몫의 역할까지 도맡아 해 준 아내 정은주에게도 고마운 마음을 표하지 않을 수 없다. 이 책을 아내 정은주와 아들 세홍에게 바치고자 한다.

2005년 1월
김동환

차 례

책머리에 ▪ 5

제1부 총론

제1장 인지언어학의 본질 ___ 17
    1.1. 인지언어학의 역사 • 17
    1.2. 인지언어학의 기본 개념 • 20
    1.3. 인지언어학의 이론적 구성물 • 28
    1.4. 인지언어학의 특징 • 30
    1.5. 인지언어학의 철학 • 31
    1.6. 인지언어학의 방법론 • 38
    1.7. 인지언어학의 현황 • 41

제2부 인지모형

제2장 틀 ___ 63
    2.1. 틀의 본질 • 64
    2.2. 틀과 의미구조 • 69

제3장 영상도식 ___ 90
    3.1. 영상도식의 본질 • 91
    3.2. 영상도식의 유형 • 95
    3.3. 영상도식과 대립성 • 103

제4장 정신공간 ___ 118
    4.1. 정신공간의 본질 • 118
    4.2. 정신공간과 지시적 불투명성 • 128
    4.3. 정신공간과 대명사 지시 • 131

제3부 인지과정

제5장 범주화 ___ 137
    5.1. 범주화 모형 • 138
    5.2. 원형 이론과 다의성 • 153
    5.3. 타동구문의 원형 효과 • 157

제6장 주의 배분 ___ 163
    6.1. 주의 배분의 본질 • 165
    6.2. 주의 창문화와 사건틀 • 166
    6.3. 이동 사건틀 • 169
    6.4. 인과적 연쇄 사건틀 • 176
    6.5. 언어 간 주의 배분 차이 • 181

제7장 은유 과정 ___ 188
    7.1. 인지과정으로서의 은유 • 190
    7.2. 은유적 사상 • 192
    7.3. 부분적 사상 • 195

제8장 환유 과정 ___ 200
    8.1. 인지과정으로서의 환유 • 202

8.2. Lakoff의 개념적 환유 • 204
　　8.3. Langacker의 참조점 관계 • 206

제9장 문법화 ___ 211
　　9.1. 인지과정으로서의 문법화 • 214
　　9.2. 문법화의 기제 • 217
　　9.3. 문법화 모형 • 221
　　9.4. 구문의 문법화 • 230

제10장 주관화 ___ 243
　　10.1. 주관화와 해석 • 245
　　10.2. 주관성과 객관성 • 253
　　10.3. 주관화 모형 • 257
　　10.4. 주관화와 전치사의 의미 확장 • 261

제11장 개념적 혼성 ___ 268
　　11.1. 개념적 혼성의 정의 • 269
　　11.2. 개념적 혼성의 특징 • 274
　　11.3. 개념적 혼성과 의미구성의 양상 • 278

제4부 의미의 속성

제12장 비합성성 ___ 293
　　12.1. 합성성 원리 • 294
　　12.2. 의미의 비합성성 • 297

제13장 다의성 ___ 307
    13.1. 다의성, 동음성, 모호성의 구별 • 308
    13.2. 다의성, 동음성, 모호성 모형 • 311
    13.3. 전치사 over의 다의성 • 316

제5부 통사 범주의 의미

제14장 명사 ___ 333
    14.1. 명사의 정의 • 334
    14.2. 가산명사와 질량명사 • 336
    14.3. 명사의 고정화와 실례화 • 343

제15장 동사 ___ 348
    15.1. 완료적 과정과 미완료적 과정 • 348
    15.2. 과정의 하위 유형 • 353

제6부 구조적 의미

제16장 대립어 ___ 361
    16.1. 대립어의 속성 • 362
    16.2. 대립어의 유형 • 364
    16.3. in/out의 대립성 • 367

제17장 동의어 ___ 378
    17.1. 동의성의 유형 • 379

17.2. 동의성의 양상 • 383

제7부 구문 의미

제18장 상승 구문 ___ 411
    18.1. 목적어 상승 구문 • 412
    18.2. 주어 상승 구문 • 417

제19장 사역이동 구문 ___ 420
    19.1. 사역이동 구문의 정의 • 421
    19.2. 사역이동 구문의 사용 조건 • 424
    19.3. 사역이동 구문의 의미구성 • 427

제8부 비유적 의미

제20장 은유 ___ 439
    20.1. 은유의 유형 • 440
    20.2. 서법동사의 다의성 • 451
    20.3. 은유와 시 텍스트 분석 • 460
    20.4. 은유와 꿈 해몽 • 466

제21장 환유 ___ 471
    21.1. 환유의 유형 • 472
    21.2. 환유와 다의성 • 485
    21.3. 환유와 전환 • 492

21.4. 환유와 간접화행 • 497

제22장 아이러니 ___ 503
    22.1. 아이러니의 정의 • 504
    22.2. 아이러니의 기능 • 507
    22.3. 아이러니의 유형 • 509
    22.4. 아이러니의 의미구성 • 511

용 어 집 ■ 523
참고문헌 ■ 545
주제색인 ■ 563
인명색인 ■ 579

제1부 총론

• 제1장 인지언어학의 본질

제1장 인지언어학의 본질

1.1. 인지언어학의 역사
1.2. 인지언어학의 기본 개념
1.3. 인지언어학의 이론적 구성물
1.4. 인지언어학의 특징
1.5. 인지언어학의 철학
1.6. 인지언어학의 방법론
1.7. 인지언어학의 현황

1.1. 인지언어학의 역사

인지언어학은 출발부터 어려움을 겪은 이론이었다. Talmy(1975)에서 그 모습을 찾아볼 수 있으며 미국의 캘리포니아 대학에서 그 움직임이 일기 시작한 인지언어학은 유약하고 모호한 이단적인 이론이라 여겨졌기 때문에 미국의 주류 언어학에 수용되지 못했다. 초창기 때 인지언어학의 방법론을 사용한 논문은 LSA(Literature, Science, and the Arts)와 같은 학회지에 게재되지 못했으며, 인지언어학의 내용이 담긴 단행본은 케임브리지대학 출판부나 옥스퍼드대학 출판부와 같은 권위 있는 출판사에서 출판이 거부되었다. 1990년대 초반까지만 하더라도 인지언어학자들은 그들의 연구 작업이 논쟁의 여지가 너무 심하고 심지어는 그 성격이 전혀 언어학적이지 않다는 이유로 대학에서 신분이 보장되지 못했다. 그러나 1980년대 초반에 Brugman, Lindner, Casad와 같은 학자들이 수행한 직관적인 데이터 분석과 Lakoff, Johnson, Langacker와 같이 학자들이 제시한 강력한 언어학적 개념들을 결합해서 1989년도에 '국제인지언어학회'(International Cognitive Linguistics Association: ICLA)[1]라는 국제 조직기구가 결성되어 인지언어학 잡지와 단행본 시리즈를 출판하였다.

'국제인지언어학회'의 역사를 간략하게 살펴보면 다음과 같다. 1989년 봄 독일의 뒤스부르크(Duisburg)에서 개최된 René Dirven이 조직한 한 토론회에서 *Cognitive linguistics*라는 잡지 출간이 발표되었으며, '국제인지언어학회'를 설립하자는 계획이 수립되었다. 그 후 2년에 한 번씩 개최된 국제인지언어학회의 학술대회를 나열하면 다음과 같다.

- 제2차 ICLA 학술대회: 1991년 Santa Cruz, U.S.
- 제3차 ICLA 학술대회: 1993년 Leuven, Belgium
- 제4차 ICLA 학술대회: 1995년 Albuqerque, U.S.
- 제5차 ICLA 학술대회: 1997년 Amsterdam, Netherlands
- 제6차 ICLA 학술대회: 1999년 Stockholm, Sweden
- 제7차 ICLA 학술대회: 2001년 Santa Barbara, U.S.
- 제8차 ICLA 학술대회: 2003년 Logrono, Spain

참고로 제9차 ICLA 학술대회는 2005년도에 대한민국에서 개최될 예정이다.

인지언어학은 심리학자 Rosch(1973a, 1973b, 1978)의 인간 범주화의 본질에 관한 연구에서 처음으로 자극을 받았다. 비록 짧은 기간 동안이지만 인지언어학은 심리학, 인류학, 신경생물학, 인공지능, 철학, 문학비평과 같은 기타 학문 분야와 활발한 대화를 나누어 왔다. 국제인지언어학회가 열릴 때는 학제 간 연구를 장려하기 위해 이런 분야의 학자들이 정규적으로 학술발표를 하고 있다. 이런 작업을 통해서 인지언어학은 적어도 심리적으로 타당한(psychologically plausible) 언어 분석[2]을 추

---

[1] 국제인지언어학회의 홈페이지 주소는 http://www.cognitivelinguistics.org이다.
[2] 심리적으로 타당한 분석이라 함은 그 분석이 일반 사람들이 가지고 있는 상식에

구하고자 한다. 궁극적으로 인지언어학자들은 언어를 분석할 때 인간의 인지에 관한 다른 학문 분야의 연구결과를 반영해야 한다는 것을 자신의 소명으로 생각한다.

인지언어학은 언어학 역사의 실을 다시 연결하고 20세기 언어학의 상처를 치유할 수 있는 기회를 제공해 준다고 말할 수 있다. 그렇다고 인지언어학이 이론적으로 후퇴하고 있다는 것은 아니다. 대신에, 인지언어학은 형태와 의미 사이의 관계, 언어적 인지와 비언어적 인지의 긴밀한 관계, 언어가 인지의 가장 직접적인 산물이라는 주장 등과 같은 유서 깊은 지적 추구를 계속해 오고 있기 때문에, 언어학의 역사 속에서 이루어진 많은 업적들에 의존하도록 해 준다. 냉전 동안에 동유럽 및 러시아 출신의 언어학자들은 특히 서구의 이론적 논의에서 대체로 고립되었기 때문에 자신의 학문적인 에너지를 내부로 돌려서 토착적인 언어학 전통을 계발하게 된다. 이들이 일구어 낸 연구 작업들은 놀랍게도 인지언어학과 그 정신이 비슷했다. 결과적으로 인지언어학은 폴란드, 체코, 유고슬라비아와 같은 다른 동유럽 국가들뿐만 아니라 러시아에서도 인기가 아주 많았다. 서유럽 출신의 학자들 또한 인지언어학을 재빨리 채택했으며, 인지언어학은 영국, 노르웨이, 스웨덴, 독일, 오스트리아에서 활동하는 학자들의 연구 작업에서 잘 명시되고 있다.

지금은 전 세계적으로 인지언어학에 대한 연구 열기가 뜨겁다. 인지언어학은 크게 두 개의 가지로 나뉘어 연구되고 있다고 해도 과언이 아니다. 첫째 가지는 Langacker의 인지문법이다. 인지문법의 바이블로 통하는 책은 두 권으로 된 Langacker(1987, 1991a)의 *Foundations of cognitive grammar*이다. 그러나 이 책은 쉽게 읽을 수 있는 책이 아니다. 다행히도, 많은 기본적인 주제들이 Langacker(1991b)에서 훨씬 더 쉽고 자세히 설명되고 있다.3) 둘째 가지는 Lakoff 및 그 동료들의 은유

비추어 볼 때 충분히 납득이 가고 그럴 듯해 보이는 분석을 말한다.
3) Taylor(2002)에서는 Langacker의 인지문법이 개론적으로 잘 소개되어 있다.

연구이다. Lakoff & Johnson(1980)의 *Metaphors we live by*, Lakoff (1987)의 *Women, fire and dangerous things* 등이 은유 연구의 기초가 되었다. 이런 인지언어학의 고전 외에도 인지언어학에 쉽게 접근할 수 있도록 도와주는 개론서들이 출간되기도 했는데, Taylor(1989/1995, 2002), Ungerer & Schmid(1996), Lee(2001), Croft & Cruse (2004)가 대표적이다. 또한 1990년부터 발행되고 있는 인지언어학 잡지인 *Cognitive linguistics*에서 광범위한 인지언어학적 주제에 관한 논문들을 발견할 수 있다.

1.2. 인지언어학의 기본 개념

인지언어학은 완전한 모습을 갖추고 있는 단 하나의 텍스트에서 나온 이론이 아니며, 단 한 명의 인지언어학 권위자가 있는 것도 아니다.[4] 인지언어학은 다양한 학자들이 제안하고 실험한 개념들이 결합된 하나의 결과물이라고 말할 수 있다. 인지언어학은 다른 학문 분야들과 상호작용할 수 있는 신선한 아이디어와 새로운 수단을 계속 제공해 주고 있다. 특히 흥미로운 것은 1990년대 중반에 있었던 개념적 혼성(conceptual blending)[5]에 대한 연구는 인지언어학에서 의미심장한 혁신이었고, 1999년에 유형학자 Croft는 급진적 구문문법(radical construction grammar)[6]을 소개한다.

---

[4] 이것은 Chomsky라는 언어학 거장 한 명에 의해서 주도된 생성문법의 발전 양상과는 대조적이다.

[5] 개념적 혼성은 Fauconnier & Turner(1994, 1998, 2002) 및 Fauconnier(1997)에서 전개되고 있는 인지언어학의 한 이론으로서, 이 이론은 새롭고 독특한 언어 현상이나 다른 식으로 표현하자면 불일치 및 부조화를 보여 주는 언어 현상을 다루는 데 가장 적절한 이론으로 간주된다. 개념적 혼성에 대한 국내 연구에 대해서는 김동환(2002) 참조.

[6] 급진적 구문문법은 구문문법 체제로 유형학적 변이를 설명하기 위해 제안된 이론

인지언어학을 지금의 모습으로 만들어 준 개념들은 자의적인 잡동사니가 아니라 서로를 상보적으로 뒷받침해 주며 결국 확고하게 자리잡은 하나의 이론으로 통합되었다. 전체적으로 볼 때, 인지언어학은 이론보다는 데이터에 더 비중을 두는 경향이 있으며, 데이터로부터 이론이 점차적으로 정교화 될 수 있다고 믿는다. 초창기에 Lindner, Brugman, Casad가 수행한 자연언어의 데이터 분석이 인지언어학을 발전시키는 계기가 되었다고 말할 수 있다.

Geeraerts(1990)는 *Cognitive linguistics*의 창간호에서 편집장의 자격으로 인지언어학자들에게 특별히 흥미로운 여섯 가지 주제를 제안하고 있다. 여기에서 특별히 흥미롭다고 한 것은 인지언어학이 언어를 연구할 때 개념적 구조와 일반 인지기제를 이용하고 있기 때문이라고 하였다.

(ⅰ) (원형성, 체계적 다의관계, 인지모형, 정신공간, 은유, 심상과 같은) 자연언어 범주의 개념적 구조와 구조적 특징
(ⅱ) 도상성, 유표성, 자연성에 의해서 설명되는 언어조직의 기능적 원리
(ⅲ) (인지문법과 틀의미론에서 탐구된 바와 같이) 통사론과 의미론 사이의 개념적 접점

이다(Croft 2001 참조). 급진적 구문문법은 비고전적 범주 구조 및 용법 토대적 모형을 채택한다. 급진적 구문문법은 구문에 대한 비환원주의적 접근법을 취하고 구문에 들어 있는 요소들 사이의 자립적인 통사적 관계를 거부한다. 급진적 구문문법은 구문을 통사적 표상의 기본적이고 본원적인 요소로 간주하고, 범주를 그것이 나타나는 구문에 의해 정의한다. 급진적 구문문법은 구문에 대한 조직적인 원리를 제공하기 위해 용법 토대적 모형을 채택하고 유형 이론으로부터 통사적 공간(syntactic space)이라는 개념과 의미적 지도 모형(semantic map model)을 들여온다. 급진적 구문문법은 통사론과 같은 것은 없다고 제안한다. 즉, 우리가 알고 있는 통사론은 문법 구문에 있는 의미구조의 부수적 현상일 뿐이다. 즉 급진적 구문문법은 구문에 들어 있는 부분들 사이의 관계를 순수하게 의미적인 용어로 정의한다.

(ⅳ) 담화적 처리 요인에 기초한 통사적 현상의 설명을 포함한 언어 사용의 경험적 및 화용적 배경
(ⅴ) 언어와 사고 사이의 관계, 특히 개념적 보편성과 상대주의
(ⅵ) 모든 영역의 언어적 명세, 즉 제한된 초점에 대한 보편성이 지나치기 쉬운 인간 마음의 능력을 드러내는 기본적 사실의 상세함

이 절에서는 가장 영구적이고 가장 폭넓게 유지되고 있는 인지언어학의 몇 가지 기본 개념을 살펴볼 것이다.

① 언어적 인지(linguistic cognition)
언어적 인지란 인간의 인지능력 중에서 언어 현상과 관련있는 인지(cognition)[7]를 말한다. 언어적 인지는 기타 다른 인지와 구별되는 특별한 위상을 가지고 있는 것이 아니라 포괄적인 인간의 인지와 분리되지 않는 현상이다. 이것은 심리학, 신경생물학에서 관찰할 수 있는 인지의 패턴이 언어에서도 반영된다는 것을 암시한다.
더욱이 다양한 언어 현상들이 인지적으로 서로 구별되는 것도 아니다. 언어학자들이 음운론, 형태론, 통사론, 의미론, 화용론 등과 같이 언어의 다양한 분석 층위에 대해 이야기하는데, 그것이 종종 유용하고 편리하기는 하지만 이런 분석 층위들은 서로 밀접한 관계를 맺고 있으며, 사실상 그것들은 엄격하게 서로 구별되는 것도 아니다. 그것들은 모두 일반 인지라는 더 큰 현상과 조화를 이루면서 작용하는 통합된 하나의 현상이다.[8] 전통적인 이런 층위들 사이의 경계가 교차되는 현상을 종종 발견할 수 있다. 즉, 음운론은 형태론, 의미론, 통사론, 화용론에 의해 영향 받을 수 있으며, 통사론 또한 음운론, 의미론, 화용론의 지배를

---

7) 인지는 환경에 대한 정보를 수집하고 처리하고 저장하는 두뇌의 기능이다.
8) 이런 점에서 인지언어학의 방법론을 사용하는 인지음운론, 인지형태론, 인지문법, 인지의미론, 인지화용론이 있는 것은 자연스러운 일이다.

받는다는 것이다. 물론 이런 교차 현상이 완전히 새로운 것은 아니지만, 인지언어학자들은 이런 교차 현상을 주변적인 것으로 간주하지 않고 그것을 파헤치는 데 주력을 다한다.

② 의미

언어의 모든 다양한 현상들은 인간의 인지와 관계를 맺고 있을 뿐만 아니라 서로 간에도 밀접하게 관련되어 있는데, 이것은 그 현상들이 모두 우리의 세계를 이해하고 세계가 뜻이 통하도록 하고자 하는 동일한 경향에 의해 동기부여 되기 때문이다. 세계, 즉 우리가 경험하는 바가 뜻이 통하도록 한다는 것은 단순히 그것을 이해한다는 것뿐만 아니라 이해한 바를 표현할 수 있는 능력을 함축한다. 그리고 세계에 대한 우리의 경험, 즉 세계에 대한 우리의 이해는 표현에 의해 동기부여 되고, 우리의 표현 수단은 우리의 경험을 지각하는 방법에 영향을 미친다. 우리가 경험한 바를 표현하는 일에 모든 언어 현상이 동원되며, 모든 언어 현상은 의미를 표현하고자 하는 필요성에 의해 동기부여 된다. 의미는 모든 언어 단위와 현상의 존재를 보장한다. 의미는 언어의 작용을 가능하게 하는 에너지이기 때문에 어휘부에 얌전하게 포함되어 있는 것이 아니라 전체 언어적 범위에 널리 퍼져 있다. 문법은 더 구체적인 낱말의 의미와 상호작용하는 추상적인 의미 구조이다. 문법과 어휘부는 서로 구별되는 두 가지 유형의 의미가 아니라 의미 스펙트럼의 양 극단에 위치하고 있으며, 그 사이에는 어휘적 의미와 문법적 의미 둘 다 지니고 있는 전치사 및 접속사와 같은 기능어가 위치하고 있다. 음운론의 분절적 자질과 초분절적 자질에서부터 형태론, 통사론, 담화 화용론에 이르기까지 모든 언어는 의미를 표현하고자 하는 임무를 공유한다. 따라서 인지언어학적 언어 연구에서는 의미가 중요한 위치를 차지한다.

③ 동기부여

언어학은 정확한 과학이고자 하는 열망을 품고 있는 학문이다. 과학이라는 것은 그것이 내놓은 결과가 반복될 수 있기 때문에 예측 가능해야 한다. 그러나 언어학의 현실은 자연과학의 현실과는 매우 다르다. 역사언어학과 방언학에는 예측 불가능한 결과가 나오는 경우가 많다. 따라서 언어학은 너무 많은 변이가 있으며 모든 자료들이 오염되어 있는 과학이다. 만약 언어 현상이 완전히 예측 가능하다면 아무런 변이가 없을 것인데, 사실은 언어학에서 변이야말로 우리가 알고 있는 가장 잘 증명된 현상 중의 하나이다. 언어학에 상당히 많은 변이 현상이 있다는 사실을 받아들인다고 해서 인지언어학이 자의적인 혼돈의 난국으로 빠지는 것은 아니며, 그렇다고 과학적 연구에 대한 열망을 포기하는 것도 아니다. 인지언어학은 예측성 대 자의성, 객관적 과학 대 주관적 해석 등과 같은 엄격한 이원적인 사고를 받아들이지 않는다. 어떤 언어 현상이 전적으로 예측 가능하지 않다고 해서 그것이 완전히 자의적인 것은 아니다. 인지언어학은 변이의 특징을 가진 언어 현상이 왜 그러한 모습을 가질 수밖에 없는지에 대한 동기를 찾고자 한다. 한 가지 현상에 대해 여러 동기들이 작용할 수 있지만, 이런 동기들은 규칙적인 패턴을 가지고 있을 수 있다. 인지언어학에서 밝혀낸 동기들의 규칙적 패턴에는 다음과 같은 것이 있다.

(ⅰ) 모든 언어 현상에는 의미가 있다.
(ⅱ) 언어적 범주는 원형 효과를 가진 방사 범주(radial category)이다.
(ⅲ) 의미는 구체화된 경험에 근거를 두고 있으며 은유, 환유, 개념적 혼성에 의해 정교화 된다.
(ⅳ) 해석(construal)은 지각된 실재가 전경화 된 정보와 배경화 된 정보에 저장되는 방식을 결정한다.

이런 동기들의 패턴에 대한 탐구는 언어적 보편소(linguistic universals)가 아니라 인지적 보편소(cognitive universals)를 찾고자 하는 작업과 일치한다.

　인지언어학은 예측을 하는 학문이 아니기 때문에 예측을 용이하게 하는 구체적인 보편소를 추구하지 않는다. 즉 인지언어학은 언어적 보편소가 바람직하지도 않으며 현실적으로 존재하지 않는다고 가정한다. 인지언어학의 궁극적인 목표는 인간의 인지가 엄격한 절대적인 규칙이 아니라 경향성에 의해 이해할 수 있는 언어 현상에 어떻게 동기부여 하는지를 이해하고자 하는 것이다. 즉, 인지언어학에 따르면, 인간은 규칙 지배적인 연산 장치가 아니라 자유 의지를 가진 개인이며, 그 자유 의지를 규칙적이고 예측 가능한 방식으로 발휘하는 것이 아니라 잘 동기부여 된 패턴에 따라서 발휘한다.

　④ 의미의 구체화(embodiment of meaning)
　인지언어학에 따르면, 의미는 언어에서 중심적인 역할을 한다. 그렇다면 의미가 무엇이며 의미가 어디에서 나오는지를 이해하는 것이 중요하다. 의미는 엄격한 논리적인 규칙에 따라서 상징을 조작해서 만들어지는 것이 아니며 낱말 속에 들어 있는 것도 아니다. 인지언어학은 의미가 구체화되어 있다는 전제로부터 시작한다. 이것은 의미가 인간의 신체적인 경험에 근거를 두고 있음을 뜻한다. 인간의 몸은 안-밖, 위-아래, 가산-질량, 전경-배경, 균형, 출발점-경로-목적지 등과 같은 많은 개념을 이해하는 경험적 근거를 제공해 준다. 이런 경험적 근거를 인지언어학에서는 영상도식(image schema)이라고 부른다.

　모든 인간 경험은 지각에 의해 여과되기 때문에 언어는 있는 그대로의 실재 세계에 대한 기술이 아니라 인간의 지각 실재(human perception reality)에 대한 기술이라는 것을 기억할 필요가 있다. 따라서 의미를 검사할 때 발화와 세계 사이의 대응관계를 찾는 것이 아니라 의미가 인간의 지각 및 인지능력9)에 의해 동기부여 되는 방식을 탐구하는 것이 목표일 것이다. 이런 지각 및 인지능력의 현저한 특징은 우리가 보고 생각하는 모든 것을 처리하지는 않는다는 것이다. 즉, 인간은 어떤 주어진 순간에 이용 가능하고 광범위한 대다수의 지각적 정보를 보통 무시한다. 특정한 정보에만 주의를 기울이고 나머지 정보를 무시하는 능력은 성공적인 인지적 작용을 하는 데 필수적이다. 지각·인지적으로 전경화된 것과 배경화 된 것 사이의 긴장은 다양한 방법으로 해결될 수 있으며, 심지어는 동일한 사람에 의해 각기 다른 순간에 각기 다르게 해결될 수 있다. 이런 현상을 인지언어학에서는 '해석'이라고 부른다. 해석은 중요한 언어적 결과물을 만들어 낸다. 예컨대, 동일한 객관적인 상황을 화자마다 다르게 해석할 수 있고, 심지어 동일한 화자가 동일한 상황을 다른 발화로 해석할 수도 있다.

⑤ 인지적 범주의 구조

언어적 범주가 인지적 범주이면 그 둘의 구조가 동일하다고 생각할 수 있다. 심리학, 신경생물학, 언어학에서 이루어진 경험적 연구에 따르면, 인간의 지식은 특정한 구조를 가진 범주로 저장되고 접근되고 조작된다. 집합이론에서는 범주가 경계에 의해 정의되고, 범주 구성원자격이 필요충분 자질의 기준에 입각한 이것 아니면 저것의 문제이고, 한 범주의 모든 구성원이 그 범주 내에서 동일한 위상을 가지는 것으로 가정된다. 그러나 이런 특징들은 대다수의 언어적 범주에는 적용되지 않는다. 오히려 언어적 범주에는 한정된 내적 구조는 있지만 경계가 없는 경향이 있다. 주어진 한 범주는 원형적 구성원에 의해 동기부여 되고 조직되며, 다른 구성원들은 원형적 구성원과 궁극적으로 어떤 관계를 맺는다. 비원형적 구성원들이 원형적 구성원과 어떤 관계를 맺는다고 해서

---

9) 지각과 인지의 상호작용 때문에 Talmy(1996)에서는 'ception'이라는 포괄적인 용어를 사용한다.

그것들이 원형과 어떤 자질을 공유하는 것은 아니다. 왜냐하면 원형과 맺는 관계는 연결된 구성원들의 연쇄에 의해 중재될 수 있기 때문이다. 복합 범주는 원형으로부터 방사되는 수많은 연쇄를 가질 수 있으며, 따라서 복합 범주는 방사 범주라고 불린다. 방사 범주는 다의성을 포함한 모든 종류의 언어 관계를 잘 설명해 준다.

원형적 구성원은 주변적 구성원에 비해 범주 내에서 특권적 위상을 가지며, 주변적 구성원보다 해당 범주를 더 잘 대표한다. 그 자체의 구조를 가지고 있는 전체 범주는 원형으로부터 계속적으로 생성되는 것이 아니라 단순히 존재하는 어떤 것이기 때문에, 원형적 구성원과 비원형적 구성원 사이의 관계는 규칙으로 기술할 수 없다. 범주의 내용과 구조는 언어마다 또는 화자마다 다를 수 있다. 범주의 내용과 구조는 관습적이고, 언어 특정적이고, 규칙을 적용해서 나오는 예측 가능한 결과도 아니며, 범주는 확대되기도 하고 축소되기도 한다.

범주의 원형은 특별한 현저성이 있는 항목이다. 이런 특별한 현저성은 수학적으로 정의될 수 있는 것이 아니라 인간이 그 범주의 구성원들과 상호작용하는 방법에 의해 정의될 수 있다. 이것은 결국 의미가 인간의 신체적 경험에 근거를 둔다고 할 때 우리가 예상할 수 있는 바이다. 인간의 상호작용은 일반적으로 범주를 객관적으로 기술할 때 이용 가능한 자질보다 훨씬 더 중요한 것으로 드러난다.

원형 외에 Langacker와 같은 인지언어학자는 전체 범주를 요약하고 모든 구성원들과 연결되는 추상적인 도식(schema)을 제시한다. 인지언어학에서는 추상적인 도식이 언어 연구에 기여하는 바를 많이 밝혀내지 못한 상태이다.

1.3. 인지언어학의 이론적 구성물

인지언어학자들은 의미에 관한 인지적 이론을 위해 많은 기본적인 이론적 구성물을 제안했다. 인지언어학자마다 각기 다른 용어를 사용하지만 모든 인지언어학 연구에서 기본적인 이론적 구성물이 있는데, 그것은 인지모형(cognitive model)과 해석(construal)이다.

① 인지모형

개념은 마음속에서 고립적이며 원자적인 단위로 나타나는 것이 아니라 전제되는 배경 지식 구조의 문맥에서만 이해할 수 있다. 이런 배경 지식 구조를 인지모형이라고 한다. 인지모형이라는 용어는 Langacker(1987) 및 Lakoff(1987)이 동일한 이론적 구성물로 사용해 오고 있다. 그 두 학자는 Fillmore(1975, 1977, 1982, 1985, 1992)의 틀(frame)에 관한 연구에서 영향을 받았다. Lakoff(1987)은 이상화된 인지모형(idealized cognitive model)을 사용해서, bachelor 및 mother와 같은 개념에 대한 배경 지식이 이상화된 인지모형과 어떻게 관련되는지를 기술했다. 그리고 교황이 노총각인지의 여부나 모성에 대한 출산, 유전, 양육, 결혼, 계보 조건이 서로 다를 때 누가 진짜 어머니인가 등과 같은 범주화 문제가 이상화된 인지모형과 더 복잡한 실재 사이의 부조화로부터 발생하는 현상임을 기술한다. 따라서 이상화된 인지모형은 인지모형과 동일한 역할을 담당하며, 의미 영역과 우리가 이해하고자 하는 외부 경험 사이의 복잡한 관계를 강조한다. Johnson(1987)의 영상도식도 인지모형의 한 부분으로서, 영상도식은 인간의 체험에 근거해서 구성된 인지모형을 강조한다. Fauconnier(1994)의 정신공간도 일종의 인지모형이지만, 정신공간은 이상화된 인지모형, 틀, 영상도식을 특정한 상황에 맞게끔 구조화해서 구축되는 국부적인 성질을 가진 인지모형이라고 말할 수 있다.

② 해석

해석은 화자의 마음속에서 발생하는 의미적 표상과 화자가 경험하는 세계 사이의 관계에 관한 것이다. 화자는 의미 구조를 창조하는 능동적인 참여자로서 자신이 경험하는 세계를 특정한 방식으로 해석하거나 또는 개념화한다. 동일한 세계가 화자에 따라 각기 다르게 개념화될 수 있다. 인지언어학에서는 다양한 종류의 개념화 과정, 즉 해석 과정을 분석하고 분류하는 데 많은 노력을 기울이고 있다. Talmy(1988)는 해석이 영상 체계(imaging systems)에 속하는 것으로 간주한다. Lakoff은 은유, 환유, 영상도식 변형을 해석 과정의 유형으로 다룬다. Langacker(1987)는 해석 과정을 초점 조정(focal adjustment)으로 언급한다. Fauconnier & Turner(1994, 1998, 2002)는 해석 과정을 개념적 혼성이라고 부른다. 그리고 Fillmore(1982)의 틀부여(framing)도 일종의 해석 과정이다.

요컨대, 개념은 심적 단위이고, 인지모형은 개념을 표상하기 위한 배경 지식이고, 해석은 세계가 다양한 방법으로 개념화되는 과정이다. 물론 이런 일반성을 초월하면 학자들 사이에 상당한 관점의 차이가 있을 수 있지만, 이런 구성물들은 다양한 인지언어학 접근법들을 연결하는 역할을 한다. 다음은 본질적으로 동일한 구성물인데 학자들이 다른 용어로 사용하고 있는 것을 요약하고 있다(Clausner & Croft 1999: 4 참조).

학자 용어	Langacker	Lakoff	Fillmore	Talmy
인지모형	바탕 영역	이상화된 인지모형 영역	틀	
해석	초점 조절 해석 개념화	은유 환유 영상도식 변형	틀부여	영상 체계

[그림 1.1] 인지언어학의 이론적 구성물

1.4. 인지언어학의 특징

인지언어학은 언어가 인간의 일상 체험에 근거를 두고 있으며, 언어의 구조가 범주화 원리, 정보처리 메커니즘, 인간의 체험을 반영한다고 가정한다. 인지언어학은 언어능력이 인간의 일반 인지능력 속에 포함되어 있다고 보기 때문에, 언어 범주화의 구조적 특징, 언어적 조직화의 기능적 원리, 통사론과 의미론 사이의 개념적 결부, 언어 사용의 체험적·화용적 배경, 상대주의와 개념적 보편성에 관한 논의를 포함해서 언어와 사고의 관계가 중요한 연구 과제로 대두된다.

이런 인지언어학에는 다른 언어 이론에서 찾아볼 수 없는 몇 가지 특징이 있다. 첫 번째 특징은 인지언어학이 다룰 수 있는 언어 현상의 범위와 관련있으며, 두 번째 특징은 연구가들이 자신의 연구 결과를 전달할 필요성과 관련있다.

첫째, 인지언어학은 데이터 친화적이다. 애초부터 인지언어학은 실제 언어 데이터에 정통하고 경험적 방법을 존중하는 언어학자들에게 하나의 위안이 되었다. 인지언어학자들의 가장 놀라운 기여는 해당 언어에 대한 정교하고 상세한 이해를 바탕으로 일상에서 자연스럽게 사용되는 난해한 데이터를 통찰력 있게 분석하는 것이었다. 이론 자체도 중요한 관심사이기는 하지만 이론이라는 것은 데이터로부터 서서히 나타나고 추가 데이터에 의해 계속해서 증명되어야 하는 것이므로 데이터도 이론 못지않게 중요하며, 데이터를 이론을 뒷받침하기 위해 존재하는 부수적이고 허위적인 개념으로 이해하는 것은 잘못된 것이다.10) 인지언어학은 완벽하고 불변하는 범주의 경계를 찾는 데 관심이 있는 것이 아니라 범주의 내적 구조를 찾는 데 관심이 있기 때문에, 인지언어학에서는 문제의 소지가 있는 데이터를 은폐하거나 무시하는 일이 절대 없다.

---

10) 방사 범주 및 은유 과정과 같은 인지언어학의 체제는 특히 매우 산란한 일련의 데이터를 분석하는 데 매우 적절하다.

요컨대, 인지언어학은 말실수, 변칙적 표현, 창조적 용법, 시, 관용어, 은유 등을 포함해서 자연스럽게 발생하는 모든 범위의 언어 용법을 탐구하고, 음운론, 형태론, 통사론, 의미론이라는 모든 범위의 언어 현상을 탐구하는 최적의 언어 연구 체제이다.

둘째, 인지언어학은 사용자 친화적이다. 인지언어학에는 난해한 공식으로 가득 찬 형식주의가 없다는 것이 또 하나의 특징이다. 인지언어학자들은 언어를 분석할 때 산더미 같이 많은 형식적 장치를 내세울 필요가 없다. 이것은 모든 언어학자들이 인지언어학에서 이루어진 작업을 쉽게 이용할 수 있으며, 인지언어학자들이 이론을 위한 형식적 인공물에 관심이 있는 것이 아니라 데이터를 수집하고 분석하는 데 더 많은 노력을 기울인다는 것을 뜻한다. 인지언어학 연구에 약간만 적응하면, 다른 분야의 학자들도 그 연구를 쉽게 이용할 수 있게 된다. 더욱더 중요한 것은 인지언어학 연구는 교수법에도 기꺼이 적용될 수 있다는 것이다.

1.5. 인지언어학의 철학

인지언어학이 하나의 학문으로 성장하는 데에는 그 자체의 철학이 탄탄한 기저가 되었다. 인지언어학의 철학을 체험주의(experientialism)라고 하는데, 체험주의 철학은 Lakoff & Johnson(1980), Johnson(1987), Lakoff(1987) 및 Lakoff & Johnson(1999)에 잘 소개되어 있다. Lakoff & Johnson(1980)에서는 객관주의(objectivism) 철학과 주관주의(subjectivism) 철학의 대안적 철학으로 체험주의 철학이 제시되어 있다. 체험주의 철학은 객관주의 철학과 주관주의 철학에 대한 반작용이면서 그 둘의 통합이기 때문에, 이 두 철학에 대한 이해를 바탕으로 체험주의 철학을 밝혀 보는 것이 타당할 것이다.

1.5.1. 객관주의 철학

일반적으로, 객관주의 철학은 고정되어 있으며 이미 결정되어 있는 실재를 가정하는데, 그 실재는 마음과 독립적이다. 그리고 여기에는 자의적인 상징이 있는데, 상징은 객관적인 실재와 직접적으로 사상됨으로써 의미를 얻는다. 객관주의 철학에서 말하는 추리는 상징을 규칙 지배적으로 조작하는 것을 말하며, 추리가 정확하게 기능하면 객관적인 지식을 얻을 수 있다.

Lakoff & Johnson(1980: 186-188)은 객관주의 철학의 특징을 다음과 같이 제시한다.

(ⅰ) 세계는 사물로 구성되어 있으며, 사물에는 그것을 경험하는 사람과 독립적인 자질이 있다.
(ⅱ) 우리는 세계의 사물을 경험함으로써, 그리고 사물이 어떤 자질을 가지고 있으며 여러 사물들이 어떻게 서로 연결되는지를 앎으로써 세계에 대한 지식을 얻는다.
(ⅲ) 우리는 세계의 사물을 범주와 개념을 바탕으로 이해한다. 이런 범주 및 개념은 사물 그 자체가 가지고 있는 자질 및 사물들 사이의 관계와 대응한다.
(ⅳ) 객관적인 실재가 있으며, 세계에 대해 객관적이고 절대적이고 무조건적으로 참이거나 거짓인 것에 대해 이야기할 수 있다.
(ⅴ) 낱말에는 고정된 의미가 있다. 즉 언어는 범주나 개념을 표현한다. 실재를 정확하게 기술하기 위해서는 그 의미가 명확하고 정확하며, 실재와 일치하는 낱말이 필요하다.
(ⅵ) 사람들은 객관적일 수 있고 객관적으로 말할 수 있지만, 명확하고 정확하게 정의될 수 있는 언어, 즉 직접적이고 실재와 일치할 수 있는 언어를 사용할 때만 그렇게 할 수 있다.

(vii) 은유 및 다른 유형의 시적, 공상적, 수사적, 비유적 언어는 객관적으로 말할 때는 항상 피해야 한다. 그 의미는 명확하지 않고 정확하지 않으며 실재와 명확하게 일치하지 않기 때문이다.
(viii) 객관적인 것은 일반적으로 좋은 것이고 객관적인 지식만이 진정한 지식이다. 객관성을 통해서 개인적인 편견과 선입견을 초월해서 공정하게 되고 세계에 대한 공정한 견해를 가질 수 있다.
(ix) 주관성은 실재와 접촉이 끊어지기 때문에 위험하다. 주관성은 개인적인 관점을 취하며 따라서 편견이 있기 때문에 불공정하다. 주관성은 개인의 중요성을 지나치게 강조하기 때문에 방종만 난무한다.

이런 객관주의 철학의 입장은 의미에 대해서도 독특한 이론을 낳는다. Johnson(1987: xxi-xxiv)은 의미에 대해 객관주의 철학이 취하는 입장을 다음과 같이 제시한다.

(ⅰ) 의미는 상징과 객관적 실재 사이의 추상적인 관계이다. 상징은 세계에 있는 사물, 자질, 객관적으로 존재하는 관계와 대응할 수 있는 능력에 의해서만 의미를 얻는다.
(ⅱ) 개념은 어떤 사물이 있으며, 그 사물이 어떤 자질을 가지고 있으며, 그것들이 어떤 관계에 놓여 있는지를 밝혀내는 데 사용될 수 있는 일반적인 심적 표상이나 논리적 실체로 이해된다.
(ⅲ) 개념은 특정한 사람과 연결되지 않는다는 뜻에서 구체화되어 있지 않다.
(ⅳ) 의미론의 목적은 상징의 의미성을 설명하는 것이다. 특정 발화에 의미를 부여하는 것은 그것이 참일 수 있는 조건이나, 어떤 사태에 의해 충족되는 조건을 부여하는 것이다.
(ⅴ) 의미 분석은 궁극적으로 한정적이고 변별적이며 고정된 문자적

개념에 의해 이루어져야 한다.
(vi) 객관주의 의미론은 모든 인간의 한계를 초월하며 보편적으로 타당한 입장을 구성하는 신의 관점이 존재한다는 인식론의 주장과 일맥상통한다.

Lakoff & Johnson(1980: 198-209) 또한 객관주의 철학이 의미론에 미친 영향에 대해 이야기하고 있는데, 그것을 요약하면 다음과 같다.

(i) 의미는 객관적이다. 문장의 객관적 의미는 어떤 사람이 그 문장을 어떻게 이해하는지 또는 그가 그 문장을 제대로 이해하는지의 여부에 의존하지 않는다.
(ii) 의미는 구체화되지 않는다. 언어 표현은 그 의미가 인간이 행하는 것과 독립적인 경우에 객관적 의미를 가진다.
(iii) 의미론은 언어 표현이 인간의 이해가 개입하지 않고서도 세계와 직접적으로 일치할 수 있는 방식에 대한 연구이다.
(iv) 의미론은 진리론에 기초를 둔다. 문장은 그 자체로 세계와 일치하거나 일치하지 않을 수 있다. 만일 일치한다면, 문장은 참이고 그렇지 않으면 거짓이다.
(v) 의미는 사용과 독립적이다. 의미가 객관적이기 위해서는 특정한 문맥, 문화, 이해 방식 특유의 모든 주관적인 요소를 배제해야 한다.
(vi) 의미는 합성적이다. 문장의 의미는 그것을 구성하는 부분의 의미와 그 부분들의 결합 방식에 의존한다.
(vii) 객관주의 철학은 인간의 이해 없이 존재론적 상대성을 허용한다.
(viii) 언어 표현은 사물이다. 사물로서의 언어는 언어 사용자와 독립적인 자질을 가지고 있으며, 서로 어떤 관계를 맺는다. 사물로서

의 언어 표현은 부분을 가진다. 즉 낱말은 어근과 접사로 구성되며, 문장은 낱말들로 구성되며, 담화는 문장들로 구성된다.
(ⅸ) 문법은 의미 및 이해와 독립적이다.
(ⅹ) 의미와 언어 표현은 존재하는 사물과 독립적이다.
(ⅺ) 주어진 문맥에서 어떤 문장은 그것의 객관적 의미와 다른 무언가를 의미하는 것으로 이해된다.

가장 인상적인 객관주의 철학의 특징은 언어 표현의 의미가 구체화되지 않는다는 것이다. 구체화되지 않은 의미에 대한 생각은 수도관 은유(conduit metaphor)에 의해 예증된다. 수도관 은유에 따르면, 인간의 의사소통은 수도관을 통해 메시지를 보내고 받는 문제이다. 사람들은 자신의 머리에 생각을 담아 두고 있으며, 이런 생각은 상징으로 표현된다. 일단 생각이 상징으로 표현되면, 그것은 화자와 독립적으로 존재한다. 특정 사람에게 의미는 의미 그 자체가 아닌, 명제의 진리조건에 의해 발견된다. 예컨대, The sky is blue의 의미는 그 명제의 발화자가 관여하지 않는 그 명제와 세계의 특정 조건 사이의 관계 속에서 얻어질 수 있다. 따라서 의미는 주체가 배제되는 곳에서 정의된다는 뜻에서 객관적이다.

1.5.2. 주관주의 철학

주관주의 철학은 낭만주의 전통에서 비롯되었으며, 현상학 및 실존주의와 같은 현대 대륙 철학의 해석에서 발견된다. Lakoff & Johnson(1980: 186-188)은 이런 전통을 가지고 있는 주관주의 철학의 특징을 다음과 같이 제시한다.

(ⅰ) 우리는 관습적인 대부분의 일상 활동에서 우리의 감각에 의존하며 우리가 신용할 수 있는 직관을 발전시킨다.

(ii) 우리 삶에서 가장 중요한 것은 우리의 감정, 미적 감각, 도덕적 관습, 영적 깨달음이다. 예술과 시는 합리성과 객관성을 초월해 우리를 더욱더 중요한 감정과 직관의 실재와 접촉하게 해 준다. 이성이 아니라 상상력을 통해서 이런 깨달음을 획득할 수 있다.
(iii) 예술과 시는 합리성과 객관성을 넘어서며, 우리를 느낌과 직관이라는 좀더 중요한 실재들과 접맥시켜 준다. 우리는 이성보다 상상력을 통해 이것을 얻는다.
(iv) 상상력의 언어, 특히 은유는 독특하고 개인적으로 의미심장한 우리 경험의 양상을 표현하는 데 필요하다.
(v) 객관성은 개인에게 가장 중요하고 의미심장한 것을 놓치기 때문에 위험하다. 객관성은 추상성, 보편성, 비인간성을 선호하며 우리 경험의 가장 적절한 영역을 무시하기 때문에 불공정할 수 있다.

이와 같은 주관주의 철학은 의미론에 대해 특정한 입장을 취하는데, Lakoff & Johnson(1980: 224)은 이것을 다음과 같이 요약한다.

(i) 의미는 사적이다. 의미는 항상 어떤 특정 사람에게만 의미 있는 것이다. 한 개인에게 의미 있는 것은 절대 다른 사람에게는 완전하게 알려질 수 없으며 전달될 수 없다.
(ii) 체험은 순전히 전체적이다. 이것은 우리 체험에 어떠한 자연적 구조화가 없다는 것을 의미한다.
(iii) 의미에는 자연적 구조가 없다.
(iv) 발화를 이해하는 데 필요한 문맥은 구조화되어 있지 않다.
(v) 의미는 자연적으로 또는 적절하게 표상될 수 없다. 이것은 의미란 자연스러운 구조를 가지고 있지 않으며, 다른 사람에게 완전히 알려지거나 전달될 수 없으며, 문맥이 구조화되어 있지 않기 때문이다.

요컨대, 주관주의 철학에 따르면, 의미는 사적이며, 항상 특정 사람, 즉 특정 주체에게만 의미이다. 객관주의 철학은 이성, 합리성, 과학 지향적인 반면에, 주관주의 철학은 상상력, 직관, 미학 지향적이다. 주관주의 철학의 또 다른 특징은 인간 체험에는 어떠한 구조도 없으며 오히려 체험은 전체적인 어떤 것으로 간주된다는 점이다.

1.5.3. 체험주의 철학

체험주의 철학은 인간이 몸(body)을 가지고 있다는 사실을 매우 중요하게 생각한다. 체험주의 철학의 핵심은 인간의 몸이다. Johnson(1987: xix)에 따르면, 우리는 "*이성적 동물*"이지만, 우리는 또한 "이성적 *동물*"이다. 이 말은 인간의 이성적인 측면이 아니라 동물적인 측면을 강조하며, 인간의 동물적인 측면에 기초해서 인간의 이성적인 면을 설명할 수 있다는 것이다. 즉, 이것은 인간의 이성이 신체화되어 있음을 뜻한다. 체험주의 철학에 따르면, 의미란 항상 특정 사람에게 의미이며, 의미는 체험과 밀접한 관계가 있다. 다시 말해서, 체험주의 철학에서 의미는 구체화되어 있다.

서구 문화에서 객관주의 철학의 대안은 주관주의 철학인 것으로 간주된다. 그러나 인지언어학의 전통을 따르는 철학자들은 객관주의 철학과 주관주의 철학을 통합하는 체험주의 철학을 인지언어학의 철학적 배경으로 제시한다. 인지언어학에서 말하는 체험은 넓은 의미로 사용된다. 즉, 체험은 기본적인 감각운동 체험, 감정적 체험, 사회적 체험 및 모든 정상적인 인간에게 이용 가능한 그 외 모든 다른 종류의 체험을 포함하며, 특히 이와 같은 체험을 형성하며 그것을 가능하게 하는 인간의 내재적인 능력까지 포함한다. 체험은 경험주의 철학에서 말하는 것처럼 백지 상태에 형태를 부여하는 단순한 감각인상, 즉 주어지는 자극에 대한 수동적인 반응이 아니다. 대신에, 체험주의 철학은 단순히 우리가 인간이기 때문에 그리고 인간 사회에서 살아가고 있기 때문에 가지게 되는 그런 종류의 체험에 초점을 둔다. 체험은 경험주의 철학에서 말하는 수동적인 백지 상태에 형태를 부여하는 단순한 감각인상이 아니다. 오히려 체험은 자연환경과 사회적 환경의 부분으로서 능동적으로 기능하는 것이다. 이런 공통적인 인간의 체험은 인간의 개념적 구조를 엄격한 의미에서 결정하는 것이 아니라 그것에 동기부여 한다.

그러면 체험주의 철학은 어떤 식으로 객관주의 철학과 주관주의 철학을 통합하는지를 살펴보자. 객관주의 철학은 의미의 주관적인 양상을 설명하지 않는다는 문제가 있다. 즉 객관주의 철학에서 의미란 상징과 세계 사이의 단순한 관계의 문제이다. 반면에 체험주의 철학에서 의미란 항상 특정 사람에게만 의미이며, 의미는 신체적 체험과 밀접한 관계가 있다. 다시 말해서, 체험주의 철학에 따르면, 의미는 구체화되어 있다. 구체화된 의미, 즉 주체의 물리적 체험과 밀접하게 관련된 의미는 객관주의 철학에서 제시하는 의미와는 완전히 다르다. 객관주의 철학과 주관주의 철학의 통합이기 위해서 체험주의 철학은 주관주의 철학의 절대적 상대주의를 피해야 한다. 즉 체험주의 철학은 의미에 대한 탄탄하고 비사적인 토대를 가져야 한다. 이런 토대는 사적이지 않지만, 특정 문화권 내에 있는 사람들에게 공통적인 신체적 체험에서 발견할 수 있다.

1.6. 인지언어학의 방법론

Geeraerts(1997: 8)는 인지언어학의 근본적인 특징을 다음과 같이 제시한다.

 (ⅰ) 언어 분석에서 의미론의 중요성

(ii) 의미의 백과사전적 본성
(iii) 의미의 원근법적 본성

Geeraerts가 말하는 인지언어학의 특징 (ⅰ)은 언어의 기본적인 기능이 의사소통이며, 의사소통을 할 때 전달하고자 하는 의미를 적절하게 전달하고, 화자가 전달한 의미를 청자가 적절하게 해석해 내는 것이 중요하다는 것이다. 그가 언급하는 인지언어학의 특징 (ii)와 (iii)은 의미적 현상의 본성에 관한 것이다. 먼저 '의미의 백과사전적 본성'은 언어 표현의 의미가 언어 자체에만 주어져 있는 것이 아니라, 이용할 수 있는 모든 지식을 동원해서 해석되고 구성하는 것임을 암시한다. 또한 '의미의 원근법적 본성'은 주어진 동일한 장면이 그 장면을 바라보는 언어 사용자의 관점이나 견지에 따라서 다르게 해석됨을 뜻한다. 의미가 원근법적 기능을 가진다는 생각은 인지언어학이 채택한 독특한 철학적, 인식론적 입장에서 이론적으로 정교화 된다.[11]

더욱이 Geeraerts(1997: 9-10)는 인지언어학 연구 책략의 두 가지 특징을 제시한다. 첫째, 어휘부의 범주화 과정에 대한 연구는 구문의 범주화 과정을 연구하는 방법론적 출발점이다. 언어적 범주화가 인지언어학의 주요 관심사라면, 어휘부를 먼저 연구하는 것이 적절할 것이다. 따라서 어휘부의 범주화 기능은 기존 언어학에서 구문의 범주화 기능보다 더 많은 관심을 받았다. 어휘부와 동일한 방식으로 구문을 연구함으로써 특이한 유형의 문법이론이 발생하는데, 그것은 어휘부와 마찬가지로 구문을 의미심장한 단위의 목록으로 간주하는 문법이론이다. 이런 생각은 Langacker의 인지문법(cognitive grammar)과 Fillmore의 구문문법 (construction grammar)에서 채택되었다.[12]

---

11) Lakoff(1987), Johnson(1987), Geeraerts(1985) 참조.
12) 인지문법에 대해서는 Langacker(1987, 1990, 1991a), 구문문법에 대해서는 Fillmore et al.(1988)와 Goldberg(1995) 참조.

둘째, 언어의 범주화 기능은 세 가지 다른 관점에서 체계적으로 연구된다. 개별적인 '범주의 내적 구조'와 개별적인 범주들을 응집력 있는 정신모형으로 결합하는 '개념적 구조(conceptual structure)', '형태와 의미의 관계'가 그것이다. 범주의 내적 구조는 주로 원형 이론에서 연구된다. 몇 가지 특이한 범주들을 결합하는 개념적 구조는 주로 영상도식, 은유, 환유, 틀에서 다루어진다. 이런 여러 범주들을 결합한 큰 개념적 구조가 문화적 환경과 관련되어 연구되면 그 연구는 문화모형(cultural model)에 대한 연구로 확장될 것이다. 개별적인 범주들을 결합하는 개념적 구조나 인지모형이 동적일 수도 있다. 동적인 개념적 구조를 채택하는 Fauconnier(1985/1994, 1997)의 정신공간 이론과 Fauconnier & Turner(1994, 1998a, 2002)의 개념적 혼성 이론은 담화가 진행되는 동안 정신공간이 어떻게 임시적인 구성물로 확립되고 의미가 구성되는지를 기술한다. 마지막으로, 언어 형태와 의미의 관계는 Haiman(1980, 1985a, 1985b)의 도상성(iconicity)의 개념으로 다루어진다. 도상성이란 언어 형태가 어떤 식으로든 언어 의미를 반영한다는 언어의 성질이다. 이 외에도 '내용어와 기능어의 관계'를 논할 수 있다.

요컨대, 인지언어학은 크게 네 가지 방식으로 접근할 수 있다. 첫째는 범주의 내적 구조에 관한 원형 이론이다. 둘째는 개별적인 범주들이 하나의 개념적 구조로 통합된 영상도식, 틀, 개념적 은유, 환유, 정신공간, 개념적 혼성의 개념이며, 셋째는 언어 의미의 원근법적 본성, 즉 해석의 개념으로 논의될 수 있는 주의 배분과 주관화이다. 넷째는 형태와 의미의 관계에 관한 도상성이다. 다섯째는 내용어와 기능어의 관계에 관한 문법화(grammaticalization)이다. 인지언어학의 주요 방법론은 다음과 같이 나타낼 수 있다.

주안점	인지언어학의 주요 방법론
범주의 내적 구조	(ⅰ) 원형 이론
개념적 구조	(ⅱ) 영상도식 이론
	(ⅲ) 틀 이론
	(ⅳ) 은유 이론
	(ⅴ) 환유 이론
	(ⅵ) 정신공간 이론
	(ⅶ) 개념적 혼성 이론
의미의 원근법	(ⅷ) 주의 배분 이론
	(ⅸ) 주관화 이론
형태와 의미의 관계	(ⅹ) 도상성 이론
내용어와 기능어의 관계	(ⅺ) 문법화 이론

[그림 1.2] 인지언어학의 방법론

1.7. 인지언어학의 현황

국외에서 1970년대 중반부터 시작된 인지언어학의 흐름은 계속 이어져 급기야 1990년도에 무톤 출판사(Mouton de Gruyter)에서 "인지언어학 연구(Cognitive Linguistics Research)"라는 단행본 시리즈를 출간하기에 이른다. 1990년부터 지금까지 출간된 그 단행본 시리즈를 열거하면 다음과 같다.

Langacker, R. W. 1990. *Concept, image, and symbol: The cognitive basis of grammar.*[13]
Deane, P. D. 1992. *Grammar in mind and brain: Explorations in cognitive syntax.*

---

13) 이 책은 나익주 역(2004), 『개념, 영상, 상징: 문법의 인지적 토대』, 박이정.

Geiger, R. A. & B. Rudzka-Ostyn. (eds.). 1993. *Conceptualizations and mental processing in language.*

Janda, L. A. 1993. *A geography of case semantics: The Czech dative and the Russian instrumental.*

Geeraerts, D., S. Grondelaers & P. Bakema. 1994. *The structure of lexical variation: Meaning, naming, and context.*

Casad, E. H. (ed.). 1996. *Cognitive linguistics in the redwoods: The expansion of a new paradigm in linguistics.*

Newman, J. 1996. *Give: A cognitive linguistic study.*

Pütz, M. & R. Dirven. (eds.). 1996. *The construal of space in language and thought.*

Dąbrowska, E. 1997. *Cognitive semantics and the Polish dative.*

Athanasiadou, A. & E. Tabakowska. (eds.). 1998. *Speaking of emotions: Conceptualisation and expression.*

Achard, M. 1998. *Representation of cognitive structures: Syntax and semantics of French sentential complements.*

Stadler, L. & C. Eyrich. (eds.). 1999. *Issues in cognitive linguistics: 1993 proceedings of the international cognitive linguistics conference.*

Blank, A. & P. Koch. (eds.). 1999. *Historical semantics and cognition.*

Langacker, R. W. 1999. *Grammar and conceptualization.*[14]

Janssen, T. & R. Gisela. (eds.). 1999. *Cognitive linguistics: Foundations, scope, and methodology.*

Simonsen, H. G. & R. T. Endresen. (eds.). 2001. *A cognitive*

---

14) 이 책은 나익주・김종도 역(2001), 『문법과 개념화』, 박이정.

approach to the verb: Morphological and constructional perspectives.
Harkins, J. & A. Wierzbicka. (eds.). 2001. *Emotions in crosslinguistic perspective.*
Pütz, M., S. Niemeier & R. Dirven. (eds.). 2001. *Applied cognitive linguistics* Ⅰ*: Theory and language acquisition.*
Pütz, M., S. Niemeier & R. Dirven. (eds.). 2001. *Applied cognitive linguistics* Ⅱ*: Language pedagogy.*
Dirven, R. & R. Porings. (eds.). 2002. *Metaphor and metonymy in comparison and contrast.*
Brisard, F. (ed.). 2002. *Grounding: The epistemic footing of deixis and reference.*
Casad, E. H. & G. B. Palmer. (eds.). 2003. *Cognitive linguistics and Non-Indo-European languages.*
Broccias, C. 2003. *The English change network: Forcing changes into schemas.*
Cuyckens, H., R. Dirven & J. R. Taylor. (eds.). 2003. *Cognitive approaches to lexical semantics.*
Dirven, R., R. Frank & M. Pütz. (eds.). 2003. *Cognitive models in language and thought: Ideology, metaphors and meanings.*
Chen, R. 2003. *English inversion: A Ground-before-Figure construction.*
Heyvaert, L. 2003. *A cognitive-functional approach to nominalization in English.*

"인지언어학 연구(Cognitive Linguistics Research)"라는 단행본 시리즈의 편집자인 René Dirven, Ronald W. Langacker, John R. Taylor의 말을 빌어서 이 시리즈의 정신을 살펴보자. ""인지언어학 연구"는 인지

언어학의 원근법 내에서 이루어진 연구를 발표할 수 있는 공개 장소를 제공한다. 이런 제목은 다양한 관심사와 다음과 같은 하나의 공통된 기본 관점을 가지고 있는 폭넓게 양립하는 이론적 접근법들을 포함한다. 즉 언어는 사회적, 문화적, 심리적, 의사소통적, 기능적 요인들의 상호작용을 반영하고, 언어습득, 인지적 발달, 심적 처리과정에 대한 실재적 관점의 문맥에서만 이해할 수 있는 인지의 통합적 국면이다." "따라서 인지언어학은 내적이든 외적이든 간에 인위적인 경계의 부과를 피한다. 내적으로 볼 때, 인지언어학은 어휘부 대 문법, 형태론 대 통사론 등과 같은 문제의 소지가 있는 이분법을 피하는 언어 구조에 대한 통합된 설명을 모색한다. 외적으로 볼 때, 인지언어학은 언어가 담당하는 의사소통적 기능뿐만 아니라 그것이 의존하는 인지의 다른 국면들에 의해 언어 구조를 설명하고자 한다. 따라서 언어 분석은 사회학, 문화인류학, 신경과학, 철학, 심리학, 인지과학과 같은 이웃해 있으며, 중복되는 분야에서 나온 통찰력으로부터 이익을 얻을 수 있다."

이런 국외의 인지언어학의 흐름에 발맞추어 국내의 영어학계와 국어학계에서도 인지언어학에 대한 관심이 고조되고 있는 실정이다. 특히 1994년 '담화・인지 언어학회'가 결성되어 이 분야의 주요 과제와 공동 관심사를 논의해 왔으며, 『담화와 인지』라는 학회지가 1994년부터 지금까지 발행되고 있고, 앞으로 연간 2권씩 발행될 예정이다. 학회지 외에도 인지언어학 일반에 관한 국내 저서와 국외 저서의 번역서들이 계속 많이 출간되고 있으며, 석・박사 학위논문도 수없이 발표되고 있는 실정이다.

다음은 인지언어학의 정신을 담고 있는 국내 저서이다.

김동환. 2002. 『개념적 혼성 이론: 인지언어학과 의미구성』(박이정).
김동환. 2005. 『인지언어학과 의미』(태학사).
김수련. 2001. 『한국어와 인지』(박이정).

김종도. 2002. 『인지문법의 디딤돌』(박이정).
김종도. 2004. 『인지언어학적 원근법에서 본 은유의 세계』(한국문화사).
김진우. 1999. 『인지언어학의 이해』(한국문화사).
박영순. 2002. 『한국어은유 연구』(고려대학교출판부).
이기동. 1984. 『영어 전치사 연구: 의미와 용법』(교문사).
이기동. 1992. 『영어 동사의 문법』(신아사).
이기동. 1995. 『영어 동사의 의미 上·下』(한국문화사).
이기동. 2002. 『인지문법에서 본 영어동사 의미와 교체현상』(경진문화사).
이기동 편저. 2000. 『인지언어학』(한국문화사).
이성하. 1998. 『문법화의 이해』(한국문화사).
이종열. 2003. 『비유와 인지』(한국문화사).
임지룡. 1997. 『인지의미론』(탑출판사).
임혜원. 2004. 『공간 개념의 은유적 확장』(한국문화사).
정원용. 1996. 『은유와 환유』(신지서원).
정희자. 2004. 『담화와 비유어』(한국문화사).

위의 국내 저서 목록을 통해 알 수 있듯이, 국내에서 출판된 인지언어학 관련 저서는 주로 인지언어학을 소개하는 저서들이 가장 많으며, 문법화 및 은유에 관한 저서가 그 다음으로 많다. 그리고 개념적 혼성 이론에 관한 저서가 한 권 있다. 따라서 인지언어학 연구 방법론 중에서 원형 이론, 영상도식 이론, 틀의미론, 주의 배분 이론, 정신공간 이론, 도상성 이론, 주관화 이론에 관한 저서는 전무한 상태이다.
 다음은 국외의 인지언어학 관련 저서를 우리말로 옮긴 번역서이다.

김동환·김주식. 2004. 『영어 전치사의 의미론: 인지언어학적 접근』
　　　(Tyler & Evans 2003. *The semantics of English prepositions:*

Spatial scenes, embodied meaning and cognition)(박이정).
김은일·박기성·채영희. 1999. 『문법화』(Hopper & Traugott 1993 *Grammaticalization*)(한신문화사).
김종도. 1999. 『인지문법의 토대Ⅰ,Ⅱ』(Langacker 1987. *Foundations of cognitive grammar* Vols. Ⅰ,Ⅱ)(박이정).
나익주·김종도. 2001. 『문법과 개념화』(Langacker 1999. *Grammar and conceptualization*)(박이정).
나익주. 2003. 『마음의 시학』(Gibbs 1994. *The poetics of mind: Figurative thought, language and understanding*)(한국문화사).
나익주. 2004. 『개념, 영상, 상징: 문법의 인지적 토대』(Langacker 1991. *Concept, image, and symbol: The cognitive basis of grammar*(박이정).
노양진·나익주. 1995. 『삶으로서의 은유』(Lakoff & Johnson 1980. *Metaphors we live by*)(서광사).
노양진. 2000. 『마음 속의 몸』(Johnson 1987. *The body in the mind*)(철학과현실사).
이기동 편역. 1983. 『언어와 인지』(한신문화사).
이기동·김종도. 1991. 『인지문법』(한신문화사).
이기동 외. 1999. 『언어와 언어학: 인지적 탐색』(Dirven & Verspoor 1998. *Cognitive exploration of language and linguistics*)(한국문화사).
이기우. 1994. 『인지 의미론』(Lakoff 1987. *Women, fire and dangerous things: What categories reveal about the mind*)(한국문화사).
이기우·양병호. 1996. 『시와 인지: 시적 은유의 현장 안내』(Lakoff & Turner 1988. *More than cool reason: A field guide to poetic metaphor*)(한국문화사).

이기우·이정애·박미엽. 1997. 『인지언어학의 기초』(Seisako 1996. *An introduction to cognitive linguistics*)(한국문화사).

이성하·구현정. 2000. 『형태론』(Bybee 1985. *Morphology*)(한국문화사).

이성하·구현정. 2004. 『문법의 인지적 기초』(Heine 1997. *Cognitive foundations of grammar*)(박이정).

이정화·우수정·손수진·이진희. 2003. 『은유: 실용입문서』(Kövecses 2002. *Metaphor: A practical introduction*)(한국문화사).

임지룡·김동환. 1998. 『인지언어학 개론』(Ungerer & Schmid 1996. *An introduction to cognitive linguistics*)(태학사).

임지룡·김동환. 2002. 『언어의 의미: 의미·화용론 개론』(Cruse 2000. *Meaning in language: An introduction to semantics and pragmatics*)(태학사).

임지룡·김동환. 2003. 『인지언어학 입문』(Lee 2001. *Cognitive linguistics: An introduction*)(한국문화사).

임지룡·김동환. 2005. 『인지문법』(Taylor 2002. *Cognitive grammar*)(한국문화사).

임지룡·윤희수. 1989. 『어휘 의미론』(Cruse 1986. *Lexical semantics*)(경북대학교출판부).

임지룡·윤희수. 1993. 『심리학언어학: 머리속 어휘사전의 신비를 찾아서』(Aitchison 1987. *Words in the mind: An introduction to the mental lexicon*)(경북대학교출판부).

임지룡·윤희수·노양진·나익주. 2002. 『몸의 철학: 신체화된 마음의 서구 사상에 대한 도전』(Lakoff & Johnson 1999. *Philosophy in the flesh: The embodied mind and its challenge to western thought*)(박이정).

정춘회 편역. 1996. 『인지언어학』(형설출판사).

조명원·나익주. 1997. 『인지언어학이란 무엇인가?: 언어학과 원형이론』(Taylor 1989. *Linguistic categorization: prototypes in linguistic theory*)(한국문화사).

위의 번역서 목록을 통해서 알 수 있듯이, 국내 저서와 마찬가지로, 인지언어학 일반을 다루고 있는 개론서를 비롯해서 Langacker와 Lakoff 및 그 동료의 기본 정신을 다룬 책들은 번역이 많이 되어 있으나, 문법화에 관한 책은 한 권밖에 없다. 원형 이론, 틀의미론, 주의 배분 이론, 정신공간 이론, 개념적 혼성 이론, 도상성 이론, 주관화 이론에 관한 번역서는 국내에서 거의 찾아볼 수 없다. 즉 인지언어학 관련 번역서가 한 쪽으로 너무 치우쳐 있음을 느낄 수 있다.

앞 절에서 인지언어학의 주요 방법론을 소개했는데, 각 방법론에 입각한 국내의 학위논문 및 이 논문들이 참고하고 있는 각 이론의 주요 참고문헌을 소개하고자 한다. 다음은 원형 이론을 다루고 있는 석·박사논문 및 참고문헌들이다.

권오희. 1999. 「국어 접두사 연구: 원형 범주적 접근」. 경희대학교 대학원 석사학위논문.
김명숙. 1992. 「영향동사의 의미확대 현상에 관한 연구」. 연세대학교 대학원 박사학위논문.
김정화. 1993. 「인지적 원형 개념을 통한 「지식표현법」에 대한 고찰」. 한국외국어대학교 대학원 석사학위논문.
나익주. 1993. 「A semantic network approach to the English verbs PUT and SET」. 전남대학교 대학원 박사학위논문.
남윤희. 1991. 「원형설에 의한 전치사 Above, On, Over, Up의 의미 분석 및 그 효과의 측정」. 이화여자대학교 교육대학원 석사학위논문.

류시종. 1995. 「한국어 보조용언 범주 연구: 원형이론적 접근」. 서울대학교 대학원 박사학위논문.
문지아. 1999. 「원형모형설에 의한 독일어 다의동사 분석: bringen, geben, nehmen을 중심으로」. 연세대학교 대학원 석사학위논문.
박상률. 1999. 「영어 어휘 의미분석의 원형이론적 접근」. 계명대학교 대학원 박사학위논문.
박효명. 1995. 「이동동사 run, walk와 creep의 의미확대 현상에 관한 연구」. 전남대학교 대학원 박사학위논문.
방유석. 1995. 「다의어동사의 원형의미론적 접근: take와 set의 경우」. 호남대학교 대학원 석사학위논문.
송정교. 1994. 「Over 연구: 원형의미론과 도식적 방법」. 연세대학교 교육대학원 석사학위논문.
심영숙. 1998. 「원형 의미 확장에 따른 어휘의 다의성 분석: 한국어 객체이동동사를 중심으로」. 고려대학교 대학원 석사학위논문.
이현근. 1996. 「영어 어의 개념론적 연구」. 충남대학교 대학원 박사학위논문.
정재환. 1999. 「영어 기본동사의 원형의미와 의미확장분석」. 충남대학교 교육대학원 석사학위논문.
정철영. 1993. 「인지문법과 영어 기본 동사의 의미확대 분석」. 부산대학교 대학원 박사학위논문.
정춘회. 1989. 「원형범주론에 의한 어의 연구: 영어 head, flat, cut을 중심으로」. 충남대학교 대학원 박사학위논문.
정유경. 2000. 「원형모형과 의미망 이론에 입각한 동사 play의 다의성에 관한 연구」. 상명대학교 대학원 석사학위논문.
Aitchison(1987/1994)의 Words in the mind: An introduction to the mental lexicon.
Coleman & Kay(1981)의 Prototype semantics: The English word LIE.

Craig(ed.)(1986)의 *Noun classes and categorization*.

Holland & Quinn(eds.)(1987)의 *Cultural models in language and thought*.

Hüllen & Schulze(eds.)(1988)의 *Understanding the lexicon: Meaning, sense and world knowledge in lexical semantics*.

Lakoff(1987)의 *Women, fire, and dangerous things: What categories reveal about the mind*.

Rudzka-Ostyn(ed.)(1988)의 *Topics in cognitive linguistics*.

Taylor(1989/1995)의 *Linguistic categorization: Prototype in linguistic theory*.

Tsohatzidis(ed.)(1990)의 *Meanings and prototypes: Studies in linguistic categorization*.

다음은 영상도식 이론을 다루고 있는 석·박사논문 및 참고문헌들이다.

김성원. 2001. 「UP의 영상 도식적 분석」. 수원대학교 교육대학원 석사학위논문
박선애. 2000. 「영어 over의 의미분석: 인지언어학적 접근」. 홍익대학교 대학원 석사학위논문.
송점종. 2000. 「Out 의미의 영상도식 변형적 분석」. 수원대학교 대학원 석사학위논문.
이행숙. 2002. 「평가적 판단 형용사의 인지과정과 영상 도식」. 신라대학교 교육대학원 석사학위논문.
정영식. 1999. 「다의성과 영상도식 변형」. 수원대학교 대학원. 박사학위논문.
정유선. 1994. 「내용 도식(Content Schema)이 영어 읽기 및 듣기 이해에 미치는 영향에 관한 연구」. 서울대학교 대학원 석사학위논문.

한상숙. 2001.「영어 구동사의 인지의미론적 접근과 교육적 효과에 관한 연구」. 한국교원대학교 대학원 석사학위논문.

Clausner & Croft(1999)의 Domains and image schemas.

Dewell(1994)의 *Over* again: Image-schema transformations in semantic analysis.

Gibbs & Colston(1995)의 The cognitive psychological reality of image-schemas and their transformations.

Johnson(1987)의 *The body in the mind*.

Lakoff(1987)의 *Women, fire, and dangerous things: What categories reveal about the mind*.

Lindner(1983)의 *A lexio-semantic analysis of English verb particle constructions with out and up*.

다음은 틀의미론을 다루고 있는 석·박사논문 및 참고문헌들이다.

권순늠. 2002.「틀의미론을 중심으로 본 인지모형」. 금오공과대학교 교육대학원 석사학위논문.

류경림. 2003.「Perception verbs in English: A frame semantics approach」. 한국외국어대학교 대학원 석사학위논문.

윤주형. 2002.「Some verbs of speaking in English: A frame semantics approach」. 한국외국어대학교 대학원 석사학위논문.

이동은. 2000.「틀(Frame)이 포함한 다의성에 관한 연구」. 이화여자대학교 대학원 석사학위논문.

Fillmore(1982)의 Frame semantics.

Fillmore(1985)의 Frames and the semantics of understanding.

Lee(1997)의 Frame conflicts and competing construals in family argument.

Lehrer & Kitty(eds.)(1992)의 *Frames, fields and contrasts: New essays in semantic and lexical organization*.

다음은 은유 이론을 다루고 있는 석・박사논문 및 참고문헌들이다.

김기수. 1993. 「은유의 인지적 연구」. 경북대학교 대학원 박사학위논문.
김대식. 1995. 「은유의 인지적 분석에 관한 연구」. 대구효성가톨릭대학교 대학원 박사학위논문.
김동환. 1995. 「은유의 편재성 분석」. 경북대학교 대학원 석사학위논문.
김영일. 2000. 「개념적 은유구조 분석에 관한 연구」. 한남대학교 대학원 석사학위논문.
김성일. 1997. 「은유의 의미론적 분석」. 경북대학교 대학원 박사학위논문.
김태헌. 2001. 「은유의 신체적 경험과 문화와의 관련성 연구: 정서 은유를 중심으로」. 계명대학교 대학원 박사학위논문.
신동일. 2002. 「국어 은유의 연구」. 한남대학교 대학원 박사학위논문.
이진옥. 2000. 「영어 은유표현의 개념구조」. 충남대학교 대학원 박사학위논문.
이진숙. 1998. 「은유에 관한 개념적 연구」. 창원대학교 대학원 석사학위논문.
정규태. 1996. 「은유 이해의 인지적 요소에 관한 연구」. 고려대학교 대학원 석사학위논문.
정원용. 1998. 「은유의 생성과 해석에 관한 연구」. 동아대학교 대학원 박사학위 논문.
조영심. 2002. 「은유의 인지언어학적 연구」. 전주대학교 대학원 박사학위논문.
추수진. 2001. 「인지문법에 의한 시적 은유의 분석」. 수원대학교 대학원 박사학위논문.

최도순. 1998. 「인지적 관점에서 본 영어 어휘의 은유적 확장」. 한남대학교 대학원 박사학위논문.
최명란. 1997. 「영어의 개념적 은유에 관한 연구」. 부산대학교 대학원 석사학위논문.
홍승욱. 1989. 「영어 은유의 개념론적 해석」. 충남대학교 대학원 박사학위논문.
Barcelona(ed.)(2000)의 *Metaphor and metonymy at the crossroads: A cognitive perspective*.
Gibbs(1994)의 *The poetics of mind: Figurative thought, language, and understanding*.
Johnson(1987)의 *The body in the mind*.
Kövecses(2002)의 *Metaphor: A practical introduction*.
Kövecses & Radden(1998)의 Metonymy: Developing a cognitive linguistic view.
Lakoff(1987)의 *Women, fire, and dangerous things: What categories reveal about the mind*.
Lakoff & Johnson(1980)의 *Metaphors we live by*.
Lakoff & Johnson(1999)의 *Philosophy in the flesh: The embodied mind and its challenge to western thought*.
Lakoff & Turner(1989)의 *More than cool reason: A field guide to poetic metaphor*.
Sweetser(1990)의 *From etymology to pragmatics: Metaphorical and cultural aspects of semantic structure*.

다음은 환유 이론을 다루고 있는 석·박사논문 및 참고문헌들이다.

고미영. 1988. 「은유와 환유의 상보적 관계」. 경희대학교 대학원 석사학위논문.

김보경. 2001. 「한국어 신체어의 은유와 환유」. 상명대학교 대학원 석사학위논문.

박옥희. 2002. 「중학교 국어 교과서에 실린 시의 은유와 환유에 대하여」. 순천대학교 교육대학원 석사학위논문.

백은영. 2000. 「환유에 의한 영어 관용어의 이해: 'hand', 'foot' 관용어를 중심으로」. 성신여자대학교 교육대학원 석사학위논문.

이미영. 2002. 「신체어의 은유와 환유: 국어 담화 분석을 중심으로」. 부산외국어대학교 대학원 석사학위논문.

이석기. 2002. 「신체부위 환유」. 창원대학교 대학원 석사학위논문.

이종열. 2002. 「국어 비유적 의미의 인지과정에 대한 연구」. 경북대학교 대학원 박사학위논문.

정재은. 2000. 「은유와 환유에 의한 영어 관용어의 이해: 'head', 'heart' 관용어를 중심으로」. 성신여자대학교 교육대학원 석사학위논문.

조찬숙. 2002. 「은유와 환유에 의한 신체관련 표현 연구: 영어와 우리말의 자료분석 및 개념체계 비교」. 한국교원대학교 대학원 석사학위논문.

Barcelona(ed.)(2000)의 *Metaphor and metonymy at the crossroads: A cognitive perspective*.

Gibbs(1994)의 *The poetics of mind: Figurative thought, language, and understanding*.

Kövecses & Radden(1998). Metonymy: Developing a cognitive linguistic view.

Langacker(1993)의 Reference-point constructions.

Papafragou(1996)의 On metonymy.

Panther & Radden(eds.)(1999)의 *Metonymy in language and thought*.

다음은 정신공간 이론을 다루고 있는 석사논문 및 참고문헌들이다.

김중현. 2000. 「포코니에의 정신공간 이론을 통한 국어 의미구조 연구」. 경북대학교 대학원 석사학위논문.
Fauconnier(1985/1994)의 *Mental spaces: Aspects of meaning construction in natural language.*
Fauconnier(1997)의 *Mappings in thought and language.*
Fauconnier & Sweetser(eds.)(1996)의 *Spaces, worlds, and grammar.*

다음은 개념적 혼성 이론을 다루고 있는 박사논문 및 참고문헌들이다.

김동환. 2002. 「개념적 혼성 이론과 의미구성」. 경북대학교 대학원 박사학위논문.
Coulson(2001)의 *Semantic leaps: Frame-shifting and conceptual blending in meaning construction.*
Fauconnier(1997)의 *Mappings in thought and language.*
Fauconnier & Turner(1994)의 Conceptual projection and middle spaces.
Fauconnier & Turner(1998)의 Conceptual integration networks.
Fauconnier & Turner(2002)의 *The way we think: Conceptual blending and the mind's hidden complexities.*
Turner & Fauconnier(1995)의 Conceptual integration and formal expression.

다음은 주의 배분 이론의 참고문헌들이다.

Talmy(1985)의 Lexicalization patterns: Semantic structure in lexical forms.

Talmy(1991)의 Path to realization: A typology of event conflation.

Talmy(1996a)의 The windowing of attention.

Talmy(1996b)의 Fictive motion in language and "ception".

Talmy(2000)의 *Toward a cognitive semantics*.

다음은 주관화 이론을 다루고 있는 대표적인 단편 논문들 및 참고문헌들이다.

김동환. 2001.「주관화와 의미확장」. 현대문법연구 23, 현대문법연구회.
이기동. 1989.「언어 주관성의 문제」. 한글 206. 한글학회.
임지룡. 1998.「주관적 이동표현의 인지적 의미특성」. 담화와 인지 9-1. 담화·인지 언어학회.
Stein & Wright(eds)(1995)의 *Subjectivity and subjectivisation: Linguistic perspectives*.
Langacker(1990)의 Subjectification.
Langacker(1998)의 On subjectification and grammaticalization.
Matsumoto(1996a)의 How abstract subjective motion?: A comparison of coverage path expression and access path expressions.
Matsumoto(1996b)의 Subjective motion and English and Japanese verbs.
Nakamura(1997)의 A cognitive approach to English adverbs.
Pelyvás(1996)의 *Subjectivity in English: Generative grammar versus the cognitive theory of epistemic grounding*.
Traugott(1989)의 On the rise of epistemic meanings in English: An example of subjectification in semantic change.

다음은 도상성 이론을 다루고 있는 석·박사논문 및 참고문헌들이다.

강용순. 1985. 「보문구조의 도상성 연구」. 연세대학교 대학원 석사학위 논문.

강태희. 2002. 「도상성, 시각화 및 감정전치사를 통해 본 인지문법의 설명력」. 금오공과대학교 교육대학원 석사학위논문.

김광현. 2002. 「영어 통사구조의 도상성」. 동아대학교 대학원 박사학위 논문.

김영수. 1994. 「영어통사구조의 도상성 연구: 여격/보문구조를 중심으로」. 인하대학교 대학원 석사학위논문.

김진경. 2003. 「도상성의 원리에 입각한 텍스트 분석」. 부산대학교 대학원 석사학위논문.

김희숙. 2000. 「보문소 that의 유·무 현상에 관한 연구: 도상성 원리를 중심으로」. 중앙대학교 대학원 석사학위논문.

문병태. 1989. 도상성으로 본 영어 조건문의 의미. 충남대학교 대학원 박사학위논문.

박보경. 2001. 「도상성 이론에 입각한 영어 여격구문 분석」. 연세대학교 대학원 석사학위논문.

신광용. 2003. 「도상성 이론에 입각한 영어 여격 구문 비대칭 현상 분석」. 연세대학교 대학원 박사학위논문.

우성희. 1992. 「도상성(圖像性)을 이용한 영어교육: 동사+(전치사)+목적어 구문을 중심으로」. 연세대학교 교육대학원 석사학위논문.

임상순. 1990. 「영어 통사구조의 도상성에 관한 연구」. 연세대학교 대학원 박사학위논문.

홍효순. 1994. 「보문구조의 도상성을 이용한 영어교육: 'NP$_2$+비정형동사' 구문을 중심으로」. 연세대학교 교육대학원 석사학위논문.

Bolinger(1977)의 *Meaning and form.*

Fischer & Nänny(eds.)(2001)의 *The Motivated sign: Iconicity in language and literature 2.*
Haiman(1985a)의 *Natural syntax: Iconicity and erosion.*
Haiman(ed.)(1985b)의 *Iconicity in syntax.*
Müller & Fischer(eds.)(2003)의 *From sign to signing: Iconicity in language and literature 3.*
Nänny & Fischer(eds.)(1999)의 *From miming meaning: Iconicity in language and literature 1.*
Simone(ed.)(1995)의 *Iconicity in language.*

다음은 문법화 이론을 다루고 있는 석·박사논문 및 참고문헌들이다.

강소영. 2001. 「명사구 보문 구성의 문법화 연구: '보문화소#보문명사+이-'를 중심으로」. 이화여자대학교 대학원 박사학위논문.
고영진. 1996. 「국어 풀이씨의 문법화 과정에 관한 연구: 통사론적 구성에서 형태론적 구성으로」. 연세대학교 대학원 박사학위논문.
김미영. 2002. 「영어의 문법화 연구: (조)동사를 중심으로」. 부산대학교 대학원 석사학위논문.
김복순. 2001. 「The Modal auxiliary system in English: a grammaticalization perspective」. 한국외국어대학교 대학원 석사학위논문.
김현정. 1997. 「국어 명사의 문법화 과정 연구: 어미화 과정을 중심으로」. 건국대학교 대학원 석사학위논문.
박주영. 2000. 「'것'의 문법화 연구」. 상명대학교 대학원 석사학위논문.
박근영. 2001. 「한국어 지시 대용어의 문법화」. 한국외국어대학교 대학원 박사학위논문.
배현숙. 2000. 「국어 용언의 문법화 연구: 그 원인과 원리 규명을 중심으로」. 고려대학교 대학원 박사학위논문.

서진숙. 2002. 「동사 '치다'의 다의화와 문법화 연구」. 경희대 대학원 석사학위논문.

신지선. 2003. 「영어에서의 문법화 현상」. 성균관대학교 대학원 석사학위논문.

안노찬. 2003. 「On English negative prefixes: A grammaticalization perspective」. 한국외국어대 대학원 석사학위논문.

안재현. 2002. 「A study on future markers from grammaticalization and cross-linguistic perspectives」. 한국외국어대학교 대학원 석사학위논문.

안주호. 1996. 「한국어 명사의 문법화 현상 연구」. 연세대학교 대학원 박사학위논문.

엄수진. 2003. 「Grammaticalization of the quasi-modal auxiliary: with special reference to *be going to* and *have to*」. 한국외국어대학교 대학원 석사학위논문.

윤명상. 2002. 「동사 '보다'의 문법화」. 한남대학교 대학원 석사학위논문.

이태영. 1988. 「국어 동사의 문법화에 관한 연구」. 전북대학교 대학원 박사학위논문.

이현숙. 2003. 「A grammaticalization-based study of negative polarity items」. 한국외국어대학교 대학원 석사학위논문.

정연희. 2001. 「한국어 연결어미의 문법화」. 한국외국어대학교 대학원 박사학위논문.

조춘화. 1999. 「매인 이름씨의 문법화 연구」. 동아대학교 대학원 석사학위논문.

주소영. 2002. 「영어와 한국어의 문법화 현상: 중복모형과 환유・은유 모형을 중심으로」. 경북대학교 대학원 박사학위논문.

최동주. 1995. 「국어 시상체계의 통시적 변화에 관한 연구」. 서울대학교 대학원 박사학위논문.

최상진. 「국어의미론의 역학적 방법론 연구: 국어의미의 문법화를 위한 시론」. 경희대학교 대학원 박사학위논문.
한용운. 2002. 「국어의 조사화 연구」. 동국대학교 대학원 박사학위논문.
이성하. 1998. 『문법화의 이해』. 서울: 한국문화사.
Heine, Claudi & Hünnemyer(1991)의 *Grammaticalization: A conceptual framework*.
Heine(1993)의 *Auxiliaries: Cognitive forces and grammaticalization*.
Heine(1997a)의 *Cognitive foundation of grammar*.
Heine(1997b)의 *Possession: Cognitive sources, forces, and grammaticalization*.
Hopper & Traugott(1993)의 *Grammaticalization*.
Ohori(1998)의 *Studies in Japanese grammaticalization: cognitive and discourse perspectives*.
Traugott & Heine(eds.)(1991)의 *Approaches to grammaticalization*.

국내에서 발표된 석·박사학위논문의 목록을 통해서 알 수 있듯이, 원형 이론, 은유 이론, 문법화 이론은 석·박사학위논문에서 상당히 풍부하게 연구되었다. 영상도식 이론에 대해서는 한 편의 박사학위논문을 제외하고는 모두 석사학위논문이다. 틀의미론의 경우에는 마찬가지로 위에 소개된 논문이 전부이고 모두 석사학위논문이다. 환유 이론의 경우에도 대부분이 석사학위논문들뿐이다. 정신공간 이론은 석사논문 한 편, 개념적 혼성 이론은 박사학위논문 한 편뿐이다. 주의 배분 이론과 주관화 이론에 대해서는 석·박사학위논문이 한 편도 없는 실정이다. 도상성 이론의 경우에는 석·박사학위논문을 통해 국내에 꽤 소개되었다. 마지막으로 문법화에 관한 연구는 대부분 국어 쪽에 치우친 경향이 많으며 영어의 경우에는 그렇게 많은 논의가 이루어지지 않은 실정이다.

제2부 인지모형

- 제2장 틀
- 제3장 영상도식
- 제4장 정신공간

제2장 틀

2.1. 틀의 본질
   2.1.1. 틀의 속성
   2.1.2. 기타 인지모형
   2.1.3. 틀과 윤곽부여
2.2. 틀과 의미구조
   2.2.1. 명사의 의미구조
   2.2.2. 동사의 의미구조
   2.2.3. 텍스트의 의미구조

이 장에서는 첫 번째 인지적 구성물로서 Fillmore의 틀(frame)의 본질 및 그것으로 다룰 수 있는 언어 현상을 논의할 것이다. 틀이라는 인지모형을 사용해서 언어의 의미 현상을 다루는 이론을 틀의미론(frame semantics)이라고 한다. 1961년에 박사학위를 받은 후 지금까지 Fillmore가 다룬 연구 분야는 변형규칙들 간의 어순 문제, 어휘표상의 구조와 본질의 문제, 직시(deixis), 구문 등 그 범위가 상당히 폭넓다 하겠다. 이 중에서 Fillmore(1968)의 격문법(case grammar)에서 비롯된 Fillmore(1982)의 틀의미론은 Fillmore가 인지언어학에 끼친 크나큰 기여 중의 하나가 되었다.

Fillmore(1975)는 부분적으로 의미의 점검표이론(checklist theory of meaning)에 대한 반작용으로 틀이라는 개념을 언어학에 소개한다. 의미의 점검표이론에 따르면, 언어의 의미는 그것이 적절하게 사용되기 위해 충족해야 하는 조건의 점검표에 의해 표현된다. 반면에 틀의미론에서 낱말의 의미는 세계에 대한 체험 토대적 도식화(experience-based schematization)인 틀에 근거해서 규명된다. 틀의미론에서는 낱말이 그것과 관련된 백과사전적 지식인 전체 틀을 상기시키며, 그 틀을 바탕으로 낱말 의미가 정의되고 이해된다고 주장한다. 더 나아가 낱말이 상기시킨 전체 틀의 특정한 요소에 윤곽부여(profiling) 함으로써 낱말의 의미구조가 밝혀진다는 것이 틀의미론의 관점이다.

2.1에서는 틀의 본질을 다룬다. 먼저, Fillmore가 사용한 틀에 대한 개념의 변천 과정을 살펴보면서 틀의 성격을 밝힐 것이다. 그리고 이런 틀의 성격과 유사한 인지언어학 문헌에서 만날 수 있는 몇 가지 기타 인지모형에 대해 살펴볼 것이다. 또한 틀의미론에서 핵심이 되는 틀과 윤곽부여 사이의 관계도 다룰 것이다. 2.2에서는 틀의 개념으로 낱말의 의미구조 및 의미적으로 관련된 여러 낱말들 사이의 관계를 명사와 동사로 나누어 살펴보고, 간단한 텍스트를 사용해서 텍스트 해석에 틀의미론이 적용될 수 있음을 보일 것이다.

2.1. 틀의 본질

이 절에서는 인지언어학에서 사용하는 틀의 개념이 나오기 이전의 틀의 성격 및 인지적 구성물로서의 틀의 성격을 규명하고, 아울러 인지언어학 문헌에서 접할 수 있는 틀과 성격이 유사한 인지적 구조인 시나리오와 스크립트에 대해 살펴볼 것이다. 그리고 완전한 이론으로서의 틀의미론이 되기 위해 갖추어야 하는 틀 외의 또 다른 인지과정인 윤곽부여를 틀과 관련하여 살펴볼 것이다.

2.1.1. 틀의 속성

틀이라는 용어는 Fillmore가 1970년대 중반에 언어학계에 소개했다. 그는 틀로 이른바 의미의 점검표이론, 즉 고전 범주화 이론의 한계를 극복하면서 어휘의미론 연구에 상당한 공헌을 했다. 더욱이 통사론에서, 틀의 개념을 통해 Fillmore(1968)의 초기 이론인 격문법과 관련된 많은 심각한 문제들, 예컨대, 심층구조의 어떤 요소가 표층구조에서 주어와 목적어가 되는지에 대한 질문에 답을 제공할 수 있다.

Fillmore(1975: 124)는 틀을 "장면의 원형적 보기와 연상될 수 있는 언어적 선택의 체계—가장 쉬운 경우는 낱말들의 수집물이지만, 또한 문법적 규칙이나 언어 범주의 선택물을 포함한다"로 정의한다. 이와 유사한 정의는 Fillmore(1975: 127)에서 다시 만날 수 있는데, 그는 틀을 "도식에서 발견되는 범주와 관계를 명명하고 기술하기 위한 주어진 언어의 특이한 어휘-문법적 목록"으로 정의한다. Palmer(1996: 63)는 이런 Fillmore의 틀에 대한 정의에 근거해서 "틀은 화자가 다양한 도식의 면을 상기시키는 데 사용되는 일련의 낱말이나 관습적인 문법적 구문으로 구성되어 있다"라고 말한다. 이처럼 초기 Fillmore의 이론에서 틀은 언어적 구성물(linguistic construction)[1]로 간주된다.

이런 초기의 틀에 대한 그의 정의가 최근에는 인지적인 것으로 재해석된다. Fillmore(1982: 111)에서는 틀을 "하나의 개념을 이해하기 위해 그 개념이 어울리는 전체 구조를 이해해야 하는 식으로 관련된 개념의 체계"로 정의하며, Fillmore(1985: 223)에서는 틀을 "지식의 특이한 통합 체제나 체험의 응집력있는 도식화"로 간주한다. 더 최근에 Fillmore & Atkins(1992: 75)에서는 틀을 "인지적 구조 (또는 틀) […] 이것에 대한 지식이 낱말들이 기호화하는 개념들에 대해 전제된다"고 간주한다. 더욱이 Lowe, Baker & Fillmore(1997: 2)에 따르면, "틀은 정형화된 시나리오—어떤 사건이 발생하며 상태를 획득할 수 있을 거라고 화자가 기대하는 상황의 많은 자질을 가진다. 일반적으로, 틀은 도식화된 형태를 하고 있는 어느 정도의 "실재-세계 지식"을 부호화한다." 이런

---

[1] 언어적 구성물은 특정한 언어 단위에 대하여 그 단위 앞이나 뒤에 있는 언어 표현을 가리키는 언어적 문맥과 동일한 개념이다.

Fillmore의 틀에 대한 가장 최근의 정의를 바탕으로, 틀은 종종 정확하게 형식화될 수 없는 실체나 체험을 언급함을 알 수 있다. 이런 실체나 체험에는 인간에게 보편적인 체험, 환경과의 상호작용, 문화적 보편성이 있는데, 이것은 낱말 의미를 이해하고 기술하는 데 전제는 되지만 표현은 되지 않는다.2) 이런 여러 정의와 설명은 틀이 언어적 구성물이 아니라 인지적 구성물(cognitive construction)로 간주됨을 보여 준다.3)

2.1.2. 기타 인지모형

인지모형으로서의 틀은 인지언어학 문헌에서 만날 수 있는 다른 몇 가지 인지적 구성물과 유사한데, 특히 틀은 시나리오나 스크립트와 유사하다.4) 시나리오는 문화적으로 정의된 행동들의 순서로서 일종의 이야기 도식이다. Palmer(1996: 75-76)에서는 시나리오와 스크립트를 동의어로 간주한다. Schank & Abelson(1977: 41)에서는 스크립트를 "잘 알려진 상황을 정의하는 미리 결정되고 정형화된 행동들의 순서"로 정의한다. Schank & Abelson(1977: 68)에 따르면, "인간 이해자는 수천 가지의 스크립트를 갖추고 있다. 그는 이런 스크립트를 거의 생각하지 않고 사용한다."

시나리오도 스크립트와 크게 다르지 않다. 예로서 이동 시나리오를 보자. 한 장소에서 다른 장소로 이동할 때, 사람들은 먼저 이동 차량을 발견하고 그것을 타고 목적지로 가며, 목적지에 도착하면 차량에서 내리는 것과 같은 다양한 사건을 경험한다. 이러한 일련의 사건에 대한 시

---

2) 인간의 인지와 관련되는 틀에 대한 연구는 그 자체가 방대한 연구 분야이다. 그래서 언어의 의미를 기술하는 데 얼마나 많은 양의 특이한 지식이 상술되어야 하는지를 미리 알 수 없다. 틀 지식은 무한하지만 특정한 기술적 목적을 위해 한계를 정할 수 있다.
3) Beaugrande & Dressler(1981: 90)는 틀을 "어떤 중심적인 개념에 대한 상식 지식의 전체적 패턴"으로 약간 다르게 정의한다.
4) Fillmore(1982: 111)는 틀을 자연언어의 이해에 관한 문헌에서 만날 수 있는 도식, 스크립트, 시나리오와 같은 다양한 개념을 포함하는 포괄적인 용어로 사용한다.

나리오는 다음과 같다.

1단계: 전제조건	차를 가지다
2단계: 탑승	차에 타서 차를 움직이게 하다
3단계: 중앙	차를 목적지까지 몰고 가다
4단계: 종결	차를 주차하고 차에서 내리다
5단계: 마지막 지점	목적지에 도달하다

[그림 2.1] 이동 시나리오

다음 예를 보자.

(1) A: How did you get to the airport?(어떻게 공항에 갔니?)
    B: a. I have a car.(나는 자동차가 있다.)
       b. I hopped on a bus.(버스를 탔지.)
       c. I drove my car.(내가 자동차를 몰았지.)

(1)의 A에 대한 대답으로 B는 (a,b,c)와 같이 세 가지 방식으로 대답을 할 수 있다. 이런 B의 대답에 A는 만족하는데, 이것은 A와 B가 [그림 2.1]과 같은 이동 시나리오를 공유하고 있으며, 그것을 바탕으로 대화에 참여하기 때문이다. 즉 (1a)는 위의 이동 시나리오 중에서 1단계에 초점을 두며, (1b)는 2단계에, (1c)는 3단계에 초점을 두고 있다.

2.1.3. 틀과 윤곽부여

틀의미론에서 개별적인 언어 표현을 여러 범주들이 하나로 통합되어 있는 더 큰 개념적 구조나 인지적 구조를 통해 살펴보아야 한다고 주장한다. 그리고 특정 언어 표현의 의미는 그 표현에 의해 상기되는 틀과 연관되어 발생한다는 것이 틀의미론의 핵심 내용이다.[5]

인지적 구성물로서의 틀 개념을 바탕으로 하는 틀의미론은 언어 표현의 의미를 어떻게 이해하고 기술할 것인지에 대한 하나의 접근법이다. 틀의미론은 언어 사용자가 언어 표현을 이해하기 위해서는 그 표현이 해당 언어에서 존재하게 되는 방식 및 그 표현이 담화에서 사용되는 방식에 대한 배경과 동기를 부여해 주는 틀이라는 개념적 구조에 대한 지식을 먼저 가지고 있어야 한다고 가정한다. 개별적인 언어 표현이 상기시킨 그 틀의 부분은 개별적인 틀 요소(frame element)이며, 틀 요소 전체는 하나의 틀 요소 집단(frame element group)을 형성한다.

틀의미론은 특정 언어 표현이 그에 해당하는 특정한 틀을 상기시킨다고 가정하며, 그 틀을 바탕으로 해당 언어 표현의 의미구조를 파악한다. 그러나 언어 표현이 그것이 상기시킨 틀을 바탕으로 그 의미를 특징짓는다는 말은 다소 모호하다. 이에 대한 좀더 체계적인 설명을 위해서는 Langacker의 윤곽부여(profiling)의 개념이 틀의미론에 도입되어야 한다. 그렇게 되면, 언어 표현의 의미구조는 그 표현이 상기한 틀이라는 바탕의 특정 부분에 윤곽부여 된 전체 형상과 동일하게 된다. 윤곽부여란 주어진 하나의 동일한 상황을 다양한 방법으로 구조화하고 해석하는 우리 인간의 가장 기본적인 인지능력인 해석 또는 관습적 영상(conventional imagery)의 한 유형이다.

틀과 윤곽부여 사이의 관계에 대한 논의는 Lee(1997: 341)에서 찾을 수 있다. 그의 말을 빌리자면, "용어 '틀'은 인지문법(Langacker 1990: 5-15)의 '윤곽부여'와 밀접하게 연상된다. 윤곽부여는 본질적으로 틀 (또는 Langacker의 용어를 사용하자면, '바탕') 속의 어떤 요소(또는 요소들)를 전경화 하거나 두드러지게 하는 과정이다. 어떤 어휘 항목이나 문법적 형태가 우리의 인지적 또는 사회적 체험의 특정 면을 전경화 하는 것으로 생각될 수 있다는 의미에서, 윤곽부여는 그 이론에서 중요한 역

---

5) 이런 생각에 대한 자세한 논의를 위해서 Fillmore(1982), Fillmore & Atkins (1992), Fillmore & Atkins(1994) 참조.

할을 한다." 이런 점에서 틀은 윤곽부여와 밀접하게 관련을 맺고 있다.6) 이 책에서 말하는 틀의미론은 Fillmore의 틀과 Langacker의 윤곽부여의 결합물로 이해된다.

2.2. 틀과 의미구조

이 절에서는 틀의미론의 패러다임으로 언어의 의미구조를 논의할 것이다. 특히 명사와 동사의 의미구조에 관해서 논의할 때는 개별 명사 및 동사의 의미구조를 비롯하여, 서로 관련된 명사들 사이의 관계와 서로 관련된 동사들 사이의 관계를 틀의 개념으로 설명할 것이다. 마지막으로 하나의 텍스트가 텍스트로서 적절하게 수용될 수 있는지의 여부에 틀이 어떻게 기여하는지를 살펴볼 것이다.

2.2.1. 명사의 의미구조

먼저, 틀의미론이 개별적인 명사의 의미를 어떻게 특징짓는지 살펴보자. 낱말 birthday(생일)가 상기하는 틀은 동일한 특별한 날이 매년 나타나는 달력이다. 이 달력 틀을 구성하는 틀 요소 중에서 특정 날짜라는 틀

---

6) 유사하게도, Posy(1988: 44)는 동일한 상황에 부여되는 각기 다른 관점인 원근화법에 의해 낱말들이 동일한 틀과 연결된다고 주장한다. 더욱이 그는 여러 관련된 낱말들이 자연 범주화, 즉 원형에서의 일탈과 가족닮음 관계에 의해 어휘부에서 조직된다고 주장한다. 예컨대, 쓰기 틀은 쓰는 개인, 개인이 가지고 쓰는 도구, 쓰기가 행해지는 표면, 쓰기 행동의 결과로 구성되어 있다. write(쓰다)가 이 틀에 가장 원형적인 동사이며, sketch(스케치하다), draw(그리다), paint(칠하다), autograph(자서하다), scribble(갈겨쓰다), scrawl(갈겨쓰다), pen(저술하다), jot down(간단히 몇 자 적다), pencil(연필로 쓰다), type(타자기로 치다), transcribe(베끼다), copy(복사하다), address(주소를 쓰다)와 같은 동사들은 쓰기 틀을 바탕으로 원형에서 일탈된 동사들이며, 이 모든 동사들은 서로 가족닮음 관계를 이루고 있다.

요소에 윤곽부여 함으로써 그 낱말의 의미구조가 파악된다. 이것을 그림으로 나타내면 다음과 같다.

2003 January

SUN	MON	TUE	WED	THU	FRI	SAT
			1	2	3	4
5	6	7	8	9	10	11
12	13	14	15	16	17	18
19	20	21	22	23	24	25
26	27	28	28	30	31	

[그림 2.2] birthday에 대한 윤곽부여

낱말 goalkeeper(골키퍼)의 경우에 축구는 11명이 한 팀이 되어 두 팀이 하는 경기이며, 그 중 한 명은 손으로 공을 잡을 수 있다와 같은 축구 경기의 규칙이 그 틀이다. 이 낱말의 의미는 해당 틀을 구성하는 틀 요소에 윤곽부여 함으로써 특징지어진다.

이처럼 낱말의 의미구조는 틀이나 윤곽부여에 의해 개별적으로 파악할 수 있는 것이 아니라 그 둘 사이의 관계에 기초해서 밝혀 낼 수 있다. 중요한 것은 특정 낱말의 틀에 대한 이해 없이는 낱말의 의미와 기능을 명확하게 알 수 없다는 것이다. Fillmore(1982: 117)의 말처럼, "틀은 낱말 의미를 구조화하고, 낱말은 틀을 상기시킨다."

다음에서 의미적으로 서로 관련된 명사들 사이의 관계를 틀의미론으로 설명해 보자. 첫 번째 예는 hub(바퀴통), spoke(살), rim(테두리)이다. 이 세 낱말은 모두 다음과 같은 공통된 틀을 바탕으로 의미가 특징지어진다.

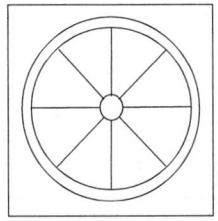

[그림 2.3] hub/spoke/rim에 대한 틀

그러나 hub, spoke, rim이 동일한 틀을 공유하지만, 그 틀을 구성하는 각기 다른 틀 요소에 윤곽부여 한다는 점에서 서로 차이가 난다(김종도 2002: 132 참조).

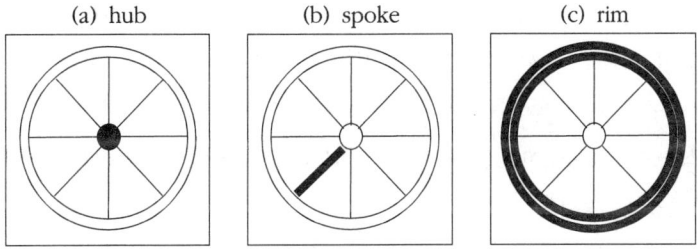

[그림 2.4] hub/spoke/rim에 대한 윤곽부여

두 번째 예는 weekday(주일)와 weekend(주말)이다. 이 두 낱말은 다음과 같이 7일로 구성된 하나의 주(week)라는 틀을 상기시킨다.

| 월 | 화 | 수 | 목 | 금 | 토 | 일 |

[그림 2.5] weekday/weekend에 대한 틀

그러나 다음 그림에서 볼 수 있듯이, weekday와 weekend는 동일한 틀을 공유하지만, 그 틀을 구성하는 각기 다른 틀 요소에 윤곽부여 한다

는 점에서 서로 차이가 난다.

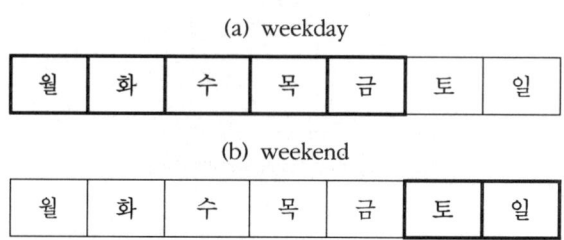

[그림 2.6] weekday/weekend에 대한 윤곽부여

중요한 것은 어느 누구도 7일로 구성된 하나의 주라는 틀을 이해하지 않고서는 weekday와 weekend의 의미 및 기능을 정의하고 이해할 수 없다는 것이다. Fillmore(1982: 116)의 말을 빌리자면, "영역에 있는 낱말들이 전제하는 사회 기관이나 체험의 구조를 이해하지 못하는 사람은 어느 누구도 그 낱말의 의미를 진정으로 이해할 수 없다." 더욱이 영어에서는 Tuesday(화요일)와 Wednesday(수요일)에 윤곽부여 하는 낱말이 없는데, 그것은 그런 식의 윤곽부여 방법이 영미 문화에서 아무런 기능적 필요성을 충족시키기 않기 때문이다. 이런 점에서 틀과 윤곽부여는 문화 특정적임을 알 수 있다. 또 하나 주의해야 할 점은 윤곽부여 된 틀 요소와 틀 그 자체는 서로 부분-전체 관계에 놓여 있다는 것이다.

세 번째 예는 ceiling(천장)과 roof(지붕)이다. 이 두 낱말은 단층 건물이라는 틀을 공유한다. 단층 건물의 내부 꼭대기에 윤곽부여 하면 그 꼭대기는 ceiling이며, 외부 꼭대기를 윤곽부여 하면 그 꼭대기는 roof이다. 따라서 그 두 낱말은 동일한 틀을 바탕으로 각기 다른 틀 요소에 윤곽부여 한다는 점에서 차이가 난다.

네 번째 예는 land(뭍)와 ground(땅)이다. 이 두 낱말은 '바다(sea)', '대지(earth)', '하늘(air)'이라는 틀 요소로 구성된 다음과 같은 틀을 공통적으로 상기시킨다.

	하늘
바다	대지

[그림 2.7] land/ground에 대한 틀

land는 '바다'와 대조되는 '대지'를 지시하며, ground는 '하늘'과 대조되는 '대지'를 지시한다. land와 ground의 의미를 틀과 윤곽부여를 사용해 나타내면 다음과 같다.

(a) land   (b) ground

	하늘			하늘
바다	**대지**		바다	**대지**

[그림 2.8] land/ground에 대한 윤곽부여

다섯 번째 예는 shore(물가)와 coast(해안)이다. 이 두 낱말은 공통적으로 '뭍(land)', '바다(water)', '경계(boundary)'라는 틀 요소를 가지고 있는 다음과 같은 틀을 상기시킨다.

바다	경계	뭍

[그림 2.9] shore/coast에 대한 틀

shore는 수면의 관점에서 바라본 육지와 수면 사이의 경계로서 '바다'와 '경계'에 윤곽부여 하며, 반면에 coast는 육지의 관점에서 바라본 육지와 수면 사이의 경계로서 '뭍'과 '경계'에 윤곽부여 한다. 이런 윤곽부여의 차이는 다음과 같이 나타낼 수 있다.

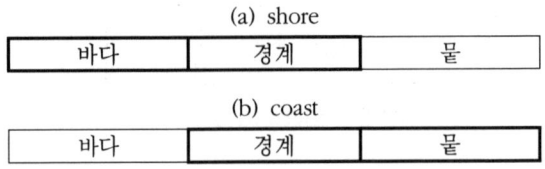

[그림 2.10] shore/coast에 대한 윤곽부여

여섯 번째 예는 husband(남편)와 wife(아내)이다. 이 두 낱말은 한 남성과 한 여성 사이의 부부 관계라는 개념을 전제하고, 다음과 같은 동일한 틀을 상기시킨다(Kumashiro & Langacker 2003: 5).

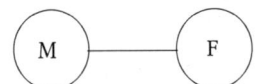

[그림 2.11] husband/wife에 대한 틀

위 그림에서 두 남녀의 부부 관계는 실선으로 나타낸다. husband와 wife의 의미 차이는 공통된 틀이나 Langacker가 말하는 바탕(base)에 주어진 윤곽부여의 차이로 설명할 수 있다. husband는 남성을 가리키고 wife는 여성을 가리킨다. 이런 윤곽부여의 차이는 다음과 같이 나타낼 수 있다.

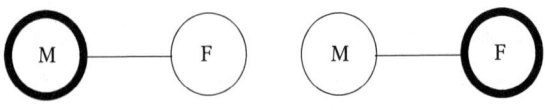

[그림 2.12] husband/wife에 대한 윤곽부여

요컨대, 개별적인 명사의 의미구조는 해당 명사가 상기시킨 틀을 바탕으로 그 틀의 특정 틀 요소에 윤곽부여 된 전체 형상으로 간주된다. 그리고 의미적으로 관련된 여러 명사들은 동일한 틀을 상기시키지만,

해당 틀의 각기 다른 틀 요소에 윤곽부여 함으로써 차이를 발생시킨다.

2.2.2. 동사의 의미구조

동사는 사건을 기술한다. 이런 점에서 동사는 특정한 사건에 대한 틀을 상기시키며, 사건틀에는 사건 참여자에 대한 틀 요소가 있다. 예컨대, 동사 give(주다)가 있는 다음 두 문장을 비교해 보자.

(2) a. Bill gave some money to Tom.(빌은 약간의 돈을 톰에게 주었다.)
    b. Bill gave Tom some money.(빌은 톰에게 약간의 돈을 주었다.)

틀의미론은 이 두 문장이 동일한 사건틀을 공유한다는 점에서는 유사하지만, 동일한 틀의 각기 다른 틀 요소에 윤곽부여 한다는 점에서 그 두 문장이 각기 다르게 해석된다고 주장한다. 이러한 분석의 개요는 다음 그림으로 나타낼 수 있다.

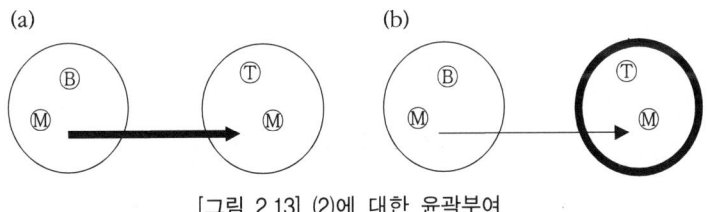

[그림 2.13] (2)에 대한 윤곽부여

Ⓑ, Ⓣ, Ⓜ은 각각 빌, 톰, 돈을 나타내며, 두 개의 큰 원은 각각 빌과 톰의 지배 영역을 나타낸다. 굵은 선은 윤곽부여에 의한 현저성의 정도를 나타낸다. 어떤 점에서는 그 두 문장이 의미적으로 동일하다. 즉 각 문장은 돈이 빌의 지배 영역에서 시작해서 톰의 지배 영역으로 넘어가는 경로를 따르는 상황을 묘사하고 있다. 그러나 두 문장의 의미 차이는

동일한 틀을 구성하는 각기 다른 특정한 틀 요소에 윤곽부여 한다는 데 있다. (2a)에서 to는 돈이 따르는 경로를 지시하고, 그렇게 해서 과정에 윤곽부여 한다. 반면에 (2b)에서는 동사 다음에 두 명사를 병치함으로써 톰과 돈 사이의 소유 관계를 표시한다. 결과적으로, (2b)는 돈이 그 궤도를 종결했을 때 초래되는 형상, 즉 그것이 톰의 소유 영역 안에 있는 형상에 윤곽부여 한다. (2a)에서 화자는 경로 부분을 지각하고 인지해서 그 부분이 현저하게 되었으며, (2b)에서는 소유 관계를 지각하고 인지해서 그 부분이 현저하게 된 것이다.7)

다음은 동사 break(깨트리다)를 보자. 동사 break는 다음과 같은 타동사건 틀을 상기시킨다(Saeed 1997: 329).

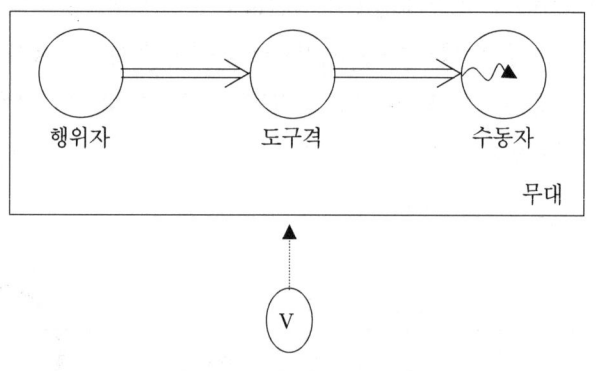

[그림 2.14] 타동사건 틀

break가 상기한 타동사건 틀에서, V로 표시된 '관찰자'는 무대(setting) 바깥에 있기 때문에 참여자가 아니라 제3의 보고자이다. 이 행동 연쇄는 비

---

7) 문장 (2)의 의미 차이는 도상성 이론으로도 설명될 수 있다. (2a)에 있는 money 와 Tom 사이의 언어적 거리가 (2b)에 있는 두 낱말 사이의 거리보다 멀다. 이것 은 (2a)에서 money와 Tom 사이의 의미적 거리가 (2b)에서보다 더 멀다는 것을 시사한다. 따라서 (2a)에서는 빌이 톰에게 약간의 돈을 주었다는 것은 명확하지만, 톰이 그 돈을 받았는지가 명확하지 않다. 반면, (2b)에서는 빌이 톰에게 약간의 돈을 주었으며, 톰이 돈을 받았다는 것이 명확하다.

대칭적 관계로서, 에너지가 한 실체에서 두 번째 실체로 전달되며, 이 에너지는 다시 세 번째 실체에까지 전달되어 세 번째 요소에 영향을 미친다. [그림 2.14]에서 에너지 전달은 이중 화살표로 표시되며, '수동자'의 꾸불꾸불한 화살표는 이 실체에 초래된 상태 변화를 나타낸다. 이런 틀은 에너지가 '행위자'에서 시작해서 중간 실체인 '도구격'을 경유하고 '수동자'에서 끝나는 원형적 타동사건을 기술한다.

이런 타동사건 틀에서 어느 틀 요소에 윤곽부여 하느냐에 따라 각기 다른 문장이 실현된다.8) 다음 문장을 참고해 보자.

(3) a. Floyd broke the glass with the hammer.(플로이드는 망치로 유리를 깨트렸다.)
　　b. The hammer broke the glass.(망치가 유리를 깨트렸다.)
　　c. The glass easily broke.(유리가 쉽게 깨졌다.)

이 문장들은 모두 플로이드, 망치, 유리창이 각각 행위자, 도구격, 수동자로 기능하는 동일한 타동사건 틀을 상기시킨다. 이 문장을 통해 알 수 있듯이, 주어나 목적어가 특정한 하나의 격9)과 일정하게 연상되는 것이 아니라 행위자, 도구격, 수동자 모두 주어가 될 수 있다. 이런 다양한 선택은 다음 그림으로 나타낼 수 있다(Saeed 1997: 329).

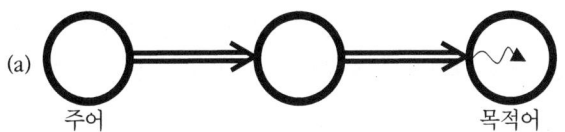

(a) 　주어　　　　　　　　　　목적어

---

8) Langacker(1990: 217)는 언어 표현이 상기시킨 상황이나 틀과 그 언어 표현 사이의 관계에 대해 부호화(coding)라는 용어를 사용한다. 즉 Langacker의 말을 빌리자면, 동사 break가 상기시킨 타동사건 틀은 각기 다른 언어 표현으로 부호화된다.
9) Langacker는 격이라는 용어 대신에 역할 원형태(role archetype)라는 용어를 사용한다.

78 제2부 인지모형

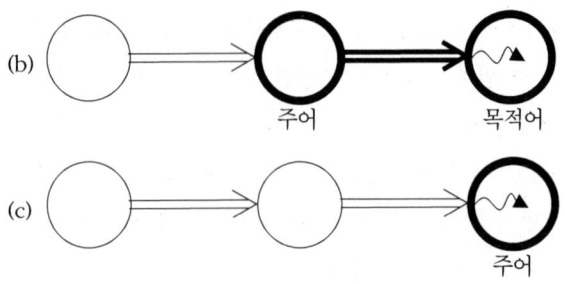

[그림 2.15] (3)에 대한 윤곽부여

(3)에 있는 모든 문장들은 타동사건 틀의 각기 다른 틀 요소에 윤곽부여 해서 실현된 표현들이다. (3a)는 타동사건 틀의 모든 틀 요소에 윤곽부여하며, (3b)는 도구격과 수동자 사이의 상호작용에만 윤곽부여 하며, (3c)는 수동자의 상태 변화에만 윤곽부여 한다. 여기에서 중요한 것은 동일한 틀을 구성하는 세 가지 틀 요소 중에서 화자가 어느 틀 요소에 윤곽부여 하느냐에 따라서 각기 다른 언어 표현이 생성되고 이해된다는 것이다. 더욱이 각기 다른 언어 표현은 윤곽부여의 차이를 반영하고 있다.

다른 예로서 동사 buy(사다)는 상거래 틀을 상기시킨다. 처음 단계에서 구매자는 돈을 소유하고 있고, 판매자는 구매자가 가지고 싶어 하는 상품을 소유하고 있다. 두 참여자가 상품의 가격에 대해 합의하면, 구매자는 해당 금액의 돈을 판매자에게 주며 판매자는 구매자에게 상품을 넘겨준다. 마지막 단계에서, 구매자는 상품을 소유하며 판매자는 돈을 소유한다. 이런 점에서 buy는 적어도 네 가지 틀 요소, 즉 '구매자', '판매자', '상품', '돈'을 포함하는 상거래 틀을 상기시킨다고 말할 수 있다. 서로 상호작용하는 이런 틀 요소들은 다음과 같은 상거래 틀을 형성한다.

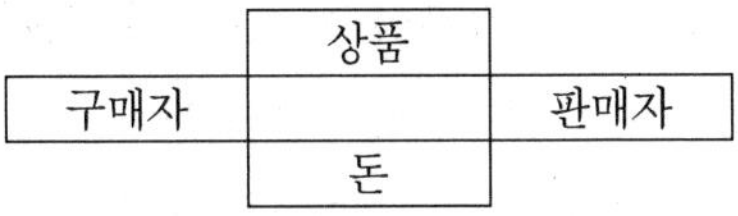

```
        상품
구매자 ────── 판매자
         돈
```

[그림 2.16] 상거래 틀

이와 같은 상거래 틀은 적어도 세 가지 장점을 제공한다. 첫째, 하나의 틀은 다양한 문장 구조를 설명할 수 있다. 다음 문장을 보자.

(4) David bought an old shirt from John for ten pounds.(데이비드는 존에게서 10파운드에 낡은 셔츠를 샀다.)

이 문장에서 상거래 틀의 모든 틀 요소가 각기 다른 통사적 위치에서 언어적으로 표현된다. 구매자인 데이비드는 주어로, 상품인 낡은 셔츠는 직접목적어로, 판매자인 존은 첫 번째 부사구로, 돈인 10파운드는 두 번째 부사구로 표현되고 있다.

둘째, buy에 의해 상기된 상거래 틀은 sell(팔다), charge(부과하다), pay(지불하다)와 같은 서로 관련은 있지만 어떤 점에서 각기 다른 동사에 적용될 수 있다. 다음 문장을 보자.

(5) a. John sold an old shirt to David for ten pounds.(존은 10파운드에 낡은 셔츠를 데이비드에게 팔았다.)
   b. John charged David ten pounds for an old shirt.(존은 낡은 셔츠에 대해 데이비드에게 10파운드를 부과했다.)
   c. David paid ten pounds to John for an old shirt.(데이비드는 낡은 셔츠에 대해 존에게 10파운드를 지불했다.)

상거래 틀의 네 가지 틀 요소들 중에서 어느 틀 요소에 윤곽부여 하느냐에 따라 각기 다른 동사들이 실현된다. 예컨대, 동사 sell을 선택하면 틀 요소 '구매자'를 간접목적어로 언급할 수 있으며, 틀 요소 '판매자'와

'상품'을 주어와 목적어로 윤곽부여 할 수 있다. 동사 charge는 '판매자'와 '구매자'를 각각 주어와 목적어로 윤곽부여 하며, 동사 pay는 '판매자'를 간접목적어로 선택하고, '구매자'와 '돈'을 각각 주어와 목적어로 선택하게 한다.

  상거래 틀은 동사 buy를 통사적으로 기술하기 위한 유용한 도구일 뿐 아니라 동사 sell, charge, pay에도 적용될 수 있다. 이 네 동사 사이의 유일한 차이는 동일한 틀 속에 있는 각 틀 요소 중에서 어떤 틀 요소에 윤곽부여 하는지 이다. 각 동사에 대한 주어와 목적어를 구성하는 틀 요소를 두드러지게 함으로써 이런 차이를 나타낼 수 있다. 이것은 다음 그림으로 나타낼 수 있다.

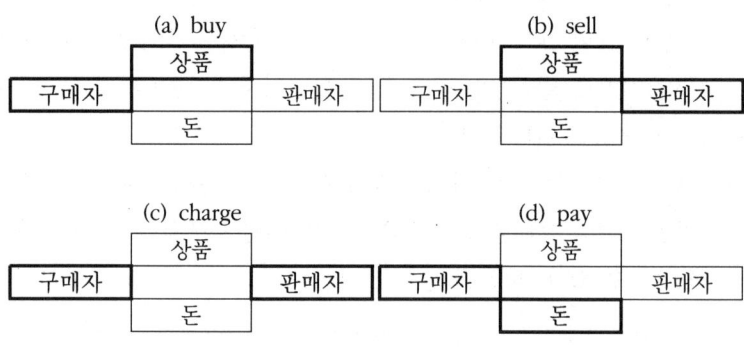

[그림 2.17] buy/sell/charge/pay에 대한 윤곽부여

위의 네 그림은 두 동사 buy와 pay가 '구매자'에 윤곽부여 함으로써 상거래를 기술하는 반면에, sell과 charge는 '판매자'의 관점에서 그 상황을 묘사한다는 것을 보여 준다.[10]

  rob(강탈하다)과 steal(훔치다) 사이의 차이도 유사한 방식으로 설명된다. rob과 steal은 다음과 같은 동일한 틀 요소 집단을 가진다.

---

10) 상거래 틀 요소들 중에서 윤곽부여 되는 부분은 해당 문장에서 주어와 목적어로 실현된다.

| 가해자 | 귀중품 | 피해자 |

[그림 2.18] rob/steal에 대한 틀

이 두 동사의 경우에, 동일한 틀의 각기 다른 틀 요소에 윤곽부여 한다는 점에서 두 동사의 의미 차이가 생긴다. rob과 steal은 얼핏 보면 동의어인 것처럼 보인다. 그러나 그 통사적 구조에서 차이가 난다. 다음 예를 보자.

(6) a. Jesse robbed the rich.(제시는 부자들을 강탈했다.)
    b. *Jesse robbed a million dollars.(*제시는 100만 달러를 강탈했다.)
(7) a. Jesse stole money.(제시는 돈을 훔쳤다.)
    b. *Jesse stole the rich.(*제시는 부자들을 훔쳤다.)

논항 표현의 차이는 윤곽부여의 차이로 설명할 수 있다. rob의 경우에는 '가해자'와 '피해자'에 윤곽부여 되고, steal의 경우에는 '가해자'와 '귀중품'에 윤곽부여 된다. 여기에서 중요한 것은 rob과 steal이 동일한 틀을 가지고 있으며, 단지 윤곽부여에서만 차이가 난다는 점이다. 이것을 정리하면 다음과 같다.

(a) rob
| 행위자 | 귀중품 | 수동자 |

(b) steal
| 행위자 | 귀중품 | 수동자 |

[그림 2.19] rob/steal에 대한 윤곽부여

Goldberg(1995: 47)는 steal과 rob의 이런 의미 차이를 다음과 같은 그림으로 나타낸다.

[그림 2.20] rob/steal에 대한 윤곽부여

rob과 steal 사이의 윤곽부여의 차이는 다음과 같은 의미 차이를 설명해 준다.

(8) a. I stole a penny from him.(나는 그에게서 1페니를 훔쳤다.)
 b. *I robbed him of a penny.(*나는 그에게서 1페니를 강탈했다.)
(9) a. I robbed him of his pride/his livelihood/his nationality.(나는 그에게서 그의 자부심/생계/국적을 강탈했다.)
 b. *I robbed him of a lock of his hair.(*나는 그에게서 한 줌의 머리카락을 강탈했다.)
 c. I stole a penny/money/a lock of his hair from him.(나는 그에게서 1페니/돈/한 줌의 머리카락을 훔쳤다.)

rob은 피해자가 심각하게 부정적으로 영향을 받는다는 것을 암시하지만, steal에는 그런 암시가 없다. steal은 도둑맞은 귀중품이 실제로 누군가의 소유물이라는 사실보다는 그 귀중품이 도둑의 소유물이 아니라는 사실에 초점을 둔다. 그래서 다음 예에서 보듯이, steal의 경우에 피해자는 종종 모호하게 되거나 밝혀지지 않기도 한다.

(10) He stole jewels for a living.(그는 생계를 위해 보석을 훔쳤다.)

이런 설명은 rob이 '피해자'에 윤곽부여 하고 steal은 '귀중품'에 윤곽부여 한다는 사실에 의존한다. 도둑은 강도보다 상대적으로 덜 범죄적인

데, 왜냐하면 도둑질은 귀중품에 초점을 두지만 강도질은 피해자에 초점을 두기 때문이다.11)

셋째, 틀의미론은 상거래 틀의 틀 요소들 중에서 그 현저성이 너무 낮아서 언어적으로 전혀 표현되지 않는 틀 요소를 포착할 수 있다. 그 예는 spend(소비하다)와 cost(비용이 들다)이다.

(11) a. David spent ten pounds on an old shirt.(데이비드는 낡은 셔츠에 10파운드를 썼다.)
b. The old shirt cost David ten pounds.(데이비드는 낡은 셔츠에 10파운드를 치른다.)

다음 그림은 이 두 동사가 언어적으로 표현될 수 없는 판매자를 암시한다는 것을 보여 준다.

---

11) rob과 steal 사이의 차이는 탄도체와 지표, 특히 일차적 지표(primary landmark)와 이차적 지표(secondary landmark)의 개념으로도 설명할 수 있다. 이 두 동사는 동일한 개념적 바탕을 배경으로 이해된다. 즉, 어떤 사람이 합법적인 소유자로부터 물건을 불법적으로 가져가는 사건이 있다. 그 사건에는 세 개의 참여자가 있는데, 물건을 가져가는 사람, 물건, 합법적인 소유자가 그것이다. 그 두 동사는 지표 실체의 상대적 현저성을 해석하는 방식이 서로 다르다. 다음을 비교해 보자.
(1) a. The thieves robbed the Princess of her diamonds.(도둑이 공주에게서 그녀의 다이아몬드를 강탈했다.)
b. The thieves stole the diamonds from the Princess.(도둑이 공주로부터 다이아몬드를 훔쳤다.)
rob은 도둑(탄도체)과 공주(일차적 지표) 사이의 관계에 초점을 둔다. 강도질하는 행동은 일차적으로 공주에게 영향을 미친다. 전치사구 of her diamonds는 공주가 그 행동에 의해 영향을 받는 방식을 상술한다. 이차적 지표(다이아몬드)는 경우에 따라 언급되지 않기도 한다. 반면, steal은 도둑(탄도체)과 다이아몬드(일차적 지표) 사이의 관계에 명확하게 초점을 둔다. (1b)는 다이아몬드에 어떤 일이 발생했는지를 명확하게 말해 준다. steal의 경우에 공주는 이차적 지표이다. 다시, They stole the diamonds에서와 같이 이차적 지표는 생략될 수 있다. 통사적으로 볼 때, rob과 steal은 직접목적어로 선택하는 명사에 관해서 서로 다르다. 주어는 지시된 과정의 탄도체와 동일시되며, 직접목적어는 지표이다. 하나 이상의 지표가 있는 경우에 직접목적어는 일차적 지표가 된다.

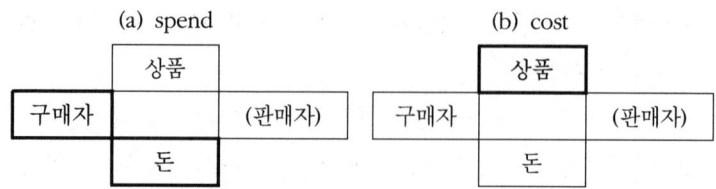

[그림 2.21] spend/cost에 대한 윤곽부여

spend가 사용되는 경우에는 구매자와 돈이 윤곽부여 받고, 동사 cost가 사용되는 경우에는 상품이 윤곽부여 받는다.

   지금까지 명사의 의미구조와 동사의 의미구조를 개별적으로 다루었지만, 명사와 동사가 동일한 틀을 공유하고 틀에 대한 윤곽부여의 차이로 그 두 낱말을 구별할 수 있는 경우도 있다. 예컨대, admire와 admirer는 다음과 같은 동일한 틀을 상기시킨다(Kumashiro & Langacker 2003: 5).

[그림 2.22] admire/admirer에 대한 틀

admire와 admirer는 어떤 사람이 다른 사람에 대해 존경이라는 상당히 긍정적인 심적 태도를 가지고 있다는 동일한 개념적 내용에 근거한다. 긍정적인 심적 태도는 위의 그림에서 점선 화살표로 나타낸다. 품사가 서로 다른 그 두 낱말의 의미 차이는 결국 다음과 같은 윤곽부여의 차이로 설명할 수 있는데, admire라는 동사는 존경이라는 태도를 간직하는 과정에 윤곽부여 하고, admirer라는 명사는 존경의 태도를 가지고 있는 개인에 윤곽부여 한다.

[그림 2.23] admire/admirer에 대한 윤곽부여

또 다른 예로 동사 choose와 명사 choice의 의미 차이도 틀 및 윤곽부여의 개념으로 설명할 수 있다. [그림 2.24a]에서와 같이, 동사 choose는 여러 대체물들 중에서 하나를 선택하는 과정에 윤곽부여하는데, 양방향 화살표는 여러 대체물을 나타낸다. choice라는 명사는 두 가지 의미를 가진다. 첫 번째 의미는 the best choice에서와 같이 선택된 물건에 윤곽부여 하는데, 이것은 [그림 2.24b]로 나타낼 수 있다. 두 번째 의미는 make a choice에서와 같이 선택하는 과정 자체인 추상적인 실체에 윤곽부여 하며, 이런 추상적인 실체는 타원으로 표상되듯이 선택이라는 과정에 대한 하나의 실례로 구성되어 있는데, 이것은 [그림 2.24c]와 같이 나타낼 수 있다(Kumashiro & Langacker 2003: 6).

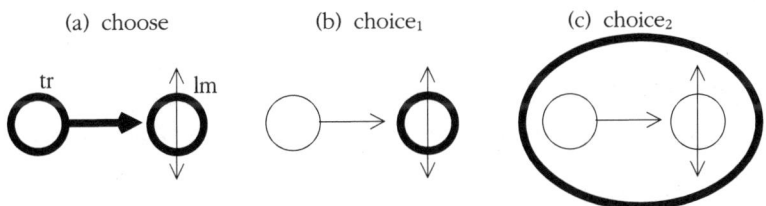

[그림 2.24] choose/choice1/choice2에 대한 윤곽부여

요컨대, 틀의미론은 상거래 또는 비행기 여행과 같은 상황을 언어학적으로, 그리고 개념적으로 분석하기 위한 인지적 도구인 틀을 가정한다. 이런 점에서, 틀은 반복되는 상황과 관련된 구조화된 지식의 패턴으로서, 이것은 동사들 사이의 어휘 관계와 절의 통사적 구조에서 언어적으로 반영된다.

2.2.3. 텍스트의 의미구조

틀의미론은 문장 경계를 넘어 더 큰 언어 단위인 텍스트를 설명할 수 있다. 다음 텍스트를 보자.

> (12) Sue caught a plane from London to Paris. After she had found her seat she checked whether the life vest was beneath it, but she could not find it. So she asked the flight attendant to find one for her.(수는 런던에서 파리로 가는 비행기를 탔다. 자신의 좌석을 발견한 뒤에 그녀는 그 밑에 구명재킷이 있는지를 확인했는데, 그녀는 그것을 찾을 수가 없었다. 그래서는 그녀는 승무원에서 그것을 찾아 달라고 요청했다.)

이 텍스트에서 주의해야 할 부분은 the life vest와 the flight attendant에 있는 정관사 the이다. 영어 문법의 규칙에 따르면, 정관사는 화자가 어떤 특정한 사람이나 사물에 대해 이야기하고 있는지를 청자가 안다고 가정할 때 사용된다. 그렇지 않다면 첫 번째 문장의 a plane에서와 같이 부정관사가 사용된다. 이런 영어 규칙이 주어지면, life vest와 flight attendant가 텍스트 상에서 이전에 언급되지 않았고 또한 나중에 상술되지 않았음에도 불구하고, 왜 life vest와 flight attendant는 정관사를 동반하는지 질문할 수 있다. 이 문제는 단순히 텍스트 자체의 실마리를 이용해서는 해결될 수 없다.

그러면 the life vest와 the flight attendant에서 정관사 the가 사용될 수 있는 이유를 영어 문법 규칙으로는 설명할 수 없음에도 불구하고, 왜 그 정관사가 그렇게 자연스럽게 들리는지에 대해 질문할 수 있다. 그 해답은 정관사 지시를 이해하기 위해 세계에 대한 지식을 근거로 추론을 할 필요가 있다는 것이다. 비행기를 타 본 사람은 항공사가 모든 승객들을 위해 보통 좌석 밑에 구명재킷을 구비하여 제공하며, 비행기에 승객들을 돕는 승무원이 있다는 것을 안다. 이 모든 지식은 a plane이 그 텍스트의 첫 번째 문장에서 언급될 때 활성화되며, 이런 지식은 청자가 힘들이지 않고 적절한 추론을 할 수 있도록 해 준다. 즉 이 텍스트를 올바르게 해석하기 위해서는 비행기 여행 틀을 구성하는 다른 틀 요소들, 예컨대, '조종사', '승무원', '구명재킷', '안전벨트', '일등석', '일반석'에 의존해야 하는 것이다.

지금까지 필자는 비행기 여행 틀이 마치 잡다한 틀 요소들의 집합인 것처럼 그 틀을 제시했다. 그러나 이것은 물론 그것을 바라보는 다소 피상적인 방법이다. 명확하게도 비행기 여행의 한 단계는 다음 단계에 대한 선결 조건인 매우 예측 가능한 시간적 구조를 나타낸다. 이와 같은 시간 순서의 개념을 비행기 여행 틀에 포함시키면 다음과 같은 동적인 비행기 여행 틀이 제시된다(Ungerer & Schmid 1996: 213 참조).

비행 전 단계	공항에 들어간다 → 탑승 카운트를 찾는다 → 탑승 수속을 한다 → (국제 비행의 경우) 세관을 통과한다 → 탑승구를 찾는다 → 비행이 시작될 때까지 기다린다
비행 단계	이륙 전 단계 탑승한다 → 좌석을 찾는다 → 수하물을 집어넣는다 → 앉아서 안전벨트를 맨다 → 안전 지시를 듣는다 → 이륙한다 비행 단계 음료수를 마신다 → 식사한다 → 옆 사람과 이야기한다, 잔다, 책을 읽는다, 영화를 본다 등 → 화장실에 간다 → 안전벨트를 채운다 → 착륙한다 착륙 후 단계 안전벨트를 벗는다 → 일어선다 → 수하물을 잡는다
비행 후 단계	비행기에서 내린다 → 수하물을 잡는다 → (국제 비행의 경우) 세관을 통과한다 → 공항에서 나온다

[그림 2.25] 비행기 여행 틀

틀의미론은 또한 다음과 같은 두 문장의 적절성 여부를 설명할 수 있다.[12]

(13) a. John went into a restaurant. He asked the waitress for coq au vin. He paid the bill and left.(존은 식당으로 들어갔다. 그는 웨이트리스에게 코코뱅을 주문했다. 그는 돈을 지불하고 떠났다.)
  b. ?John went into a restaurant. He saw a waitress. He got up and went home.(?존은 식당으로 들어갔다. 그는 웨이트리스를 보았다. 그는 일어나서 집으로 갔다.)

이 두 문장의 적절성 여부를 설명하기 위해서는 먼저 다음과 같은 식당 틀을 제시할 필요가 있다.13)

1단계: 들어가기	손님이 식당에 들어간다 손님이 테이블을 찾는다 손님은 앉을 테이블을 결정한다 손님이 테이블로 간다 손님이 앉는다
2단계: 주문하기	웨이터가 메뉴판을 가져다준다 손님이 메뉴판을 본다 손님이 음식을 결정한다 손님이 음식을 주문한다 웨이터가 음식 주문을 요리사에게 준다 요리사가 음식을 준비한다
3단계: 먹기	요리사가 웨이터에게 음식을 준다 웨이터가 음식을 손님에게 가져간다 손님이 음식을 먹는다
4단계: 나오기	손님이 계산서를 요구한다 웨이터가 계산서를 손님에게 준다 손님이 웨이터에게 팁을 준다 손님이 출납원에게 간다 손님이 출납원에게 돈을 준다 손님이 식당을 떠난다

[그림 2.26] 식당 틀

---

12) 이 예는 Schank & Abelson(1977: 38f)에서 따온 것이다.
13) 이것은 Bower, Black & Turner(1979)에서 채택한 식당 스크립트의 부분이다.

우리가 언어를 생산하거나 들을 때, 무의식적으로 이와 같은 틀에서 따온 많은 양의 정보를 채우며, 이런 정보를 공급하지 않고서는 심지어 가장 간단한 담화도 이해할 수 없다. 비록 (13)의 두 담화가 개략적으로 동일한 양의 정보를 제공하지만, (13a)가 완벽하게 이해 가능한 반면에, (13b)는 의미가 통하지 않는 것 같다. 이런 차이가 생기는 이유를 살펴보면, (13a)는 식당에서의 식사에 대한 우리의 내재화된 틀과 어울리며, 따라서 어렵지 않게 '존이 아마도 주문하기 전에 메뉴판을 보았다'와 '돈을 지불하고 떠나기 전에 식사를 했다'라는 빠진 부분을 채울 수 있다. 화자가 어떤 사건에 대한 기술의 세부 사항이나 전체 단계를 무시하고 생략할 때, 그는 종종 청자가 틀에 대해 가지고 있는 지식에 상당히 의존한다.14)

  (13a)와 대조적으로, (13b)는 처음 문장에 의해 연상되는 틀과 상응하지 않는다. 세 문장이 처리될 때, 그 문장들은 결합해서 응집력 있는 전체를 형성하지 않는다. 이것은 틀에 의해 연결이 제공되지 않는다면 사건이 의미 있는 인과적 연쇄 속에 놓일 수 없다는 것을 의미한다.

  이 장에서는 Fillmore의 틀의 개념이 하나의 이론으로 정립되면서, 그것이 언어의 의미에 어떤 기여를 하는지를 보이고자 했다. 틀의미론에는 Fillmore의 틀의 개념뿐만 아니라 Langacker의 윤곽부여의 개념이 결합되어 있다. 즉 주어진 언어 표현 및 낱말들의 의미는 그것들이 상기시키는 틀에 언어사용자가 윤곽부여 하는 방식의 합인 것이다. 틀의미론의 언어적 설명력으로 명사, 동사의 의미구조가 틀과 윤곽부여 방식의 합에 의해 결정된다는 것을 밝혔다. 그리고 텍스트의 의미구조에 대해서는 비행기 여행 틀과 식당 틀을 사용해 간단한 텍스트의 수용 가능성을 타진해 보았다.

---

  14) 언급되지 않은 틀의 부분이 무의식적으로 보충된다는 생각에 대한 경험적 증거는 Beaugrande & Dressler(1981: IX장)에서 발견할 수 있다.

제3장 영상도식

3.1. 영상도식의 본질
3.2. 영상도식의 유형
    3.2.1. 그릇 도식
    3.2.2. 부분-전체 도식
    3.2.3. 연결 도식
    3.2.4. 중심-주변 도식
3.3. 영상도식과 대립성
    3.3.1. in/out의 영상도식
    3.3.2. up/down의 영상도식
    3.3.3. in/out, up/down의 대립성

인지언어학은 의미에 대하여 객관적으로 접근하기보다는 체험적으로 접근한다. 객관주의에서는 의미란 사람의 본질과 경험에서부터 분리된 것으로 정의하지만, 체험주의에서는 의미란 사람의 생물학적 능력 및 사람을 둘러싼 환경 속에서 기능을 발휘하는 신체적, 사회적 경험에 기초해서 묘사된다. 이처럼 의미 연구에 신체의 모습을 가장 잘 반영하고 있는 인지모형이 바로 영상도식이다. 3.1에서는 영상도식의 성격을 살펴보고 3.2에서는 영상도식의 몇 가지 유형을 제시할 것이다. 3.3에서는 인간의 경험에 기초해서 형성된 영상도식이 대립성 현상을 어떻게 설명하는지를 살펴볼 것이다.

3.1. 영상도식의 본질

Lakoff(1987)은 영상도식을 두 가지 종류의 선개념적(preconceptual) 체험 중의 하나로 간주한다.[1] Lakoff(1987: 267)에 따르면, "영상도식은 우리 일상의 신체적 경험에서 계속적으로 나타나는 비교적 간단한 구조이다." 영상도식은 개념에 대한 우리의 신체적, 물리적 경험을 바탕으로 형성되는 구조인데, 가장 기본적인 신체적, 물리적 경험은 우리의 몸이다. 임지룡(1997: 147)에 따르면, "영상도식의 일차적 근원은 사람의 몸이다. 우리는 신체를 통하여 '부분-전체', '중심-주변', '연결-분리', '안팎', '균형', '방향'을 지각하며, 이 원초적 경험을 바탕으로 긍정과 부정의 가치를 부여한다."

그러면 영상도식의 성격을 자세히 검토해 보자. Johnson(1987: xiv)은 영상도식을 다음과 같이 정의한다. "영상도식은 반복해서 발생하는 우리의 지각적 상호작용과 운동계획의 동적인 패턴으로 그것은 우리의 경험에 응집성과 구조를 부여한다." Lakoff(1987: 282)은 "영상도식이 물리적 경험에 의해서 이해된다"고 말한다. 예컨대, 위-아래 도식[2]은 우리 경험의 의미 있는 구조를 구별해 낼 때 위-아래 방향성을 사용하려는 우리의 일상 경험에서 발생한다. 서 있는 나무를 지각하는 것, 똑바로 서 있다는 느낌, 계단을 올라가는 활동, 분수대에서 물이 올라가는 현상 등과 같은 우리가 일상에서 경험하는 지각과 활동에서 우리는 위-아래 도식이라는 구조를 이해하게 된다.

영상도식은 내적 구조를 가지고 있다. 이것은 영상도식이 우리의 경

---

1) 나머지 하나는 기본층위 구조(basic-level structure)이다. 기본층위 구조는 가장 현저한 분류법의 층위이다. 그것은 실체가 가장 명명될 것 같은 층위이다. chair (의자), hammer(망치), dog(개)는 기본층위 용어이다. furniture(가구), tool(도구), animal(동물), artefact(인공물), creature(창조물)는 기본층위에 대한 상위어이다. upholstered chair(겉천을 간 의자), claw hammer(장도리), Scottish Terrier(스코치테리어)는 기본층위에 종속된 하위어이다.
2) 위-아래 도식은 방향적 은유에서 주요한 역할을 한다.

험과 인지에서 응집적이며, 의미심장하며, 통일된 전체라는 게슈탈트 구조의 본성을 가지고 있음을 뜻한다. 게슈탈트 구조라는 것은 반복되는 패턴과 구조를 명시화하는 우리의 경험과 이해 속에 있는 조직적인 통일된 전체를 의미한다. Lakoff(1987: 284)에 따르면, "게슈탈트 구조에서 요소들은 전체와 독립적으로 존재하는 것이 아니며, 전체의 의미는 부분의 의미 및 부분들의 결합 방식에서 예측할 수 있는 것이 아니다." 영상도식의 토대가 되는 게슈탈트 구조는 분석되고 쪼개질 수는 있지만, 그러한 환원은 게슈탈트 구조의 통합성을 파괴하게 된다. 즉 모든 영상도식은 환원될 수 없는 게슈탈트인 것이다.

게슈탈트 구조는 반복되는 패턴이다. 그 패턴은 우리의 경험과 이해에 대한 규칙성, 응집성, 이해성에 공헌할 수 있다. 즉 게슈탈트 구조는 우리의 경험에 명확한 질서를 보여 준다. 게슈탈트 구조가 경험적으로 기본적이라고 말하는 것은 그것이 우리의 환경에서 계속적으로 반복해서 발생하는 조직화된 통일체를 구성함을 뜻한다. 우리의 신체는 생리적 구성에 있어서 매우 유사하기 때문에, 많은 물리적 상호작용에 대한 공통적으로 공유된 게슈탈트 구조를 발견할 수 있다.

영상도식은 일상 경험에서 반복되는 패턴으로서, 우리의 일상 환경에서 신체적 경험, 대상 조작, 지각적 상호작용에 의해 생성된다. Lakoff(1987: 443)은 "영상도식은 우리의 지각 경험과 일반적인 공간적 경험을 반영한다"고 말한다. 따라서 영상도식은 우리가 세계를 경험하고 이해하도록 해 주며, 세계에 대해서 추리할 수 있도록 해 준다. 그리고 영상도식은 신체와 엄격하게 연결되지 않은 추상적 의미의 영역으로 변형되거나 확장되고 정교화 된다. Lakoff(1987: 283)은 "우리가 무언가가 추상적 구조를 가지고 있는 것으로 이해할 때, 그 구조를 영상도식에 의해서 이해한다"고 말하고 있다.

주위 환경과의 신체적, 물리적 경험에서 발생한다는 의미에서 영상도식은 구체화되어 있다고 말할 수 있다. 신체가 영상도식을 구성하는 데 참여하기 때문에 영상도식은 또한 구체화된 도식(embodied schema)이나 운동감각적 도식(kinaesthetic schema)이라고도 한다. 구체화되어 있는 영상도식은 명제적이지 않다. 즉 영상도식은 진리조건(truth condition)이나 만족조건(conditions of satisfaction)3)을 상술하는 추상적인 주어-술어 구조가 아니다. 오히려 영상도식은 더 일반적이고 추상적인 수준에서 우리의 정신적 표현을 조직하는 구조이다. 그리고 영상도식은 상징들 간의 추상적인 관계와 객관적인 현실을 상술하는 객관주의적 명제가 아니라는 점에서도 비명제적이다.

영상도식은 조직화 활동의 연속적 구조(continuous structure of an organizing activity)이다. 다시 말해, 영상도식은 고정된 정적인 패턴이 아니라 동적인 패턴이다. 영상도식은 두 가지 면에서 동적이라고 말할 수 있다. 첫째, 영상도식은 우리가 이해할 수 있는 방법으로 우리의 경험을 조직화하는 활동 구조이다. 영상도식은 경험이 담겨 있는 수동적인 그릇이 아니라, 우리로 하여금 질서를 구성하도록 해 주는 핵심 수단이다. 둘째, 영상도식은 다양한 문맥에서 상당한 수의 상세한 실례를 명시화할 수 있다는 점에서 유연성을 가지고 있다. 그러한 유연성 때문에 영상도식은 유사한 많은 상황에 어울리게끔 변형될 수 있다. 따라서 영상도식은 다양한 범위의 다른 경험을 접속시키는 동적인 패턴이다.

영상도식의 이러한 운동성과 유연성 때문에 낱말의 다의성을 자연스럽게 설명할 수 있다. Lakoff(1987: 440)은 "영상도식들 사이에 매우 자연스러운 관계가 있으며, 그 관계가 다의성에 동기부여 한다"고 말한다. 즉 다의성이 가능한 이유는 동일한 영상도식을 바탕으로 물리적 영역이 추상적 영역으로 은유적 확장(metaphorical extension)4)을 겪기 때문

---

3) 만족조건이란 화행론의 용어로서, 어떤 문장의 발화가 특정한 발화수반력(illocutionary force)을 구성하기 위해 충족시켜야 하는 적절성 조건(felicity condition)을 말한다.
4) 은유적 확장은 은유적 전이(metaphorical transfer)라고도 한다.

이다. 동일한 낱말의 여러 의미들이 서로 관련되는 이유는 그 의미들이 동일한 영상도식을 공유하고 있으며, 그 영상도식이 은유적으로 사상되기 때문이다.

영상도식은 은유적 사상(metaphorical mapping)의 원천이 된다. Lakoff(1987: 435)은 "아주 일반적으로 은유는 영상도식을 그 입력으로 취한다. 수많은 은유적 모형은 공간 영역을 그 원천으로 사용한다"라고 말한다. 즉 영상도식은 은유적 사상에 의해서 확장되며 정교화 된다. Lakoff(1987: 283)은 "은유적 사상이 영상도식에 의해서 이해된다"고 말하고 있다. 영상도식은 많은 다른 물리적 운동과 지각적 상호작용을 구조화할 수 있다. 그리고 영상도식이 은유적으로 정교화 될 때, 영상도식은 많은 추상적 영역을 구조화할 수 있다.

주어진 영상도식이 먼저 신체적인 상호작용의 구조로서 나타나지만, 영상도식은 비유적으로 확장된다. 이러한 비유적인 확장과 정교화는 전형적으로 구체적 영역에서 추상적 영역으로 은유적 사상의 형태를 가진다. 즉 은유적 사상은 구체적 의미에서 추상적 의미로 행해지며 그 역은 성립하지 않는다는 점에서 일방향적이다. 추상적 의미는 우리의 신체적, 물리적 경험에서 도출된 영상도식에 의존한다.

영상도식은 추상적이다. 영상도식의 추상성에 대해 Langacker(1993: 3)는 "영상도식이 자신에게 부여된 일, 즉 은유적 확장에서 불변성을 포착하기 위해서는, 그것은 은유의 근원영역과 목표영역에 공통적이어야 한다. 따라서 추상적이어야 한다"라고 말하고 있다. 영상도식이 은유적 사상에서도 변하지 않는다면, 영상도식은 상당히 추상적이어야 하는 것이다.

일상 경험을 바탕으로 형성되는 영상도식은 언어 이전에 그 존재성을 획득하게 된다. 이러한 영상도식은 의미와 이해의 부분이다. 즉 그것은 의미를 발생하게 하는 배경이 아니라 그 자체가 의미구조이다. 바꾸어 말해서, 의미는 영상도식을 포함한다고 말할 수 있다.

요컨대, 영상도식은 우리의 계속적인 신체적 기능에서 발생하는 가장 일반적인 구조이다. 즉 영상도식은 우리의 일상 경험에 널리 퍼져 있기 때문에 쉽게 이해할 수 있다. 영상도식은 잘 구조화되어 있고 간단하게 구조화되어 있는 인지적 구성물이다. 영상도식은 공통적인 인간 경험에 토대를 두고 있으며, 사실상 언어 이전의 인지적 구조를 구성한다. 영상도식은 인식적인 명제적 구조보다 인지적으로 더 원시적인 구조이며, 우리의 경험, 표현, 이해를 해석하고 그 틀을 제공하는 게슈탈트 구조이다. 새로운 경험과 상황은 이미 이용 가능한 구체화된 도식에 의해 은유적으로 이해되고 표현된다. 따라서 신체는 신체적이지 않은 경험에 그 자신의 체험적인 지각적 구조를 부여한다. 구체적인 대상과 상황의 구체화된 도식은 더 추상적인 실체와 사건을 경험하고 이해하는 데 사용된다.

3.2. 영상도식의 유형

영상도식의 유형은 Lakoff(1987)과 Johnson(1987)에서 잘 제시되어 있다. 영상도식은 우리의 신체적 경험을 바탕으로 형성되며, 그렇게 형성된 영상도식에는 몇 가지 구조적 요소 및 기본 논리가 있다. 더욱이 영상도식은 은유에 대한 기초를 형성한다. Johnson(1987: 126)은 "이런 영상도식이 널리 퍼져 있으며, 잘 정의되어 있으며, 우리의 이해와 추리를 제약할 만큼 충분한 내적 구조로 가득 차 있다"는 것을 보여 주는 것을 자신의 핵심 주장으로 간주한다. 그는 우리 이해를 구조화하는 영상도식의 범위를 보여 주기 위해 다음과 같은 영상도식의 목록을 제시한다.

그릇 도식	균형 도식	강요 도식
방해 도식	저항 도식	장벽제거 도식
권능 도식	유인 도식	질량-가산 도식
경로 도식	연결 도식	중심-주변 도식
순환 도식	근접 도식	척도 도식
부분-전체 도식	융합 도식	분열 도식
충만 도식	조화 도식	부과 도식
반복 도식	접촉 도식	과정 도식
표면 도식	사물 도식	수집 도식

[그림 3.1] Johnson(1987)이 제시한 영상도식

3.2.1. 그릇 도식

그릇 도식(container schema)5)에 대한 우리의 체험은 다음과 같다. 우리는 우리의 몸을 그릇으로 경험하기도 하고, 몸을 방과 같은 사물에 들어 있는 내용물로도 경험한다. 이런 우리의 체험에 입각한 그릇 도식은 구조적 요소로 안, 밖, 경계를 지닌다. 즉 그릇 도식은 경계에 의해 분리된 안과 밖으로 구성되어 있다.

그릇 도식의 이런 내적 구조에 기초해서 그릇 도식의 기본 논리를 파악할 수 있다. 모든 것은 그릇 안에 있거나 그릇 밖에 있다. 만일 그릇 A가 그릇 B 속에 있고, 그릇 X가 그릇 A 속에 있다면, X는 B 속에 있는 것이다.

그릇 도식은 Lakoff & Johnson(1980)이 제시한 몇 가지 개념적 은유, 즉 '시야는 그릇이다', '경주는 그릇이다', '활동은 그릇이다', '상태는 그릇이다'에 대한 기초가 된다. 이런 개념적 은유는 각각 다음과 같은 개별적인 언어적 은유(linguistic metaphor)6)로 실현된다.

---

5) 그릇 도식은 전치사 in/out에 대한 영상도식인 포함 및 비포함 도식의 기초가 된다.
6) 언어적 은유는 개념적 은유와 대비되는 개념으로서, 언어적 은유는 개념적 은유에 근거해서 실현되는 구체적인 은유 표현을 말한다. 본고에서는 은유 표현이라

(1) a. The ship is coming into view.(배가 시야에 들어오고 있다.)
   b. Are you in the race on Sunday?(일요일에 경주에 참가하니?)
   c. How did Jerry get out of washing the window?(어떻게 제리는 유리창 닦는 일에서 벗어났을까?)
   d. He's in love.(그는 사랑에 빠졌다.)

그릇 도식과 관련된 일차적 경험은 모체의 자궁 속에 있는 경험인데, 자궁은 우리 자신이 위치했던 최초의 그릇이다. 이 경우 그릇 안은 안전한 보호처라는 점에서 긍정적 가치를 가지며, 그릇 밖은 외부의 위험에 노출된다는 점에서 부정적 가치를 가진다. 그러나 이 그릇은 시간상으로 제약되어 있다. 곧 모체는 태아가 생명체로서 완성될 때까지만 머물 수 있는 한시적인 그릇이므로, 그릇을 떠나지 않을 수 없다. 그 결과 그릇 밖으로 나오는 경험에는 고통과 위험이 수반된다.

따라서 사람은 어머니의 자궁에서 경험한 그릇 도식의 향수를 지니고 있다. 그런 뜻에서, 가정은 우리가 후천적으로 만나는 또 다른 자궁이다. 가정이라는 그릇에서 우리는 보호와 안락함을 동시에 누리게 된다. 나아가서 학교나 지역 사회, 직장, 나라도 그릇 도식의 확장이라 할 수 있다.

한편, 그릇의 영상도식은 반전될 수 있다. 곧 그릇 속에 갇혀 있는 것은 폐쇄적이고 구속적인 경험이며, 그것으로부터 빠져 나오는 것은 개방적이고 해방감의 경험이다. 예컨대, 죄를 지어 감옥에 갇히거나 병원에 입원하는 것은 부정적인 경험이고, 감옥에서 출소하거나 병이 나아 퇴원하는 것은 긍정적인 경험이다. 이렇게 볼 때 그릇 속의 몸은 상반된 가치를 지니고 있다.

는 용어 대신에 언어적 은유라는 용어를 사용하고자 한다.

3.2.2. 부분-전체 도식

부분-전체 도식(part-whole schema)에 대한 우리의 체험은 다음과 같다. 우리는 우리의 몸을 부분으로 구성된 전체로 경험한다. 그리고 우리의 인생도 여러 부분으로 구성된 전체로 간주한다. 이런 경험을 바탕으로 형성된 부분-전체 도식은 부분과 전체의 구조로 이루어져 있다.

부분-전체 도식의 기본 논리는 다음과 같다. 부분-전체 도식은 비대칭적이다. 즉 만일 A가 B의 부분이면, B는 A의 부분이 아니다. 부분-전체 도식은 비반영적이다. 즉 A는 A의 부분이 아니다. 더욱이 전체는 존재할 수 있지만, 전체 없이 부분들만 존재할 수는 없다. 부분들이 형상으로 존재할 때만 전체가 존재한다. 따라서 부분들이 파괴되면 전체 또한 파괴된다. 전체가 어떤 지점 P에 위치하고 있으면, 부분들 또한 P에 위치하고 있는 것이다. 일반적으로 부분들은 서로 인접해 있는 경향이 있다.

부분-전체 도식의 인지는 신체적 경험에서 비롯되는데, 우리 몸은 부분으로 구성된 전체이다. 전체에 대한 가장 근본적인 경험은 몸의 규범적 형태이다. 이러한 규범적인 전체는 긍정적으로 경험되며, 나아가 추상적인 층위에서 '선'으로 인지된다. 그 반면, 팔다리와 같은 신체의 한 부분을 잃는 것은 부정적으로 경험되며, 나아가 '악'으로 인지된다.

신체적 경험에서 비롯된 부분-전체 도식은 인간의 삶 속에 널리 퍼져 있다. 예컨대, '결혼'은 부분으로서 남녀가 만나서 전체를 이루는 긍정적 경험이며, '이혼'은 전체의 분리로서 부정적 경험이다. 부모와 자식으로 구성된 '가정'은 전체의 긍정적 개념이며, 구성원의 일부가 일탈된 '결손가정'은 부정적 개념이다. 또한 부분-전체의 경험은 다음과 같은 일상생활에서 강화된다. 즉 옷을 만들거나 집을 짓는 일에서처럼 부분을 결합하여 전체를 구성하는 것은 긍정적인 것으로 경험되며, 역으로 전체를 허물어서 규범적인 형태를 해체시키는 것은 부정적인 것으로 경험된다. 이러한 생각은 다음 표현에서 잘 드러나 있다.

(2) a. 뭉치면 살고 흩어지면 죽는다.
　　b. 우리의 소원은 통일!
　　c. 구슬이 서 말이라도 꿰어야 보배다.
(3) a. 팔다리를 자르다.
　　b. 파산하다.
　　c. 낙동강 오리알

(2)에서 전체를 지향하는 것은 긍정적 가치로, (3)에서 전체의 해체나 부분 그 자체는 부정적 가치로 이해된다.

요컨대, 우리는 신체적 경험에 근거한 부분-전체의 구조를 통하여 긍정과 부정의 양극적인 영상도식을 형성하며, 그것의 은유적 확장을 통하여 사물과 과정이 통합된 전체는 긍정적 가치로, 그 규범적 형태를 박탈하는 과정이나 결과는 부정적 가치로 개념화되는 것을 알 수 있다.

3.2.3. 연결 도식

연결 도식(link schema)에 대한 우리의 체험은 다음과 같다. 우리 인간은 처음에 어머니의 뱃속에 있는 탯줄을 통해 생명을 유지하면서 이 세상에 태어난다. 그리고 어린 시절에는 길을 잃어버리지 않기 위해 어머니의 치맛자락을 붙들고 다닌다. 또한 우리는 물건을 서로 연결시키기 위해 풀이나 줄을 사용한다. 이런 경험을 통해 형성된 연결 도식에는 구조적 요소로 A와 B라는 두 실체 및 그 둘을 연결하는 연결고리가 있다.

연결 도식의 기본 논리는 다음과 같다. A가 B에 연결되면 A는 B에 의해 제약 받고 그것에 의존한다. 더욱이 연결 도식은 대칭적이라서 A가 B에 연결되면 B는 A에 연결된다.

연결 도식의 일차적 신체 경험은 어머니의 탯줄이다. 태아는 탯줄이라는 연결을 통해서 어머니로부터 생명의 에너지와 안전을 제공 받으며, 유산하는 일은 임산부로부터 태아의 연결고리가 도중에 끊어지는 것을 뜻한다. 태어날 때 유아는 어머니의 탯줄에서 분리되는데, 이 연결고리는 단지 물리적으로만 단절될 뿐, 가정이라는 사회적 층위에서 부모의 양육을 통해 새로운 연결고리가 형성된다. 따라서 '연결'은 긍정적 경험으로, '분리'는 부정적 경험으로 인지된다. 이 원초적 연결은 생명의 탄생으로서의 교접 행위, 결혼, 공동 사회의 유대 형성 등 다양한 종류의 사회적 연관관계로 투사된다.

끈, (밧)줄, 인연 등의 연결고리는 대상물을 연결시키는 매체인데, 사람은 연결을 형성하려는 뿌리 깊은 경향을 지니고 있다. 따라서 우리는 평생 동안 혈연, 지연, 학연의 연결고리에 묶여 있다.

인간 사회에서 연결고리가 끊어지거나 폐쇄되면 외톨박이로 고립되고 이단시된다. 실제로, 직장 및 연구생활에서 다른 사람이나 학회와 관계를 맺지 못하면 승진과 발전에 이롭지 못하다. 고려가요 가운데 '구슬이 바위에 떨어진들 끈이야 끊어지리잇가?'라는 대목에서 사랑의 끈에 대한 절실함이 잘 나타나 있다. 끈과 관련된 다음의 관습적 표현들을 보기로 하자.

(4) 끈이 붙다.
(5) a. 끈이 떨어지다.
　　b. 끈 떨어진 뒤웅박

(4)는 긍정적 가치를 지니는 데 비하여, (5a)는 부정적 가치를 지니며, (5b)는 의지할 데가 없어 외롭고 불안한 처지를 일컫는 말이다.

한편, 연결 도식은 다음과 같은 은유로 확장되기도 한다. 즉 연결 도식은 몇 가지 은유에 대한 기초가 된다. 예컨대, 사회관계나 대인관계는 연결 도식에 의해 이해된다. 따라서 다음과 같은 언어적 은유가 가능하다.

(6) a. 부부는 일심동체이다.
　　b. 열 손가락 깨물어 안 아픈 손가락이 없다.
(7) a. 인연을 맺다/끊다.
　　b. 유대를 공고히 하다.

요컨대, 우리는 탯줄이라는 신체적 경험을 통하여 연결 도식을 형성한다. 이를 바탕으로 연결은 긍정, 분리는 부정의 가치를 지닌다.

3.2.4. 중심-주변 도식

중심-주변 도식(center-periphery schema)에 대한 우리의 체험은 다음과 같다. 우리의 몸은 혈관이나 체내 기관과 같은 중심 및 손가락, 발가락, 머리카락과 같은 주변으로 나뉜다. 나무의 경우에도, 줄기나 뿌리와 같은 중심 및 가지나 잎과 같은 주변이 있다. 중심과 주변 중에서 중심이 더 중요한 것으로 간주되는 것이 일반적이다. 즉 중심에 손상을 입는 것은 주변에 손상을 입는 것보다 더 치명적이다. 이런 경험을 통해 형성된 중심-주변 도식은 구조적 요소로 실체, 중심, 주변으로 구성되어 있다.
　중심-주변 도식의 기본 논리는 다음과 같다. 주변부가 중심에 의존하는 것이지 그 역이 성립하는 것은 아니다.
　중심-주변 도식의 인지는 사람의 신체와 그 다양한 부분의 경험에 근거를 두고 있다. 곧 신체에서 중심은 몸통, 심장을 비롯한 내장기관이며, 주변은 손, 발가락, 손, 발톱, 머리카락, 팔다리이다. 신체 경험에서 볼 때, 중심은 주변보다 중요하다. 즉, 신체의 중심부에 입은 상처는 주변부의 상처보다 치명적이지만, 머리카락을 자르거나 손가락을 잃어도 생명에는 지장이 없다. 또한 신체의 주변은 중심에 의존하고 있으나 그 역은 성립되지 않는데, 예컨대 혈액 순환이 나쁘면 모발 상태에 영향을 미치지만, 머리카락을 잘라도 순환계에 영향을 미치지는 않는다. 마찬

가지로, 식물의 줄기는 사람의 몸통처럼 중요한 기관이지만, 가지나 잎의 경우, 필요에 따라 가지치기를 하거나 가을이 되면 중심부인 생명체를 유지하기 위하여 스스로 잎사귀가 떨어진다. 따라서 중심은 긍정적 가치로, 주변은 부정적 가치로 인지된다.

이러한 경험은 우리의 일상사나 사회, 문화적 제도에서 흔히 발견된다. 예컨대, 양궁 경기에서 화살이 과녁의 중심에 꽂힐 때 우승이 결정되며, 주변의 극단인 과녁을 벗어나는 경우 실격하게 된다. 사진을 찍을 때 중요한 인물은 중심에 위치하는 반면, 덜 중요한 인물은 주변에 위치하며, 대통령은 권력의 중심으로서 그 중심부와의 거리에 비례하여 다른 사람들의 영향력이 결정된다. 또한 한 나라의 이상적인 수도는 변방이 아니라 중심부에 위치하며, 중앙청이나 중앙부서는 지방의 도청이나 변방부서보다 힘이 있으므로 선호된다. '말은 제주도로 보내고, 자식은 서울로 보낸다'라는 우리 속담은 중심부의 중요성을 경험적으로 드러낸 것이다.

이처럼, 중심-주변 도식은 몇 가지 은유에 대한 기초가 된다. 예컨대, 이론은 중심 원리와 주변 원리를 가지고 있으며, 중요한 것은 중심적인 것으로 간주된다. 따라서 다음과 같은 언어적 은유가 가능하다.

(8) This part is more central than that part in this theory.(이 이론에서 이 부분이 저 부분보다 더 중심적이다.)

요컨대, 우리는 신체적 경험에서 비롯된 중심-주변의 긍정적, 부정적 영상도식을 통하여 우리를 에워싼 물리적, 사회적, 추상적 환경에 적응하면서 살아간다.

3.3. 영상도식과 대립성

보통 전치사 in과 out 및 up과 down은 대립어로 간주된다. 이 절에서는 in/out, up/down 사이의 대립성 관계가 외관상 보이는 것처럼 그렇게 자명한 것이 아니라 특이한 관계를 보여 주는 현상이 있는데, 이런 현상을 영상도식의 개념으로 설명할 것이다.

3.3.1. in/out의 영상도식

Lindner는 전치사 out에 대한 세 가지 영상도식을 제시한다. 그녀가 제시한 첫 번째 영상도식은 "한 구체적인 대상이 다른 대상이나 장소 안에서 밖으로 이동하는 것(Lindner 1983: 60-61)"을 나타낸 것이다.[7] 다음이 그 예이다.

(9) a. She went out.(그녀는 밖으로 나갔다.)
    b. He stuck his tongue out.(그는 혀를 밖으로 내밀었다.)

out은 탄도체(trajector)가 지표(landmark)에서 차지하고 있는 일련의 지점을 부호화한다. (9a)에서는 방이 지표가 되고 she가 탄도체가 된다. 그리고 (9b)에서는 입 안이 지표가 되고 혀가 탄도체가 된다. 이와 같은 탄도체와 지표 사이의 관계는 [그림 3.2]와 같은 도식으로 나타낼 수 있는데, 탄도체가 지표 속에 포함되어 있지 않다는 점에서 이런 도식을 비포함 도식(non-containment schema)이라고 부를 것인데, 이것은 out

---

7) Lindner는 in과 out에 대한 영상도식을 제시할 때 '이동'의 개념을 이용한다. 그러나 이동이라는 개념은 시간을 통해서 전개되는 관계를 포함하기 때문에 그것은 전형적으로 동사의 기본 속성이다. 반면에 전치사는 비시간적이다. 전치사는 탄도체와 지표의 비대칭적인 관계를 가리키는 것이지 탄도체의 이동을 가리키는 것이 아니다. 이동의 개념을 사용하지 않으면서 전치사 in과 out의 영상도식을 제시한 논의는 Tyler & Evans(2003)에서 찾아볼 수 있다.

의 가장 원형적인 영상도식이다.8)

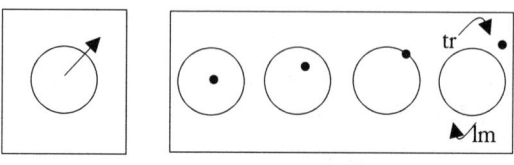

[그림 3.2] out의 비포함 도식

out에 대한 두 번째 영상도식은 재귀 도식(reflexive schema)이다. 이 영상도식은 다음 예문에서 가장 잘 나타난다.

(10) a. Roll out the cookie dough.(쿠키 반죽을 늘여라.)
 b. The syrup spread out.(시럽이 퍼져 나간다.)

(10)에서 탄도체인 cookie dough와 syrup은 특정한 지표에서 밖으로 이동하는 것이 아니다. 탁자 위에 시럽을 엎질렀다고 가정해 보자. 시럽은 처음에는 어떤 외곽 경계를 가지고 있다. 처음 경계 안에 있던 약간의 시럽이 그 경계가 움직임에 따라서 처음 경계의 외부로 퍼져 나간다. 즉 시럽은 그 자체의 경계에 상대적으로 외부로 이동한다. 즉, 탄도체인

---

8) out의 원형적 비포함 도식에는 몇 가지 비원형적 도식이 있다. 다음 예를 보자.
 (1) a. The cat was in the box and jumped out.(고양이가 상자 안에서 밖으로 뛰쳐나왔다.)
  b. Pluck the feather out.(깃털을 뽑아라.)
  c. Cut out that picture and save it.(그 그림을 잘라 내어 보관하라.)
  d. He picked out two pieces of candy from the dish.(그는 접시에서 사탕 두 개를 집어들었다.)
 (1a)는 지표의 경계가 탄도체를 완전히 둘러싸지 않지만 그 형태를 인지할 수 있을 만큼 충분히 탄도체를 둘러싸고 있는 경우이다. (1b)는 탄도체의 부분만이 지표 속에 있는 경우이다. (1c)는 탄도체가 지표의 부분인 경우이다. (1d)는 동일한 물체가 추상적으로 인식되는 경계를 형성하고 있으며, 그 물체들 중의 하나가 탄도체가 되는 경우이다.

시럽이 지표도 되는 것이다. 재귀 도식은 [그림 3.3]과 같이 나타낼 수 있다.

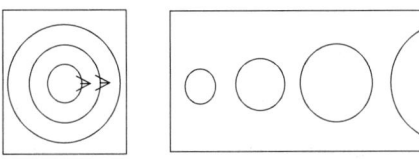

[그림 3.3] 재귀 도식

재귀 도식에서 탄도체와 지표는 동일하다. 탄도체의 형태가 변화하는 과정에서 지표는 탄도체의 처음 단계와 동일시된다. 즉 탄도체가 지표의 경계를 넘는 것이 아니라, 탄도체의 외곽선이 그것의 처음 경계, 즉 지표에서 퍼져 나가는 것이다.9)

out에 대한 세 번째 영상도식은 출발 도식(departure schema)이다. 다음이 그 예가 된다.

(11) a. They set out/started out for Alaska.(그들은 알래스카로 출발했다.)
b. He reached out to grab it.(그는 그것을 붙들려고 손을 뻗었다.)

출발 도식은 다음과 같이 나타낼 수 있다.10)

---

9) 탄도체가 일차원이냐 이차원이냐 또는 삼차원이냐에 따라서 재귀 도식은 몇 가지 비원형적 영상도식을 가질 수 있다. 다음 예를 보자.
　(1) a. Stretch out the rope.(밧줄을 팽팽히 잡아당겨라.)
　　 b. Beat out the gold till it's thin.(얇아질 때까지 금을 두들겨 펴라.)
　　 c. He puffed out his cheeks.(그는 볼을 부풀렸다.)
　(1a)는 일차원적인 탄도체인 rope의 길이가 증가하는 경우이다. (1b)는 이차원적인 탄도체인 gold의 면적이 증가하는 경우이다. (1c)는 삼차원적 탄도체인 cheeks의 부피가 증가하는 경우이다.
10) Lindner는 출발 도식을 경로 도식이라고도 한다. 우리가 어디론가 이동할 때에는 출발점, 목적지, 그 두 지점 사이의 여러 지점 및 방향성이 있기 마련이다. 이런

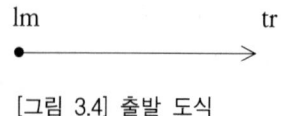

[그림 3.4] 출발 도식

　지금까지 out의 여러 의미들을 물리적인 공간 영역에 견주어서 나타내었다. 그러면 공간 영역에서 형성된 도식이 어떻게 비공간 영역에도 관여하는지 살펴보자. 비포함 도식은 탄도체의 위치 변화라는 공간 영역에 대한 도식일 뿐 아니라, 탄도체의 상태 변화라는 추상적 영역에 대한 도식이기도 하다. 다시 말해, 공간 영역을 바탕으로 형성된 비포함 도식이 은유적 사상11)에 의해 추상적 영역에도 관여한다는 것이다. 구체적 영역에서 지표와 탄도체는 모두 구체적인 공간과 대상이지만, 추상적 영역에서 지표와 탄도체는 모두 추상적인 공간과 대상인 것으로 이해된다.
　여기에서는 비포함 도식의 은유적 확장 현상만을 살펴볼 것이다. 은유적 확장은 물리적 경로와 상태 변화 사이에 강한 상관관계가 설정될 때 발생한다. 예컨대, 인간의 지각적 접근범위는 제한되어 있으며, 어떤 대상은 그 접근범위 안에 있기도 하고 그렇지 않기도 한다. 즉 탄도체가

　경험을 바탕으로 형성된 경로 도식은 출발점, 목적지, 경로, 방향을 구조적 요소로 가진다. 이런 일상 체험을 통해서 경로 도식이 형성된다. 경로 도식은 몇 가지 은유에 대한 기초가 된다. 예컨대, 목적은 목적지로 이해되며, 어떤 목적을 달성하는 것은 출발점에서 목적지까지의 두 지점 사이의 여러 경로를 따라 통과한 것으로 이해된다. 다음 예를 참고해 보자.

　　(1) a. Tom has gone a long way toward changing his personality.(톰은 자신의 성격을 바꾸는 데 오래 걸렸다.)
　　　　b. You have reached the midpoint of your flight training.(당신은 비행 훈련 중간까지 왔다.)
　　　　c. I've got quite a way to go before I get my Ph.D.(내가 박사학위를 받기까지는 오랜 시간이 걸렸다.)
　　　　d. She's just starting out to make her fortune.(그녀는 돈 버는 일을 막 시작했다.)
11) 은유적 확장은 구체적인 영역에서 추상적인 영역으로 전이되는 과정을 의미한다.

지표 안에 있으면 그것은 외부에 있는 관찰자에게는 접근 가능하지 않게 된다. 역으로 탄도체가 지표 밖에 있으면 그것은 외부 관찰자에게 접근 가능하게 된다. 다음 예를 보자.

(12) a. He threw out a few ideas for us to consider.(그는 우리가 고려할 몇 가지 생각을 제시했다.)
  b. Speak out.(큰소리로 말하라.)
  c. I figured out a solution to the problem.(나는 그 문제의 해결책을 알아냈다.)

(12a)의 out은 사회관계 영역에서 사적인 것에서부터 공적인 것으로의 상태 변화를 나타낸다. (12b)는 비가시적인 것에서 가시적인 것으로의 상태 변화를 나타낸다. (12c)는 알려지지 않은 것에서 알려진 것으로의 변화를 나타낸다. 이러한 사실은 [그림 3.5]와 같은 형상으로 나타낼 수 있다(Lindner 1982: 311).

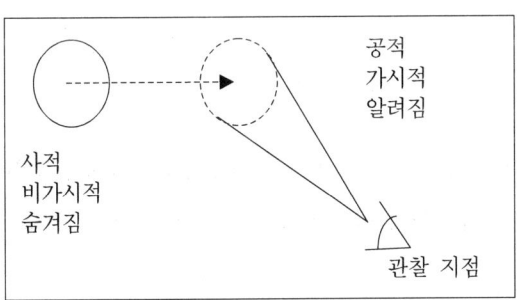

[그림 3.5] 비포함 도식의 은유적 확장 Ⅰ

그러나 out의 의미가 반대되는 경우가 있다. 즉 이때는 지표가 관찰자의 인지적인 지각적 접근범위로 간주된다. 따라서 탄도체가 지표 밖으로 나가면 소리나 모습은 지각에 접근 가능하지 않게 되고, 사고는 의식에 접근가능하지 않게 된다. 다음이 그 예다.

(13) a. That noise drowns out the music.(그 소음 때문에 음악 소리가 들리지 않는다.)
  b. He tried to blot out the painful memory.(그는 고통스러웠던 기억을 지우려고 노력했다.)

이러한 사실은 [그림 3.6]과 같이 나타낼 수 있다(Lindner 1982: 312).

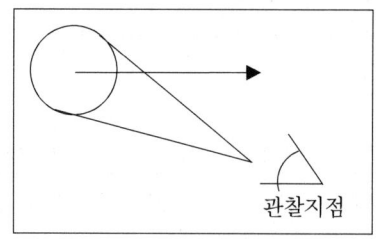

[그림 3.6] 비포함 도식의 은유적 확장 II

다음은 in의 영상도식을 살펴보자. 다음 예는 in에 대한 원형적인 예이다.

(14) She went in.(그녀는 안으로 들어갔다.)

in에 대한 원형 도식을 포함 도식(containment schema)이라고 부를 것이다. 이것은 다음과 같이 나타낼 수 있다(Lindner 1982: 313).

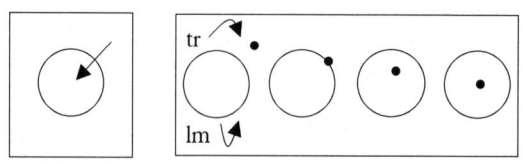

[그림 3.7] 포함 도식

(14)에서 탄도체인 she가 상술되지 않은 어떤 공간인 지표 안으로 들어

간다. in에 대한 포함 도식과 out에 대한 비포함 도식은 모든 면에서 서로 상반되고 있다.

3.3.2. up/down의 영상도식

Lindner(1982)는 전치사 up에 대해 세 가지 영상도식을 제시한다. 첫 번째 영상도식은 다음 문장으로 가장 잘 예증된다.

(15) The rocket shot up and came back down.(로켓이 쏘아 올려져서 다시 아래로 내려왔다.)

탄도체인 로켓이 상술되지 않은 지표 위로 올라가서 다시 내려오는 경로는 [그림 3.8]과 같이 나타낼 수 있다(Lindner 1982: 316).

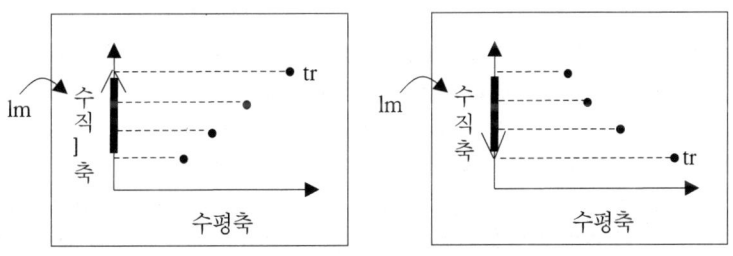

[그림 3.8] 위 도식과 아래 도식

up과 down의 공간 영역에 기초해서 얻을 수 있는 영상도식을 각각 위 도식(up schema)과 아래 도식(down schema)이라고 부를 것이다.
   up과 down은 은유적 확장에 관해서도 대립관계를 이룬다.[12] 예컨대, 우리는 경험을 통해 '위' 경로와 자세가 전형적으로 활동적이거나 생존해 있거나 가시적인 대상을 특징짓는다는 것을 안다. 그리고 '아래'

---

12) up과 down의 은유적 확장에 대해서는 Lakoff & Johnson(1980: 14-17) 참조.

110 제2부 인지모형

경로와 자세는 정지하고 있거나 비활동적이거나 정적인 대상을 특징짓는다. [그림 3.9]는 은유적인 '안'과 '위' 경로가 상호작용적 초점의 지역 안으로 들어가고, 반면에 '밖'과 '아래' 경로가 그 지역에서 떠나는 전체 패턴을 요약한 것이다(Lindner 1982: 318).

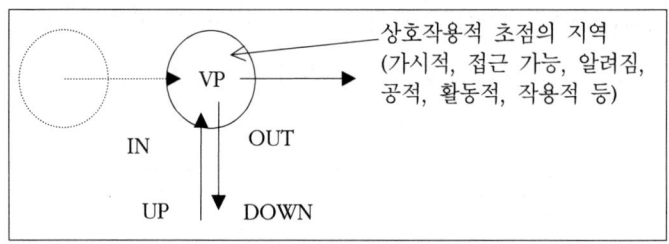

[그림 3.9] '안-밖'과 '위-아래'의 은유적 확장

다음 예를 보자.

(16) a. Speak up.(큰소리로 말하라.)/Quite down.(조용히 하라.)
 b. The prosecution really plays up one piece of evidence and the defence tried to play it down.(검찰 측은 사실상 증거 하나를 강조하고, 피고 측은 그것을 경시하려고 노력했다.)
 c. They started up a business and the vice squad closed it down. (그들은 사업을 시작했으며, 풍기 사범 단속반이 그것을 폐쇄했다.)

(16a)에서 up은 지각적 현저성의 증가를 나타내고 down은 지각적 현저성의 감소를 나타낸다. (16b)에서 up과 down은 대화적, 인지적 현저성을 나타낸다. (16c)에서 up은 격동의 상태 속으로 들어가는 것을 나타내고 down은 그것에서 나오는 것을 나타낸다.

up의 두 번째 영상도식인 접근 도식(approach schema)을 보자. 접근 도식을 가장 잘 보여 주는 예는 다음이다.

(17) a. Walk up and say hello.(다가가서 인사해라.)
    b. I sneaked up on him.(나는 그에게 몰래 다가갔다.)

이 경우는 주어가 특정한 목표를 향해 위로 접근하는 경우이다. 이것은 다음과 같이 나타낼 수 있다(Lindner 1982: 320).

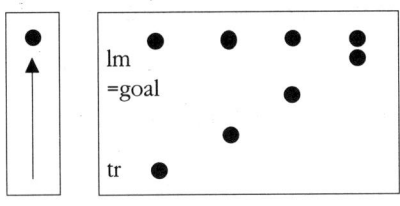

[그림 3.10] 접근 도식

3.3.3. in/out, up/down의 대립성

대부분의 영어 모국어 화자는 up의 대립어가 down이며, in의 대립어가 out임을 당연한 것으로 간주한다. 다음이 그 전형적인 예이다.

(18) a. He tossed it up and it came down.(그는 그것을 던져 올렸고 그것은 다시 내려왔다.)
    b. She walked in, turned, and walked out.(그녀는 안으로 들어가서 돌아 걸어 나왔다.)

그러나 up과 down의 대립성 및 in과 out의 대립성에 몇 가지 특이한 패턴을 찾아볼 수 있다.
첫째, 대립어로 간주되는 두 전치사가 대립성을 가지지 못하는 경우가 있다. 예컨대, up과 down이 서로 대립적이라고 단순하게 가정한다면, settle up과 settle down 또한 대립적이어야 한다. 그러나 다음 예문에서 두 표현의 의미는 서로 대립적이지 않을 뿐만 아니라 의미상 아무런 관련도 없다.

(19) a. They settled up their account.(그들은 계산서를 결제했다.)
　　 b. They will settle down when they get older.(그들은 늙으면 정착을 할 것이다.)

in과 out도 유사하다. 다음 예를 참조해 보자.

(20) a. They turned in their homework papers.(그들은 숙제를 제출했다.)
　　 b. Everything turned out okay.(모든 것은 괜찮은 것으로 판명났다.)

둘째, 두 대립어가 반대 의미가 아니라 거의 동일한 것을 의미하는 경우가 있다. 대립어인 up과 down이 그 예이다. 다음 예를 보자.

(21) a. They closed up the theater.(그들은 극장을 닫았다.)
　　 b. They closed down the theater.(그들은 극장영업을 끝냈다.)

셋째, 의미의 대립성을 기대할 수 없는 곳에서 의미의 대립성이 나타나는 경우가 있다. 다음 예에서 보듯이, 대립어가 아닌 out과 up 사이에 의미의 대립성이 있다.

(22) a. Roll out the carpet and then roll it up.(양탄자를 펴고 그리고 나서 그것을 둥글게 말아라.)
　　 b. He crumpled up the letter and then smoothed it out.(그는 편지를 구겼다가 다시 폈다.)

넷째, 동일한 하나의 낱말에서 의미의 대립성을 발견할 수 있는 경우가 있다. 다음 예에서는 out의 의미가 서로 대립되고 있다.

(23) a. The stars are out and the lights are out.(별이 떴고 빛이 들어왔다.)
  b. He threw out a suggestion to the group and they threw it out as foolish.(그는 사람들에게 제안을 했는데, 그들은 그것을 어리석은 것으로 치부했다.)

이러한 대립성의 특이한 양상들은 앞에서 살펴본 영상도식의 개념에 의해 동기부여 될 것이다.
첫째, 두 대립어가 대립성을 가지지 못하는 경우를 보자. 편리를 위해서 그 예문을 다시 인용해 보자.

(24) a. They settled up their account.(그들은 계산서를 결제했다.)
  b. They will settle down when they get older.(그들은 늙으면 정착을 할 것이다.)

settle up과 settle down에서 볼 수 있는 의미의 비관련성은 부분적으로는 이 두 표현에 있는 up과 down이 관련성이 없다는 사실에 기인한다. settle up은 재정상의 불일치를 해결하는 것과 관련이 있다. 이것은 [그림 3.10]에서 볼 수 있는 up의 접근 도식으로 설명할 수 있는데, 이 영상도식에 기초해서 보면 다양한 양의 돈이 어떤 목적 수준에 도달하게 된다. 다음 표현들도 유사하게 해석된다.

(25) a. even up(균등해지다)
  b. balance up(균형을 맞추다)
  c. square up(정산하다).

반면에 settle down은 [그림 3.9]에 기초해서 이해된다. 이 경우의 down은 활동적이고 가변적인 상태에서 비활동적이고 고정된 상태로의 변화를 표현하고 있다.

114 제2부 인지모형

다음은 in과 out이 대립적이지 않은 경우를 보자. 편리를 위해서 앞의 예를 다시 인용해 보자.

(26) a. They turned in their homework papers.(그들은 숙제를 제출했다.)
b. Everything turned out okay.(모든 것은 괜찮은 것으로 판명났다.)

포함 도식과 비포함 도식은 서로 대립하는 것이지만, 이 경우에는 in과 out이 다른 영역에서 정의되고 있다. (26a)에 있는 turn in homework는 주로 사회기관 영역에서 정의된다. 즉 이 경우에서 in은 [그림 3.7]의 포함 도식에 의해서 정의된다. 그리고 포함 도식의 지표는 과제물이 제시되어야 하는 어떤 권위 있는 기관이다. 다음 표현들도 유사하게 해석된다.

(27) a. turn in a library book(도서관 책을 반납하다)
b. hand in one's resignation(사직서를 제출하다)

반면에 (26b)에 있는 out은 포함 도식과 대립되는 [그림 3.2]의 비포함 도식을 바탕으로 하지만, 이 경우에 out이 인지 영역에 의해서 정의된다. 왜냐하면, 일련의 사건이 전개됨에 따라서 사건의 마지막 상태는 알려지지 않은 것에서 알려진 것으로 변화하기 때문이다. 이것은 은유적 확장을 위해 제시한 [그림 3.5]의 비포함 도식을 보면 명확해진다. 다음 표현들도 유사하게 해석된다.

(28) Everything came out/turn out well.(모든 것이 좋은 것으로 판명되었다.)

둘째, 두 대립어가 대립적인 의미가 아니라 거의 동일한 것을 의미하는 경우를 보자. 편리를 위해서 앞의 예를 다시 인용해 보자.

(29) a. They closed up the theater.(그들은 극장을 닫았다.)
　　 b. They closed down the theater.(그들은 극장영업을 끝냈다.)

(29a)에 있는 close up은 물리적인 건물을 탄도체로 간주한다. 이런 경우에 적절한 영상도식은 [그림 3.10]에서 볼 수 있는 up의 접근 도식이다. 이것은 건물의 모든 공간을 닫음으로써 건물의 하위부분을 봉쇄하는 것을 뜻한다. 즉 (29a)는 건물의 모든 창문과 문을 완전히 닫는 것을 뜻한다. 반면에 (29b)에 있는 close down은 극장영업을 끝내고 작용하는 것을 멈추는 것을 뜻한다. 즉, 사업을 끝내는 것이다. 이것은 은유적 확장을 설명하기 위해서 제시한 [그림 3.9]의 도식에 의해서 명확히 정의된다.13)

셋째, 의미의 대립성을 기대할 수 없는 곳에서 의미의 대립성이 나타나는 경우를 보자. 편리를 위해서 앞의 예를 다시 인용해 보자.

(30) a. He rolled out the carpet.(양탄자를 폈다.)
　　 b. He rolled the carpet up.(양탄자를 둥글게 말았다.)

(30a)에 있는 roll out은 [그림 3.3]에서 볼 수 있는 out의 재귀 도식을

---

13) close up과 close down은 언뜻 보기에는 동의적인 것처럼 보인다. 왜냐하면, 건물을 닫는 것은 종종 건물의 사업을 끝내는 것을 의미하기 때문이다. 즉 동일한 상황이 다른 두 과정에 의해서 정의되고 있다. 그러나 그 둘 사이의 미묘한 의미 차이는 다음 예를 통해서 알 수 있다.

　　(1) a. They closed up the house/*floating craps game.(그들은 집을 폐쇄했다/*그들은 크랩 노름을 폐쇄했다.)
　　　　 b. They closed down the *house/floating craps game.(*그들은 집의 영업을 끝냈다/그들은 크랩 노름의 영업을 끝냈다.)

　집은 주로 건물로 간주되기 때문에, close up과는 양립하지만 close down과는 양립하지 않는다. 반면에 크랩 노름은 사업을 연상하기 때문에 close down과는 양립하지만 close up과는 양립하지 않는다.

바탕으로 하고 있으며, (30b)에 있는 roll up은 [그림 3.10]에서 볼 수 있는 up의 접근 도식을 바탕으로 하고 있다. 이 경우에는 재귀 도식이 접근 도식과 반대 순서를 이루고 있다. 따라서 out과 up 사이에서 대립 관계가 성립되는 것이다.

넷째, 동일한 하나의 낱말에서 의미의 대립성을 발견할 수 있는 경우를 보자. 편리를 위해서 앞의 예를 다시 인용해 보자.

(31) a. The stars are out and the lights are out.(별이 떴고 빛이 들어왔다.)
  b. He threw out a suggestion to the group and they threw it out as foolish.(그는 사람들에게 제안을 했는데, 그들은 그것을 어리석은 것으로 치부했다.)

앞에서 비포함 도식이 구체적인 영역에서뿐만 아니라 추상적인 영역에서도 사용됨을 보았다. 비포함 도식이 사적인 것에서 공적인 것으로 상태 변화를 나타내는 경우는 은유적 확장을 위해 제시한 [그림 3.5]를 가지고 살펴보았다. 이 경우에서는 지표가 사적인 것이고 숨겨진 것이다. 이 외에도 지표가 숨겨둠의 상태가 아니라 관찰자의 인지적, 지각적 접근범위로 상술되는 [그림 3.6]을 제시했다. 이때 비포함 관계는 소리나 모습이 지각에 접근 가능하지 않게 되고, 사고가 의식에 접근 가능하지 않게 되는 것을 나타낸다. [그림 3.5]와 [그림 3.6]을 통해서 (31)에서 발견할 수 있는 동일한 전치사가 어떻게 대립되는 의미를 가질 수 있는지를 명확히 알 수 있다. 동일한 비포함의 경로는 지각・인지 영역의 두 장소에서 발견될 수 있다. 다시 말해, 관계 그 자체는 변함이 없지만 지표의 상술이 다른 것이다. (31a)에서 첫 번째 문장의 경우에는 지표가 숨겨진 상태이고, 두 번째 문장의 경우에는 지표가 관찰자의 접근범위가 된다.

지금까지 두 대립어가 대립적이지 않은 경우, 두 대립어가 거의 유사한 의미를 가지는 경우, 대립적이지 않은 두 낱말이 대립적인 경우, 동일한 낱말이 의미의 대립성을 보이는 현상과 같은 모든 기이한 현상을 영상도식의 개념으로 설명해 보았다.

제4장 정신공간

4.1. 정신공간의 본질
    4.1.1. 정신공간의 정의
    4.1.2. 공간 형성자
    4.1.3. 접근 원리
4.2. 정신공간과 지시적 불투명성
4.3. 정신공간과 대명사 지시

이 장은 오늘날 인지언어학계를 주도해 나가는 대표적 학자 가운데 한 사람인 Gilles Fauconnier를 중심으로, 그가 제시한 또 다른 성격을 가진 인지모형인 정신공간(mental space)의 성격과 발전 양상을 기술하고 언어 연구에서 정신공간이라는 인지적 구성물이 갖는 설명력 및 의의를 살펴보는 데 목적이 있다. 4.1에서는 Fauconnier(1985/1994)에서 이론적 기반이 확립된 정신공간의 본질을 살펴볼 것이다. 특히 공간 형성자와 접근 원리를 통해 정신공간이 어떻게 형성되고 연결되는지를 검토할 것이다. 4.2에서는 정신공간의 개념으로 지시적 불투명성을 해명하고, 4.3에서는 대명사 지시의 문제를 정신공간의 개념으로 논의할 것이다.

4.1. 정신공간의 본질

이 절에서는 앞에서 살펴본 틀 및 영상도식이라는 인지모형과 정신공간이 어떻게 다른지를 정신공간 자체의 정의에 기초해서 살펴보고, 정신공간이 형성되는 데 매체 역할을 하는 공간 형성자의 개념을 고찰할 것이다. 그리고 여러 개의 정신공간들이 서로 연결되는 방식을 접근 원리의 개념으로 살펴볼 것이다.

4.1.1. 정신공간의 정의

Fauconnier(1994)는 정신공간을 사적 인지(backstage cognition)의 영역인 추상적인 인지적 구성물로 정의하는데, 이 구성물은 보통 일반적인 시나리오에 근거해서 형성된다. 정신공간은 개념화자가 말을 듣거나 텍스트를 읽을 때 동적으로 환기되는 잠재적 실재에 대한 정신적 구성물이다. 그 예에는 그림 공간, 가상 공간, 신념 및 바람 공간 등이 있다.
  정신공간의 특이한 성질은 그것이 외부 세계에 대한 완벽한 거울이 아니라 잠재적인 실재에 대한 구성물이라는 점이다. 정신공간은 또한 존재의 영역에 대한 선택적인 인지적 형상(selective cognitive configuration)이다. Coulson(2001: 21)의 말을 빌리자면, 정신공간은 "특정한 시나리오의 실체나 관계에 대한 부분적 표상"을 담고 있다. "정신공간에서 구축되는 명시적인 구조는 극미하고, 담화가 진행됨에 따라서 그 기본적인 구조가 항상 변하기 때문에, 정신공간은 (논리학자들의 가능세계나 서사의 허구적 세계와 같은) 세계와 매우 다른 종류의 것이다(Fauconnier & Sweetser 1996: 12)." 정신공간은 "특정한 영역에 대한 적절한 정보를 위한 임시적인 그릇"으로 기능한다(Coulson 2001: 21). 정신공간은 전체적인 것이 아니라 국부적이며 따라서 진리조건적으로 기술할 수 없다. 이것은 주어진 정신공간에 있는 요소[1]들이 외부 세계를 직접적으로 지시하지 않는다는 것을 뜻한다. 사실상, 명백한 객관적인 실제성의 영역 또한 일종의 정신공간으로 이해할 수 있다. 이런

---

1) 정신공간에 있는 요소는 개념적 실체(conceptual entities)를 나타낸다.

현실 공간을 기저 공간(base space)이라고 한다.

　Fauconnier가 내린 정신공간에 대한 정의를 정리해 보면 다음과 같다. "정신공간은 언어 구조와 구별되지만 언어 표현이 제공하는 지침에 따라 임의의 담화에서 설정되는 구성체이다"(Fauconnier 1994: 1). "정신공간은 담화와 지식 구조의 정교한 분할을 허용하면서, 우리가 생각하고 말할 때 만들어지는 부분적인 구조이다"(Fauconnier 1997: 11). "정신공간은 국부적인 이해와 행위를 위해, 우리가 생각하고 말할 때 구성되는 작은 개념적 꾸러미이다"(Fauconnier & Turner 1996: 113).[2]

　비록 정신공간이 개념적 구조인 인지모형이지만, 정신공간은 기존의 인지언어학 문헌에서 사용되는 틀, 영상도식과 같은 기타 인지모형과는 다르다. 정신공간은 부분적으로 인지모형과 문맥의 구조를 이용해서 구성된다. 정신공간은 요소들을 담고 있는 매우 부분적인 집합체이며 기타 인지모형에 의해 구조화된다. 정신공간은 기타 인지모형과 동일한 것이 아니라 그것에 의존한다. 정신공간들은 상호 연결되며 담화가 진행됨에 따라 수정될 수 있다.

　예컨대, my hike along the Appalachian trail in Carlisle, Pennsylvania in 1990(1990년에 펜실베이니아 주의 칼라일에 있는 애팔래치아 산맥의 산길을 따라가는 나의 도보 여행)과 같은 표현을 이해하기 위해 정신공간을 구축할 필요가 있다. 이 표현에 대한 정신공간에는 도보 여행, 도보 여행자, 날짜, 위치 등이 포함된다. 이런 정신공간은 여행 인지모형의 부분적 구조 및 여행과 연상되는 지식을 보충해서 구축된다. 여행 인지모형에는 여행자, 여행 경로, 출발점, 목적지 등에 대한 역할이 있다. 반면에 정신공간은 여행 인지모형에 의해 구조화되는 특정 시나리오를 표현한다.

---

2) 임지룡(2000a: 37)은 이런 정의를 바탕으로 "정신공간은 언어 구조와 구별되는 것으로서, 담화 상황에서 사람들이 언어를 통해서 생각하고 말할 때 머리 속에 구성되는 개념적 구조이다"라고 말한다.

정신공간과 기타 인지모형 사이의 차이는 단기기억(short-term memory)과 장기기억(long-term memory) 사이의 차이로 설명할 수도 있다. 기타 인지모형은 일상 경험에서 습득되어 인간의 장기기억 속에 들어 있는 정적인 구조를 가지고 있지만, 정신공간은 특정 상황에서 우리가 말을 할 때 구성되는 단기기억 속에 들어 있는 유연하며 동적인 온라인 구조를 가지고 있다.

4.1.2. 공간 형성자

정신공간 이론의 기본 골격은 정신공간의 형성과 연결에 관한 장치라 할 수 있다. 이 절에서는 먼저 정신공간이 어떻게 형성되는지를 보기로 할 것이다. 일반적으로 새로운 정신공간은 기저 공간(base space)으로부터 만들어지는데, 이 과정에는 공간 형성자(space builder)가 관여한다. 공간 형성자는 새로운 정신공간을 형성하거나 담화에서 이미 소개된 정신공간을 지시하는 문법적 장치로 규정된다(Fauconnier 1985: 17 참조).3)

그러면, 공간 형성자에 의해서 형성되는 몇 가지 전형적인 정신공간을 보기로 하자.

(1) a. In 1952, the man with gray hair headed the CIA.(1952년에 회색 머리카락의 남자는 CIA를 인솔했다.)
 b. In the movie, the man with gray hair is a spy.(그 영화에서, 회색 머리카락의 남자는 스파이다.)
 c. Max believes that the man with gray hair is behind the fence. (맥스는 회색 머리카락의 남자가 울타리 뒤에 있다고 믿는다.)
 d. If Jack were older, his gray hair would inspire confidence.(만약

---

3) Fauconnier(1997: 40)에서는 공간 형성자를 '새로운 공간을 열거나 존재하는 공간에 초점을 바꾸는 문법적 표현'으로 규정하고 있다.

잭이 좀더 나이가 들었다면, 그의 회색 머리카락은 자신감을 불어 넣을 것이다.)

문장이 담화의 특정 순간에 나타날 때 새로운 정신공간이 형성된다. 예 컨대, (1a)의 in 1952를 통해 시간 공간이 형성되고, (1b)의 in the movie를 통해 극장 공간이, (1c)의 Max believe를 통해 신념 공간이, (1d)의 If Jack were older를 통해 반사실적 공간이 형성된다. 이 표현들은 모두 공간 형성자이다. 공간 형성자는 정신공간을 형성하는 역할을 하는 언어 표현이다. 언어 사용자는 공간 형성자에 입각하여 특정한 정신공간을 구축하게 된다. Fauconnier(1985/1994: 17)가 제시한 공간 형성자에는 다음과 같은 것이 있다.

(2) a. 전치사구: in Len's picture, in John's mind, in 1929, at the factory, from the point of view
   b. 부사: really, probably, possibly, theoretically
   c. 연결어: if
   d. 주어+동사 결합체: Max believes, Mary hopes

4.1.3. 접근 원리

다음으로, 정신공간들이 어떻게 유기적으로 연결되는지 살펴보기로 하자. 이 과정에는 한 정신공간과 또 다른 정신공간 사이의 관련된 요소들을 연결시키는 연결자(connector)가 관여한다(Fauconnier 1985: 3-10 참조). 정신공간 이론의 기본 생각은 우리가 생각하고 이야기할 때 여러 정신공간들이 형성되고 구조화되며 문맥의 압력에 의해 서로 연결되어 하나의 망을 형성한다는 것이다. 다음에서 볼 수 있듯이, 기저 공간에서 시작해서 새로운 정신공간이 형성된다(Fauconnier & Sweetser 1996: 11).

[그림 4.1] 기저 공간과 새로운 정신공간의 연결

더욱이 그 중에서 한 정신공간은 현재 공간이며 이 현재 공간에 상대적으로 새로운 정신공간을 형성할 수 있다(Fauconnier & Sweetser 1996: 12).

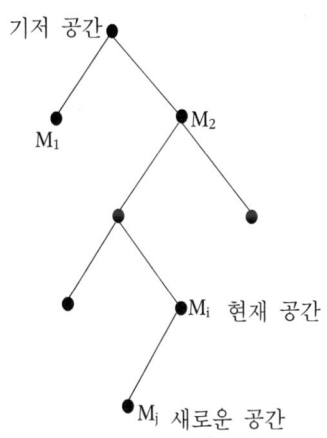

[그림 4.2] 정신공간 망

정신공간 망(network of mental spaces)에서는 상위 공간에서 하위 공간으로 이동이 가능하며, 역으로 하위 공간에서 상위 공간으로도 이동이 가능하다.

여러 정신공간들이 내부에 쌓일 때 가장 포괄적인 정신공간을 기저 공간이라고 한다. 종종 무표적인 기저 공간은 현실 공간이다. 기저 공간의 요소는 새로 형성된 정신공간에 그 대응요소(counterpart)를 가진다.

그리고 특별한 연결자가 기저 공간과 새로운 정신공간을 연결한다. 이 과정을 다음의 두 문장으로 예증해 보자.

(3) a. 플라톤이 책장 위에 있다.
    b. 플라톤의 저서가 책장 위에 있다.

(3a)는 글자 그대로 볼 때 '플라톤이라는 철학자가 책장 위에 있다'는 뜻이지만, 이것은 비현실적인 표현이므로 보통 (3b)와 같이 해석된다. (3a)가 (3b)로 해석되는 과정에는 Fauconnier(1985)가 제시한 (4)와 같은 동일시 원리(identification principle)가 작용한다.

(4) 동일시 원리: (가장 일반적인 의미에서) 두 대상 a와 b가 화용적 함수 F(b=F(a))에 의해서 연결된다면, a의 기술(d_a)은 그 대응요소 b와 동일시될 수 있다.

(4)의 동일시 원리에서 a를 매체(trigger)라 하고 b를 목표(target)라 하며, a와 b를 연결하는 화용적 함수 F를 연결자라고 한다. (3a)의 '플라톤'이라는 기술(d_a)이 (3b)의 '플라톤의 저서'와 동일시될 수 있는 과정을 다시 한 번 살펴보면, "플라톤이라는 인물은 몇 권의 책을 쓴 고대 그리스의 위대한 철학자이다"라는 배경 지식을 바탕으로 화용적 함수 F, 즉 연결자가 연결 기능을 발휘한 것인데, 이 관계를 도식화하면 다음과 같다(Fauconnier 1985: 4-5 참조).[4]

---

[4] [그림 4.3]에서 연결자에 의해 매체가 목표를 지칭하는 것은 "나는 어제 윤동주(=윤동주의 시집)를 읽었다", "유치원생이 도시락(=도시락의 내용물)을 맛있게 먹었다"와 같은 환유(metonomy) 현상의 설명과 유사한데, 이것을 지시적 전이(referential shift)라고도 한다(Saeed 1997: 320 참조).

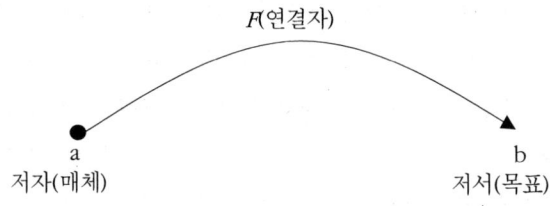

[그림 4.3] '저자'와 '저서' 사이의 연결

Fauconnier(1997: 41)에서는 Fauconnier(1985)의 동일시 원리를 접근 원리(access principle)라고 칭하는데, 접근 원리는 매체 요소를 기술함으로써 새로운 정신공간에 있는 그 대응요소인 목표 요소에 접근하도록 해 준다.

(5) 접근 원리: 만일 두 요소 a와 b가 연결자 f에 의해 연결되면((b=F(a)), 요소 b는 그 대응요소 a를 명명, 기술, 지적함으로써 식별될 수 있다.

즉, 접근 원리는 한 정신공간에 있는 요소를 명명하거나 기술하는 언어 표현이 다른 정신공간에 있는 그 대응요소에 접근하는 데 사용될 수 있다는 원리이다. 이 원리를 Sweetser & Fauconnier(1996: 7)의 말로 풀이하면 다음과 같다. "만일 첫 번째 영역에서 두 번째 영역이 인지적으로 접근 가능하고 매체와 목표 사이에 연결이 있다면, 한 실체(매체)를 명명하거나 기술하는 표현이 다른 영역에 있는 실체(목표)에 접근(따라서 언급)하는 데 사용될 수 있다."

그러면, 다음 표현을 통해 공간 형성자와 연결자를 종합해 보자.

(6) In Len's painting, the girl with blue eyes has green eyes.(렌의 그림에서, 청색 눈의 소녀는 눈이 녹색이다.)

(6)은 화자가 화가의 모델을 알고 있고 그 모델이 원래 눈이 청색이라는

것 또한 알고 있으며, 화가가 청색 눈을 녹색 눈으로 그린 것을 지적하고 있는 상황이라고 하자. (6)에서는 In Len's painting이라는 공간 형성자에 의해 두 개의 정신공간, 즉 화자의 실재 세계에서 '청색 눈을 가진 소녀'와 렌의 그림 세계에서 '녹색 눈을 가진 소녀'가 형성된다. 그 두 정신공간은 '세계-그림'이라는 연결자에 의해서 연결되는데, 이 경우 연결자는 단순히 정신공간과 정신공간을 연결하는 것이 아니라 정신공간에서 설정된 요소들을 정신공간 너머로 연결시키는 구실을 한다. 기저 공간에는 girl with blue eyes라는 매체 요소 a가 있으며, 그림 공간에는 girl with green eyes라는 목표 요소 b가 있다. 여기에서 기저 공간이 그림 공간에 인지적으로 접근 가능하고, 매체 요소 a와 목표 요소 b 사이에 연결이 있기 때문에 매체가 목표에 접근하는 데 사용될 수 있다. 이것은 다음과 같이 나타낼 수 있다(Fauconnier 1994: 12).

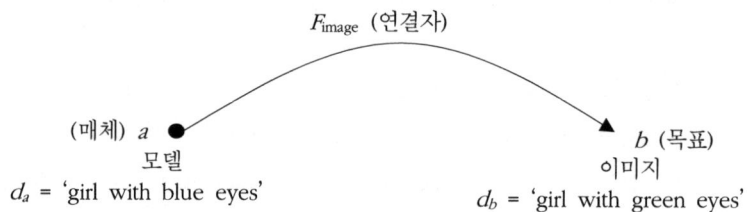

[그림 4.4] In Len's painting, the girl with blue eyes has green eyes에 대한 매체와 목표 사이의 연결

접근 원리는 신념과 현실 사이의 관계에도 적용된다. 다음 예를 보자.

(7) Max believes the woman with green eyes has blue eyes.(맥스는 녹색 눈의 여자가 눈이 청색이라고 믿는다.)

(7)의 경우에 기저 공간에 woman with green eyes라는 요소 a가 있으며 Max believes라는 공간 형성자에 의해 새로운 신념 공간이 형성된

다. 신념 공간에는 기저 공간에서 처음으로 설립된 요소 a의 대응요소인 a'가 있다. 그리고 그 대응요소인 a'는 has blue eyes라는 표현으로 연상된다. 이것은 다음과 같이 나타낼 수 있다(Fauconnier & Sweetser 1996: 14).

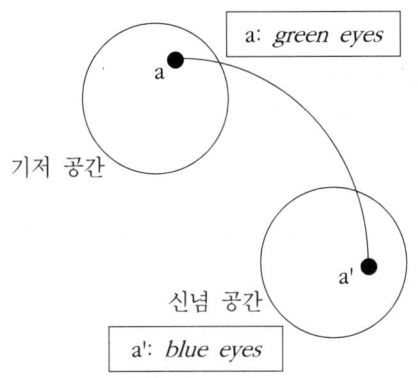

[그림 4.5] Max believes the woman with green eyes has blue eyes에 대한 매체와 목표 사이의 연결

[그림 4.5]에서 기저 공간과 신념 공간은 연결된다. 즉, 신념 공간에 있는 a'는 기저 공간에 있는 a를 통해 접근된다. 기술 woman with green eyes는 a를 골라내어 접근 원리에 의해 그 대응요소인 a'를 식별한다.

요컨대, 정신공간이 공간 형성자에 의해 형성되고 여러 정신공간들은 문맥에 근거해서 하나의 망을 형성한다. 여러 정신공간 중에서 가장 포괄적인 정신공간을 기저 공간이라 한다. 기저 공간에는 매체 요소가 있고 새로 형성된 또 다른 정신공간에는 목표 요소가 있는데, 접근 원리는 매체 요소가 목표 영역에 접근하도록 도와준다.

4.2. 정신공간과 지시적 불투명성

정신공간의 개념으로 지시적 불투명성(referential opacity) 현상을 설명할 수 있다는 것이 정신공간이 가진 하나의 장점이다. 다음과 같은 문장은 두 가지로 해석될 수 있다.

> (8) The Captain suspects that a detective in the squad is taking bribes.(형사반장은 대원 중의 한 형사가 뇌물사건에 연루되어 있다고 의심한다.)

(8)은 형사반장이 대원 중에서 특정한 형사가 뇌물을 받은 것으로 의심한다는 투명한 해석(transparent reading)과 대원 중 어떤 한 형사가 뇌물 사건에 연루되어 있지만 그가 누구인지 모른다는 불투명 해석(opaque reading)이 가능하다.5) 이 두 가지 해석은 문장의 중의성 때문이 아니라 청자가 사용할 수 있는 각기 다른 정신공간의 연결 책략에 따른 것이다.

또 다른 예로 다음 문장을 고려해 보자.

> (9) Jones believes that the leader of the Black Gulch Gang is a sociopath.(존스는 검은 협곡 폭력단의 두목이 반사회적 이상성격자라고 믿는다.)

위 문장에서 존스는 경찰관이고 검은 협곡 폭력단의 두목은 존스의 아내이다. 만약 존스가 그 폭력단의 두목이 자기 아내라는 것을 모른다면, Jones doesn't believe his wife is a sociopath라는 문장은 참이 된다. (9)와 같은 문장은 불투명 문맥(opaque context)으로 기술된다. 이와

---

5) 투명한 해석을 특정적 해석(specific reading)이라 하고, 불투명 해석을 불특정적 해석(non-specific reading)이라 한다.

같은 예에서 불투명성은 believe, want, suspect, hope 등과 같은 명제 태도 동사(propositional attitude verb)의 목적어로 사용되는 명사절에서 볼 수 있다.

(9)에서 동사 believe는 공간 형성자로서 화자의 현실 공간에 존스의 신념 공간을 추가한다. 이 문장의 투명한 해석은 존스가 현실에서 폭력단 두목의 정체를 알고서 자신의 신념 공간을 형성하는데, 그 신념 공간에서 존스는 폭력단 두목을 반사회적 이상성격자로 기술한다. 따라서 현실 공간의 폭력단 두목과 신념 공간의 폭력단 두목 사이에 지시적 연결(referential link)이 있는데, 이것은 다음과 같은 그림으로 나타낼 수 있다(Saeed 1997: 325).

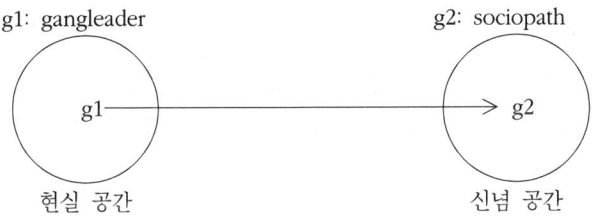

[그림 4.6] Jones believes that the leader of the Black Gulch Gang is a sociopath의 투명한 해석

이 그림을 통해서 존스가 현실 공간에서 폭력단 두목의 정체를 알고 있으며, 그의 신념 공간에서 폭력단 두목은 반사회적 이상성격자라고 기술할 수 있다.

(9)의 불투명 해석은 존스가 현실 공간에서 폭력단 두목의 정체를 모르지만 자신의 신념 공간에서 폭력단 두목에 대한 어떤 확신을 가지고 있다. 여기에서는 현실 공간과 신념 공간 사이에 지시적 연결이 없는데, 이것은 다음과 같이 나타낼 수 있다(Saeed 1997: 325).

[그림 4.7] Jones believes that the leader of the Black Gulch Gang is a sociopath의 불투명 해석

이 그림을 통해서 존스가 현실에서 폭력단 두목의 정체를 모르지만 자신의 신념 공간에서 폭력단 두목은 반사회적 이상성격자라고 기술할 수 있다.

이와 같은 불투명 문맥은 명제태도 동사에만 국한되는 것은 아니다. 불투명 문맥은 지시적 전략의 일반적인 결과일 수도 있다. 이것이 무엇을 의미하는지 보기 위해 다음 예를 고려해 보자.

(10) In the film, Michelle is a witch.(그 영화에서 미셸은 마녀이다.)

이 문장은 화자의 현실 공간과 영화 공간이라는 두 개의 정신공간을 형성한다. 이름 Michelle은 두 가지 방식으로 지시될 수 있다. 첫 번째 해석에는 앞에서 기술한 것과 같은 지시적 연결 또는 지시적 전이가 있다. 즉, 미셸은 현실 공간에 있는 어떤 사람의 이름이지만, 화자는 그 이름을 사용해서 마녀의 역을 맡은 그녀의 영화 이미지를 기술한다. 이와 같은 연결자를 '배우'라고 부를 수 있다. 이와 같은 투명한 해석은 다음과 같은 그림으로 나타낼 수 있다(Saeed 1997: 324).

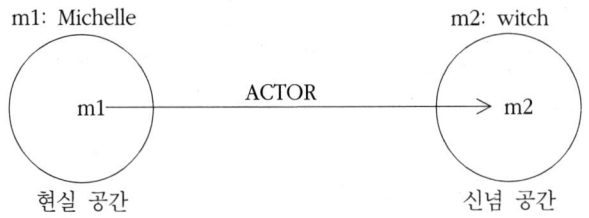

[그림 4.8] In the film, Michelle is a witch의 투명한 해석

두 번째 해석에는 두 정신공간 사이에 아무런 지시적 전이가 없다. 미셸은 영화 공간에서 등장인물의 이름이며, 그 등장인물에 대해 그녀가 마녀라고 단정한다. 이 해석은 다음과 같이 나타낼 수 있다(Saeed 1997: 324).

[그림 4.9] In the film, Michelle is a witch의 불투명 해석

요컨대, 정신공간 이론에서는 지시적 불투명성을 지시 연구의 핵심 과제로 수용하여 그것을 매우 일반적이며 규칙적인 현상으로 파악한다.

4.3. 정신공간과 대명사 지시

정신공간의 개념은 또한 대명사 지시와 관련된 문제를 해결하는 데 도움을 준다. 예컨대, I kicked myself, You kicked yourself, We kicked ourselves에서와 같이, 직접목적어가 동일 절의 주어와 동일지시 될 때 직접목적어는 재귀대명사로 실현된다. 그리고 He kicked me, You kicked us, We kicked them에서와 같이, 만약 직접목적어가 주어와 동일지시 되지 않는 경우에 그것은 대격대명사로 실현된다. 그래서 John kicked him은 존이 자기가 아닌 다른 사람을 찼다는 것만을 뜻한다.

그러나 다음과 같은 예에서는 이 규칙에 문제가 발생한다.

(11) a. If I were you, I'd hate myself.(내가 만약 너라면, 나는 나 자신을 싫어할 것이다.)
b. If I were you, I'd hate me.(내가 만약 너라면, 나는 나를 싫어할 것이다.)

한 가지 문제는 단문에서 비문법적인 *I would hate me라는 문장이 왜 (11b)와 같은 구문에서는 수용이 가능한가 하는 것이다. 그리고 두 번째 문제는 (11a)와 (11b) 사이의 의미 차이를 어떻게 설명할 것인가 이다.

정신공간의 개념은 이 문제들을 어떻게 해결하는지 보자. 공간 형성자 역할을 하는 if-절은 가상 공간을 형성하는데, 이 정신공간에는 청자가 있지만 그의 정신은 화자의 것이다. Talmy(1988a: 69)와 Lakoff(1996b)은 인간의 정신을 주체(Subject)와 자아(Self)라는 두 가지 성분으로 구별한다. 주체는 본질적으로 우리의 합리적, 도덕적 판단의 근원이며, 자아는 우리 개인성의 부분이다. 이런 구별은 다음과 같은 문장으로 정당화된다.

(12) a. She's a very together person.(그녀는 매우 침착한 사람이다.)
b. I couldn't stop myself.(나 자신을 멈출 수 없었다.)

(12a)는 자아가 주체의 방향과 일치해서 행동하는 경우에 사용되고, (12b)는 자아가 주체의 통제를 벗어나서 자체적으로 행동하는 경우에

사용된다.

먼저, (11a)의 경우에, 주체와 자아라는 개념을 이용해서 하나의 가상 공간이 구축되는데, 여기에는 I와 you 둘 다의 대응요소가 있지만, 이 정신공간은 you의 대응요소가 you의 주체가 아니라 I의 주체를 담고 있다는 점에서 현재 공간과 다르다. 이 상황은 다음과 같은 그림으로 나타낼 수 있다(Lee 2001: 111 참조).

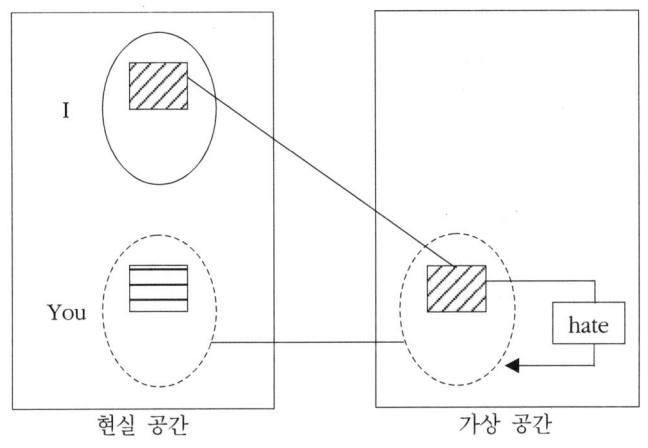

[그림 4.10] If I were you, I'd hate myself의 정신공간 망

여기에서 I의 주체는 사선이 있는 직사각형으로 표상되며, you의 자아는 점선으로 그려진 얼굴로 표상된다. 현실 공간에서 I의 주체는 I의 자아 속에 위치해 있고, you의 주체는 you의 자아 속에 위치해 있다. 반면, 가상 공간에서 you의 주체 자리를 I의 주체가 차지하고 있다.

(11a)는 I가 you가 행동하는 방식에 전적으로 찬성하지 않는 상황에서 발화된다. 이것이 의미하는 바는 가상 공간에서 당신이 나쁘게 행동한다는 사실은 당신이 자기 증오를 경험하도록 하는데, 왜냐하면 당신의 판단과 느낌은 나의 도덕적 판단에 의해 작동하기 때문이라는 것이다. 그리고 그 증오는 자기에게로 향하기 때문에, 일반 규칙을 따라서

재귀대명사를 사용하는 것이 적절하다.

대조적으로, (11b)는 내가 나 자신의 행동에 찬성하지 않을 때나 내가 어떤 식으로 당신에게 해를 끼쳤기 때문에, 구성된 you가 화자인 나를 증오하는 근거를 가지게 될 때 사용된다. 따라서 이 경우에, 증오는 자기에게 향하는 것이 아니기 때문에 대명사가 사용된다. 이것은 다음 그림으로 나타낼 수 있다(Lee 2001: 112 참조).

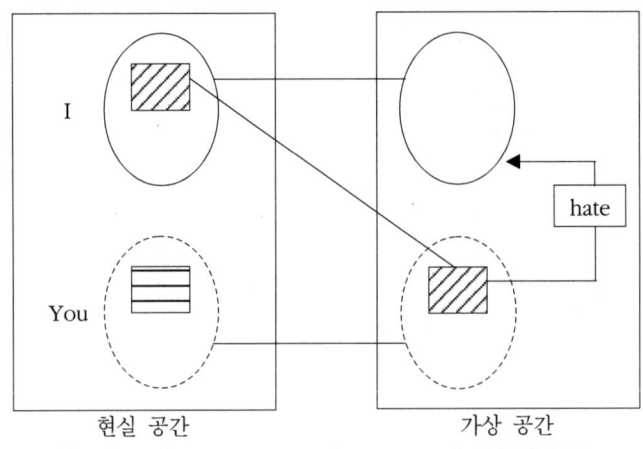

[그림 4.11] If I were you, I'd hate me의 정신공간 망

요컨대, 정신공간은 우리가 생각하고 이야기할 때 형성되는 인지모형으로서, 정신공간들은 서로 연결되어 하나의 정신공간 망이 형성된다. 즉, 현실 공간인 기저 공간이 형성되고, 다시 특정한 담화에 입각해서 다른 정신공간이 형성되며, 담화가 진행되면 또 다른 정신공간이 형성되는 것이다. 이처럼 특정한 정신공간이 형성되게 해주는 매체가 있는데, 이것을 공간 형성자라 부른다. 그리고 접근 원리가 기저 공간의 요소가 그에 상응하는 정신공간에 있는 대응요소에 접근되도록 해준다. 이런 정신공간의 개념으로 지시적 불투명 현상과 대명사 지시 현상을 논의했다.

제3부　인지과정

- 제5장　범주화
- 제6장　주의 배분
- 제7장　은유 과정
- 제8장　환유 과정
- 제9장　문법화
- 제10장　주관화
- 제11장　개념적 혼성

제5장 범주화

> 5.1. 범주화 모형
>   5.1.1. 고전 범주화 모형
>   5.1.2. 고전 범주화의 반증: 가족닮음과 범주 경계의 퍼지성
>   5.1.3. 원형 범주화 모형: 원형 이론
>   5.1.3.1. 원형의 특성
>   5.1.3.2. 원형의 양상
>   5.1.3.3. 원형 효과
> 5.2. 원형 이론과 다의성
> 5.3. 타동구문의 원형 효과

인간을 포함한 모든 동물에게는 범주화(categorization) 능력[1]이 있다. 예컨대, 동물은 음식을 먹을 수 있는 것과 먹을 수 없는 것으로 범주화하고, 주위 환경을 해로운 것과 해롭지 않은 것으로 범주화해야만 생존할 수 있다. 우리 인간은 극히 미세한 것에서부터 상당히 일반적인 것에까지 이르는 상당히 많은 수의 범주를 창조하고 그것과 상호작용할 수 있다. 더욱이, 우리가 새로운 경험을 수용하기 위해 기존의 범주를 수정하고 필요에 따라 새로운 범주를 창조할 수 있다는 점에서 인간의 범주화는 유연하다고 말할 수 있다.

  5.1절에서는 범주화 모형을 다룰 것인데, 전통적인 고전 범주화 모형과 인지언어학에서 제시하고 있는 원형 범주화 모형, 즉 원형 이론을 설

---

[1] Taylor(2002: 8-16)에서는 몇 가지 인지능력이 제시되어 있는데, 범주화, 전경-배경 조직, 심적 영상과 해석, 은유, 개념적 원형, 추론, 자동화, 저장 대 연산, 형태에 대한 초점, 사회적 행동, 상징적 행동이 그것이다. 이 중에서 본고에서 다루고 있는 인지능력으로 범주화와 은유가 있으며, 전경-배경 조직은 주의 배분으로 다루어지고, 심적 영상과 해석은 주관화라는 인지과정으로 다루어진다.

명할 것이다. 특히, 고전 범주화 모형의 반례가 되는 가족닮음과 범주 경계의 퍼지성이라는 두 현상을 제시해서 새로운 범주화 모형이 필요하다는 것을 암시하고자 한다. 새로운 범주화 모형은 원형의 개념을 적극적으로 활용하는 원형 이론이다. 따라서 이 절에서는 원형의 특성과 양상 및 원형 효과를 보이는 언어 현상을 제시한다. 5.2에서는 원형 이론을 활용한 다의성 모형을 제시하고, 5.3에서는 원형 이론에 기초해서 타동구문의 원형 효과를 설명할 것이다.

5.1. 범주화 모형

5.1.1. 고전 범주화 모형

고전 범주화 모형(classical categorization model)은 궁극적으로 고대 그리스 시대까지 거슬러 올라간다. Taylor(1989: 23-24)는 아리스토텔레스의 사상에 기초해서 고전 범주화 모형의 몇 가지 기본 가정을 제시한다.

첫째, 범주는 필요충분조건의 합에 의해 정의된다. 이 가정은 아리스토텔레스가 구분한 본질(essential)과 형상(accident) 사이의 이분법에 근거한다. 본질이란 사물을 그것이게 하는 것이다. 본질은 사물의 고유한 모든 부분으로서, 그것은 사물의 개체성을 규정짓는다. 형상이란 사물의 우연한 자질이다. 예컨대, 사람의 본질은 두발동물이라는 것이다. 사람이 백인이거나 교육을 받았는지의 여부는 형상이다. 아리스토텔레스는 사람을 본질의 법칙으로 정의한다. 즉, "X가 Y이다"라고 말하는 것은 실체 X를 범주 Y에 할당하는 것이다. 그렇게 하기 위해서는 범주 Y의 본질을 규정짓는 자질들에 견주어 X의 자질들을 점검해야 한다. 사람의 범주에는 [두발]과 [동물]이라는 두 자질이 있다. 만일 어떤 실체가 이 두 자질을 가지고 있으면 그 실체는 사람의 범주에 속하고, 그렇지 않으면 그 범주에 속하지 않는 것이다.

둘째, 자질은 이원적이다. 이 가정은 모순율(law of contradiction)과 배중률(law of the excluded middle)에 근거한다. 모순율에 따르면, 사물은 어떤 자질을 소유하면서 동시에 소유하지 않을 수 없으며, 사물은 범주에 속하면서 동시에 속하지 않을 수 없다. 배중률에 따르면, 사물은 어떤 자질을 소유하거나 소유하지 않아야 하며, 사물은 범주에 속하거나 속하지 않아야 한다. 자질은 이것 아니면 저것의 문제이다. 어떤 자질은 범주를 규정짓는 데 관여하거나 관여하지 않는다. 어떤 실체는 이 자질을 소유하거나 소유하지 않는다. 자질은 존재하거나 부재하며, 두 값 중 하나만 취한다.

셋째, 범주의 경계는 명확하다. 일단 범주가 설정되면, 그 범주는 세계를 두 종류의 실체로 나눈다. 어떤 실체는 그 범주의 구성원이며, 다른 실체는 그것의 구성원이 아니다.

넷째, 범주의 모든 구성원은 동등한 위상을 가진다. 범주의 모든 자질을 가지고 있는 실체는 그것의 완전한 구성원이며, 모든 자질을 가지고 있지 않는 실체는 구성원이 아니다. 이것은 범주 구성원자격에 정도의 문제가 없다는 것을 시사한다.

고전 범주화 모형은 현대 언어학에서 성분분석(componential analysis)[2]으로 이어진다. 성분분석의 문제점은 결국 고전 범주화 모형

---

2) 성분분석은 1950년대 후반과 1960년대 초반에 유럽과 미국 언어학자들에 의해 발달되었다. 성분분석은 크게 유럽식과 미국식으로 나누어 볼 수 있다. 유럽에서는 Hjelmslev(1953)에서 성분분석의 첫 번째 단계를 발견할 수 있는데, 이것은 Pottier(1964, 1965), Coseriu(1964, 1967), Greimas(1966)에서 완전한 모습으로 발전한다. 미국의 성분분석은 인류학적 언어 연구에서 발생했다. Conklin(1955)은 이에 대한 초보적인 연구였으며, Goodenough(1956)와 Lounsbury(1956)는 이에 대해 경험적으로나 형식으로나 이론적으로 상세한 연구였다. 그러나 성분분석은 Katz & Fodor(1963)의 유명한 논문인 'The structure of a semantic theory'의 출현 이후에야 비로소 크게 발전했다. Katz & Fodor(1963)에서는 어휘장을 분석하는 것이 아니라, 어떻게 한 낱말의 의미들이 표현될 수 있는지를 예를 통해 보여준다.

의 문제점과 결부된다.

성분분석은 한 낱말의 의미 및 낱말들 사이의 의미관계를 기술한다는 점에서 의미론에 상당히 유용한 역할을 담당하지만, 그 적용 가능성과 이론상에서 몇 가지 문제점이 지적된다. 첫째, 성분분석은 언어의 창조성을 설명할 수 없다. 즉 낱말 의미를 구성하는 일련의 의미자질을 선천적인 것으로 간주하는 성분분석은 사람들이 근본적으로 새로운 개념을 배울 수 없다는 잘못된 예측을 하는 것이다.

둘째, 성분분석은 단지 제한된 범위의 낱말만을 설명한다. 즉 성분분석은 친족관계와 같은 분류체계나 구체적인 사물을 지시하는 낱말에 대해서는 효과적이지만, 추상적인 낱말의 의미를 기술하는 데는 한계가 있다. 예컨대, annoy(성가시게 굴다), irritate(짜증나게 하다), vex(초조하게 하다), displease(불쾌하게 하다), provoke(화나게 하다)와 같은 낱말들은 누군가를 화나게 하는 방법을 언급한다. 이 낱말들을 성분분석할 때, 다소 임시방편적인 [화 유발]이라는 의미자질을 제시하는데, 문제는 이 낱말들의 의미를 구별해 주는 부가적인 의미자질을 제안하기가 어렵다는 데 있다. 즉 어린이나 영어를 배우는 외국인에게 그 낱말들의 의미 차이를 설명하기가 어렵다.

셋째, 성분분석은 보편적인 의미자질을 가정한다. 따라서 동일한 의미자질이 모든 언어에 공통적으로 나타난다는 극단적인 가정을 바탕으로 한다.

넷째, 성분분석은 의미자질을 해석할 때, 낱말이 지시하는 실제 대상을 고려하지 않는다.

다섯째, 한 낱말이 가지고 있는 여러 의미들은 실제로는 모호하고 연속적인데, 이런 낱말 의미의 본성을 성분분석은 설명하지 못한다.

여섯째, 성분분석은 일상 발화의 모순성을 설명하지 못한다. 다음 두 예를 보자.

(1) a. That boy is now an adult.(그 소년은 이제 성인이다.)
    b. That girl is now an adult.(그 소녀는 이제 성인이다.)

boy와 girl은 다음과 같은 의미자질을 가지고 있다.

낱말	의미자질
boy	[+유생물], [+인간], [−성인], [+남성]
girl	[+유생물], [+인간], [−성인], [−남성]

[그림 5.1] boy/girl의 의미자질

이처럼 boy와 girl은 둘 다 [−성인]이라는 의미자질을 가지고 있기 때문에 (1)의 발화는 변칙적이고 비논리적이어야 하는데, 이런 발화는 일상 대화에서 종종 들을 수 있는 정상적인 표현인 것이다.

5.1.2. 고전 범주화의 반증: 가족닮음과 범주 경계의 퍼지성

고전 범주화 모형의 부적절성 및 범주화에 대한 새로운 이론인 원형 이론의 필요성은 Wittgenstein(1953)의 범주 구성원들 간의 가족닮음(family resemblance)과 Labov(1973)의 범주 경계의 퍼지성(fuzziness)에서 찾아볼 수 있다.

Wittgenstein(1953)은 '게임'이라는 범주를 정의하면서 가족닮음이라는 용어를 사용한다. 먼저 보드게임, 카드게임, 볼게임, 올림픽게임 등을 제시하면서, 이 모든 게임에 공통되는 것이 무엇인지를 묻는다. 어떤 공통점이 있는지를 보려고 이 게임들을 보게 되면 아무런 공통점도 찾지 못하고, 대신에 유사성만을 보게 될 것이라고 말한다. 즉 보드게임과 카드게임을 비교하면, 처음에는 두 그룹 사이에서 많은 공통점을 발견하게 되지만, 곧 많은 공통 자질은 사라지고 또 다른 공통 자질이 다시 드러난다. 볼게임과 올림픽게임 및 다른 종류의 게임들을 비교해 보더라도 동일한 현상을 발견하게 된다. 결과적으로, 우리가 보게 되는 것은 겹치고 교차하는 유사성의 복잡한 망인 것이다. 그리고 그는 이런 유사성을 가족닮음이라는 용어로 표현한다. 가족 구성원들 사이에는 체격, 용모, 눈 색깔, 걸음걸이, 성격 등 다양한 닮은 특성을 지니고 있는데, 이런 특성 중 두세 자질을 공유하는 경우가 일반적이며, 실제로 이 자질 모두 다 가지고 있는 가족 구성원이 나타나는 일은 드물다. 그는 이런 의미에서 게임이 가족을 구성한다고 말한다.

다음은 Labov(1973)의 실험을 통해서 범주 경계의 퍼지성에 대해 살펴보자. 그는 컵, 주발, 꽃병, 머그잔과 같은 가정용 그릇에 대한 언어적 범주화를 연구한다. 그의 실험은 다음과 같다. 각기 다른 형태의 그릇을 그린 그림들이 실험대상자들에게 제시되면, 그들은 그 그림이 무엇을 묘사하고 있는지를 명명해야 한다. 다음 그림을 참고해 보자(임지룡 1997: 99).

[그림 5.2] 범주 경계의 퍼지성

[그림 5.2]에서 (a)와 같이 밑바닥 쪽으로 갈수록 서서히 가늘어지는 수평 단면을 가지고 있으며, 폭과 깊이가 동일하며, 손잡이가 있는 그릇은 만장일치로 컵이라고 명명되었다. 그리고 (b)와 같이 폭과 깊이의 비율이 증가함에 따라 그것은 주발로 명명되었다. 그러나 컵과 주발 사이에 명확한 경계선이 있는 것은 아니었다. 그릇에서 손잡이를 제거하면, 그것이 컵으로 명명되는 경향이 감소했다. 그릇에 어떤 물건이 담겨 있

는지에 따라서 명명되는 방식에 차이가 발생했다. 만일 그릇에 뜨거운 커피가 담겨 있다고 가정하면 그것이 컵이라는 반응이 증가했으며, 찧은 감자가 담겨 있다고 가정하면 그것이 주발이라는 반응이 증가했다. 폭이 아니라 깊이가 증가해도 유사한 효과를 발견할 수 있었다. (c)와 같이 이 경우에는 그릇이 컵이라는 반응은 서서히 줄어들고 꽃병으로 판단되는 경향성이 높아진다. 그리고 (d)와 같이 그릇이 아래로 가늘어지는 형태가 아니라 원통 모양이면 그것은 머그잔으로 범주화되는 경향이 있다. 이처럼 범주들 사이의 경계는 퍼지하다는 것을 알 수 있다.

5.1.3. 원형 범주화 모형: 원형 이론

원형 범주화 모형(prototype categorization model)은 보통 원형 이론(prototype theory)이라고 불린다. 원형 이론에 대한 가장 방대하고 체계적인 연구는 심리학자 Rosch의 작업에서 발견할 수 있는데, Rosch (1973, 1975)는 실험대상자들에게 어떤 종류의 실체가 어느 정도까지 범주의 좋은 보기로 간주될 수 있는지를 판단하도록 함으로써 자연 범주의 내적 구조를 연구했다.

Rosch의 작업은 사람들이 사물을 범주화할 때 그들은 이상적인 보기, 즉 원형의 특징에 대해 생각하는 것처럼 보인다고 제안한다. 사람들은 아마도 어떤 사물을 해당 범주의 원형의 특징과 대비시킴으로써 그 사물이 그 범주의 구성원이 되는 정도를 결정하는 것처럼 보인다. 그것은 원형과 정확하게 일치할 필요는 없으며, 단지 그 범주와 충분히 유사하면 그 범주의 구성원으로 판단되는 것이며, 각 사물이 그 범주의 구성원이 되는 데는 구성원자격의 정도가 허용된다.

따라서 원형 이론은 사람들이 범주의 비원형적 구성원을 어떻게 다루는지를 설명하는 데 유용하다. 이것은 펠리컨 및 펭귄과 같이 새답지 않은 새들이 어떻게 새로 간주되는지를 보여 준다. 즉 비원형적 구성원들은 원형적 구성원의 모든 특징을 공유하지 않을 수 있지만 그것과 충분히 유사하다. 원형 이론은 사람들이 어떻게 파손된 보기를 다루는지를 설명할 수 있다는 또 다른 장점을 가진다. 날개가 하나뿐이어서 날 수 없는 로빈이 새로 간주되며, 다리가 세 개뿐인 호랑이 또한 사지동물로 간주된다. 이런 파손된 보기는 비원형적 구성원과 동일하게 원형적 구성원을 바탕으로 그 범주의 구성원으로 판단되는 것이다.

5.1.3.1. 원형의 특성

원형은 그 범주를 대표할 만한 가장 전형적이고 적절하고 중심적이고 이상적이고 좋은 보기를 말한다. 곧 원형적 보기는 중심적 보기이며, 비원형적 보기는 주변적 보기가 된다.

Rosch(1975: 229-33)의 실험에 나타난 각 범주의 원형적 보기, 보통의 보기, 비원형적 보기를 둘씩 들면 다음과 같다.

의미범주	원형적 보기	보통의 보기	비원형적 보기
가구	의자,소파	벤치,식기선반	선풍기,전화기
과일	오렌지,사과	라임,탄젤로	피클,스퀴시
차	자동차,스테이션왜건	왜건,지하철	서프보드,엘리베이터
무기	총,피스톨	채찍,아이스픽	잔,구두
채소	완두콩,홍당무	양파,감자	땅콩,쌀
목수연장	톱,망치	판재,설계도	가위,기중기
새	로빈,참새	까마귀,황금방울새	펭귄,박쥐
운동	축구,야구	수상스키,스케이팅	카드놀이,일광욕
장난감	인형,팽이	퍼즐,소방차	테니스라켓,책
의류	바지,와이셔츠	구두,턱시도	팔찌,지팡이

[그림 5.3] Rosch의 범주 보기

Rosch(1975: 229-33)는 몇 가지 자연 범주를 실험대상자들에게 제시하면서 자연 범주의 구성원 중에서 원형적 구성원과 비원형적 구성원을 구별하는 실험을 한다. 이런 실험에 참석한 거의 모든 실험대상자들은 의자와 소파가 가구라는 범주의 가장 좋은 구성원이며, 오렌지와 사과는 과일, 자동차는 차, 총은 무기, 완두콩은 채소, 톱과 망치는 연장, 로빈과 참새는 새, 축구는 운동, 인형은 장난감, 바지는 의류의 가장 좋은 구성원, 즉 원형이라고 생각한다는 것을 알 수 있었다.
 특히, 범주 '새'의 원형 구조를 그림으로 나타내면 다음과 같다.

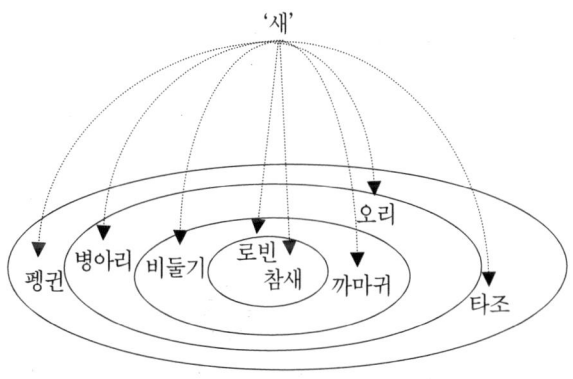

[그림 5.4] '새'의 원형 구조

 Rosch의 원형은 한 범주의 가장 좋은 본보기로 설명되는데, 이는 다시 한 낱말의 가장 좋은 용법으로 바꿀 수 있다. 예컨대, the football under the table은 아주 간단하게 축구공이 탁자 밑의 한 특정 지점에 위치하고 있는 상황을 가리킨다. 이런 해석은 다음과 같이 나타낼 수 있다(Taylor 2002: 106 참조).

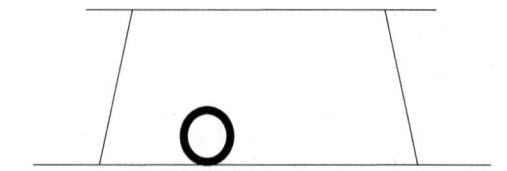

[그림 5.5] the football under the table의 첫 번째 해석

이런 해석 외에도 the football under the table을 충족시켜 주는 축구공과 탁자에 대한 다른 상황도 있을 수 있다. 예컨대, 창고가 낡은 가구들을 비롯해 잡동사니로 꽉 차 있는 상황에서 탁자가 뒤집어져 있고 축구공이 그 밑에 짓눌러 있는 경우도 있다. 이런 경우는 다음과 같이 나타낼 수 있다(Taylor 2002: 107 참조).

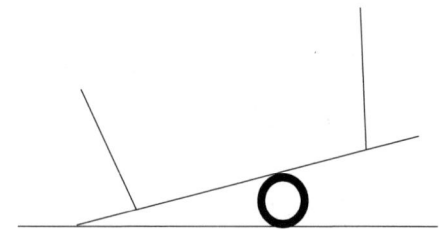

[그림 5.6] the football under the table의 두 번째 해석

좀더 특이한 경우에, 탁자가 위에서 날고 있는 헬리콥터의 다리 하나에 매달려 있고, 축구공이 다시 탁자에 매달려 있을 수도 있다. 물론 이런 상황도 the football under the table을 충족시켜 준다. 이것은 다음과 같이 나타낼 수 있다(Taylor 2002: 107 참조).

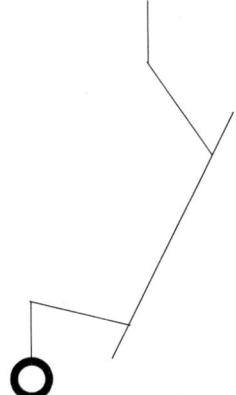

[그림 5.7] the football under the table의 세 번째 해석

the football under the table에서 영어 전치사 under의 원형적 용법은 [그림 5.5]이고 [그림 5.6]과 [그림 5.7]은 under의 비원형적 용법이다.

이렇게 범주의 원형적 구성원과 비원형적 구성원을 가지는 범주의 성질을 원형성(prototypicality)이라고 한다. Geeraerts(1997: 11)는 원형성을 가진 범주에는 다음과 같이 네 가지 특징이 있는 것으로 간주한다.

(i) 원형 범주[3])는 범주 구성원자격의 정도를 보인다. 이것은 범주의 모든 구성원이 동일하게 그 범주를 대표하는 것이 아니라, 한 구성원이 다른 구성원들보다 그 범주를 더 잘 대표한다는 것을 뜻한다.
(ii) 원형 범주는 가족닮음[4]) 구조를 보여준다. 이것은 범주의 의미구조가 겹치고 교차하는 유사성의 복잡한 망의 형태를 지님을 뜻한다.

---

3) 원형 범주는 원형적 구성원과 비원형적 구성원을 가지고 있는 범주를 말한다.
4) 특정 범주의 구성들 간에 가족닮음이 있다는 것은 범주화의 고전 이론에 대한 결정적인 반례가 되고, 아울러 범주화에 대한 새로운 이론인 원형 이론의 등장을 예견하는 Wittgenstein의 용어이다.

(iii) 원형 범주는 가장자리가 흐릿하다.
(iv) 원형 범주는 기준속성인 일련의 필요충분조건에 의해 정의될 수 없다.5)

5.1.3.2. 원형의 양상

Lakoff(1987: 85-90)은 몇 가지 유형의 원형을 제시한다. 첫 번째 유형의 원형은 전형적 보기(typical example)이다. 전형적 보기는 보통 무의식적이고 자동적으로 사용된다. 전형적 보기는 사람들 사이에서 논의의 대상이 아니며, 일생 동안 눈에 띄게 변하지 않는 것처럼 보인다. 이런 점에서 전형적 보기는 문화적 기대를 정의하는 데 사용된다.

(2) a. 로빈과 참새는 전형적인 새이다.
　　b. 사과와 귤은 전형적인 과일이다.
　　c. 톱과 망치는 전형적인 연장이다.

전형적 보기는 추론에서 사용된다. 예컨대, 어떤 섬에서 로빈이 병이 들었다면 오리 또한 병이 들었을 것이며, 그 역은 성립하지 않는다고 추론할 수 있다. 어떤 범주에 대한 상당한 양의 지식은 전형적 보기에 의해 조직되는데, 이런 종류의 지식에 기초해서 추론을 이끌어 낼 수 있는 것이다.

두 번째 유형의 원형은 사회적 판박이 보기(social stereotype)이다. 사회적 판박이 보기는 보통 의식적이며 논의의 대상이 된다. 판박이 보기는 시간이 지남에 따라 변하기 마련이며, 사회적 쟁점이 되기도 한다. 전형적 보기처럼, 사회적 판박이 보기 또한 문화적 기대를 규정짓기 때문에 추리에, 특히 결론에 도달하는 데 사용된다. 그러나 판박이 보기는

---

5) Geeraerts(1997: 11-12)는 원형의 이런 네 가지 특징에 대해, 그 특징을 예증하는 초기 원형 이론 연구에서 발췌한 인용구를 제시하고 있다.

보통 정확하지 않을 수 있으며, 추리에 사용될 때 공공연히 도전을 받을 수도 있다. Lakoff(1987: 85)이 제시한 현대 미국인들의 사회적 판박이 보기는 다음과 같다.

   (3) a. 판에 박힌 정치꾼은 음모를 꾸미고, 이기적이고, 부정직하다.
       b. 판에 박힌 주부는 어머니이다.
       c. 판에 박힌 일본인은 근면하며, 예의 바르고, 똑똑하다.

세 번째 유형의 원형은 이상적 보기(ideal)이다. 많은 범주들은 판박이 보기도 아니며 전형적 보기도 아닌 이상적인 보기에 의해 이해된다. 예컨대, 이상적 남편과 사회적 판박이 남편을 대비해 보자.

   (4) a. 이상적인 남편은 가족 부양을 잘하며, 성실하며, 돈을 많이 벌고, 매력적이다.
       b. 판에 박힌 남편은 거드름 부리며, 무디고, 올챙이처럼 배가 나왔다.

많은 종류의 이상적인 결혼이 있는데, 성공적인 결혼은 배우자의 목표가 달성된 결혼이며, 좋은 결혼은 배우자 둘 다 이익을 얻을 수 있는 결혼이며, 안정된 결혼은 오래 지속되는 결혼을 말한다. 많은 문화적 지식은 이상적 보기에 의해 조직된다. 즉 우리는 보통 무엇이 이상적인 가정이고, 무엇이 이상적인 직업인지에 대한 문화적 지식을 가지고 있다. 우리는 비이상적 보기가 아니라 이상적 보기에 기초해서 미래를 설계한다.
   네 번째 유형의 원형은 모범적 보기(paragon)이다. 야구의 경우에 베이브 루스나 왕정치가 모범적 보기이며, 연예계의 경우에 옷을 잘 입는 베스트 드레서가 모범적 보기이다. 우리의 대부분의 행동은 모범적 보기와 관련이 있는데, 이것은 우리가 올스타 경기에 관심이 있는 것에서 엿볼 수 있다. 우리는 모범적 보기에 대해 많은 지식을 계속 획득하며 그 지식에 기초해서 행동한다. 따라서 모범적인 운동선수나 모범적인 정치가가 비도덕적인 행동을 하면 충격을 받는 것이다.

다섯 번째 유형의 원형은 생성원 보기(generator)이다. 범주가 중심 구성원과 일반 규칙에 의해 정의되는 경우가 있다. 자연수가 그 예이다. 자연수는 0과 9 사이의 정수 및 일반 산수 규칙에 의해 특징지어진다. 한 자리 수는 범주 '자연수'의 중심적인 구성원이며, 수학 규칙이 주어지면 전체 범주를 생성한다. 즉 모든 자연수는 한 자리수의 자질에 의해 이해된다.

여섯 번째 유형의 원형은 하위모형 보기(submodel)이다. 자연수 범주에서 10, 100, 1000 등이 그 예이다. 이런 하위모형 보기를 사용해서 상대적으로 더 큰 수를 이해한다.

일곱 번째 유형의 원형은 현저한 보기(salient example)이다. 우리는 보통 우리에게 익숙하고 기억하기 쉬운 현저한 보기를 사용해 범주를 이해한다. 예컨대, 가장 친한 친구가 채식주의자이면, 그 친구에 관한 것들을 다른 채식주의자에게까지 일반화하는 경향이 있다. 그리고 특정 항공사의 비행기가 추락해 많은 사람의 생명과 재산을 빼앗아 갔다면, 보통 우리는 그 특정 항공사의 다른 비행기도 이용하려 하지 않는데, 이것도 현저한 보기의 경우이다.

5.1.3.3. 원형 효과

범주의 원형적 구성원은 비원형적 구성원과 비교해 볼 때 특별한 효과를 가지고 있는데, 그것을 원형 효과(prototype effect)라고 한다. 원형 효과란 범주 구성원들 사이의 비대칭성으로서, 원형이 비원형에 대해 특권적인 우월한 효과를 나타내는 것을 뜻한다.

가장 잘 알려진 첫 번째 원형 효과는 Rosch(1975)에서 밝혀졌는데, 원형이 비원형과 비교해 볼 때 그 범주에 속하는지의 여부를 판단하는 데 시간이 더 많이 걸리지 않는다는 것이다. 예컨대, 로빈과 타조 각각에 대하여 새의 범주에 속하는지를 확인할 경우, 원형인 로빈이 비원형

인 타조보다 범주 구성원자격을 증명하는 데 시간이 더 짧게 걸린다는 것이 확인되었다.[6]

둘째, 원형 효과는 어휘결정 과제의 점화(priming)[7]에서 확인된다. 어떤 범주 명칭의 점화 효과는 그 하위 범주가 원형일 때 최대화된다. 예컨대, 과일을 자극어로 했을 때 하위어인 사과와 무화과가 점화되는 데는 시간차가 많이 났으며, 또한 역으로 사과와 무화과를 통하여 상위 어인 과일이 점화되는 효과도 매우 다르다. 어린이의 그림 그리기 지도 에서도 이와 유사한 원형 효과를 보게 된다. 예컨대, 과일을 그려 보라 고 했을 때 과일의 원형적 구성원인 사과를 그리는 경우는 흔한 일이지 만, 무화과를 그리는 일은 흔치 않다.

셋째, 원형 효과는 언어습득에서 나타난다. 일반적으로 어린이들은 범주의 원형적 구성원을 먼저 습득한다. 예컨대, 새의 경우 어린이들은 원형적인 새를 비원형적인 새보다 먼저 습득하는 것이 일반적이다. 또 한 다의어에서 어린이가 일차적으로 습득하는 의미는 기본 의미인 원형 적 의미이다.

넷째, 원형 효과는 언어장애에서 나타난다. 언어장애를 가진 실어증 환자는 범주의 원형적 구성원보다는 비원형적 구성원을 발화하는 데 더 많은 오류를 범한다.

다섯째, 색채어에도 원형과 비원형이 있기 때문에 거기에서도 원형 효과를 찾아볼 수 있다. Berlin & Kay(1969)는 기본적인 중심 색채어가

---

6) Lakoff(1987: 41-42)은 비언어적인 개념적 구조에서의 원형 효과를 반응시간 (reaction time) 외에도 직접 등급(direct rating), 실례의 생산(production of example), 유사성 등급의 비대칭성(asymmetry in similarity rating), 일반화의 비대칭성(asymmetry in generalization)에서도 찾아볼 수 있다고 말한다.
7) 점화란 실험언어학에서 사용되는 용어로서, 실험대상자가 어떤 낱말이나 발화를 통하여 이어질 낱말이나 발화의 반응을 미리 활성화하는 것을 말한다. 예컨대, '겨울'이라는 낱말은 '눈'이라는 낱말을 점화하는데, 어휘결정 과제에서 어떤 사람 이 '겨울'이라는 낱말을 듣자마자 '눈'을 더 빨리 인지하게 된다. 만약 어떤 낱말 이 다른 낱말을 점화하면, 그 낱말들은 머릿속에 더 밀접히 연관되어 있을 것이 므로, 이 방법은 낱말 간의 연결고리를 찾는 데 사용된다.

있으며, 여러 언어는 단지 11개의 중심 색채어의 목록에서 그 언어의 기본 색채어를 선택한다고 주장한다. 그리고 중심 색채어 중에서 원형적 색채어와 비원형적 색채어가 있으며, 그 두 계층 사이에는 등급이 있다고 본다. 이것은 다음과 같이 나타낼 수 있다.

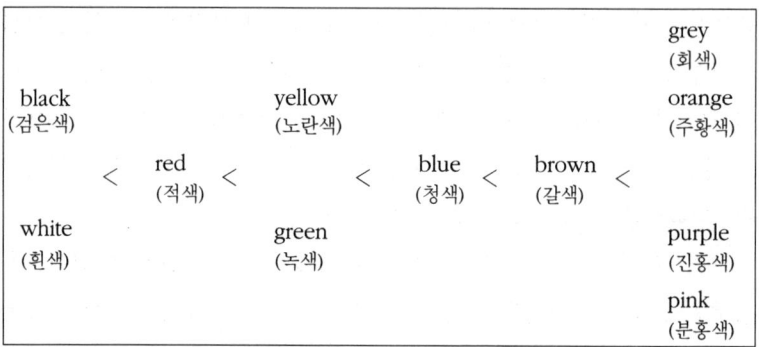

[그림 5.8] 원형적 색채어와 비원형적 색채어의 위계

색채어를 선택하는 데는 체계성이 있는데, 한 언어에서 '<' 오른쪽에 있는 색채어가 있다는 것은 화살표 왼쪽에 있는 모든 색채어가 있다는 것을 암시한다.

원형적 색채어와 비원형적 색채어 사이에 몇 가지 원형 효과를 발견할 수 있다. 대체로 원형적 색채어는 비원형적 색채어보다 더 큰 지각·인지적 현저성을 가진다. 그리고 원형적 색채어만 사역적 동작개시 접미사 -en에 의해 파생된다.

(5) a. whiten(희게 하다), blacken(검게 하다), redden(붉게 하다)
  b. *bluen, *yellowen, *pinken

또한 원형적 색채어만 접미사 -ness와 결합하여 추상명사가 될 수 있다.

(6) a. whiteness(흼), blueness(푸름)
    b. *purpleness, *orangeness

5.2. 원형 이론과 다의성

이 절에서는 원형 이론이 다의성의 본질을 어떻게 다루는지를 살펴볼 것이다. 여기에서 다의성을 다루기 위해 망모형(network model)을 제시하는데, 망모형은 원형 이론과 도식-토대적 범주화(schema-based categorization)를 결합한 범주화 모형이다.

Langacker(1991b)는 언어 범주화에 대해 망모형을 채택한다. 범주의 구성원은 망에 있는 마디로서, 두 가지 유형의 범주화 관계를 통해 서로 연결된다. 첫 번째 유형의 범주화 관계는 원형에서의 확장(extension from the prototype)이다. 원형에서의 확장은 [A] ⇢ [B]로 나타낸다. 점선 화살표는 명시성에 있어서 기본값과 확장값 사이에 약간의 충돌이 있음을 나타낸다. 따라서 [A] ⇢ [B]는 어떤 점에서 [B]가 [A]와 양립하지 않음에도 불구하고 [A]에 의해서 범주화된다는 것을 나타낸다. 두 번째 유형의 범주화 관계는 도식에 대한 정교화(elaboration) 관계이다. 이것은 [A] → [B]로 나타낸다. 이 관계는 상세화 관계로서, [B]는 [A]보다 더 정교하고 상세한 것으로 묘사된다. 망모형은 다음과 같은 형상을 하고 있다(Langacker 1991b: 271).

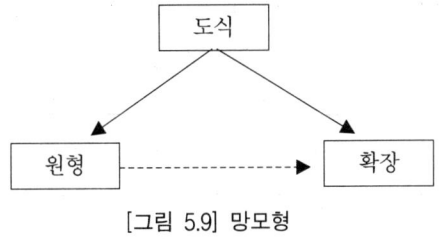

[그림 5.9] 망모형

154 제3부 인지과정

　원형이 수평으로 확장되는 경우에는 수직으로의 발달이 동시에 발생하는 경향이 있다. 왜냐하면 원형과 확장된 구성원 둘 다에 공통된 특성을 추출해서 그 둘을 일반화하고 추상하는 새로운 상위의 구성원이 있기 때문이다. 원형으로부터 시작되는 망조직의 발달 방식은 다음과 같이 나타낼 수 있다(Langacker 1991b: 271 참조).

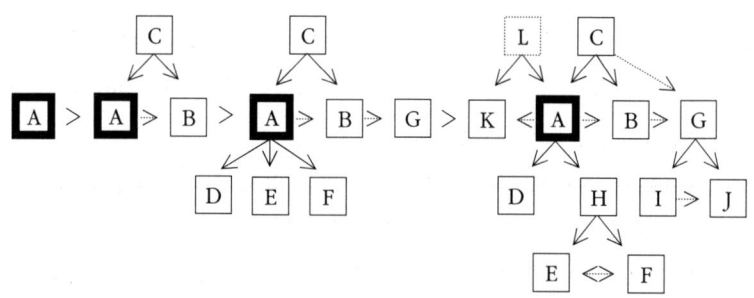

[그림 5.10] 망조직의 발달 양상

　위의 망조직의 발달 양상에서 몇 가지 현상을 발견할 수 있다. 첫째, [A] ⋯→ [B]나 [B] ⋯→ [G]에서와 같이 수평으로의 확장 현상이 발생한다. 둘째, [A]가 [D], [E], [F]로 세분화되는 것처럼 범주 아래로 명세화되는 현상이 발생한다. 셋째, [H]와 같이 기존의 마디에 하위도식이 삽입되는 현상이 발생한다. 넷째, [C] ⋯→ [G]에서와 같이 부가적인 범주화 관계들이 통합되는 현상이 발생한다. 다섯째, 용법과 경험의 가변성에 의한 요소들의 고착과 현저성의 조정이 발생한다.
　이런 망모형이 다의성을 어떻게 설명하는지 보자. 한 낱말이 서로 관련된 둘 이상의 의미를 가지는 의미의 성질이 다의성인데, 이것은 아주 일반적인 언어 현상이다. 그러나 다의어의 여러 의미들이 종종 너무 밀접하며 체계적으로 관련되어 있기 때문에 둘 이상의 의미가 존재한다는 것을 인식하기 어렵다. Lakoff(1987: 416)은 다의성이 "관련된 의미들의 가족을 가지고 있는 하나의 어휘항목이 있는" 경우라고 말하고 있다.

Taylor(1989: 99)는 "하나의 언어의 형태에 둘이나 그 이상의 의미를 연상시키는 것"으로 다의성을 정의한다. 그리고 임지룡(1992: 211)은 "하나의 어휘소에 유연성을 지닌 둘 이상의 복합적 의미관계"로 다의성을 정의한다. 이러한 여러 학자들의 정의를 바탕으로 해서 볼 때, 다의성은 하나의 낱말이 여러 의미들을 가지고 있으며, 더욱이 그 여러 의미들이 체계적으로 관련되어 있다는 사실을 알 수 있다.

다의성은 한 언어 단위8)가 여러 가지 의미 또는 해석을 가지고 있으며, 더욱이 그 여러 의미들은 체계적인 관련성을 가지고 있어야 한다. 이런 다의성의 정의에서 볼 때, 다음과 같은 몇 가지 질문이 제기될 수 있다. 첫째, 의미의 관련성은 어떤 종류의 관련성인가? 둘째, 중심이 되는 의미와 그렇지 않은 의미가 있는가? 셋째, 어떤 점에서 여러 의미들이 체계적인 관련성을 획득하는가? 넷째, 여러 의미들을 서로 연결시키는 장치는 있는가? 첫 번째 문제는 Wittgenstein(1953)의 가족닮음의 개념을 바탕으로 해결될 수 있으며, 두 번째 문제는 원형이라는 개념에 의해서, 세 번째 문제는 영상도식의 개념에 의해서, 네 번째 문제는 은유 및 환유 과정에 의해 해결될 수 있다.

다의성을 지니고 있는 낱말 run(달리다)의 다양한 의미들을 원형 이론에 입각한 망모형으로 나타내면 [그림 5.11]과 같다(이기동 1995: 7). [그림 5.11]에서 특별한 인지적 현저성을 나타내는 굵은 선은 run의 원형적 의미를 표시하고 있다. 원형적 의미는 아마도 언어를 습득할 때 가장 빨리 습득되는 의미이며, 중립적인 문맥에서 활성화될 가능성이 가장 높은 의미이다. 의미망의 정확한 현상이 가변적이고 심지어 확정적

---

8) Taylor(1989/1995)의 다의성에 대한 정의는 어휘적 범주인 낱말뿐만 아니라 비어휘적 범주인 형태통사적 범주, 통사적 범주, 초분절적 범주들도 다의성을 지니고 있음을 암시한다. 실제로 그는 이런 다양한 언어적 형태의 다의성을 실례를 들어서 상세히 설명하고 있다. 더욱이 그는 핵심 의미 접근법(core meaning approach)이 아니라 가족닮음 접근법(family resemblance approach)으로 다의성을 설명한다.

인 것은 아니지만, 이런 유형의 망이 다의성을 토론하는 데 필요하다는 것은 명확한 사실이다.

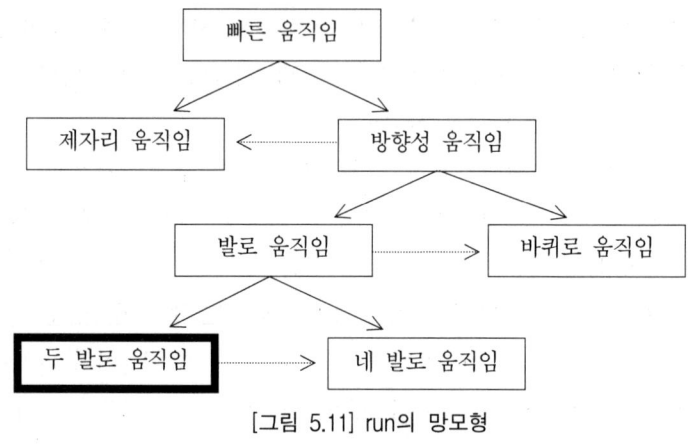

[그림 5.11] run의 망모형

의미망은 한 표현의 관습적 사용 범위를 기술하는 의미 목록, 의미들 간의 관계성, 여러 특이한 의미들의 일반화를 표현하는 도식, 거리의 명시 및 인지적 현저성과 같은 모든 정보를 제공해 준다. 다의어는 하나의 구조로 환원될 수 없는 복합 범주의 예이다. 복합 범주는 망으로 기술되어야 한다. 망에서 다양한 정도의 인지적 현저성을 가지고 있는 마디, 즉 다의어의 여러 의미들은 확장과 정교화라는 범주화 관계에 의해 연결된다. 망모형은 원형 이론을 포함하며, 더욱이 도식화를 토대로 한 분류적 관계를 수용한다. 모든 언어 범주는 일반적으로 복잡하다. 즉 모든 언어 범주는 다의적이다. 그래서 망모형이 그 복잡한 언어 범주를 타당하게 기술하는 데 요구된다.

5.3. 타동구문의 원형 효과

이 절에서는 타동구문(transitive construction) 중에서 원형적 타동구문과 비원형적 타동구문이 있다는 타동구문의 원형 효과를 다룰 것이다.
원형적 타동구문(prototypical transitive construction)의 실례는 다음과 같다.

(7) a. The child kicked the ball.(아이가 공을 찼다.)
    b. John moved the table.(존은 탁자를 옮겼다.)
    c. Mary killed the intruder.(메리는 침입자를 죽였다.)

이와 같은 원형적 타동구문의 통사적 특징은 NP_1 V_{TRANS} NP_2로 표현되는데, 여기에서 NP_1와 NP_2는 각각 주어와 목적어를 나타내며, V_{TRANS}는 타동사를 나타낸다. 가장 원형적인 경우에 두 명사구는 특정한 지시를 가지며, 동사는 긍정의 직설법 형태이다.
타동구문의 의미는 Lakoff(1987)과 Hopper & Thompson(1982)에 기초해서 다음과 같이 열한 가지의 의미 속성으로 기술된다.

(ⅰ) 타동구문은 주어와 직접목적어로 표현되는 두 참여자를 포함하는 사건을 기술한다.
(ⅱ) 두 참여자는 개별적이고, 구체적인 실체이며, 서로 구별되며, 배경 환경과도 구별된다.
(ⅲ) 타동구문이 표현하는 사건은 주어 NP의 지시체, 즉 행위자에 의해 시작된다.
(ⅳ) 행위자는 의지를 가지고 의식적으로 행동하는 인간으로서 사건을 통제한다.
(ⅴ) 행위자가 의도를 가지고 어떤 행위를 한 결과로 목적어 NP의

지시체인 수동자에게 어떤 일이 발생한다.
(vi) 타동사건이 발생한 뒤에, 수동자는 관찰 가능한 상태 변화를 겪는다.
(vii) 타동사건은 시간적으로 발생한다.
(viii) 수동자에게 가해지는 행위자의 행위는 보통 물리적인 접촉을 포함하며, 그 효과는 직접적이다.
(ix) 타동사건에는 인과적 성분이 있다.
(x) 전형적으로, 행위자와 수동자는 명확하게 구별되는 실체이며, 종종 그들은 적대 관계에 있다.
(xi) 타동사건은 주로 사실적이다.

위에서 제시한 타동구문에 대한 열한 가지 의미 속성은 타동구문에 대한 체험적 게슈탈트(experiential gestalt)를 형성하는 것으로 이해된다. 즉 이런 속성은 우리의 일상 체험에 입각한 것이다.

타동구문에 나타나 있는 두 개의 NP와 V의 자리는 실질적으로 위의 의미 속성을 충족시키는 낱말로 채워질 수 있다. 그러나 타동구문은 위의 전체 의미 게슈탈트와 여러 가지 방식으로 다른 많은 사태를 표현하는 데 사용될 수도 있다. 다음 예문은 타동사건에 대한 위의 의미 속성 중 몇 가지를 충족시키지 않는 비원형적 타동구문(unprototypical transitive construction)의 실례들이다.

(8) a. Elephants uprooted trees.(코끼리는 나무를 뿌리째 뽑았다.)
   b. The lightning destroyed the building.(번개로 건물이 파괴되었다.)
   c. We approached the city.(우리는 그 도시로 다가갔다.)
   d. I dug the ground.(나는 땅을 팠다.)
   e. He brushed his teeth.(그는 양치질을 했다.)

f. Mary helped John.(메리는 존을 도왔다.)
   g. John obeyed Mary.(존은 메리에게 복종했다.)

(8a)에서 두 NP는 구체적인 실체가 아니라 총칭적이라는 점에서 타동구문의 의미 속성 (ⅱ)를 위배하고 있다. (8b)에서 주어 NP는 비동물적인 힘을 언급하고 있어 의식적이며 의지적으로 행위를 하는 행위자가 아니라는 점에서 의미 속성 (ⅳ)를 위배하고 있다. (8c)에서는 행위자의 행위가 수동자의 상태 변화를 초래하지 않는다는 점에서 의미 속성 (ⅴ)를 위배하고 있다. (8d)에서는 수동자의 특정 부분만이 변화를 겪기 때문에 그것은 다소 덜 원형적이다. (8e)에서 수동자는 행위자의 부분인데 그것이 개별화되어 있지 않다는 점에서 그것은 의미 속성 (ⅱ)를 위배하고 있다. (8f)에서는 행위자와 수동자 사이에 적대 관계가 없다는 점에서 의미 속성 (x)을 위배하고 있다. (8g)에서는 행위자가 어떤 행위를 수행하지만 그 사건은 행위자가 아니라 수동자의 통제 아래에 있다는 점에서 의미 특성 (x)을 위배하고 있다.

(8)은 타동구문의 의미 속성 중에서 한 가지 의미 속성을 준수하지 못한다는 점에서 비원형적 타동구문의 실례이다. 그러나 어떤 타동구문은 사건 자체를 기술하는 것이 아니라 주어의 경험 행위를 기술하는데, 이것은 다소 덜 원형적인 타동구문으로 간주된다. 이런 경우에는 주어의 역할은 경험자로 기술되고 직접목적어는 자극물로 기술될 것이다. 다음이 그 예이다.[9]

   (9) a. I watched the movie.(나는 그 영화를 보았다.)
       b. John saw Mary.(존은 메리를 보았다.)

---

[9] 어떤 경우에는 경험자가 직접목적어로 나타나고 자극물은 주어 자리에 나타나는데, The movie interested me(그 영화는 나에게 흥미를 갖게 했다)가 그 예이다.

(9a)에서 보는 행위는 여전히 주어의 통제 아래에 있다. 이런 면에서 (9a)는 (9b) 보다 더 타동적인 동사이다.

(10)의 동사는 주어의 정신상태를 표현하고 있는데, 이런 동사들은 타동구문의 원형의 자질을 잃어버리기 때문에, 역시 지각동사와 같이 덜 원형적인 타동구문의 실례로 간주된다.

(10) a. I like John.(나는 존을 좋아한다.)
 b. I've forgotten his name.(나는 그 사람 이름을 잊었다.)
 c. I regret the incident.(나는 그 사건을 유감으로 생각한다.)

(10)보다 훨씬 덜 원형적인 타동구문은 두 실체들 사이의 관계를 기술하지만 행위 자체를 기술하지 않는 경우이다. 다음이 그 예이다.

(11) a. John resembles his brother.(존은 그의 형과 닮았다.)
 b. The book costs $20.(그 책은 20달러이다.)

지금까지 타동구문이 가장 원형적인 구성원, 덜 원형적인 구성원, 훨씬 덜 원형적인 구성원을 가지고 있음을 보았다. 의미적 속성을 근거로 원형적 타동구문과 비원형적 타동구문을 밝혀내었다. 이것은 타동구문의 열한 가지 의미 속성에 기초해서 타동구문의 원형성을 밝혀냈음을 뜻한다. 그러면 이런 타동구문의 원형성이 통사적으로 어떤 원형 효과를 가지는지를 살펴보자. 첫째, 의지적으로 행동하는 행위자가 주어인 타동구문만이 persuade 아래에 종속될 수 있다. 다음 예를 참고해 보자.

(12) a. I persuaded Mary to kill the intruder.(나는 메리가 침입자를 죽이도록 설득했다.)
 b. *Mary persuaded me to regret the incident.(*메리는 내가 그 사건을 유감으로 생각하도록 설득했다.)

위에서 kill은 원형적 타동구문에 나타나는 동사이며, regret은 비원형적 타동구문에 나타나는 동사이기 때문에 이런 원형 효과가 발생한다.

둘째, 상태가 아니라 사건을 전달하는 타동구문만이 'what happened was that S' 구문에 삽입될 수 있다.

(13) a. What happened was that the lightning destroyed the building. (발생한 것은 번개로 건물이 파괴된 것이다.)
  b. *What happened was that John resembled his brother.(*발생한 것은 존이 그의 형과 닮았다는 것이다.)

(13)에서 destroy는 원형적 타동구문에 나타나는 사건동사이며, resemble은 비원형적 타동구문에 나타나는 상태동사이기 때문에 이런 원형 효과가 발생한다.

셋째, 행위를 나타내는 동사만이 'what … do' 구문을 허용한다. 다음 예를 참고해 보자.

(14) a. What elephants do is uproot trees.(코끼리가 한 것은 나무를 뿌리째 뽑는 것이다.)
  b. *What the movie did was interest me.(*영화가 한 것은 나에게 흥미를 갖게 해 준 것이다.)

(14)에서 uproot은 원형적 타동구문에 나타나는 행위동사이며, interest은 비원형적 타동구문에 나타나는 심적 상태를 표현하는 동사이기 때문에 이런 원형 효과가 발생한다.

넷째, 사건의 순간적(punctual) 본성은 suddenly, at ten o'clock과 같은 시간부사의 발생과 일치한다. 다음 예를 참고해 보자.

(15) a. Suddenly, at ten o'clock, John saw Mary.(갑자기 열 시에 존은 메리를 보았다.)

b. *Suddenly, at ten o'clock, John obeyed Mary.(*갑자기 10시에 존
은 메리에게 복종했다.)

다섯째, 행위자의 행위에 의해 영향을 받는 수동자만이 수동태에서 주어가 된다. 다음 예를 보자.

(16) a. The ground was dug by me.(땅이 나에게 파였다.)
b. *$20 have been cost by the book.(*그 책은 20달러였다.)

(16a)에서 수동자 ground는 행위자 I의 파는 행위에 의해 영향을 받기 때문에 수동자는 수동태에서 주어가 된다. 반면에, (16b)는 그런 관계가 성립되지 않는 비원형적 타동구문이기 때문에 비문으로 처리된다.

 요컨대, 이 절에서는 타동구문의 구조를 원형 이론으로 살펴보았다. 타동구문 중에서 원형적 타동구문과 비원형적 타동구문이 있음을 보았다. 더욱이 타동구문의 열한 가지 속성을 제시하였으며, 이 열한 가지 타동구문의 의미 속성을 얼마만큼 잘 준수하는지에 따라 원형적 타동구문과 비원형적 타동구문이 나누어짐을 보았다. 이런 타동구문의 원형성은 몇 가지 언어적인 원형 효과를 보여 주고 있다.

제6장 주의 배분

6.1. 주의 배분의 본질
6.2. 주의 창문화와 사건틀
6.3. 이동 사건틀
    6.3.1. 열린 경로
    6.3.2. 닫힌 경로
    6.3.3. 가상 경로
6.4. 인과적 연쇄 사건틀
6.5. 언어간 주의 배분 차이

주의 배분(distribution of attention)이라는 인지능력은 Talmy의 생각에서 비롯된 개념이다. Talmy는 1970년대부터 Semantics and system of motion(1975)이라는 논문을 필두로 언어와 인지 현상에 관한 중요한 논문을 많이 발표함으로써 가히 인지언어학의 선구자라고 칭할 수 있는 학자이다. 그의 방대한 학술 작업은 최근에 두 권으로 된 *Toward a cognitive semantics*(2000)로 출판되었다. 인지언어학에 대한 그의 언어 현상 분석은 너무 방대해서 개괄적으로 정리를 한다고 해도 책 한두 권 이상의 분량이 될 것이다. Talmy의 이런 학술 작업에서 발견할 수 있는 기본적인 생각은 크게 두 가지로 요약할 수 있다. 첫째, 그는 언어와 그 밖의 인지영역과의 연관성 또는 상호 일치성을 설명하고자 한다. 둘째, 의미 영역과 통사 영역의 통합과 차이를 인지적으로 설명하고자 하였다. 곧, 의미와 형태는 서로 독립된 것이 아니라 밀접한 상호 보완적 연관성을 가지고 있다는 것이다(이정화 2000: 201 참조).

주의 배분은 Talmy가 제시한 네 가지 영상 체계(imaging system)[1)]

중의 하나이다. 영상 체계에 대한 Talmy의 생각을 발견할 수 있는 부분을 인용해 보면 다음과 같다.

(ⅰ) 나는 시간이나 공간 내의 실체들 사이의 각기 다른 종류의 관계를 특징짓는 네 가지 체계를 언어에서 밝혀내는 데 성공했다. 이것을 언어의 네 가지 "영상 체계"라 부를 수 있다.(Talmy 1983: 253)
(ⅱ) 언어의 주요한 "영상 체계"로 이해할 수 있는 훨씬 넓은 네 가지 개념체계 … 이것들은 개념적 재료에 대한 구조화와 "조망"을 조직하는 언어에 있는 큰 복합체이다.(Talmy 1988b: 194)
(ⅲ) 언어의 개념적 구조화를 구성하는 더 광대한 인지적 체계(Talmy 1996a: 236).

Palmer(1986: 241)는 이런 Talmy의 영상 체계가 '언어를 위해 장면을 조직하는 것'으로 정의한다. 즉 영상 체계는 언어 구조에 동기부여하는 인지과정이다. Talmy는 영상 체계로서 네 가지 유형의 인지과정을 제시하는데, 구조적 도식화(structural schematization), 원근법 배치(deployment of perspective), 힘역학(force dynamics), 주의 배분(distribution of attention)이 그것이다. 이 장에서 Talmy가 제시한 네 가지 인지과정 중에서 가장 기본적인 주의 배분이라는 인지과정을 논의할 것이다.

---

1) 영상 체계는 주어진 하나의 장면을 다양한 방식으로 인지하고 지각하는 능력인 Langacker가 말하는 해석(construal)과 유사한 개념이다.

6.1. 주의 배분의 본질

주의 배분은 주어진 장면이나 사건을 구성하는 요소들에 대해 각기 다르게 주의를 배분하는 인지능력이다. 바꾸어 말해서, 주의 배분은 특정한 전체 장면 중에서 우리의 관심을 끄는 요소에 주의를 기울이는 능력이다. 주의 배분에 가장 명시적으로 접근한 인지언어학자는 Talmy이다. 물론 Fillmore도 틀의미론에서 틀을 구성하는 특정 요소에 언어 사용자가 주의를 기울이게 한다는 개념을 이용하지만, 틀의미론에서 말하는 틀의 개념은 특정 문맥과 문화에 국한되어 있다. 주의 배분과 관련해 다루어질 틀의 개념은 모든 인간이 공유하는 훨씬 더 기본적인 인지 현상으로 간주된다.[2] 틀에 대한 이런 보편적인 연구는 Talmy(1978, 1985, 1988b, 1991)에서 한동안 추구되어 왔지만 최근 Talmy(1996a)에서는 이른바 사건틀(event frame)이라는 용어를 사용해서 틀의 개념을 다시 사용한다. 즉, Talmy(1996a: 235)에서는 "언어가 응집력 있는 지시체 상황의 일부분을 명시적으로 언급함으로써 주의의 전경에 그 부분을 놓는 반면에, 그 상황의 나머지 부분은 언급하지 않음으로써 주의의 배경에 그 부분을 넣을 수 있는 체계"인 주의 배분 능력을 좀더 상세히 다룬다.

Talmy(1996a)에서는 주의 배분 대신에 주의 창문화(windowing of

---

[2] Talmy(1996a: 238)는 자신이 사용하는 틀의 개념이 Fillmore의 틀의 개념과 매우 밀접하지만 몇 가지 차이점이 있다고 지적한다. 첫째, Fillmore는 주로 서로 관련된 개념적 요소들이 공존한다는 점을 강조하는 반면에, Talmy의 틀의 개념은 그 외에 다른 개념적 요소들은 배제된다는 점을 강조하는 경향이 있다. 둘째, Fillmore의 틀은 언어 특이적이거나 특별한 사회·문화적 문맥 내에서만 결정되는 현상을 나타내는 것처럼 보인다. 반면에 Talmy의 틀은 범언어적으로 보편적이며, 적어도 지각과 같은 다른 인지체계에서의 구조화와 대응하며, 선천적으로 결정되는 더욱더 일반적인 범주로 이해된다. 셋째, Fillmore의 틀의미론은 주어와 목적어 요소에 윤곽부여 해서 낱말들 간의 의미 차이를 설명하지만, Talmy의 사건틀 분석은 부사류 이동 사건틀의 처음과 마지막 지점에 주의를 끄는 '경로'의 명시적인 상술로 간주한다.

attention)3)라는 용어를 사용해서 주의 창문화라는 인지과정을 주의 배분의 한 유형으로 간주한다. 즉, 사건틀의 특정 요소를 전경화(foregrounding)하는 인지과정이 주의 창문화이다. 사건틀의 특정 부분을 배경화(backgrounding) 하는 반대 과정은 공백화(gapping)이다. 주의 창문화에서, 장면을 구성하는 특정 부분은 주의의 전경에 놓이고 나머지 부분은 배경에 놓인다. 이런 인지과정을 중재하는 가장 근본적인 언어 장치는 전체 장면에서 전경화 되는 부분을 언급하는 명시적인 표현을 문장에 포함시키고 배경화 되는 부분은 문장에 포함시키지 않는 것이다. 비록 장면의 특정 부분만이 창문화 될 때 명시적으로 상술되겠지만, 적절한 문맥이 주어지면 청자는 그 장면의 나머지 부분을 추론할 수 있다.

6.2. 주의 창문화와 사건틀

Talmy의 사건틀을 이해하기 위해서는 사건틀의 가장 전형적인 보기인 이동 사건틀(motion event-frame)을 고찰하는 것이 도움이 될 것이다. 그는 이동 사건틀의 여섯 개의 인지적 요소를 제시하는데, 전경(figure), 배경(ground), 경로(path), 이동(motion), 방식(manner), 원인(cause)이 그것이다. 다음 문장으로 이동 사건틀의 이런 인지적 요소를 살펴보자.

(1) A balloon flew over the house.(풍선이 집 위로 날아갔다.)

이 예에서 이동하는 풍선은 전경으로 기능하며, 반면에 정적인 집은 배경 역할을 한다. 그리고 전경이 이동하는 경로가 있다. 이 세 요소 전경, 배경, 경로는 이동 사건틀의 인지적 기술에 중요한 역할을 한다. 더욱이

---

3) 주의 창문화란 주의를 창문에 비유해서 창문을 여는 것은 주의를 두는 것을 말하며, 창문을 닫는 것은 주의를 두지 않는 것을 말한다.

이동 그 자체는 이동 사건(motion event)의 네 번째 요소로 간주된다. fly는 run이나 crawl과 대조되는 이동의 방식을 기술하는데, 이것은 이동 사건틀에 대한 다섯 번째 요소로 간주된다. 마지막으로, 이동 사건이 발생하기 위해서는 이동하는 목적이나 원인이 있다. 원인 또한 이동 사건틀의 요인으로 첨가되어야 한다. 이러한 이동의 인지적 요소를 Talmy(1985: 61)에서는 (2)와 같이 정의하고 있으며, 그 중 전경, 배경, 경로, 이동을 이동 사건의 기본적 구성 요소라 하고, 방식과 원인을 부차적 구성 요소로 구분하였다.4)

(2) a. 전경: 이동체
b. 배경: 전경의 이동과 관련된 참조점 대상
c. 경로: 배경과 관련하여 전경이 따라가는 진로
d. 이동: 이동의 존재
e. 방식: 이동을 실행하는 수단이나 양태
f. 원인: 이동을 발생시키는 외적 요인

(2)에서 이동동사(motion verb)를 구성하는 기본적 구성 요소들은 전체로서 함께 작용하는 것으로 간주되는데, 이것을 사건틀이라고 한다. 곧 Talmy(1996a: 238)에서는 "함께 연상되며 서로를 연상시키는 일련의 개념적 요소 및 그 요소들 사이의 관계는 사건틀 속에 놓여 있거나 사건틀을 구성하는 반면, 부가적인 것으로 생각되는 요소는 사건틀 밖에 놓인다"고 하였다. 이에 따라 (2)의 기본적 구성 요소는 이동 사건틀 속에 놓이며, 부차적 구성 요소는 이동 사건틀 밖에 놓이게 된다.

여섯 개의 모든 요소가 어떻게 간단한 영어 문장으로 표현될 수 있는지를 보기 위해 Talmy(1985: 61)에서 제시된 다음 문장들을 보자.

---

4) 이것은 원인과 방식 없이 이동 사건을 생각하는 것은 가능하지만, 전경, 배경, 경로, 이동을 연상하지 않고 이동 사건을 생각하는 것은 불가능하기 때문이다.

(3) a.　The pencil　rolled　　off　　the table.
　　　　전경　　　이동　　경로　　배경
　　　　　　　　　방식
　　　　(연필이 탁자에서 굴렀다.)

　　b.　The pencil　lay　　on　　the table.
　　　　전경　　　이동　　경로　　배경
　　　　　　　　　방식
　　　　(연필이 탁자 위에 놓여 있었다.)

　　c.　The pencil　blew　off　　the table.
　　　　전경　　　이동　　경로　　배경
　　　　　　　　　원인
　　　　(연필이 탁자에서 날렸다.)

　　d.　The pencil　stuck　on　　the table.
　　　　전경　　　이동　　경로　　배경
　　　　　　　　　원인
　　　　(연필이 탁자 위에 붙어 있었다.)

모든 네 문장에서 pencil은 전경으로 기능하고 table은 배경으로 기능한다. 이동 요소는 동사에서 표현된다. 예컨대, roll과 blow는 순수이동을 언급하며, lie와 stick은 제로이동(zero-movement), 즉 처소성(locateness)[5])의 특별한 경우를 언급한다. 경로는 전치사에 의해 표현되는 데, off는 공간을 통한 경로를 지시하고 on은 공간에서의 정적인 위치를 지시한다. 마지막으로, 방식과 원인에 대한 언급은 동사에 통합되어 있다. 여기에서 roll과 lie는 이동의 방식을 지시하고 blow와 stick은 이동의 원인을 지시한다.

Talmy(1996a: 239)에서는 사건틀을 다음과 같이 다섯 가지 유형으로 나눈다.

---

5) Talmy(1985: 61)에서는 전경과 관련하여 이동의 개념을 폭넓게 규정하고 있다. 이에 따라 이동의 유형을 전경이 이동하는 순수이동과 전경의 이동 가능성은 있으나 이동하지 않은 제로이동 또는 제로경로의 처소성으로 나누었다.

(ⅰ) 이동 사건틀(motion event-frame)
(ⅱ) 인과관계 사건틀(causation event-frame)
(ⅲ) 순환적 사건틀(cyclic event-frame)
(ⅳ) 참여자 상호작용 사건틀(participant-interaction event-frame)
(ⅴ) 상호관계 사건틀(interrelationship event-frame)

문제를 가능한 한 간단하게 하기 위해, 다섯 가지 유형 중에서 이동 사건틀을 집중적으로 다룰 것이다. 왜냐하면, 이동 사건틀은 가장 구체적인 구조를 가지고 있으며, 사건틀을 중요하게 적용시킨 주의 창문화 개념에 대한 가장 좋은 예를 제공하기 때문이다.6) 다음으로 인과관계 사건틀, 즉 인과적 연쇄 창문화(causal-chain windowing)를 간략하게 살펴볼 것이다. 그러나 Talmy의 개념이 사실 매우 포괄적이며 이동과 인과관계에 국한된 것이 아님을 기억해야 한다.7)

6.3. 이동 사건틀

이동 사건에서 가장 중요한 요소가 경로라는 점에서 이동 사건틀은 경로 사건틀(path event-frame)로 언급되며, 더 나아가 경로 사건틀에 대한 창문화 과정은 경로 창문화(path windowing)로 명명된다. 경로 창문화는 창문화 된 경로의 부분 및 경로의 유형에 따라 여러 가지 방식으로 나타날 수 있다. 첫째, 경로의 창문화 된 부분에 따라 처음 창문화(initial windowing), 중간 창문화(medial windowing), 마지막 창문화

---

6) 나머지 유형의 사건틀에 대해서는 Talmy(1996a) 참조.
7) 다른 흥미로운 논제는 왜 사건틀이 경계를 가지고 있는 것처럼 보이는 단위 같은 실체로 경험되는지의 문제이다. 여기에서 Talmy는 개념적 연결성과 공-적절성과 같은 개념에 의존하는 생각할 재료를 제공한다. Talmy(1996a: 4f) 참조.

(final windowing)라는 세 가지 위치로 나눌 수 있다. 이 세 유형의 경로 창문화는 다음과 같이 나타낼 수 있다(Ungerer & Schmid 1996: 224).

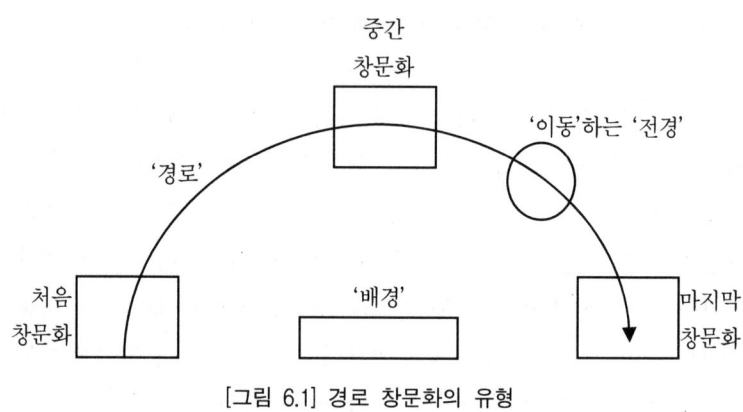

[그림 6.1] 경로 창문화의 유형

둘째, 경로는 그 유형에 따라 열린 경로(open path), 닫힌 경로(closed path), 가상 경로(fictive path)로 나뉜다.

6.3.1. 열린 경로

열린 경로는 시간의 경과에 따라 물리적으로 이동하는 사물이 따르는 경로이다. 열린 경로에는 시작 지점과 마지막 지점이 있으며, 그 두 지점은 공간에서 각기 다른 위치에 있다. 열린 경로는 한 지점에서 다른 지점으로 나아가는 일방 통행의 화살표로 생각할 수 있다.

다음은 Talmy(1996a: 245)에서 제시된 열린 경로 창문화를 예증한다.

(7) The crate that was in the aircraft's cargo bay fell.(비행기의 화물격실에 있던 나무상자가 떨어졌다.)
    a. 전체 경로에 대한 최대 창문화
       - out of the plane through the air into the ocean(비행기로부터

하늘을 통해 바다로)
  b. 경로의 한 부분에 대한 공백화
     1. 마지막 공백화=처음 창문화+중간 창문화
        - out of the plane through the air
     2. 중간 공백화=처음 창문화+마지막 창문화
        - out of the plane into the ocean
     3. 처음 공백화=중간 창문화+마지막 창문화
        - through the air into the ocean
  c. 경로의 한 부분에 대한 창문화
     1. 처음 창문화=중간 공백화+마지막 공백화
        - out of the plane
     2. 중간 창문화=처음 공백화+마지막 공백화
        - through the air
     3. 마지막 창문화=처음 공백화+중간 공백화
        - into the ocean

 (7)은 다양한 패턴의 창문화 및 공백화를 가진 열린 경로의 한 유형을 구체화하고 있다. (7a)는 개념적으로 완전한 전체 경로에 대한 최대 창문화를 가진 사건을 제시한다. (7b)는 경로의 한 부분에 대한 공백화의 세 가지 형태를 제시한다. (7c)는 경로의 한 부분에 대한 창문화의 세 가지 형태를 제시한다. 즉 이 문장은 창문화와 공백화 과정이 활성화 되는 언어적 수단을 증명한다. 화자는 경로의 특정 부분을 언급하는 언어 표현을 명시적으로 사용함으로써 그 부분을 전경화 하거나 주의를 위해 창문화 할 수 있다. 역으로, 사건틀의 부분인 개념적 요소가 명시적으로 언급되지 않으면 그 요소는 배경화 되거나 공백화 된다. 청자의 측면에서 볼 때, 공백화 된 부분은 주의 초점을 받지 않지만 충분한 문맥이 제공되면 공백화 된 경로의 부분은 재건할 수 있다.

6.3.2. 닫힌 경로
닫힌 경로는 순환적인 화살표로 생각된다는 점을 제외하고는 열린 경로와 동일하다. 즉 닫힌 경로의 출발 지점과 마지막 지점은 공간에서 동일한 지점을 차지해서, 닫힌 경로는 순환을 구성한다. 다음과 같은 닫힌 경로의 예를 보자.

(8) I need the milk(나는 우유가 필요하다)
   a. 전체 경로에 대한 최대 창문화
      - Go get it out of the refrigerator and bring it here.(가서 그것을 냉장고에서 꺼내어 여기에 가져 오라.)
   b. 경로의 한 부분에 대한 공백화
     1. 마지막 공백화=처음 창문화+중간 창문화
       - Go get it out of the refrigerator.
     2. 중간 공백화=처음 창문화+마지막 창문화
       - Go bring it here.
     3. 처음 공백화=중간 창문화+마지막 창문화
       - Get it out of the refrigerator and bring it here.
   c. 경로의 한 부분에 대한 창문화
     1. 처음 창문화=중간 공백화+마지막 공백화
       - *Go.
     2. 중간 창문화=처음 공백화+마지막 공백화
       - Get it out of the refrigerator.
     3. 마지막 창문화=처음 공백화+중간 공백화
       - Bring it here.

  (8a)는 개념적으로 완전한 전체 경로에 대한 최대 창문화를 가진 사건을 제시한다. (8b)는 경로의 한 부분에 대한 공백화의 세 가지 형태를 제시한다. (8c)는 경로의 한 부분에 대한 창문화의 세 가지 형태를 제시한다. 이 예에서 우유를 가져다 달라는 부탁을 받는 사람은 아마도 탁자에서 출발해서 냉장고로 이동하고 탁자로 되돌아오면서 순환적 경로를 완결한다.
  처음 창문화를 제외하고, 창문의 모든 위치와 결합은 이 예에서 가능하다. Talmy는 왜 그 경로의 처음 위치가 전경화 될 수 없는지에 대해서는 설명하지 않고 있다. 이에 대한 한 가지 가능한 답을 Ungerer & Schmid(1996)에서 찾을 수 있다. 그것은 출발이 발생한다는 사실 그 자체에는 전체 이동 사건이 실현된다는 것을 보장할 만큼 경로의 나머지에 대한 정보가 충분하지 않기 때문이다. 즉 단순한 Go와 같이 경로의 첫 번째 부분만 언급될 때, 경로가 실제로 완전한 순환으로 된 닫힌 경로의 자격이 있는지 또는 그것이 열린 경로인지가 명확하지 않다. 다시 말해서, 경로의 중간 부분과 마지막 부분은 전체 닫힌 경로에 대한 추론적 개념화를 고려하는 반면에, 처음 위치에 담겨 있는 정보는 뒤이은 전체 경로를 형성하는 데 충분하지 않은 것이다.

6.3.3. 가상 경로

이동 사건의 세 번째 유형인 가상 경로는 다른 두 유형과 명확하게 구별된다. 보통 시간이 지나도 변하지 않는 것으로 이해되는 처소 관계가 가상 경로와 관계있다. 예컨대, 친구가 당신에게 자전거를 빌려 달라고 부탁하는 상황이 있다고 하자. 친구가 요청했을 때 당신은 건물 안에 있고 자전거는 거리의 특정 장소에 자물쇠로 채워져 있어서, 당신이 정확한 위치를 친구에게 기술해야 하는 상황이다. 그렇게 할 수 있는 한 가지 편리한 방법은 자전거 근처의 현저한 한 지점을 언급하고, 그 지점과 자전거를 발견할 수 있는 위치 사이의 관계를 상술하는 것이다. 이런 책략을 사용하면, 아마도 당신은 다음과 같은 문장을 발화할 수 있다.

(9) My bike is across the street from the bakery.(내 자전거는 빵집으로부터 길 건너 맞은편에 있다.)

비록 이 문장에 있는 주요한 처소 관계 be across가 전통적으로 정적인 서술어의 예로 간주되지만, 이것은 가상 경로를 다르게 해석하도록 해

준다. 이 문장을 받아들일 때, 청자는 먼저 자신의 마음의 눈을 참조점인 bakery에 돌리고, 그리고 나서 가상 경로 across the street를 설정함으로써 반응을 보일 것이다. 자전거가 놓여 있다고 청자 자신이 생각하는 곳은 바로 이 경로의 마지막 지점이다.

일단 이 문장이 실제로 경로 사건틀의 한 실례로 분석될 수 있다는 것을 받아들이면, 이 문장에 대해 경로 창문화의 인지과정이 작용하는 방법을 조사할 수 있다. 사건을 기술하는 일련의 가능한 방법을 예시 문장에 다음과 같이 통합할 수 있다.

(10) Where is your bike?(자전거가 어디 있니?)
    a. 전체 경로에 대한 최대 창문화
        - It is leaning against the lamppost across the street from the bakery.(그것은 빵집으로부터 길 건너 맞은편 가로등에 기대어 있다.)
    b. 경로의 한 부분에 대한 공백화
      1. 마지막 공백화=처음 창문화+중간 창문화
        - It is across the street from the bakery.
      2. 중간 공백화=처음 창문화+마지막 창문화
        - It is leaning against the lamppost across from the bakery.
      3. 처음 공백화=중간 창문화+마지막 창문화
        - It is leaning against the lamppost across the street.
    c. 경로의 한 부분에 대한 창문화
      1. 처음 창문화=중간 공백화+마지막 공백화
        - It is across from the bakery.
      2. 중간 창문화=처음 공백화+마지막 공백화
        - It is across the street.
      3. 마지막 창문화=처음 공백화+중간 공백화
        - *It is leaning against the lamppost across.

(10a)는 개념적으로 완전한 전체 경로에 대한 최대 창문화를 가진 사건을 제시한다. (10b)는 경로의 한 부분에 대한 공백화의 세 가지 형태를

제시한다. (10c)는 경로의 한 부분에 대한 창문화의 세 가지 형태를 제시한다.

가상 경로의 경우에, 언어적 구성소의 순서가 반드시 그 경로의 방향을 따르는 것은 아니다. 이것은 가상 경로를 따르는 최대 창문화인 문장 (10a)와 실제 경로를 따르는 최대 창문화인 문장 Go from the bakery across the street to the lamppost를 비교해 보면 알 수 있다. 이 문장에서는 부사구의 순서가 그 경로의 방향을 따르지만 이것은 가상 경로에 대해서는 적용되지 않는다. 가상 경로의 마지막 지점은 첫 번째 부사구 against the lamppost로 표현되며, 처음 지점은 마지막 부사구 from the bakery로 표현된다.

(10c2)와 (10c3)에서는 참조점 the bakery가 공백화 되어 있다. Talmy가 지적하듯이, 이런 참조점 요소는 그 정체가 일반적으로 문맥이나 관습에 의해 제공될 때만 공백화 될 수 있다. 이것은 사건틀에 외적인 텍스트적 요인이나 상황적 요인이 그런 문장을 적절하게 분석하기 위해 고려되어야 함을 뜻한다.

마지막으로, 중간 경로 부분에서 발생하는 주의 창문화 또는 공백화에 관해, 경로 창문화의 모든 형태 중에서 중간 공백화 형태만을 다시 살펴보자.

(11) a. The crate that was in the aircraft's cargo bay fell out of the plane into the ocean.(비행기의 화물격실에 있던 나무상자가 비행기에서 바다로 떨어졌다.)
　　 b. Go bring it here.(가서 그것을 여기에 가져오너라.)
　　 c. It is leaning against the lamppost from the bakery.(그것은 빵집으로부터 맞은편 가로등에 기대어 있다.)

이런 경우에 청자의 인지적 표상에 있는 경로의 중간 부분은 의식적인 개념화에서 너무 극미한 상태라서 불연속적인 처음 부분과 마지막 부분은 이은 데가 없이 연속적으로 함께 이어지는 것처럼 보일 수 있다. Talmy(1996a: 244, 249)는 이런 인지적 현상을 인지적 접목(cognitive splicing)이라 부른다.

6.4. 인과적 연쇄 사건틀

Talmy(1976)는 인과관계에 연속성이 있다고 주장한다. 다음 예를 참고해 보자.

(12) a. The vase broke.(꽃병이 깨졌다.)
    b. He broke the vase by mistake.(그는 실수로 꽃병을 깨트렸다.)
    c. He broke the vase to irritate his wife.(그는 아내를 화나게 하기 위해 꽃병을 깨트렸다.)

(12a)는 행위자가 없는 사건에 의해 초래되는 것으로 이것은 사건 인과관계(event-causation)라고 한다. (12b)는 그 결과가 의도된 것은 아니지만 사람에 의해 초래되는 사건과 구별되는데, 이것은 저자 인과관계(author-causation)라 한다. (12c)는 그 결과가 행위자의 의도와 일치하는 사건인데, 이것은 행위자 인과관계(agent-causation)라 한다. 인과관계의 연속성을 가정하는 것 외에, Talmy는 인과관계의 속성을 가지고 있는 많은 사건이 더 기본적인 단계들과 하위 사건들의 복합적인 연속체로 다루어져야 한다고 주장한다.[8] Talmy(1996a: 250-251)는 이것을 다음과 같이 도식적으로 나타낸다.

---

8) 인과관계에 대한 Talmy의 구별된 견해에 대해서는 Talmy(1976)와 (Talmy 1985: 78f) 참조. Kemmer & Verhagen(1994)은 인과관계 및 사건 구조에 대한 더 최근의 논의이다.

처음의 의도적인 행위자가 있는 물리적인 인과적 연쇄의 의미적 합성:
행위자의 의도의 범위
[─────────────→]
[1] → [2] → [3] → [4] → [5]
인과적으로 연쇄된 하위 사건들의 순서
[1]: 신체적 운동을 활성화하는 행위자의 의지적 행위
[2]: 물리적인 인과적 연쇄를 일으키는 행위자의 신체적 운동 (특별한 신체 부위나 신체 전체)
[3]: 인과적으로 연쇄된 중간 하위 사건들
[4]: 끝에서 두 번째 하위 사건=마지막 결과의 직접적인 원인
[5]: 결과적인 마지막 하위 사건=의도의 범위 내에서의 행위자의 의도된 목적
주의: (a) [3]은 없을 수 있다
　　　(b) [3]은 없을 수 있거나 또는 [2]는 [4]와 부합할 수 있다
　　　(c) [3]과 [4]는 없을 수 있거나 또는 [2]와 [5]는 부합할 수 있다

[그림 6.2] 인과적 연쇄 사건틀

이것을 문장 John broke the window with a stone을 바탕으로 구체화시켜 보자. 이 문장이 기술하는 인과적 사건에 대한 인지적 분석은 그 사건이 다음과 같은 하위 사건들로 구성되어 있음을 보여 준다.

1단계	행위자는 창문을 깨트리고자 결심한다.
2단계	그는 무릎을 구부리고 돌을 쥐려고 손을 땅으로 움직이고, 똑바로 서서 손으로 돌을 들어올리고, 돌을 손에 쥔 채 팔을 흔들고, 돌이 앞으로 날아가도록 팔에서 돌을 놓는다.
3단계	돌은 공기 속으로 날아간다.
4단계	돌은 강력하게 창문과 부딪친다.
5단계	창문이 깨진다.

[그림 6.3] 인과적 사건의 하위 사건

이 다섯 가지 하위 사건들 사이의 상호관계를 보면, 각 하위 사건이

인과관계에 의해 다음 하위 사건과 연결됨을 인식하게 되는데, 바로 이것이 Talmy의 인과적 연쇄 사건틀에 동기부여 해 준다. 이 예에서 일반적인 인과적 연쇄 사건틀의 요소들을 추론하는 것이 가능하다. 다음 그림은 문장 John broke the window with a stone의 분석에서 예증되는 인과적 연쇄 사건틀의 단계에 대한 개략적인 모습을 보여 준다(Ungerer & Schmid 1996: 230).

인과적 연쇄 사건틀의 단계	John broke the window with a stone
1. 행위자는 행동하려고 의도한다	1. 행위자는 창문을 깨트리고자 결심한다
2. 행위자는 자신의 신체 부위나 신체 전체를 움직이게 하고, 그렇게 함으로써 인과적 사건을 일으킨다	2. 그는 무릎을 구부리고 돌을 쥐려고 손을 땅으로 움직이고…, 돌이 앞으로 나아가도록 팔에서 돌을 놓는다
3. 인과적으로 서로 관련되는 중간의 하위 사건(들) (수의적)	3. 돌은 공기 속으로 날아간다
4. 끝에서 두 번째 하위 사건=마지막 결과의 중간적 원인	4. 돌은 강력하게 창문과 부딪친다
5. 마지막 결과의 하위 사건=행위자의 의도된 행위	5. 창문이 깨진다

[그림 6.4] 인과적 연쇄 사건틀

경로 사건틀의 경우에서처럼, 인과적 연쇄 사건틀의 가장 흥미로운 면은 주의 창문화에 대한 잠재력이다. 아마도 위의 상황을 언급하는 일반적인 방법인 문장 John broke the window에서 시작하자. 이 문장을 인과적 연쇄 사건틀의 구조와 관련지어 보면, 1단계(행위자)와 5단계(마지막 결과)가 주의를 위해 창문화 되는 반면에, 중간 단계들은 공백화 된다는 것을 알 수 있다. 행위자와 결과에 대한 이런 불연속적인 창문화가 인과적 사건을 기술하는 가장 자연스러운 방법이라는 것은 놀라운 것이 아니다. 그것이 두 개의 가장 중요한 질문 '무엇이 발생했는가?'와

'누가 그 사건을 시작했는가?'에 대한 답변이 될 수 있기 때문이다. 사실, 행위자가 시작한 인과적 사건에서 의도(1단계)와 그것의 실현(5단계) 사이의 연결이 너무 강해서, 그 두 단계는 이은 데가 없이 연결된 것처럼 느껴지며, 그 둘 사이에 부재한 부분은 거의 의식이 되지 않는다. 여기에서도 인지적 접목이라는 인지과정이 작용한다.

행동을 시작하는 행위자와 마지막 결과 외에, 끝에서 두 번째 사건인 4단계는 마지막 결과의 중간적 원인을 언급하기 때문에 확실히 인과적 연쇄 사건틀에서 중요한 면이다. 4단계의 인지적 중요성은 영어에서 주요한 행위적 인과적 구문 중의 하나인 by-절이 4단계에 대해 사용된다는 사실에서 반영된다. 이것은 명백히 인과적 연쇄 사건틀의 다양한 단계를 표현하는 by-구를 기재하는 다음 예에서 드러난다.

(13) I broke the window(나는 창문을 깨뜨렸다)
    a. *by grasping a stone with my hand.(*손으로 돌을 쥠으로써.)
    b. *by lifting a stone with my hand.(*손으로 돌을 들어 올림으로써.)
    c. *by swinging a stone with my arm.(*팔로 돌을 흔듦으로써.)
    d. *by propelling a stone through the air.(*돌을 공기 속으로 날림으로써.)
    e. *by throwing a stone towards it.(*돌을 창문으로 던짐으로써.)
    f. ?by throwing a stone at it.(?돌을 창문에 던짐으로써.)
    g. by hitting it with a stone.(돌로 창문을 때림으로써.)

위에서 (13g)만이 4단계를 표현하기 때문에 적절한 것으로 판단된다. 물론 어떤 화자들은 (13f)에서 돌이 실제로 창문과 부딪친다는 것을 추론하기도 하는데, 그런 경우에는 (13f)도 4단계를 표현하는 것으로 판단되기도 한다.

다음은 중간에 인지적 행위자가 있는 인과적 연쇄 사건틀을 살펴보자. 행동을 시작하는 행위자의 활동 이후에, 그 다음의 인과적 연쇄는 또 다른 인지적 행위자를 포함할 수도 있다. 그러나 그런 중간 행위자를 언급하는 자료가 문장에서 공백화 될 때, 그 중간 행위자의 의도 및 의지적 행동은 공백화 되고 개념적으로 무시된다. 이와 같은 효과는 다음 문장에서 볼 수 있다.

(14) I'm going to clean my suit at the dry-cleaning on the corner.(나는 모퉁이에 있는 세탁소에서 내 양복을 세탁할 것이다.)

이 문장은 화자가 자신의 양복을 손질할 세탁소 주인에 대한 언급을 생략하고 있다.

더욱이 (15a)에서 보듯이, 무시할 수 있는 자료의 양이 상당히 많을 수도 있다. (15a)에서는 비록 전체 사회 구성원들이 수십 년이 걸려서 피라미드를 세웠음에도 불구하고 한 명의 행위자인 Pharaoh와 마지막 결과인 pyramid만 나란히 병치되어 개념화되고 있다.

(15) a. The Pharaoh built a pyramid for himself/*him.(국왕은 자신/*그를 위해 피라미드를 세웠다.)
  b. The Pharaoh had a pyramid built for himself/him.(국왕은 자신/그를 위해 피라미드를 세우게 했다.)
  c. The Pharaoh had his subjects built a pyramid for *himself/him. (국왕은 *자신/그를 위해 부하들에게 피라미드를 세우게 했다.)

(15)는 문법적 현상인 영어의 재귀대명사가 개념화의 실현 방식과 대응하는 것으로 간주될 수 있다는 것을 보여 준다. 이런 점에서, 행위자와 마지막 결과만을 창문화 하고 중간 행위자는 공백화 하는 (15a)는 행위자에 대한 재귀대명사만 허용된다. 그러나 사역동사 구문으로서, 중간 행위자의 존재에 주의를 기울이지만, 행위자가 구체적으로 누구인지에 대해서는 주의를 기울이지 않는 (15b)에서는 재귀대명사와 인칭대명사 둘 다가 허용된다. 더욱이 중간 행위자를 명시적으로 언급하는

(15c)에서는 재귀대명사를 배제하고 인칭대명사만을 허용한다.

이 세 문장 형태를 통해, 세 가지 각기 다른 언어체계인 통사론, 의미론, 개념적 구조에 연속성 및 이 연속성들 간에 상관관계가 있음을 알 수 있다. 이것은 다음과 같이 나타낼 수 있다.

	통사론	지시적 의미론	개념적 구조
(15a)	V	제로 상술	중간 행위자에 대한 약한 주의
(15b)	have-en+V	중간 행위자의 존재 상술	중간 행위자에 대한 중간 주의
(15c)	have+NP+V	중간 행위자의 존재와 실체 상술	중간 행위자에 대한 강한 주의

[그림 6.5] 통사론, 의미론, 개념적 구조의 상관관계

요컨대, 언어 구조는 더 일반적이고 근본적인 형태를 하고 있는 인지적 구조를 반영하고 있는 것으로 간주될 수 있다.

6.5. 언어 간 주의 배분 차이

이동 사건은 보편적이며 이동 사건의 구성 요소도 동일하지만, 그 구성 요소들에 주의가 배분되는 양상은 언어마다 다르다. 특히, 이동 사건틀에서 이동동사에 어떠한 의미 정보가 부가되는지에 따라 통사적 구조가 달라지는 현상이 주목된다. 먼저, (16)에서 예시된 영어와 프랑스어의 대조적인 측면을 보기로 하자(Ungerer & Schmid 1996: 234 참조).

(16) a. Blériot   flew   across   the Channel
       전경   이동   경로   배경
              방식

b. Blériot   traversa   la Manche   en avion
   'Blériot   traversed   the Channel   by aeroplane'
   전경   이동   배경   방식
              경로

(16a,b)는 각각 "블레리오가 비행기로 영국해협을 건넜다"에 해당하는 영어 및 프랑스어 문장이다. 두 언어에서 사용된 이동 사건의 의미 정보는 다섯 가지로서 동일하지만, 이동, 경로, 방식에 주의가 배분되는 양상은 매우 대조적이다. 영어의 경우에 이동과 방식은 동사 fly의 의미에 융합되며,9) 경로는 전치사 across에 의해서 기술된다. 한편, 프랑스어의 경우에, 이동과 경로는 동사 traverser의 의미에 융합되며, 방식은 부사류 en avion(비행기로)에 의해서 표현된다. (16)의 대조를 통하여, 영어와 프랑스어에서 이동 사건의 경로와 방식에 서로 다르게 주의가 배분되어 어휘화가 다른 식으로 이루어짐을 알 수 있다.

이처럼 영어와 프랑스어는 통사구문과 두 동사의 표현적 잠재력에 관해서 각기 다른 것처럼 보인다. 물론 이런 언어 간 차이는 인지언어학이 등장하기 오래 전에 번역가들이 주지한 사실이었다. 그러나 그 차이를 Talmy의 사건틀에 대한 주의 배분의 개념으로 통합적으로 설명할 수 있다. 즉 영어와 프랑스어는 동일한 사건틀 요소를 가지고 있다는 점에서는 공통점을 보인다. 그러나 각 틀 요소에 주의를 배분하는 방식에서 차이가 나는 것이다.

이동 사건틀에서 경로와 방식에 주의가 배분되는 모습은 프랑스어와 스페인어가 유사하며, 영어와 독일어가 유사하다. 이들 네 가지 언어에서 이동동사를 중심으로 경로와 방식의 정보에 대한 주의 배분 차이를

---

9) 이동 사건의 인지적 요소들이 함께 표현되는 현상에 대해서는 어휘화(lexicalization), 통합(incorporation), 융합(conflation)의 세 가지 용어가 사용되는데, 그 중 어휘화는 McCawley(1968), 통합은 Gruber(1965), 융합은 Talmy(1975)에서 각각 뿌리를 둔 것이다(임상순 1998: 116 참조).

살펴보자.
 첫째, 영어, 독일어, 프랑스어, 스페인어가 경로 요소에 대해 각각 어떻게 주의를 배분하는지 보면서, 이들 언어들 사이의 공통점과 차이점을 살펴보자.

(17) a. The boy went out of the yard.(그 소년은 뜰 밖으로 나갔다.)
   b. Der Junge ging aus dem Hof hinaus.(독일어)
      'The boy went from the yard out.(소년은 뜰에서 밖으로 나갔다.)'
   c. Le garçon sortit de la cour.(프랑스어)
      'The boy exited from the yard.(그 소년은 뜰 밖으로 나갔다)'
   d. El chico salió del patio.(스페인어)
      'The boy exited from the yard.(그 소년은 뜰 밖으로 나갔다.)'

(17)은 두 가지 현상을 보여 준다. 첫째, 영어와 프랑스어 표현은 각각 경로를 전치사로 표현하는 영어의 일반적인 경향과 경로를 동사 의미에 통합시키는 프랑스어의 경향을 반영하는 것 같다. 둘째, 명백하게도, 독일어는 영어와 유사하며 스페인어는 프랑스어와 유사하다. 독일어에서 경로는 복합동사 hinausgehen과 분리되어 절 마지막 위치로 이동한 동사적 접미사로 표현되는데, 이것은 영어의 전치사와 유사하다. 반면에, 스페인어에서는 경로가 프랑스어에서와 같이 동사에 통합된다.
 요컨대, 프랑스어와 스페인어의 이동동사는 이동과 경로에 주의를 배분하는 반면에, 영어와 독일어의 이동동사는 이동과 방식에 주의를 배분하고, 경로는 전치사나 동사적 접미사에 의해 각각 표현된다. 다음 그림은 프랑스어, 스페인어, 영어, 독일어에 있어서 주요 이동동사의 이동과 경로가 어떻게 드러나는지를 보인 것이다(Ungerer & Schmid 1996: 235).

프랑스어	스페인어	영어	독일어
entrer	entrar	go in(enter)	hineingehen
sortir	salir	go out(exit)	hinausgehen
ascendre	subir(ascender)	go up(ascend)	hinaufgehen
descendre	bajar(descender)	go down(descend)	hinuntergehen
traverser	traspasar	go over(cross, traverse)	hinübergehen

[그림 6.6] 프랑스어, 스페인어, 영어, 독일어의 주요
이동동사에 관한 이동과 경로 표현

위의 그림에 따르면, 프랑스어와 스페인어의 이동동사는 '이동＋경로'에 주의를 배분하는 반면, 영어와 독일어의 이동동사는 이동에만 주의를 배분하며 경로는 불변화사나 동사적 접미사에 의해서 표현된다.

둘째, 네 언어가 방식 요소에 주의를 배분하는 방식을 보면서, 이 언어들 사이의 공통점과 차이점을 살펴보자. 다음 예를 보자.

(18) a. The boy rode out of the yard.(그 소년은 뜰에서 말을 타고 나갔다.)
 b. Der Junge ritt aus dem Hof hinaus.(독일어)
  'The boy rode from the yard out.(그 소년은 뜰에서 말을 타고 밖으로 나갔다.)'
 c. Le garçon sortit à cheval de la cour.(프랑스어)
  'The boy exited on horse from the yard.(그 소년은 뜰에서 말을 타고 나갔다.)'
 e. El chico salió a caballo del patio.(스페인어)
  'The boy exited on horse from the yard.(그 소년은 뜰에서 말을 타고 나갔다.)'

영어와 독일어에서 이동 사건의 방식은 동사에 통합되는 반면에, 프랑스어와 스페인어에서는 방식이 개별적인 부사로 표현된다.

다음 그림은 프랑스어, 스페인어, 영어, 독일어에 있어서 주요 이동동

사의 이동과 방식에 어떻게 주의를 배분해서 어휘화되는지를 보인 것이다(Ungerer & Schmid 1996: 236).

영어	독일어	프랑스어	스페인어
(a) '이동+방식'			
walk	(zu Fuβ) gehen	aller à pied	ir a pie
ride	reiten	aller à cheval	montar caballo (ir a caballo)
drive	fahren	aller en voiture	ir en coche (conducir)
(b) '이동+방식+경로'			
walk into	hineingehen	entrer en marchant	entrar (caminando)
drive into	hineinfahren	entrer en voiture	entrar conduciendo el coche
ride into	hineinreiten	entrer à cheval	entrar a caballo
fly into	hineinfliegen	entrer en volant	entrar volando
crawl into	hineinkriechen	entrer en rampant	entrar arrastràndose
climb into	hineinklettern	entrer en grimpant	entrar escalando

[그림 6.7] 영어, 독일어, 프랑스어, 스페인어의
이동동사에서 이동, 방식, 경로 표현

한편, [그림 6.7]은 [그림 6.6]에서 사용된 언어의 위치가 뒤바뀌었는데, 그것은 [그림 6.7a]에서 보듯이 영어와 독일어의 경우 동사가 사건들의 두 요소인 이동과 방식을 표현하기 때문이다. 또한 [그림 6.7b]는 이동, 방식, 경로의 어휘화 양상으로서, 영어의 '동사-불변화사' 구성과 독일어의 접미사를 포함한 동사 구성에 비해, 프랑스어와 스페인어의 경우 방식과 경로의 정보가 한층 더 정교화 됨을 보여 준다.

경로와 방식이 사건들에서 중요한 요소이지만, 방식 요소는 어떤 경우에는 표현되지 않을 수 있지만 경로 요소가 없는 이동 사건은 없다. 이런 점에 착안하여 Talmy는 경로를 이동 사건들에서 가장 중요한 요소로 간주하고, 경로가 이동 사건을 위한 틀부여 기능(framing function)을 수행한다고 주장한다. 경로의 틀부여 기능을 표현하는 한 가지 방법은 프랑스어의 entrer 및 스페인어의 entrar에서와 같이 동사를 통해서이다. 즉 이런 언어에서는 동사가 경로에 주의를 배분하는 것이다. 이런 점에서, Talmy(1985, 1991)는 프랑스어와 스페인어를 동사 틀부여된 언어 (verb-framed language)라 부른다. 역으로, 경로는 영어 go into에서와 같이 전치사나 독일어 hineingehen에서와 같이 동사적 접미사에 의해 표현될 수 있다. Talmy는 전치사와 동사적 접미사를 위성어라는 문법 범주로 간주한다. 즉 영어와 독일어에서는 위성어가 경로에 주의를 배분하는 것이다. 이런 점에서, 영어와 독일어는 위성어 틀부여된 언어 (satellite-framed language)라고 부를 수 있다.

결과적으로, 경로와 방식이 언어마다 표현되는 방식에서, 즉 주의가 배분되는 방식에서 차이를 보이고 있는 현상을 [그림 6.8]로 나타낼 수 있다(Talmy 1991 참조).

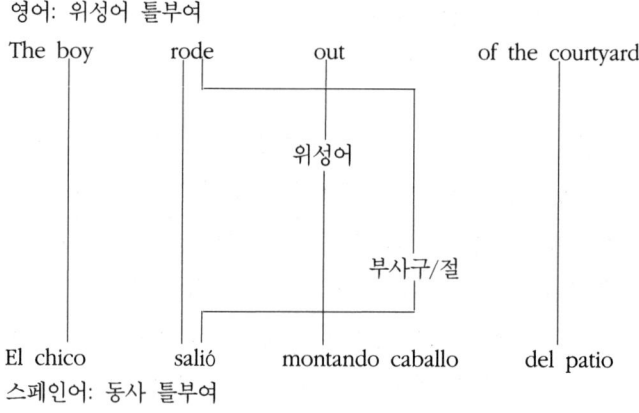

[그림 6.8] 영어와 스페인어의 주의 배분 차이

Talmy(1985, 1991)에서는 세계의 모든 언어가 위의 두 가지 틀부여 방식에 의해서 범주화될 수 있을 것이라고 주장하고, 그 대표적인 언어를 (19)와 같이 제시하였다.

(19) a. 동사 틀부여된 언어: 프랑스어, 스페인어를 포함한 로망스계통어, 아랍어와 헤브루어 등의 셈어, 일본어 등.
　　　 b. 위성어 틀부여된 언어: 영어, 독일어, (로망스계통어를 제외한) 인도유럽어, 핀우그릭어, 중국어 등.

　이 장에서는 주의 배분이라는 인지과정을 다루었다. Talmy는 주의 배분이라는 용어 대신에 주의 창문화라는 용어를 사용한다. 주의 배분을 설명하기 위해 Talmy는 사건틀을 소개하는데, 여기에서는 이동 사건틀과 인과관계 사건틀을 다루었다. 마지막으로, 한 언어의 동일한 화자가 주어진 장면에 주의 배분을 다르게 하듯이, 서로 다른 언어의 화자들 또한 동일한 장면에 주의 배분을 다르게 한다는 가정 하에서, 언어 간 주의 배분의 차이를 살펴보았다. 영어/독일어와 프랑스어/스페인어가 이동 사건을 기술하는 경우에 중요한 네 가지 이동 사건틀 요소인 전경, 배경, 이동, 경로에 주의 배분을 다르게 한다. 영어/독일어는 방식이 동사로 표현되고 경로는 전치사로 표현되는 반면, 프랑스어/스페인어는 경로가 동사에 표현되고, 방식은 부사구나 부사절로 표현된다. 이런 점에서 영어/독일어는 위성어 틀부여 된 언어이고, 프랑스어/스페인어는 동사 틀부여 된 언어이다.

제7장 은유 과정

7.1. 인지과정으로서의 은유
7.2. 은유적 사상
7.3. 부분적 사상

은유를 처음으로 광범위하게 논의한 사람은 아리스토텔레스로 보통 간주되지만, 그 이전에 소크라테스와 플라톤도 은유에 대한 독특한 입장을 가지고 있었다. 소크라테스는 은유와 같은 비유어가 진정한 지식을 얻기 위한 매체가 아니라 논쟁에서 이기는 데 사용되는 단순한 기교로 간주했다. 플라톤은 은유가 사람들이 진리를 보지 못하게 유도한다고 생각했다.

두 철학자 이후에 은유에 대한 체계적인 연구는 아리스토텔레스에 의해 이루어졌다. 그가 제시한 은유의 특징은 다음과 같다.

(ⅰ) 은유는 문장 수준이 아니라 낱말 수준에서 나타난다.
(ⅱ) 은유는 일상 용법에서의 일탈로 이해된다.
(ⅲ) 은유는 두 대상 사이의 유사성을 토대로 한다.
(ⅳ) 은유는 생략된 직유(simile)로 간주된다.

16-17세기의 합리주의와 경험주의는 은유를 비롯한 기타 수사법이 장식적이고 잉여적인 표현 수단으로 간주했다. 예컨대, Locke(1632-1704)는 낱말의 모든 비유적인 사용이 완전한 사기라고 주장한다. 20세기의 논리실증주의는 증명 가능성을 의미성에 대한 필요조건으로 간주

했다. 따라서 은유는 증명될 수 없기 때문에 기술적으로 무의미한 것으로 치부된다.

이와 같은 은유에 대한 전통적인 입장에 반대하는 새로운 시각은 Richards(1936)에서 찾아볼 수 있다. 그는 은유에 대한 몇 가지 중요한 주장을 한다. 그는 은유가 일탈적이거나 단순한 장식이 아니라, 실제로는 널리 퍼져 있는 언어의 원리라고 주장한다. 더욱이 그는 은유가 함께 활동하고 있는 다른 대상의 두 사고 사이의 상호작용이라고 주장한다.[1] 그는 또한 은유가 본래 상이한 용어 사이에서 유사성을 토대로 한다는 전통적인 견해에 도전한다. Black(1955, 1962)은 훗날 은유 연구의 방향을 제시하는 아주 중요한 역할을 했다. 그는 은유란 인지적으로 동일한 문자적 표현으로 환원될 수 없으며, 은유란 이미 존재하고 있는 유사성을 표현하는 것이 아니라 대상들 사이에서 유사성을 창조한다고 주장한다.

은유에 대한 이런 철학적인 접근 외에, 언어학에서는 은유의 해석 문제가 주로 다루어졌다. 그러나 최근 인지언어학에서 은유는 하나의 언어 표현으로서가 아니라 인지과정으로 다루어지고 있다. 은유에 대한 인지언어학적 연구는 Lakoff & Johnson(1980)에서 시작되었다. 그들은 주로 일상 언어 표현에 은유가 널리 퍼져 있음을 보여 준다. 즉 우리가 일상적으로 접하는 언어적 은유들이 사실은 더 추상적인 개념적 은유에 입각하고 있다는 것이다. 그 후 Lakoff(1987) 및 Johnson(1987)에서 은유의 논의가 계속 진행되며, 특히 Lakoff(1987)에서는 추상적인 개념 중에서 '화'의 개념에 대한 논의가 이루어진다.

Lakoff & Turner(1989)는 은유에 대한 논의를 일상의 언어적 은유에 국한시키지 않고, 일상의 언어적 은유에 작용하는 개념적 은유가 시적 은유를 이해하는 데 작용한다는 것을 보여준다. Sweetser(1990)는 개념

---

1) Richards의 이러한 주장을 바탕으로 Black은 은유의 상호작용론(interaction theory)을 제안하기에 이른다.

적 은유에 대한 또 다른 응용으로서, 지각동사의 의미 변화와 서법동사의 다의성 현상을 개념적 은유로 설명한다. Lakoff(1992)에서는 은유를 정치적 이데올로기를 분석하는 데 이용하기에 이른다. 이 장에서는 인지언어학에서 말하는 인지과정으로서의 은유에 논의를 국한할 것이다. 그리고 인지과정으로서의 은유가 적용되는 범위에 대해서는 비유적 의미를 다루는 제19장에서 논의할 것이다.

7.1. 인지과정으로서의 은유

인지언어학에서 은유는 한 개념적 영역을 다른 개념적 영역으로 이해하는 인지과정으로 정의된다. 예컨대, 우리는 인생을 여행으로 이해하거나, 논쟁을 전쟁으로, 사랑을 여행으로, 이론을 건물로, 생각을 음식으로, 사회 기관을 식물로 이해한다. 이와 같은 은유의 정의는 'A는 B이다'와 같은 간단한 표기로 포착할 수 있는데, 이것을 개념적 은유(conceptual metaphor)[2]라고 한다. 개념적 은유는 두 개의 개념적 영역으로 구성되는데, 하나는 이해의 대상이 되는 추상적인 개념(영역 A)이고 다른 하나는 비교의 대상이 되는 구체적인 개념(영역 B)이다. 즉 추상적인 개념이 구체적인 개념으로 이해되는 것이다.

인지언어학에서 개념적 은유는 개별적인 언어적 은유(linguistic metaphor)와 구별된다. 언어적 은유란 더 구체적인 영역의 언어에서 나온 낱말이나 기타 언어 표현을 가리킨다. 반면에, 개념적 은유는 모든

---

[2] 시간이나 감정과 같은 추상적 개념을 어휘화하는 데 사용되는 구체적 개념의 언어에 명시적으로 초점을 두는 가장 정교하고 영향력 있는 인지언어학 이론은 Lakoff와 Johnson(Johnson 1987, Lakoff 1987, 1990, 1993, Lakoff & Johnson 1980, 1999) 및 Gibbs(예컨대, 1994), Kövecses(예컨대, 2000), Sweetser(예컨대, 1990), Turner(예컨대, 1987, 1991, 1996, Lakoff & Turner 1989)과 같은 학자들이 개척한 개념적 은유 이론이다.

개별적인 언어적 은유의 개념적인 기초가 되는 'A는 B이다' 형태의 상위 개념의 은유이다. Kövecses(2002: 6)는 개념적 은유와 언어적 은유 사이의 관계를 이렇게 설명한다. "언어 표현(즉 이야기하는 방식)은 개념적 은유(사고하는 방식)를 명시화 해 주거나 또는 그것의 표명이다. 다른 식으로 표현하자면, 은유적 언어 표현이 개념적 은유의 존재를 드러내 준다."

개념적 은유에 참여하는 두 영역 중 추상적인 개념을 이해하는 데 사용되는 구체적인 개념적 영역을 근원영역(source domain)이라고 하고, 이해하고자 하는 개념적 영역을 목표영역(target domain)이라고 한다. 즉 목표영역은 근원영역을 사용해서 우리가 이해하고자 하는 영역이고, 근원영역은 언어적 은유에서 목표영역을 이해하기 위해 구체적인 낱말이나 언어 표현을 빌려오는 영역이다.

개념적 은유/언어적 은유 구별 및 근원영역/목표영역의 개념을 Lakoff & Johnson(1980)에서 사용된 다음과 같은 예를 통해서 살펴보자.

(1) '논쟁은 전쟁이다'
    a. Your claims are *indefensible*.(너의 주장은 변호의 여지가 없다.)
    b. He *attacked every weak* point in my argument.(그는 나의 논증에 있는 모든 약점을 공격했다.)
(2) '사랑은 여행이다'
    a. We can't *turn back now*.(우리는 이제 *되돌아갈* 수 없다.)
    b. We're *at a crossroads*.(우리는 기로에 서 있다.)
(3) '이론은 건물이다'
    a. Is that the *foundation* for your theory?(그것이 네 이론에 대한 근거인가?)
    b. The theory needs more *support*.(그 이론은 더 많은 뒷받침을 필요로 한다.)
(4) '생각은 음식이다'
    a. There are too many facts here for me to *digest* them all.(여기에는 내가 *소화시키기*에 너무 많은 사실들이 있다.)

b. I just can't *swallow* that claim.(나는 그 주장을 있는 그대로 받아
　　　　들일 수가 없다.)

　먼저, (1-4)에서 작은따옴표 속에 개념적 은유가 있고, 각 개념적 은유 밑에 있는 표현은 언어적 은유이다. 그리고 (1-4)에서 '전쟁', '여행', '건물', '음식'은 근원영역이고, 그에 대응하는 '논쟁', '사랑', '이론', '생각'은 목표영역이다.
　개념적 은유는 보통 더 추상적인 개념을 목표영역으로 채택하고 더 구체적이고 물리적인 개념을 근원영역으로 채택한다. 이것은 우리가 이해하기 어려운 추상적인 개념을 이해하기 위해서는 추상적인 개념 그 자체를 독자적으로 이해하려고 애쓰기보다는, 더 구체적이고 물리적이고 실체가 있는 개념을 사용하는 것이 훨씬 더 용이하다는 것을 암시한다. 물리적 세계에서 우리가 얻을 수 있는 구체적인 경험은 더 추상적인 개념을 이해할 수 있는 자연스럽고 논리적인 근거가 될 수 있는 것이다. 따라서 대부분의 일상 은유의 경우에 근원영역과 목표영역이 역전되는 경우는 거의 없다. 즉, '논쟁은 전쟁이다'는 자연스럽지만 '전쟁은 논쟁이다'는 부자연스러운 개념적 은유가 된다. 이것은 은유의 일방향성 원리(unidirectionality principle)라고 불린다. 이 원리는 은유 과정이 전형적으로 근원영역에서 목표영역으로 이루어지지 그 역은 성립하지 않는다는 것을 뜻한다.

7.2. 은유적 사상

　지금까지 개념적 은유에서 근원영역과 목표영역 사이의 관계를 특징짓기 위해 '이해하다'라는 표현을 사용했다. 그렇다면 목표영역이 근원영역에 의해 이해된다는 것이 정확히 무엇을 뜻하는지를 이 절에서 상술

해 보고자 한다. 개념적 은유의 근원영역과 목표영역 사이에 일련의 체계적인 대응관계(correspondence)가 있는데, 이것은 근원영역을 구성하는 개념적 요소나 속성이 목표영역의 구성 요소와 대응된다는 것을 뜻한다. 이와 같은 개념적 대응관계를 사상이라고 한다.

개념적 은유 '사랑은 여행이다' 및 그 언어적 은유를 바탕으로 사상의 본성을 구체적으로 설명해 보자.

(5) '사랑은 여행이다'
    a. We aren't *going anywhere*.(우리는 더 이상 진전될 것 같지 않다.)
    b. The relationship is *foundering*.(이 관계는 허우적대고 있다.)
    c. It's been a *bumpy road*.(그것은 험난한 길이었다.)
    d. We've made a lot of *headway*.(우리는 많은 진전이 있었다.)
    e. We're *at a crossroads*.(우리는 기로에 서 있다.)

(5a)의 go anywhere는 목적지로의 여행을 가리키며, we는 여행객을 가리킨다. 이 문장은 '여행객', '여행', '목적지'라는 근원영역의 세 가지 구성 요소를 환기시킨다. 그러나 우리는 이 문장을 특별한 문맥에서는 사랑에 관한 것으로 해석하기도 한다. 이 문장이 사랑에 관한 언어적 은유로 해석될 때 여행객은 '연인'이 되고, 여행은 '사랑 관계 속에서 일어나는 사건'이 되고, 목적지는 '사랑의 목표'가 된다. (5b)의 foundering은 여행 중에 사용하는 차량을 암시하며, (5c)의 bumpy road는 여행 중에 발생하는 여러 가지 물리적인 방해가 있을 수 있음을, (5d)의 headway는 여행 중에 상당한 전진이 있음을, (5e)의 at a crossroads는 여행 중에 분기점에서 어느 길로 가야 할지를 선택해야 함을 암시한다. 그러나 (5)가 사랑에 관해서 이야기할 때 사용되는 경우에는 언어적 은유가 된다. 언어적 은유로 사용될 때, 차량은 사랑 관계 그 자체가 되고, 물리적 방해는 연인이 경험하는 난관이 되고, 전진은 사랑의 진척이 되고, 어느 길로 가야 할지를 선택하는 것은 무엇을 해야 하는지를 결정하

는 것이 된다.
 지금까지의 (5)에 대한 간략한 설명으로 근원영역의 구성 요소들과 목표영역의 구성 요소들 사이의 대응관계, 즉 사상을 다음과 같이 제시할 수 있다.

근원영역: '여행'		목표영역: '사랑'
여행객	⇒	연인
차량	⇒	사랑 관계
여행	⇒	사랑 관계의 사건
여행 거리	⇒	진척
장애물	⇒	난관
길 선택	⇒	해야 할 일 선택
목적지	⇒	목적

[그림 7.1] '사랑은 여행이다'의 은유적 사상

 이것은 개념적 은유 '사랑은 여행이다'를 특징짓는 체계적인 대응관계, 즉 사상이다.
 요컨대, 은유를 안다는 것은 근원영역과 목표영역 사이의 체계적인 사상을 안다는 것을 뜻한다. 이것은 의식적으로 발생하는 것이 아니라 대체로 무의식적으로 발생한다. 개념적 은유를 안다는 것은 개념적 은유를 반영하는 언어적 은유를 사용하는 것을 뜻하며, 더욱이 언어적 은유를 사용할 때 해당 언어 공동체에서 관습적으로 고정되어 있는 사상을 위배하지 않아야 한다. 다시 말해서, 근원영역의 아무 요소가 목표영역으로 사상될 수 있는 것은 아니다. 언어적 은유는 근원영역과 목표영역 사이의 사상과 일치해야 하는 것이다.

7.3. 부분적 사상

개념적 은유 '사랑은 여행이다'에서는 은유적 사상이 마치 전체적으로 이루어지는 것처럼 느껴지지만, 사실은 은유적 사상은 부분적 사상(partial mapping)이다. Kövecses(2002: 79-83)는 은유적 사상의 부분적 본질을 크게 은유적 전경화(metaphorical highlighting)와 은유적 활용(metaphorical utilization)으로 나누어 설명한다. 은유적 전경화는 목표영역과 관계있고, 은유적 활용은 근원영역과 관계있다.

은유적 전경화는 은폐(hiding) 과정과 반드시 함께 이루어진다. 목표영역의 한 개념은 여러 가지 양상을 가지고 있는데, 특정한 개념적 은유가 하나의 양상에 초점을 두면, 그 개념의 다른 양상들은 초점을 받지 않고 은폐된다. 즉, 전경화와 은폐 과정은 서로를 전제하는 것이다. 그러면 은유적 전경화와 은폐 과정이 어떻게 동시에 작용하는지를 보기 위해 '논쟁'의 개념을 이해하는 데 필요한 몇 가지 개념적 은유를 고려해 보자.

(6) '논쟁은 그릇이다'
    a. Your argument doesn't have much *content*.(당신의 논증은 내용이 별로 없다.)
    b. What is the *core* of his argument?(그의 논증에서 핵심은 무엇인가?)

(7) '논쟁은 여행이다'
    a. We will *proceed* in a *step-by-step* fashion.(우리는 단계적인 방식으로 *나아갈 것이다.*)
    b. We have *arrived at* a disturbing conclusion.(우리는 혼란스러운 결론에 도달했다.)

(8) '논쟁은 전쟁이다'
    a. I've never *won* an argument with him.(나는 그와 논쟁해서 한번도 이긴 적이 없다.)

b. He *shot down* all of my arguments.(그는 나의 모든 논증을 격파했다.)
　(9) '논쟁은 건물이다'
　　　a. She *constructed* a *solid* argument.(그녀는 견고한 논증을 세웠다.)
　　　b. We have got a good *foundation* for the argument.(우리는 그 논증에 대해 충분한 근거가 있다.)

각 개념적 은유는 목표영역의 논쟁이 가지고 있는 다양한 양상들 중에서 특정한 양상을 전경화 한다. 특히 그릇 은유는 논쟁의 내용 및 근본성을 전경화 하고, 여행 은유는 논쟁의 진척 및 내용에 초점을 두고, 전쟁 은유는 논쟁의 통제권을 누가 가지고 있는지의 문제에 초점을 두고, 건물 은유는 논쟁의 구조 및 세기의 양상에 초점을 둔다.

　각 개념적 은유들은 논쟁의 특정한 양상에 초점을 두고 동시에 다른 양상들은 은폐한다. 예컨대, 그릇 은유가 논쟁의 내용과 근본성의 양상에 초점을 두면서 동시에 논쟁의 진척, 통제, 구조, 세기와 같은 다른 양상은 은폐시키는 것이다. 정리를 하자면, 각기 다른 개념적 은유는 동일한 목표영역의 각기 다른 양상을 전경화 하고 동시에 다른 양상들은 은폐시킨다. 추상적인 목표영역의 개념을 이해하는 데 하나의 근원영역만으로는 충분하지 않기 때문에 은유적 전경화의 개념은 어쩔 수 없이 필연적인 개념이다.

　은유적 사상의 두 번째 자질은 은유적 활용이다. 은유적 활용이란 주어진 한 목표영역을 이해할 때 근원영역의 특정 양상만을 활용한다는 것이다. 이것이 무엇을 의미하는지 보기 위해, 개념적 은유 '이론은 건물이다'를 예로 들어보자. 이 개념적 은유가 어떻게 은유적 활용이라는 부분적 사상으로 작용하는지를 보기 위해 건물의 인지모형을 제시할 필요가 있다. 그것은 다음과 같다.

정의	건물은 구조물이다.
외적 구조	a. 건물에는 지붕이 있다 b. 건물에는 현관이 있다. c. 건물에는 방이 있다. d. 건물에는 계단이 있다. e. 건물에는 창문이 있다. f. 건물에는 벽이 있다. g. 건물에는 수도관이 있다.
내적 구조	a. 건물에는 토대가 있다. b. 건물에는 외부 뼈대가 있다
속성	건물은 파괴되거나 무너질 수 있다.

[그림 7.2] 건물의 인지모형

건물의 인지모형은 건물에 대한 우리의 경험에 의해 구축된다. 이런 인지모형을 바탕으로 이론에 대해 이야기할 때, 이 인지모형 전체가 이론의 목표영역으로 사상되는 것은 아니다. 이 인지모형은 여러 양상들로 구성되어 있는데, 먼저 이 양상들 중에서 특정한 양상만이 활용되어 그 선택된 양상만이 목표영역으로 사상된다.

다음의 언어적 은유는 건물의 인지모형 중에서 '내적 구조 (a)'를 활용해서 그것을 이론의 목표영역에 사상해서 생성되고 이해되는 표현들이다.

(10) a. Is that the *foundation* for your theory?(그것이 당신 이론에 대한 근거인가?)
　　b. We will show that theory to be without *foundation*.(우리는 그 이론에 근거가 없다는 것을 보여 줄 것이다.)
　　c. The theory needs more *support*.(그 이론은 더 많은 뒷받침을 필요로 한다.)
　　d. Here are some more facts to *shore up* the theory.(그 이론을 지탱해 줄 더 많은 사실이 여기에 있다.)

다음의 언어적 은유는 건물의 인지모형 중에서 '내적 구조 (b)'를 활용하고 있다.

(11) So far we have put together only the *framework* of the theory.(지금까지 우리는 그 이론의 틀만을 세웠다.)

다음의 언어적 은유는 건물의 인지모형 중에서 건물의 '정의' 부분을 활용하고 있다.

(12) We need to *construct a strong* argument for that.(우리는 그것에 대해 강한 논증을 세울 필요가 있다.)

다음 언어적 은유는 건물의 인지모형 중에서 건물의 '속성' 부분을 활용하고 있다.

(13) a. We need some more facts or the argument will *fall apart*.(우리는 좀더 많은 사실이 필요하다. 그렇지 않으면 그 논증은 무너질 것이다.)
  b. The theory will *stand* or *fall* on the strength of that argument. (그 이론은 그 논증의 힘에 근거해서 지탱되거나 또는 무너질 것이다.)
  c. The argument *collapsed*.(그 논증은 붕괴되었다.)
  d. They *exploded* his latest theory.(그들은 그의 최신 이론을 논파했다.)

이처럼 건물의 인지모형 중에서 건물의 '정의', '내적 구조', '속성'이라는 양상만이 이론을 이해하는 데 사용되는 부분이며 나머지 부분은 사용되지 않고 있다. 만약 그 나머지 부분들이 사용되는 경우에는 다음과 같은 일상 은유가 아니라 상상력이 요구되는 시적 은유(poetic metaphor)가 생성된다.

(14) a. His theory has thousands of little rooms and long, winding corridors.(그의 이론에는 수천 개의 조그만 방과 길고 꼬불꼬불한 복도가 있다.)
b. His theories are Bauhaus in their pseudofunctional simplicity. (그의 이론들은 유사 기능의 단순성에 있어서 바우하우스이다.)
c. He prefers massive Gothic theories covered with gargoyles.(그는 이무기돌로 덮인 대형 고딕 양식의 이론을 선호한다.)
d. Complex theories usually have problems with the plumbing.(복합 이론은 보통 납땜질에 문제가 있다.)

이런 관점에서 개념적 은유 '이론은 건물이다'의 부분적 사상 방식을 다음과 같이 나타낼 수 있다.

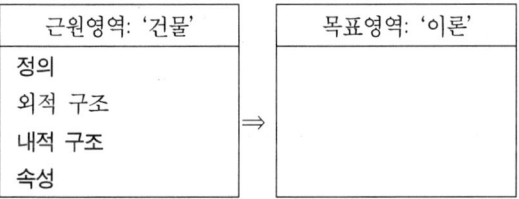

[그림 7.3] '이론은 건물이다'의 은유적 사상

요컨대, 목표영역의 은유적 전경화가 부분적인 것처럼, 근원영역의 은유적 활용 또한 부분적임을 알 수 있다.

제8장 환유 과정

8.1. 인지과정으로서의 환유
8.2. Lakoff의 개념적 환유
8.3. Langacker의 참조점 관계

전통적으로 환유(metonymy)는 '어떤 물질적, 인과적, 개념적 관계에 기초해서 한 낱말이 다른 낱말로 대치되는 수사법'(Preminger & Brogan 1993)으로 정의되었다. 다음이 전형적인 예이다.

(1) a. Have you read *Shakespeare?*(너는 세익스피어의 작품을 읽어 보았니?)
 b. Mary wants *Burgundy.*(메리는 버건디 지방의 포도주를 원한다.)
 c. The *crown* objects to the proposal.(왕은 그 제안에 반대한다.)
 d. I want *my love* to be with me all the time.(나는 내 애인이 항상 나와 함께 있었으면 좋겠다.)

(1a)에서는 작자가 작품으로 대치되며, (1b)에서는 지명이 그 지역의 특산품으로 대치되며, (1c)에서는 사물이 그 사물의 소유자를 대치하며, (1d)에서는 추상적 자질이 구체적 사물을 대치한다.

 환유를 수사적으로 취급한다는 것은 문학에서 장식의 목적으로 환유를 사용하는 것이며, 환유를 사용하고 이해하는 데 특별한 훈련이 요구됨을 시사한다. 최근 들어 화용론에서도 환유에 대한 논의가 이루어지고 있다. 화용론에서 이루어진 환유에 대한 가장 광범위한 논의는 Nunberg(1978)이다. Nunberg에 따르면, 환유는 화자가 a의 기술을 사용해서 b를 지시하는 데 성공하는 지연 지시(deferred reference)의 경우이다. 예컨대, (1c)에서 화자는 crown에 대한 기술(a)을 사용해서 왕(b)을 성공적으로 지시하는 것이다.

Fauconnier(1985/1994: 3ff)는 대체로 Nunberg의 이런 분석을 채택한다. 즉 Fauconnier 역시 환유를 지연 지시의 한 가지 유형으로 간주한다. 더욱이 이런 지연 지시는 심리적, 문화적, 화용적 이유 때문에 사물들 사이를 연결하도록 해 준다. 이런 연결은 연결자라는 Fauconnier의 용어인 화용적 사상(pragmatic mapping)으로 포착된다.

인지언어학자, 특히 Lakoff(1987) 및 Gibbs(1994)는 두 사물 사이의 연상관계가 문화적, 체험적 요인에 의해 허가된다는 Nunberg와 Fauconnier의 분석을 받아들여 그것을 더욱더 확장시킨다. Lakoff(1987: 84-85)은 환유가 언어적 사물이 아니라 인지과정으로서 다음과 같은 특징을 가진다고 주장한다.

(i) 어떤 문맥에서 특정한 목적을 위해 이해되어야 하는 목표 개념 A가 있다.
(ii) A 및 또 다른 개념 B가 있는 개념적 구조가 있다.
(iii) 개념적 구조 내에서 B가 A의 부분이거나 그것과 밀접하게 연상된다. 특히 B의 선택은 그 개념적 구조 내에서 A를 독특하게 결정한다.
(iv) A와 비교해 볼 때 B는 기억하고 인식하기가 더 쉬우며, 주어진 문맥에서 특정한 목적에 더욱더 직접적으로 유용하다.
(v) 환유 모형은 A와 B가 개념적 구조에서 어떻게 연결되는지에 대한 모형이다.

환유에 대한 또 다른 인지언어학적 연구인 Langacker(1993)는 환유 모형을 참조점 관계로 다룬다. 환유는 한 실체가 다른 실체와 정신적 접촉을 할 목적으로 그 실체를 개념적인 참조점으로 환기할 수 있는 우리의 기본적인 인지능력인 것이다.

이런 환유에 대한 다양한 접근들 중에서 이 장에서는 인지언어학적인 관점에서만 환유를 다룰 것이다. 특히 이 장에서는 환유가 수사적인 장치로서가 아니라 인지과정임을 Lakoff과 Langcker의 입장을 중심으로 살펴볼 것이다. 환유의 적용 범위에 대해서는 비유적 의미를 다루는 제20장에서 논의할 것이다.

8.1. 인지과정으로서의 환유

환유에 대한 전통적인 입장은 *Webster's New World Dictionary*의 제3판에서 찾아볼 수 있다. "환유는 한 사물의 이름이 그것과 연상되거나 암시되는 다른 사물의 그것 대신에 사용되는 수사적 표현이다." 이와 같은 전통적인 환유에 대한 정의를 통해서 전통적인 입장이 취하는 환유의 몇 가지 특징을 엿볼 수 있다.

 (i) 환유는 언어의 문제이다.('표현')
 (ii) 환유 과정은 특정한 지시를 가지고 있는 낱말의 의미가 전이되는 것을 포함한다.('한 사물의 이름이 … 다른 사물의 그것 대신에 사용되는')
 (iii) 환유는 이름들 사이의 대표 관계이다.('대신에')
 (iv) 환유는 두 실체들 사이의 인접성(contiguity) 관계에 입각한다. ('한 사물의 이름이 그것과 연상되거나 암시되는')
 (v) 환유는 문자적 언어에 기생한다.('수사적')

이와 같은 전통적인 환유관은 인지언어학의 출현으로 다음과 같이 대폭적인 도전을 받는다.

(ⅰ) Lakoff & Johnson(1980)은 환유가 언어의 문제가 아니라 본질적으로 개념적이라고 주장한다. 즉 환유는 낱말들 사이의 관계가 아니라 개념들 사이의 관계이다.
(ⅱ) Gibbs(1994)는 환유가 지시적 기능도 가지고 있지만, 추론(inference)[1]이나 간접화행에도 널리 퍼져 있음을 지적한다.
(ⅲ) Langacker(1993)는 환유가 언어적 대치의 문제가 아니라, 하나의 정신적 실체를 다른 정신적 실체를 통해 접근하는 인지과정이라고 지적한다.
(ⅳ) Lakoff & Johnson(1980), Lakoff & Turner(1989)는 인접성이라는 전통적인 개념이 인지모형으로 설명될 수 있다고 주장한다.
(ⅴ) Gibbs(1993)는 비유적 의미들이 종종 불완전한 문자적 의미에 호소하지 않고서 회복되고 심지어 처리 시간이 더 많이 걸리지 않는다는 심리학적 증거를 제시한다. 또한 환유의 사용은 문자적 언어의 사용보다 더 적절하고 더 자연스러울 수 있다. 이런 점에서 환유는 문자적 언어에 기생하는 것이 아니라 아주 자연

---

[1] 환유가 추론하는 데 역할을 담당하는 것은 대명사와 선행사 일치 현상을 통해 엿볼 수 있다. 다음이 그 예이다.
   (1) A: I need to call the garage (where my car was being serviced).(나는 (내 차를 수리하고 있는) 정비공장에 들러야 한다.)
      B: They said they'd have it ready by five o'clock.(그들은 다섯 시까지 준비해 둔다고 말했다.)
   (2) A: I think I'll order a frozen margaret.(나는 냉동 마가렛을 주문할 거라고 생각한다.)
      B: I just love them.(나는 그걸 정말 좋아해.)
  (1)에서 they의 선행사는 garage이며, (2)에서 them의 선행사는 a frozen margaret이다. 이 경우에 대명사가 그 선행사와 일치하고 있지 않음에도 불구하고 위의 대화가 자연스럽게 들리는데, 그것은 단수의 실체가 어떤 개념적 집합을 대표하는 환유 과정이 작용하고 있기 때문이다. 즉 우리는 환유 과정에 기초해서 각 대명사의 선행사를 추론해 낼 수 있다는 것이다.

스러운 정상적인 언어 사용인 것이다.

위와 같은 환유에 대한 인지언어학적인 입장들을 통해 Kövecses & Radden(1998: 39)은 환유를 새로이 정의하는데, "환유는 동일한 영역, 즉 이상적 인지모형 내에서 매체라는 하나의 개념적 실체가 목표라는 다른 개념적 실체에 정신적 접근을 제공하는 인지과정이다."

다음 두 절에서는 인지과정으로서의 환유를 가장 명시적으로 논의하고 있는 Lakoff 및 Langacker의 환유에 대한 입장을 살펴볼 것이다.

8.2. Lakoff의 개념적 환유

인지언어학에서 환유는 개별적인 언어적 환유(linguistic metonymy)만을 의미하는 것이 아니라 인지과정으로 이해된다. Lakoff(1987: 77)은 "상당히 일반적으로 사람들은 잘 이해되거나 지각하기 쉬운 사물의 면을 사용해서 그 사물 전체나 그것의 특정한 면이나 부분을 대표한다"를 환유의 인지원리로 제시한다.[2)]

다음 두 예를 보자.

(2) a. One waitress says to another, "*The ham sandwich* just spilled beer all over him."(한 점원이 다른 점원에게 "*햄 샌드위치*를 주문한 손님이 맥주를 다 엎질렀다"라고 말한다.)
b. Don't let El Salvador become another *Vietnam*.(엘살바도르 사건이 또 다른 *베트남 전쟁*이 되지 않도록 하자.)

---

2) Gibbs(1994: 320) 또한 Lakoff(1987)의 환유의 인지원리를 그대로 따르고 있다: "사람들은 사물의 잘 이해되는 면을 사용해서 사물 전체나 사물의 특정한 면을 대표한다."

(2a)에서 ham sandwich는 그것을 먹는 사람을 대표하고, (2b)에서 Vietnam은 거기에서 발생한 사건을 대표한다. 이 예는 개별적으로 생산되는 것이 아니라 일반적인 환유의 인지원리에 의해 생성되고 이해된다. 다음과 같은 표현으로 이것이 무엇을 의미하는지 살펴보자.

(3) a. *Washington* has started negotiation with *Moscow*.(미국은 소련과 협상을 시작했다.)
   b. *The White House* isn't saying anything.(백악관 측은 아무런 말도 하지 않고 있다.)
   c. *Wall Street* is in a panic.(미국 금융계는 공황에 빠져 있다.)
   d. *The Kremlin* agreed to support the boycott.(소련 정부는 보이콧을 지지하는 데 동의한다.)
   e. *Hollywood* is putting out terrible movies.(미국 영화계는 대단한 영화들을 내놓고 있다.)

(3)과 같은 언어적 환유는 아무런 연관성이 없는 자의적이고 개별적인 표현이 아니라 일반적인 환유의 인지원리를 반영하고 있다. (3)과 같은 언어적 환유를 이해하기 위해서는, 환유의 인지원리에서 말하고 있는 잘 이해되는 것이란 장소가 되고, 장소가 대표하는 것은 장소와 연상되는 기관이 되어야 한다. 즉 (3)과 같은 언어적 환유를 이해하고 만들기 위해서는 '장소는 기관을 대표한다'와 같은 개념적 환유(conceptual metonymy)를 바탕으로 해야 한다. 구체적인 언어적 환유는 추상적인 개념적 환유를 반영하기 때문에, 개념적 환유에 의해서 언어적 환유가 만들어지고 이해된다. Gibbs(1994: 320)의 말을 빌리면, "화자가 환유 표현을 빈번하게 사용하고 청자가 이런 표현들을 이해하는 것은 우리의 일상 개념체계의 중요한 부분을 형성하는 환유 모형3)에 의해 동기부여 된다."

---

3) Gibbs(1994)와 Lakoff(1987)의 환유 모형이라는 용어를 Lakoff & Johnson (1980)의 용어를 따라서 개념적 환유라고 부를 수도 있다.

Lakoff & Johnson(1980: 38-39)이 제시한 또 다른 개념적 환유는 다음과 같다.

(4) a. '부분은 전체를 대표한다'
 b. '생산자는 생산품을 대표한다'
 c. '사물은 사용자를 대표한다'
 d. '통제자는 통제물을 대표한다'
 e. '기관은 책임자를 대표한다'
 f. '장소는 그곳에 있는 기관을 대표한다'
 g. '장소는 그곳에서 발생한 사건을 대표한다'

이런 환유는 한 대상이 그것과 관습적으로 연상되는 것을 대표한다는 일반적인 원리에 의존한다. 환유의 이런 원리를 통해 볼 때, 환유는 실체들 사이의 특정 관계에서만 사용된다는 특징을 가지고 있음을 알 수 있다.

8.3. Langacker의 참조점 관계

Langacker(1993: 30)는 인지과정으로서의 환유를 참조점 관계(reference-point relation)로 간주한다. 그의 말을 빌리자면, "보통 환유 표현으로 지시되는 실체는 지시된 목표(즉, 실제로 지시되는 실체)에 정신적으로 접근 가능하게 해 주는 참조점 역할을 한다." 환유는 한 실체가 다른 실체와 정신적 접촉을 할 목적으로 그 실체를 개념적인 참조점으로 환기할 수 있는 우리의 기본적인 인지능력이다. 이런 참조점 능력, 즉 환유적 능력의 본질적인 면은 다음 그림으로 나타낼 수 있다(Langacker 1995: 27).

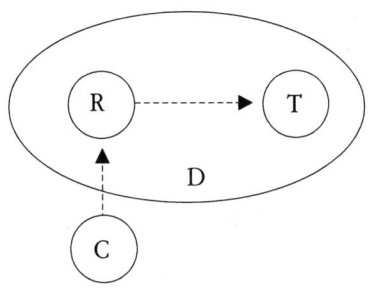

[그림 8.1] 참조점 관계

이 그림에서 C는 개념화자(conceptualizer)를 나타내며, R은 참조점(reference point)이며, T는 목표(target), 즉 개념화자가 참조점을 사용해서 정신적 접촉을 하고자 하는 실체이다. 점선 화살표는 개념화자가 목표에 도달할 때 따르는 정신적 경로를 암시한다. 마지막으로, D는 지배영역으로서, 주어진 참조점을 통하여 접근 가능한 일련의 실체들이 지배영역을 구성한다.

환유에서 한 지시체가 참조점으로 야기되어 그것의 의도된 지시체인 목표와 정신적 접촉을 하기 위해, 참조점은 목표를 확연히 드러낼 수 있는 것이어야 한다. 사실상 여기에 인지적 현저성 원리(saliency principle)[4]가 적용되는데, 그 원리에는 다음과 같은 것이 있다.

---

4) Radden & Kövecses(1999: 44-51)는 환유에서 매체의 선택을 지배하는 현저성 원리로 크게 인지적 원리와 의사소통적 원리를 제시한다. 인지적 원리는 다시 인간 경험, 지각적 민감성, 문화적 선호에 입각한 원리로 세분화된다. 인간 경험에 입각한 인지적 원리는 '인간 > 비인간', '주관적 > 객관적', '구체적 > 추상적', '상호작용적 > 비상호작용적', '기능적 > 비기능적'이 있으며, 지각적 민감성에 입각한 원리는 '직접적 > 비직접적', '발생적 > 비발생적', '더 많은 > 더 적은', '지배적 > 덜 지배적', '좋은 게슈탈트 > 나쁜 게슈탈트', '한정적 > 비한정적', '특정적 > 총칭적'이 있으며, 문화적 선호에 입각한 원리는 '판에 박힌 > 판에 박히지 않은', '이상적 > 비이상적', '전형적 > 비전형적', '중심적 > 주변적', '처음 또는 마지막 > 중간', '기본적 > 비기본적', '흔한 > 덜 흔한', '드문 > 덜 드문'이 있다. 그리고 의사소통적 원리에는 '명확한 > 모호한', '적절한 > 부적절한'이 있다.

(5) a. 인간 > 비인간
　　b. 전체 > 부분
　　c. 구체적 > 추상적
　　d. 가시적 > 비가시적

이런 인지적 현저성 원리는 다음과 같은 문장으로 예증된다.

(6) a. She bought *Lakoff & Johnson* for just $1.50.(그녀는 1달러 50센트만으로 *Lakoff & Johnson*이 쓴 책을 구입했다.)
　　b. I ate an *apple*.(나는 사과를 먹었다.)
　　c. They ran out the *clock*.(그들은 시간을 다 써 버렸다.)
　　d. That *car* doesn't know where he's going.(그 자동차는 자기가 어디로 가고 있는지 모른다.)

(6a)에서 구입한 것은 유명한 두 명의 인지언어학자가 아니라 그들이 지은 책이다. 두 명의 언어학자가 참조점이 되어 그들이 지은 책과 정신적 접촉을 한다. (6b)는 사과 전체를 먹은 것이 아니라 사과의 씨 부분을 제외한 나머지 부분을 먹었음을 뜻한다. 이 경우에 전체 사과가 참조점이 되어 사과의 특정 부분과 정신적 접촉을 한다. (6c)는 남아 있는 시간을 다 썼다는 것을 암시하는데, 이 경우에는 시간이라는 추상적인 실체가 아니라 시계라는 구체적인 실체가 언급되고 있다. 여기에서도 구체적인 시계가 참조점이 되어 추상적인 시간과 정신적 접촉을 한다. (6d)에서 자동차 안에서 보이지 않는 운전자가 아니라 눈에 보이는 자동차가 언급되고 있다. 여기에서는 가시적인 실체인 자동차가 참조점이 되어 비가시적인 운전자와 정신적 접촉을 한다.

　　Langacker(1993: 31)는 환유가 활성지역(active zone) 현상과 중복된다고 지적한다. 한 실체의 활성지역이란 특정한 관계에 가장 직접적으로 그리고 가장 중요하게 참여하는 그 실체의 특정 부분을 말한다. 다음 예를 보자.

(7) a. The dog bit the cat.(개가 고양이를 물었다.)
    b. The spacecraft is now approaching Venus.(우주선이 금성에 지금 접근 중이다.)

(7a)에서 물기 관계에 관한 개의 활성지역은 주로 개의 이빨이다. 고양이의 활성지역은 상술되고 있지 않지만 아마도 고양이의 특정 부분이 활성지역이 될 것이다. 반면에 (7b)의 경우에는 우주선과 금성이 접근 관계에 전체로서 참여하고 있기 때문에 활성지역과 전체 영역이 일치하고 있다. 이런 두 가지 상황은 다음 그림으로 나타낼 수 있다(Langacker 1993: 31).

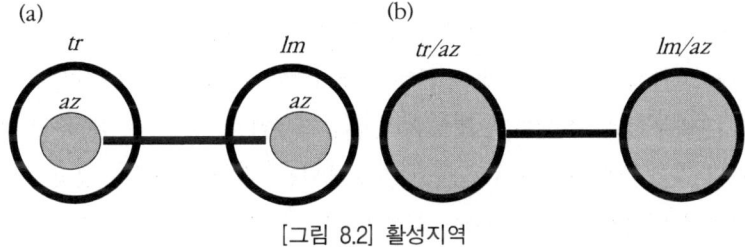

[그림 8.2] 활성지역

이 두 가지 상황 중에서 [그림 8.2a]가 일반적이고 자연스럽다. 즉, 특정한 관계에 참여하는 것으로 윤곽부여 되는 실체와 그것의 활성지역 사

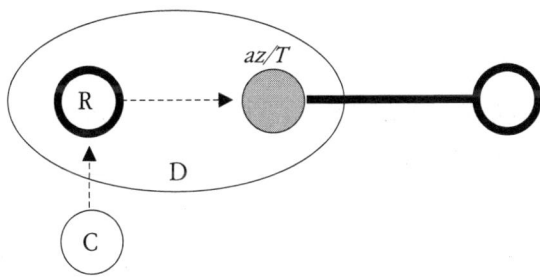

[그림 8.3] 활성지역/윤곽 불일치

이에 불일치가 있는 것이 일반적인 경우이다. Langacker(1993: 31)는 이것을 활성지역/윤곽 불일치(active-zone/profile discrepancy)라 부른다. 이것은 [그림 8.3]과 같이 나타낼 수 있다(Langacker 1995: 27).

　Langacker에 의하면, 활성지역/윤곽 불일치는 자연스러운 현상인데, 그것은 활성지역/윤곽 불일치가 참조점 현상의 특별한 하위 부분이기 때문이다. 즉, 윤곽부여 된 실체가 참조점 역할을 해서 그 관계에 직접적으로 참여하는 활성지역을 환기할 수 있는 것이다. 문제는 왜 활성지역/윤곽 불일치가 그렇게 자연스럽게 발생하는지인데, 이 질문에 대해 Langacker는 그것은 환유가 자연스럽게 발생하는 이유와 동일하다고 답한다. 일반적으로 정확해야 할 필요성과 가장 큰 인지적 현저성을 가지고 있는 실체에 주의를 기울이고자 하는 경향성 사이에 긴장이 있다. 그런데 참조점 능력은 이런 긴장을 해결해 준다. 즉, 인지적으로 현저한 실체에 윤곽부여 함으로써 우리는 그것에 초점을 부여할 수 있다. 그리고 윤곽부여 된 실체를 초점으로 사용해 적절한 활성지역을 환기시킴으로써 정확성에 대한 요구조건 또한 충족되는 것이다. 따라서 활성지역/윤곽 불일치가 없다면 (7a)는 다음과 같이 복잡하게 표현될 수밖에 없는 것이다.

　　(8) The dog's teeth, jaws, jaw muscles bit that portion of the cat's tail extending from 6 to 12 centimeters from the tip.(개의 이빨, 턱, 턱 근육이 끝에서 6에서 12센티미터 정도 되는 고양이의 꼬리 부분을 문다.)

　이처럼 환유는 참조점 관계 및 활성지역/윤곽 불일치 현상과 맥을 같이 하는 것으로 밝혀진다.

제9장 문법화

9.1. 인지과정으로서의 문법화
9.2. 문법화의 기제
9.3. 문법화 모형
    9.3.1. 탈색 모형
    9.3.2. 소실-획득 모형
    9.3.3. 중복 모형
    9.3.4. 원형확장 모형
    9.3.5. 환유-은유 모형
9.4. 구문의 문법화
    9.4.1. 소유구문의 문법화
    9.4.2. 비교구문의 문법화

문법화(grammaticalization)라는 용어는 프랑스 언어학자 Antonie Meillet(1912)가 처음 사용함으로써 그는 문법화 이론의 창시자로 간주된다. 그의 가장 큰 관심은 문법 범주의 기원에 관한 문제였는데, Meillet(1912)는 새로운 문법 범주가 두 가지 과정을 통해 발생하는 방법을 기술한다. 첫 번째 과정은 유추(analogy)로서, 이것은 새로운 패러다임이 이전의 패러다임과 맺는 형식적인 유사성을 통해서 존재하게 되는 방식이다. 두 번째 과정은 문법화로서, 이것은 내용이 있는 자율적인 낱말이 문법적 요소의 역할로 변화하는 현상이다.[1]

Meillet의 문법화에 대한 작업이 있은 이후에, 구조주의가 언어학의 주류로 대두되면서, 언어학은 그 접근법이나 기본 가정에서 강하게 공

---

[1] 유추는 한 언어의 전체적인 체계에 영향을 주지 못하지만, 문법화는 이전에 없던 새로운 문법 범주를 만들어 냄으로써 전체적인 문법 체계에 영향을 미칠 수 있다.

시적(synchronic)이었기 때문에 문법화는 주류 언어학에서는 관심을 거의 받지 못했다. 그러나 이 기간 동안 문법화에 대한 중요한 연구는 Jerzy Kuryłowicz와 Meillet의 제자인 Emile Benveniste에 의해 이루어졌다.

문법화를 어휘적 형태가 문법적 형태로, 또는 덜 문법적 형태가 더 문법적인 형태로 변화하는 것이라고 한 Kuryłowicz(1975[1965])의 문법화 정의는 현재 문법화 이론에 가장 널리 사용되고 있다. Kuryłowicz의 중요한 기여는, 문법화가 단순히 어휘적 형태가 문법적 형태로 변하는 데 그치는 것이 아니라, 문법성의 정도가 연속적인 것이므로 문법소가 덜 문법적인 것에서 점점 더 문법적인 것으로 변화하는 과정 역시 문법화에 포함된다는 것을 지적한 데에 있다.

1960년대에 주로 활동한 Benveniste(1968)는 스승인 Meillet와 의견 대립이 심했던 이유로 문법화라는 용어 대신에 보조화(auxiliation)라는 용어를 사용하였다. Meillet가 주로 어휘를 대상 범주로 한 데 반해, Benveniste는 형태통사론까지를 대상 범주로 확장했다는 점에서 둘 사이에 차이가 있다.

1970년대에는 문법화가 자립 통사론(autonomous syntax)을 의문시하면서 언어학의 핵심 주제로 부상한다. 특히 Givón(1971: 413)은 현대 아프리카의 여러 언어에서 접사가 붙은 동사 형태들이 원래는 나란히 나타나던 대명사와 동사, 즉 두 개의 독립된 낱말이었음을 밝혀내면서, '오늘의 형태론이 어제의 통사론이다'라는 슬로건을 내세우게 되었다. 이처럼 통사론적 체계에서 형태론적 체계로 옮겨가는 문법화 현상을 그는 형태화(morphologization)로 칭하였다.

1980년대는 문법화가 언어학 연구 그 자체의 주제로 부각되면서, 문법화 이론은 새로운 전기를 맞이하는데, 이것은 Elizabeth Traugott에 의해 시작된다. 지금까지 문법화의 형태적인 측면 및 음운적인 축소 현상에 주로 관심을 가지던 경향에서 벗어나 문법화에 나타나는 의미 변화의 규칙적인 양상에 더욱더 관심을 갖게 되었다. 그녀는 문법화의 의미 변화는 외부적인 것에서 내부적인 것, 즉 심리적인 것으로 변화된다고 주장하였다.

1980년대의 또 다른 문법화 이론가로 주목할 만한 사람은 Paul Hopper이다. 그는 문법화의 가장 중요한 원인이 담화에서 온다고 봄으로써, 담화 참여자들이 대화의 의미를 협상하는 절차에서 문법이 이루어진다고 보았다. 따라서 문법은 늘 협상 가능하며 정형이 없고, 늘 미래적이며 지연적인 특성을 갖는다고 주장하고 '문법은 없다, 문법화만 있을 뿐이다'라는 말을 남겼는데, 이로써 그는 문법화를 문법과 동일시하였다.

1980년대 후반에 문법화 이론에 큰 영향을 미친 학자는 Eve Sweetser였다. 그녀는 문법화에 의한 의미 변화는 일차적으로 의미 탈색에 의한 것이라고 보았다. 더욱이 그녀는 문법화에서 단순히 의미 탈색만 일어나는 것이 아니라 의미의 추가도 일어난다고 보았다.[2]

1980년대 중반과 1990년대까지 문법화 이론에 가장 지대한 공헌을 한 학자는 Bernd Heine이다. 그는 문법이란 인지가 문법화를 거쳐 실현되는 언어 형식이라고 생각하여 문법의 인지적 근원을 찾는 것을 가장 중요한 연구 과제로 삼는다. 그의 입장을 잘 소개한 저서로는 Heine et al.(1991), Heine(1993, 1997a, 1997b)가 있다. 이처럼 문법화 이론은 학문적인 설명력을 이론 내적 현상으로 찾지 않고 이론 외적 현상에서 찾으려 함으로써 학문의 시야를 점점 넓혀 가게 되었다.

이 장에서는 문법화의 본질을 다루는데, 특히 언어 현상으로서의 문법화가 아니라 문법화가 인지과정이라는 것을 논의할 것이다. 더욱이 인지과정으로서의 문법화의 두 가지 기제인 은유와 환유를 통해 문법화 현상을 살펴보고, 지금까지 연구된 문법화의 모형을 제시할 것이다.

---

[2] Sweetser의 이런 견해는 문법화에 대한 소실-획득 모형으로 이어진다.

9.1. 인지과정으로서의 문법화

문법화가 무엇인지를 보기 위해서 먼저 에웨어(Ewe)에서 따온 다음 예문을 보자.

(1) me-ná   ga   kofí
     ISG-give   money   Kofi
     'I give Kofi money'(나는 코피에게 돈을 준다)

(2) me-ple   βctrú   ná   kofí
     ISG-buy   door   give   Kofi
     (a) 'I bought a door and give it to Kofi(나는 문을 사서 그것을 코피에게 준다)'
     (b) 'I bought a door for Kofi(나는 코피에게 문을 사 주었다)'

(3) me-wɔ   dɔ   vévíé na   dodókpɔ   lá
     ISG-do   work   hard   give   exam   DEF
     'I worked hard for the exam(나는 시험 준비를 열심히 했다)'

(1)에서 ná는 동사 give로 해석되며, (2)에서는 동사 give나 전치사 for로, (3)에서는 전치사 for로 해석될 수 있다. 내용어(content word)인 동사 give는 어떤 문맥에서는 기능어(function word)인 전치사 for나 to를 표현하는 문법적 의미(grammatical meaning)3)를 얻게 된다. 이것은 문법화의 예인데, 문법화는 내용어가 문법적 의미를 얻게 되는 과정이다.

문법화라는 과정은 문장의 의미에 입각한 과정이면서, 동시에 문장에 있는 낱말, 즉 ná의 형태통사적 행위에 의해서도 나타난다. 예컨대, ná가 완전한 어휘적 의미(lexical meaning)를 가지고 있는 문장 (1)에서, ná는 모든 종류의 동사 굴절을 겪을 수 있다. 이것은 (2)가 (2a)의 의미를 암시

---

3) 전치사가 문법적 의미를 가진다는 것은 전치사의 기능이 명사와 명사를 연결짓는 문법적인 기능을 한다는 것에서 알 수 있다.

하는 한은 (2)에도 적용된다. 그러나 의도된 의미가 (2b)라며 ná는 어휘적 위상을 소실하고 문법적 요소가 되어 탈범주화(decategorization) 된다. 즉 (2)가 (2b)를 의미하는 경우에, ná는 시제, 상, 부정표시와 같은 동사 굴절을 더 이상 겪지 않는다는 점에서 기능어로 간주된다. 이와 같이 내용어가 문법적인 기능을 하거나, 기능어가 한층 더 문법적인 기능을 하게 되는 경우에 문법화가 작용하고 있다고 말할 수 있다.

문법화는 어휘적 형태가 문법적 형태로, 또는 덜 문법적 형태가 더 문법적 형태로 변화되는 언어 내적인 현상이다. Heine et al.(1991: 7)는 언어 내적인 문법화가 "언어 외적 요인들, 특히 인지에 의해 동기부여된다"고 가정한다. 이렇게 인지언어학은 문법화를 한 대상이 다른 대상에 의해서 기술되고 이해되는 인지과정으로 간주한다. 문법화가 인지과정에 의해 한 낱말이 문법적 의미를 얻는 과정이라고 할 때, 문법화에는 입력부와 출력부가 있기 마련이다. 문법화의 입력부는 근원구조(source structure)로, 출력부는 목표구조(target structure)로 언급된다.[4]

근원구조는 크게 근원개념(source concept)과 근원명제(source proposition)로 나누어 살펴볼 수 있다. 먼저, 문법화에 사용되는 근원개념은 주로 구체적 사물이다. 언어적으로 볼 때, 근원개념은 head, breast, back, belly, hand와 같은 신체 부위 항목 및 come, give, take/hold와 같은 동작 동사와 많은 공통점을 가지고 있다. 이와 같이 근원개념은 인간의 물리적인 상태, 행위, 환경과 같은 가장 기본적인 인간 경험을 언급한다.

다음 예를 보자.

(4) a. I feel a pain in my back.(나는 등이 아프다.)
    b. three miles back(3마일 뒤)

---

[4] 물론 근원구조와 목표구조는 근원영역과 목표영역과 유사하게 사용됨을 알 수 있다.

c. three years back(3년 이전)

(4a)의 back은 '등'이라는 사람의 신체의 일부를 가리키는 구체적 사물 개념이며, (4b)에서는 '뒤'를 의미하는 장소 개념을, (4c)에서는 '이전'을 의미하는 시간 개념을 가리킨다. 여기에서 문법화가 작용하고 있는데, (4a)에서 back의 사물 개념이 (4b)에서 장소 개념으로 문법화 되고, (4b)의 장소 개념이 (4c)에서 시간 개념으로 한 번 더 문법화 되어 있다. 이 세 개념 중에서 사물 개념이 back의 문법화 과정에서 가장 기본적인 근원개념이며, 장소 개념은 시간 개념에 비해 더 기본적인 근원개념이며, 시간 개념은 목표개념이다.

또 다른 근원구조는 근원명제이다. 근원명제는 인간 경험에 가장 기본적인 것처럼 보이는 상태나 과정을 표현한다. 이것은 전형적으로 두 참여자를 가지고 있는 서술로 나타낼 수 있다. 가장 공통적인 근원명제는 다음과 같다.

예	근원명제
X is at Y(X는 Y에 있다)	위치명제
X moves to/from Y(X는 Y로/로부터 이동한다)	이동명제
X does Y(X는 Y를 한다)	행동명제
X is part of Y(X는 Y의 부분이다)	부분-전체명제
X is (like) a Y(X는 Y(와 같다)이다)	동등명제
X is with Y(X는 Y와 함께 있다)	동반명제

[그림 9.1] 근원명제[5]

그러면 몇 가지 예를 통해 이런 근원명제가 어떻게 시제나 상으로 문법화 되는지 보자.

---

[5] 위치명제, 부분-전체명제, 동등명제, 동반명제는 정적이며, 이동명제와 행동명제는 동적이다. 그리고 위치명제와 이동명제는 공간적 차원을 가지고 있는 반면에 부분-전체명제, 동등명제, 동반명제는 그렇지 않다.

(5) a. Er ist beim Lesen.
    'He is at the reading.(그는 독서 중이다.)'
   b. He is going to meet a friend today.(그는 오늘 친구를 만날 것이다.)

(5a)는 독일어의 예로서, 위치명제가 진행상으로 문법화 되며, (5b)에서는 이동명제가 미래 시제로 문법화 된다.

9.2. 문법화의 기제

앞에서 문법화가 언어 외적 요인, 특히 인지에 의해 동기부여 되며, 인지언어학은 문법화가 한 대상이 다른 대상에 의해서 기술되고 이해되는 인지과정으로 간주한다고 했다. 인지과정으로서의 문법화에는 더욱더 기초적인 인지과정이 그 기제로 작용하는데, 그것은 다름 아닌 은유와 환유라는 인지과정이다.6)

문법화에 은유가 그 기제로 작용한다는 사실은 다음과 같은 문장을 통해 증명할 수 있다.

(6) a. Henry is going to town.(헨리는 번화가로 가고 있다.)
   b. The rain is going to come.(비가 올 것이다.)

(6a)에서 사용되고 있는 이동동사 go는 (6b)에서는 미래 시제로 문법화 되고 있다. (6a)의 이동행위가 (6b)의 미래 시제 범주로 이동한 것이 본질적으로 은유에 의해 동기부여 된다는 몇 가지 증거가 있다.

첫째, 은유의 특징 중의 하나는 은유에 문자적 의미와 비유적 의미가

---

6) 이성하(1998: 제6장)는 문법화의 기제로 은유 및 환유 외에 유추, 재분석, 화용적 추론, 조화, 일반화, 흡수 등을 들고 이를 구체적으로 설명한다.

있다는 점이다. 위의 예에서도 (6a)의 go는 문자적 의미인 이동 의미로 해석되며, (6b)에서는 문자적 의미에서 전이된 비유적 의미인 시간 의미로 해석된다.

둘째, 은유는 Lakoff & Johnson(1980)이 말하는 근원영역에서 목표영역으로의 전이 또는 사상을 포함한다. 이것은 또한 (6)의 경우에서도 나타난다. 즉 공간적 이동의 근원영역이 미래 시간의 목표영역으로 전이되거나 사상된다. 즉 물리적 이동을 나타내는 동사 go는 미래 시간이라는 문법적 범주를 개념화하는 데 사용되는 것이다.

셋째, 은유의 또 다른 특징은 근원영역이 목표영역보다 더욱더 쉽게 이해된다는 것이다. (6)의 경우에도 go의 구체적인 이동이 시제 범주인 추상적인 목표영역보다 더욱더 쉽게 이해됨을 알 수 있다.

넷째, Hoffman(1982: 11)은 은유란 낱말 의미를 결합하는 규칙을 위배하기 때문에 변칙적이라고 주장한다. 은유는 거짓 진술문, 즉 우리의 기대와 충돌하는 문장이다. 이런 사실은 (6)의 경우에도 적용된다. (6b)는 규칙을 위반한 변칙적인 문장이다. 왜냐하면, (6a)와 같은 규칙적인 문장에서와 같이 동사 go는 전형적으로 사람 주어를 요구하는데, (6b)에서는 사물인 rain이 go의 주어로 사용되었다. 더욱이, 의미적으로 볼 때, 동사 go와 come은 서로 대조되는 직시적 표현(deictic expression)이다. 그럼에도 불구하고 The rain is going to come에서 go와 come은 함께 사용되었다. 이런 두 가지 점에서 (6a)와 달리 (6b)는 변칙적인 문장으로서 은유의 특징과 맥을 같이 한다.

다섯째, 어떤 문맥에서 은유는 문자적으로도 이해할 수 있다. 따라서 의미적 중의성이 생길 수 있다. 이런 사실은 (6)의 경우에서도 나타난다. 예컨대, 문장 I am going to work는 중의적이다. 왜냐하면, to work가 장소를 나타내는 부사구인 (6a)와 같은 유형의 구문에 속해서 '출근하고 있다'를 의미할 수도 있고, 부정사인 (6b)의 유형에 속하는 구문이어서 '일하러 갈 것이다'를 의미할 수도 있기 때문이다.

위와 같은 사실을 통해 (6a)에서 (6b)로의 전이가 은유적임을 알 수 있다. 은유적 전이는 문법화에서 주요한 인지과정 중의 하나이다. 즉 추상적 개념을 설명하기 위해서 구체적 개념이 사용되는 것이다. 이처럼 go의 장소의 의미, 즉 장소의 근원구조가 미래 시간의 의미라는 목표범주로 발전되는 이런 경우는 몇 가지 범주 또는 개념으로 기술될 수 있는데, 이런 범주는 은유적 추상(metaphorical abstraction)의 상대적 정도 때문에 다음과 같은 연쇄로 배열될 수 있다.

(7) 사람 > 사물 > 활동 > 공간 > 시간 > 질

이런 개념들 사이의 관계는 본질적으로 은유적이다. 즉 한 개념은 다른 개념을 개념화하는 데 사용된다. (7)과 같은 개념의 배열은 '공간은 사물이다'나 '시간은 공간이다'와 같은 개념적 은유[7]를 구성할 수 있다. 'A는 B이다'와 같은 유형의 개념적 은유에서 A는 범주화의 목표구조를, B는 근원구조를 말한다. 예컨대, 많은 언어에서 신체 부위 back은 근원구조로 사용되어 공간 개념인 목표구조로 문법화 되는데, 이것은 개념적 은유 '공간은 사물이다'로 기술된다. 그리고 공간 개념은 시간 개념인 목표구조로 문법화 되는데, 이것은 개념적 은유 '시간은 공간이다'로 기술된다. (7)에 있는 개념들의 배열은 일방향적이다. 즉 문법화의 경우에 왼쪽에 있는 개념이 오른쪽에 있는 범주로 문법화 되는 것이지, 그 역은 성립되지 않는다.

문법화의 기제에 은유가 있다는 것은 문법화 과정이 불연속적임을 뜻한다. 은유는 두 개의 다른 개념 간의 관계이기 때문에 불연속성의 성질을 가지고 있다. 그러나 문법화에는 은유로 설명되는 불연속적 성질도 있지만, 그렇지 않은 연속적인 성질도 있다. 이것이 무엇을 의미하는지 보기 위해 다음 예를 보자.

---

7) Heine et al.(1991: 49)는 이것을 범주적 은유(categorial metaphor)라 부른다.

(8) a. His back is cold.(그는 등이 차다.)
    b. He stays back.(그는 뒤에 있다.)
    c. We met him three years back.(우리는 3년 전에 그를 만났다.)
    d. He remains back.(그는 지능이 떨어진다.)

back은 (8a)에서는 신체 부위인 '사물'을, (8b)에서는 '공간'을, (8c)에서는 '시간'을, (8d)에서는 정신적으로 후퇴했다는 의미, 즉 '질'을 나타낸다. 여기에서는 '사물', '공간', '시간', '질' 간의 관계는 불연속적이다. 즉 (8a)에서 (8b)로의 문법화는 back의 사물 개념이 공간 개념으로 전이되는 은유 과정으로 기술되며, (8b)에서 (8c)로의 문법화는 공간 개념에서 시간 개념으로 전이되는 은유 과정으로 기술되며, 마지막으로 (8c)에서 (8d)로의 문법화는 시간 개념에서 질 개념으로 전이되는 은유 과정으로 기술되는 것이다.

그러나 낱말 back은 동시에 두 개의 개념을 전달하지만, 그 둘 중 어떤 개념이 의도되는지에 대해서는 모호한 경우가 있다. 다음 문장을 보자.

(9) He is back.(그는 뒤에 있다/둔하다.)

즉 (9)는 다음과 같이 두 가지 의미를 가질 수 있다.

(10) a. He is behind me.(그는 내 뒤에 있다.)(공간)
     b. He is late.(그는 둔하다.)(질)

의미의 중복을 가지고 있는 이런 예는 사물, 공간, 시간, 질과 같은 개념이 분리된 것이 아니라고 한다면 해결될 수 있다. (9)에서 공간은 질과 병행하면서 공존하고 있는 것이다. 이런 경우에 문법화는 연속적이다. 문법화의 이런 연속적인 면은 은유라는 기제가 아니라 다른 기제에 의해 기술되어야 하는데, 그것이 바로 환유이다.

이제 문법화 과정이 불연속적이며 동시에 연속적임을 알 수 있다. 은유는 두 개의 각기 다른 개념 간의 관계이기 때문에 불연속적이고, 환유는 두 개념들의 인접성을 바탕으로 하기 때문에 연속적이라고 말할 수 있다. 이것은 다시 문법화의 불연속성은 본질적으로 심리학적이고 은유적이며, 문법화의 연속성은 본질적으로 화용적이며 상당히 문맥 의존적이고 환유적임을 뜻한다.[8]

9.3. 문법화 모형

문법화를 다루는 다양한 문헌에서 문법화에 대한 모형이 제시되었다. 문법화에 음운 변화, 통사 변화, 의미 변화 등이 모두 포함되어 있지만, 문법화 모형들이 설명하고자 하는 것은 의미 변화이다. 문법화 모형들을 분류한 대표적인 연구는 Heine & Claudi(1996), Heine et al.(1991)에서 찾아볼 수 있는데, 여기서는 그들의 분류법을 소개하고자 한다.

9.3.1. 탈색 모형

탈색 모형(bleaching model)의 기본 주장은 문법화 과정 중에 의미가 일반적으로 약화된다는 것이다. 탈색 모형에 따르면, 문법화에 관련된 작업은 여과장치이다. 그 여과장치는 모든 어휘적 의미를 희미하게 하고 문법적 의미만 남겨 둔다. 이처럼 의미가 점점 희미해지는, 즉 탈색되는 과정에서 의미 변화에 초점을 두는 모형이 탈색 모형이다. 탈색 모형은 다음과 같이 나타낼 수 있다(Heine et al. 1991: 109).

---

[8] 이처럼 문법화에 은유와 환유가 관여한다는 것은 다음에 보게 될 문법화에 대한 환유-은유 모형을 초래한다.

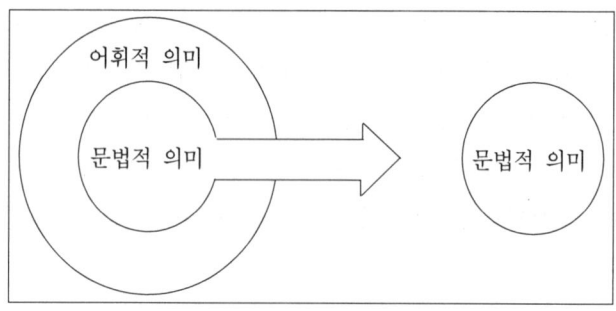

[그림 9.2] 탈색 모형

문법화 과정의 근원개념이 되는 어휘적 의미를 담고 있는 낱말은 그로부터 문법화 된 문법소의 의미보다 의미상의 크기가 더 크며, 어휘적 의미는 사라지고 추상적인 문법적 의미만 남게 된다.

Bybee & Pagliuca(1985)는 영어의 have-to 구문이 확인법을 표시하는 구문으로 문법화 된 경우를 탈색 모형으로 설명한다. 이런 문법화에서 원래 have-to 구문이 문장의 행위자에 대해 가지고 있던 의무성의 개념이 문장 명제의 진위성에 대한 의미성, 즉 확인법으로 발전하게 되는 것으로 간주된다. Bybee & Pagliuca(1985: 73-74)가 제시한 다음 예를 보자.

(11) a. Ingrid has to arrive before we do (because she promised to help with the preparations).((잉그리드는 준비하는 것을 도와주겠다고 약속했기 때문에), 우리보다 먼저 도착해야 한다.)
  b. Ingrid has to arrive before we do (because she set out an hour earlier).((잉그리드는 1시간 더 빨리 출발하기 때문에) 우리보다 먼저 도착해야 한다.)

(11a)에서 잉그리드는 우리보다 먼저 도착을 해야 하는 의무를 가지고 있다는 점에서 have-to는 의무성 표지이며, (11b)에서 잉그리드가 일찍 출발했기 때문에 우리보다 먼저 도착한다는 명제가 사실이어야 한다는

점에서 그것은 확인법 표지이다. 즉 그들은 어휘적 의미에서 문법적 의미로의 발달을 '일반화 또는 의미적 내용의 약화 과정'으로 간주한다. 이 과정의 결과로 구체적이며 어휘적인 내용은 추상적이며 문법적인 기능을 하게 된다.

9.3.2. 소실-획득 모형

탈색 모형은 의미의 소실이나 약화에 초점을 두지만, 실제 문법화에서 나타나는 의미 추가 현상을 간과해서는 안된다는 입장에서 나온 것이 소실-획득 모형(loss-and-gain model)이다. 즉 탈색 모형이 [AB 〉 B]의 형식을 취한다면, 소실-획득 모형은 [AB 〉 BC]의 형태를 취한다. 즉 문법화에서는 의미의 소실과 의미의 획득이 동시에 발생한다는 것이다. 소실-획득 모형은 다음과 같이 나타낼 수 있다(Heine et al. 1991: 110).

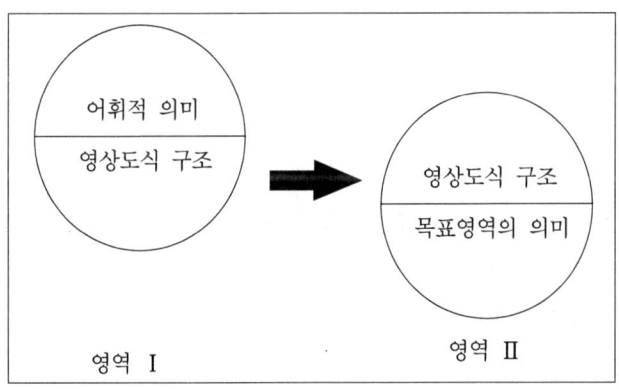

[그림 9.3] 소실-획득 모형

위 그림에서 보듯이, 소실-획득 모형에 따르면, 근원영역에서 어휘적 낱말의 의미는 어휘적 의미와 영상도식 구조로 이루어져 있는데, 이로부터 문법화가 일어나는 과정에서 어휘적 의미는 소실되고 영상도식 구조만이 목표영역으로 전이되며, 이런 전이 과정에서 목표영역에 새로운 의미가 추가된다.

Traugott & König(1991)는 영어 접속사 considering, supposing, while의 문법화를 소실-획득 모형으로 설명한다. Traugott & König (1991: 194-195)가 제시한 다음 예를 보자.

(12) a. I have done quite a bit of writing since we last met.(우리가 마지막으로 만난 이후로 나는 꽤 많은 저술을 했다.)
b. Since Susan left him, John has been very miserable.(수잔이 그를 떠난 이후로/떠났기 때문에, 존은 매우 비참했다.)
c. Since you are not coming with me, I will have to go alone.(당신이 나와 함께 가지 않기 때문에, 나는 혼자 가야 할 것이다.)
d. Since you are so angry, there is no point in talking with you. (당신이 매우 화가 났기 때문에, 당신과 이야기하는 것이 아무런 소용이 없다.)

(12a)에서 since는 시간적 관계만을 나타내며, (12b)에서는 시간적 관계나 인과적 관계를 모두 나타낼 수 있다. (12c)-(12d)에서는 시간적 관계는 부적절하며 인과적 관계만을 나타낸다. 이처럼 (12b)에서는 시간성/인과성 사이에 중의성이 발생하는데, 여기서 중요한 점은 시간성 표지에 화용적 추론에 의해 인과성의 의미가 추가된다는 것이다.

9.3.3. 중복 모형

지금까지 살펴본 탈색 모형과 소실-획득 모형은 근원영역과 목표영역이 나누어져 있기 때문에, 문법화의 진행이 점진적이라는 사실을 설명하지 못하는 난점이 있다. 이런 난점을 보완한 것이 중복 모형(overlapping model)이다. 중복 모형은 다음과 같이 나타낼 수 있다(Heine et al. 1991: 111).

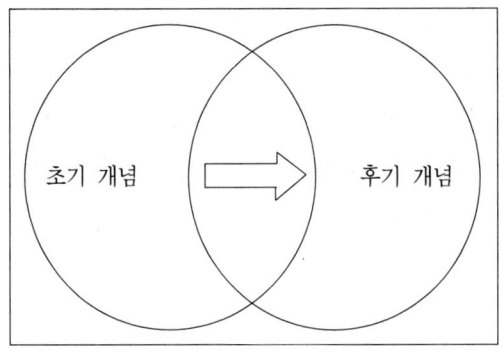

[그림 9.4] 중복 모형

중복 모형에서는 초기 개념이 후기 개념으로 발전할 때, 두 개념 사이에 중복이 있음을 보여 준다. 여기서 말하는 중복이란 Hopper(1991)의 층위화(layering)와 유사한 개념이다. 즉 중복이란 문법화의 이전 단계와 후속 단계 사이에 경계가 선명하지 않고, 두 단계의 의미 기능이 중간 단계에서는 모두 공존하여 나타난다는 것을 가리킨다. 이처럼 중복 현상이 나타나는 단계가 있기 때문에, 한 언어의 형태가 여러 가지 의미를 가지기도 하고, 한 의미가 여러 언어의 형태로 표시되기 때문에 의미의 중의성이 발생하기도 하는 것이다.

Coates(1983)는 중복 모형에 잘 어울리는 다음과 같은 예를 제시한다.

(13) a. I can only type very slowly as I am quite a beginner.(나는 완전히 초보자라서 아주 천천히 타이핑할 수밖에 없습니다.)
　　b. Well I think there is a place where I can get a cheap kettle.(글쎄, 나는 내가 값싼 주전자를 구입할 수 있는 곳이 있다고 생각한다.)
　　c. Can I pour you your tea?(차 한 잔 따라 드릴까요?)

(13a)에서 can은 '능력'을, (13b)에서는 '가능성'을, (13c)에서는 '허가'를 나타낸다. 가능성 의미는 처음에는 정신적 능력에서 신체적 능력으로,

또한 그로부터 일반적 능력으로, 그리고 원초적인 가능성으로, 더 나아가 사회·물리·상황적 가능성 등으로 발전한 것이다. 그런데 이런 여러 의미들은 각 시대별로 한 가지만 쓰이는 것이 아니라, 점진적으로 생겨난 새로운 의미들이 can이란 의미 안에 중복되어 있어서 의미의 중복이나 중의성이 나타날 수 있는 것이다.

9.3.4. 원형확장 모형

탈색 모형이나 소실-획득 모형 등은 주로 그 적용범위가 문법화에서의 의미 변화를 설명하는 데 국한되어 있지만, 원형확장 모형(prototype-extension model)은 의미 범주의 변화뿐만 아니라 의미 범주들의 구조도 고려된다는 특징이 있다. 원형확장 모형은 다음과 같이 나타낼 수 있다(Heine *et al.* 1991: 112).

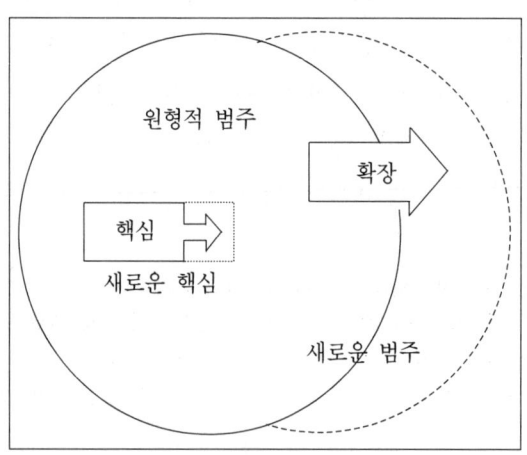

[그림 9.5] 원형확장 모형

앞에서 다룬 모형들은 하나같이 문법화는 두 개의 구별되는 개념적 단위, 즉 덜 문법화 된 단위와 더 문법화 된 단위를 가지고 있다고 가정한다. 그러나 원형확장 모형은 한 개념에서 다른 개념으로의 전이를 다루는 것이 아니라, 오히려 이미 존재하고 있는 개념을 수정, 즉 동일한 실체 안에서 확장의 과정을 다룬다. 원형확장 모형은 원형 범주가 유추나 은유를 통해서 어떻게 수정·확장되는지에 대한 Givón(1989)의 견해를 바탕으로 한 것이다.

Raumolin-Brunberg(1994)는 영어의 부정대명사의 변화를 원형확장 모형으로 설명한다. 여기에서 man-합성어, one-합성어, body-합성어, 그리고 단순 대명사 등의 빈도를 통시적으로 분석하여, man-합성어와 단순 대명사의 쓰임이 줄어들고 one-합성어와 body-합성어는 쓰임이 점점 늘어나는 것을 보였는데, 이와 같은 빈도의 증감이 부정대명사 범주의 원형확장에 의한 것이라 하였다.

지금까지 제시한 문법화에 대한 각 모형은 범주화 과정의 한 면만을 다루고 있다. 첫째, 범주화 과정에는 소실이 있다. 즉 어휘적 의미가 희미하게 된다. 둘째, 의미의 소실 외에 의미의 획득도 있다. 셋째, 한 개념에서 다른 개념으로 전이할 때 그 두 개념이 나란히 공존하는 중간 단계가 있다. 넷째, 문법화의 과정은 한 개념에서 다른 개념으로의 전이 과정이 아니라 원형확장 과정이다.

9.3.5. 환유-은유 모형

환유-은유 모형(metonymic-metaphorical model)은 위에서 제안한 각 모형들의 주장을 통합한 형태를 취한다. 환유-은유 모형에는 문법화 과정에서 작용하는 은유와 환유라는 두 가지 기제가 포함되어 있다. 환유-은유 모형은 다음과 같이 나타낼 수 있다(Heine et al. 1991: 114).

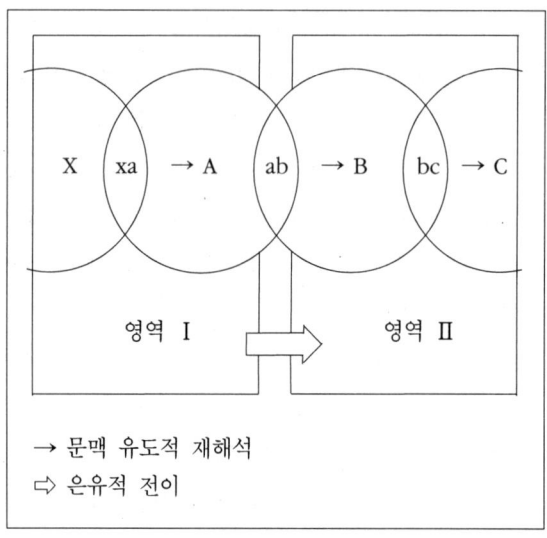

[그림 9.6] 환유-은유 모형

환유-은유 모형은 크게 두 부분으로 나누어져 있다. 하나는 작은 원들의 점진적인 이동이고, 다른 하나는 사각형 간의 이동이다. 작은 원들에는 각 원마다 핵심 의미가 있고 각 원이 이동을 하면서 겹치는 곳에는 중복된 의미가 있다. 이처럼 미세한 점진적인 변화는 언어 사용자들이 언어의 형태를 사용할 때 문맥에 의해 유도되는 재해석을 이용하는 과정을 보여 준다. 이때 문맥에 의한 재해석은 그 언어의 형태가 가지고 있는 원형적 의미에서 상황에 따라 약간 수정된 것이고, 따라서 이런 과정은 기본적으로 환유 과정이다. 또한 이런 변화는 국지적인 것이므로 미시적인 영역이다.

환유-은유 모형에서 사각형으로 표시된 것은 개념들이 속한 영역을 나타낸다. 한 개념의 연속변이는 어느 정도의 변화 뒤에 보면, 최초의 영역인 영역 I을 벗어나 영역 II에 위치하는 개념으로 변화되어 있다. 이처럼 영역 I에서 영역 II로의 변화는 대개 변화가 어느 정도 진행된 뒤에 그 결과로서 알 수 있다. 따라서 이 변화는 거시적인 영역에 속한다. 거시적인 구조에서 나타난 변화를 살펴보면 개념의 해당 영역이 변했기 때문에, 이런 변화과정은 은유에 의한 것이다.

문법화를 환유-은유 모형으로 설명할 수 있는 예를 보자.

(14) a. Henry is going to town.(헨리는 번화가로 가고 있다.)
    b. Are you going to the library?(당신은 도서관으로 가는 중인가요?)
    c. No, I am going to eat.(아니오, 식사하러 갈 것입니다.)
    d. I am going to do my very best to make you happy.(나는 당신이 행복하도록 최선을 다할 것이다.)
    e. The rain is going to come.(비가 올 것이다.)

(14a)의 go는 장소 이동을 표시하는 문자적 의미를 가지고 있는 데 반해, (14e)에서는 시간적 이동을 표시하는 은유적 의미를 가지고 있다. 그런데 이 두 가지 의미는 여러 중간 단계에 해당하는 용법들이 있다. (14a,b)의 이동동사로서의 용법과 (14e)의 시제표지 용법이 일종의 양극처럼 있고, (14c,d)는 일종의 중간 단계를 형성하고 있다. (14c)는 (14b)의 대답으로서 일차적으로는 의도를, 이차적으로는 예측을 나타내면서도 한편 원래의 의미인 장소 개념도 가지고 있다. (14d)는 (14c)와 유사하면서도 장소 개념은 없다. (14e)에서는 의도는 없고 예측의 의미만 남아 있다. 이런 의미들은 환유관계를 하고 있는데, 환유는 언어 사용자들의 담화 화용적 조정에 의해 생겨난다. 즉 어떤 발화를 해석할 때, 한 개념이 그 사용된 문맥적 특성에 의해 의미가 조정되는 것이다.

환유-은유 모형에 따르면, 하나의 개념은 점차적으로 새로운 의미를 문맥에 의해서 습득하게 되고, 새로이 습득된 의미는 의미초점으로 변화하면서 다시 그것에서 관련된 다른 의미로 변화하며, 마침내는 최초의 의미와는 다른 영역에 있는 새로운 의미로 쓰이게 된다.

환유-은유 모형에서는 언어 변화의 미시구조와 거시구조를 동시에 나타내 준다. 언어 변화가 미시구조를 가진다는 것은 의미 변화의 경계를 설정할 수 없이 점진적으로 변화 현상을 보게 된다는 것인데, 이것은 언어 변화에 환유가 참여했음을 뜻한다. 언어 변화가 거시구조를 가진다는 것은 언어 변화의 경계가 명확하고 언어 변화의 초기 단계와 후기 단계 사이에 일종의 도약이 있음을 뜻한다. 환유-은유 모형에서 언어 변화의 미시구조와 거시구조라는 두 가지 현상을 Heine et al.(1991: 103)는 다음과 같이 요약하고 있다.

거시구조	미시구조
인지영역	문맥
유사성, 유추	대화적 함축
개념영역 간의 전이	문맥 유도적 재해석
은유	환유

[그림 9.7] 거시구조와 미시구조

 본질적으로 심리적인 거시구조는 여러 인지영역과 그들 사이에 존재하는 관계와 관련이 있다. 그 인지영역 사이에서의 관계는 유사성이나 유추에 의해서 기술된다. 은유는 두 인지영역 사이에 있는 공백을 이어주는 주요 전략이다. 한편, 화용론에서 그 토대를 가지고 있는 미시구조는 본질적으로 문맥과 문맥 조작에 관심이 있다. 그 조작이 문맥 유도적 재해석(context-induced reinterpretation)을 유발시킨다. 문맥 유도적 재해석에 의해서 대화적 함축은 새로운 중심적 의미로 관습화된다. 이것은 본질적으로 환유 과정이다.

9.4. 구문의 문법화

이 절에서는 문법 구문에서 발생하는 문법화 현상을 고찰할 것이다. 특히, 문법 구문 중에서 '소유구문'과 '비교구문'의 문법화 현상을 차례로 살펴볼 것이다.

9.4.1. 소유구문의 문법화

'소유'의 개념은 보편적인 것으로, 모든 언어는 소유의 개념을 나름대로 표현하는 수단을 가지고 있다. 소유의 개념을 표현하는 구문을 소유구문 (possessive construction)이라고 한다. 소유구문은 크게 속성적 소유구문(attributive possession)과 서술적 소유구문(predicative possession)으로 나뉜다. 속성적 소유구문은 my credit card(나의 신용카드)와 같이 주로 구로 표현되며, 보통 단언된 정보가 아니라 전제된 정보를 표현하며, 사건의 내용이 아니라 사물의 내용을 포함한다. 반면, 서술적 소유구문은 I have a credit card(나는 신용카드를 가지고 있다)와 같이 have-구문으로 표현되거나, The car belongs to me(그 자동차는 내 소유이다)와 같이 belong-구문으로 표현된다.

소유는 비교적 추상적인 인간 개념화의 영역이며, 소유에 대한 표현은 더 구체적인 영역에서 도출된다. 소유 영역이 도출되는 구체적인 영역들은 행위(action), 위치(location), 동반(accompaniment), 존재(existence)와 같은 기본 경험과 관계있다. Heine(1993)는 이런 기본 경험을 사건 도식(event schema)이라고 부른다. 세계 언어에서 찾아볼 수 있는 대부분의 소유구문을 설명하는 데 여덟 개의 사건 도식이 제시되는데, Heine(1997a: 91)는 이것을 다음 도표로 나타낸다.

근원 도식	도식의 명칭
X takes Y(X는 Y를 취한다)	행위 도식
Y is located at X(Y는 X에 위치한다)	장소 도식
X is with Y(X는 Y와 함께 있다)	동반 도식
X's Y exists(X의 Y가 존재한다)	속격 도식
Y exits for/to X(Y가 X 쪽으로 나간다)	목표 도식
Y exits from X(Y는 X로부터 나간다)	근원 도식
As for X, Y exists(X에 대해, Y가 존재한다)	주제 도식
Y is X's(Y)(Y는 X의 것(Y)이다)	등위 도식

[그림 9.8] 소유구문에 대한 사건 도식[9]

위의 이런 도식들은 'X has Y'라는 목표 도식을 하고 있는 소유구문으로 발전하는데, X는 소유자이며 Y는 소유물이다. 그러면 이런 각각의 사건 도식들이 어떻게 소유구문으로 문법화 되는지 살펴보자.

첫 번째는 행위 도식(action schema)이다. 행위 도식에 따르면, 서술적 소유구문은 전형적으로 행위자, 수동자, 행위를 포함하는 명제구조에서 도출된다. take, seize, grab, catch와 같은 행위동사들이 여기에 사용된다. 다음이 그 예이다.

(15) kxoe.　p　ke　'auto　.sa 'uu　hââ.(나마어)
　　　person. M TOP　car　　.F　take PERF
　　　The man has taken a/the car
　　　'The man has the car.(그 남자는 자동차가 있다.)'

영어나 독일어의 have-구문은 초기에 seize, hold를 의미하는 동사들로 소유 개념을 표현하기도 했다. 행위 도식은 이처럼 have-구문, 즉 서술적 소유구문은 생성하지만 속성적 소유구문은 절대 생성시키지 않는다.

---

[9] 이 중에서 속격 도식과 등위 도식은 이미 소유 표현이라서 다른 소유구문을 위한 근원 역할을 한다.

두 번째는 장소 도식(location schema)이다. 장소 도식에서 도출된 소유구문의 통사구조에서 소유물은 주어로, 소유자는 처소적 보어로 표현되며, 술어는 처소적 연결동사이다. 다음이 그 예이다.

(16) isal   on   raamat.(에스토니아어)
     father. ADESSIVE   3. SG. be book. NOM
     The book is at father.
     'Father has (a) book.(아버지는 책이 있다.)'

다음에서 보듯이, 종종 동사가 없을 수도 있다.

(17) U menja kniga.(러시아어)
     at me   book
     'I have a book.(나는 책이 있다.)'

장소 도식은 속성적 소유구문을 표현하는 데 가장 빈번하게 사용된다. 즉 소유자는 소유물이 위치하고 있는 장소로 개념화된다. 다음이 그 예이다.

(18) Kofí pé xɔ.(에베어)
     Kofi of house
     'The house of Kofi's place'
     'Kofi's house(코피의 집)'

세 번째는 동반 도식(companion schema)이다. 이 도식을 이용해 have-구문을 만드는 언어는 소유자를 주어로 표현하고 소유물을 동반적 보충어로 표현하는 경향이 강하다. 다음이 그 예이다.

(19) Joluo   n i   g i   t i m   mabɛyɔ.(루오어)
    Luo : people COP with habit good. PL
    The Luo are with good habits
    'The Luo have good customs.(루인들은 좋은 관습을 가지고 있다.)'

동반 도식은 주로 have-구문에 국한되지만, 몇 가지 속성적 소유구문의 예가 존재하기도 한다. 다음이 그 예이다.

(20) è- yà   kɛŋ' kà   à- pà   kaŋ'.(투르카나어)
    M- aunt his   with F- father my
    'my father's aunt(아버지의 고모)'

네 번째는 속격 도식(genitive schema)이다. 속격 도식에서 도출되는 소유구문의 통사구조에서 소유자는 소유물의 소유격 수식어로 표현된다. 속격 도식은 실체들 사이의 소유관계, 즉 속성적 소유구문을 표현하는 기존의 수단을 이용한다. 다음이 그 예이다.

(21) Kitab- im var.(터키어)
    book- my existent
    My book exists.
    'I have a book.(나는 책이 있다.)'

다섯 번째는 목표 도식(goal schema)이다. 서술적 소유구문의 근원이 되는 목표 도식은 보통 존재 동사나 처소 동사로 구성되어 있으며, 여기서 소유자는 여격이나 목표격으로 표현되고 소유물은 보통 주어로 표현된다. 다음이 그 예이다.

(22) ur velo c'hlas am   eus.(브르타뉴어)
    a bike blue to : me is
    'I have a blue bike.(나는 청색 자전거가 있다.)'

목표 도식은 have-구문에 대한 일반적인 근원일 뿐만 아니라, 다음에서 보듯이 belong-구문과 속성적 소유구문에 대한 근원이 된다.

(23) Le livre est à moi.(프랑스어)
the book is to me
'The book belongs to me.(이 책은 내 소유다.)'
(24) Toby- ke alere.(아란다어)
Toby- DAT child
'Toby's child(토비의 아이)'

여섯 번째는 근원 도식(source schema)이다. 근원 도식은 대체로 속성적 소유구문에 국한된다. 근원 도식에서 도출된 속성적 소유구문의 통사구조에서 탈격의 형태론적 수단을 사용해서 소유자가 표현된다. 이에 대한 예는 영어의 of-소유격이다.

일곱 번째는 주제 도식(topic schema)이다. 근원 도식에서 도출된 소유구문에서 소유자는 일종의 화제로 표현된다. 다음이 그 예이다.

(25) òkéiò gwók'kɛrɛpé.(랭고어)
Okelo dog.his 3. NEG. exist
As for Okelo, his dog does not exist.
'Okelo does not have a dog.(오켈로는 개가 없다.)'

화제화 된 구성소는 주어의 자질을 획득해서 점차적으로 주어로 문법화 되는 경향이 있기 때문에, 결과적으로 두 개의 주어를 가진 구문이 생성될 수 있다.

주제 도식은 have-구문에 대한 근원으로서는 널리 사용되지 않고, 오히려 속성적 소유구문에서 가장 흔한 도식이다. 다음이 그 예이다.

(26) die boer   se huis.(남아프리카 공용어)
    the farmer his house
    'the farmer's house(그 농부의 집)'

여덟 번째는 등위 도식(equation schema)이다. 이것은 두 개의 각기 다른 실체를 부분적으로나 또는 완전하게 동등하게 하는 것에 기초하는 명제구조의 근원이 된다. 영어 예는 The car is mine이며, 또 다른 예는 다음이다.

(27) Gari ni yangu.(스와힐리어)
    car is mine
    'The car is mine.(이 자동차는 내 것이다.)'

이 도식에서 소유자는 소유격 수식어구로 표현되며, 속성적 소유구문이 존재함이 전제된다. 여기에는 belong-구문 외에 다른 소유구문은 이 도식에서 도출되지 않는다.

지금까지의 논의를 바탕으로, 속성적 소유구문과 서술적 소유구문이 동일한 사건 도식에서 도출된다는 사실을 발견할 수 있다. 이것은 소유구문이 도출되는 이런 사건 도식이 대체로 동일하다는 것을 뜻한다. Heine(1997a: 97)는 이런 사건 도식과 그것에서 도출되는 소유구문을 [그림 9.9]와 같은 목록으로 제시한다.

요컨대, 소유는 비교적 추상적인 인간 개념화의 영역이며, 소유구문은 몇 가지 구체적인 근원구조에서 발생하는데, 이런 근원구조를 사건 도식이라 부른다. 소유구문의 문법화에 참여하는 사건 도식은 행위 도식, 장소 도식, 동반 도식, 속격 도식, 목표 도식, 근원 도식, 주제 도식, 등위 도식이다. 이런 도식들은 'X has Y'라는 목표 도식을 하고 있는 소유구문으로 발전하는데, X는 소유자이며 Y는 소유물이다.

도식의 명칭	have-구문	belong-구문	속성적 소유구문
행위 도식	+	+	−
장소 도식	+	−	+
동반 도식	+	−	+
속격 도식	+	−	−
목표 도식	+	+	+
근원 도식	−	−	+
주제 도식	+	−	+
등위 도식	−	+	−

[그림 9.9] 사건 도식과 소유구문

9.4.2. 비교구문의 문법화

비교구문(comparative construction)은 다양하게 표현되는데, 여기에서는 가장 원형적인 것으로 간주되는 비교구문만을 다룰 것이다. 다음이 그 예이다.

(28) David is smart-er than Bob.(데이비드는 밥보다 현명하다.)
    X   Y   D   M   Z

여기서 X는 비교대상이며, Y는 술어이며, D는 정도 표지이고, M은 기준 표지이고, Z는 기준이다.

  다른 모든 문법 구문과 마찬가지로, 비교 표지는 다른 더 구체적인 실체에서 도출되는 경향이 있다. 세계 언어의 대부분의 비교구문은 제한된 수의 근원구조, 즉 사건 도식에서 도출된다. 세계 언어에서 찾아볼 수 있는 대부분의 비교구문을 설명하는 데 여덟 개의 사건 도식이 제시되는데, Heine(1997a: 112)는 이것을 다음 도표로 나타낸다.

근원 도식	도식의 명칭
X is Y surpasses Z(X는 Y이고 Z를 능가한다)	행위 도식
X is Y at Z(X는 Z에 있는 Y이다)	장소 도식
X is Y from Z(X는 Z로부터 Y이다)	근원 도식
X is Y to Z(X는 Z로 Y이다)	목표 도식
X is Y, Z is not Y(X는 Y이다. Z는 Y가 아니다)	극성 도식
X is Y, then Z(X는 Y이고, 그 다음은 Z이다)	순차 도식
X is Y (like) Z(X는 Z(처럼) Y이다)	유사 도식
X and Z, X is Y(X와 Z, X는 Y이다)	주제 도식

[그림 9.10] 비교구문에 대한 사건 도식

위의 이런 도식들은 'X is Y-er than Z'라는 목표 도식을 하고 있는 비교구문으로 발전한다. 그러면 이 각각의 사건 도식들이 어떻게 비교구문으로 문법화 되는지 살펴보자.

첫 번째는 행위 도식(action schema)이다. 비교구문에 대한 근원구조로 행위 도식이 사용될 때, 비교대상(X)은 일종의 행위자로 기술된다. 'X is Y surpasses Z'에 있는 surpass라는 개념은 defeat, win over, exceed 등과 같은 동사를 나타낸다. 다음 영어 표현 He surpasses all of them in cleverness(그는 현명함에 있어서 모두를 능가한다)가 이에 대한 예이다. 행위 도식에는 몇 가지 변이형이 있는데, 그것은 다음과 같다.

(29) a. X is Y surpasses Z.(X는 Y이다 Z를 능가한다.)
    b. X is Y to surpass Z.(X는 Y이다 Z를 능가하기 위해.)
    c. Z is Y (but) X exceeds.(Z는 Y이다 (그러나) X가 능가한다.)
    d. X surpasses Z (at) Y-ness.(X는 Z를 능가한다 Y임(에).)

이런 사건 도식의 변이형들은 다음 예문으로 각각 증명된다.

(30) a. O tobi ju   u.(요루바어)
     he big   exceed him
     'He is bigger than him.(그는 그보다 키가 더 크다.)'
   b. Yeye mrefu ku- shinda mimi.(스와힐리어)
      s/he tall   to- defeat me
      'He is taller than I.(그는 나보다 키가 더 크다.)'
   c. Aiis   ennek ioularen, oua hin ioufi.(타마자이트어)
      horse your   is. good that my exceeds
      'My horse is better than your horse.(내 말은 당신 말보다 더 좋다.)'
   d. Bellò yā fi   Mūsā girmā.(하우사어)
      Bello he surpass Musa tallness
      'Bello is bigger than Musa.(벨로는 무사보다 키가 더 크다.)'

두 번째는 장소 도식(location schema)이다. 장소 도식의 공식 'X is Y at Z'에서 at이라는 개념은 at, on, above, in, by 등과 같은 다양한 정적인 처소 기능을 나타낸다. 이 공식은 개략적으로 'X가 자질 Y를 가지고 있고, 만일 Z가 X와 동일한 위치에 있다면, X는 Z보다 더 많은 Y 자질을 가진다'는 것을 뜻한다. 다음이 그 예이다.

(31) Themma hau lu   ki vi-   we.(나가어)
     man   this that on good- is
     'This man is better than that man.(이 남자는 저 남자보다 더 좋다.)'

세 번째는 근원 도식(source schema)이다. 근원 도식의 예에서 비교 대상(X)은 본질적으로 아무런 문법적 기능을 가질 수 있는 반면, 기준(Z)은 보통 탈격 부사구로 표현된다. 다음이 그 예이다.

(32) Sadom- ete hati   mananga- i.(문다리어)
     horse- from elephant big-   PRES. 3. SG
     'The elephant is bigger than the horse.(코끼리는 말보다 더 크다.)'

네 번째는 목표 도식(goal schema)이다. 목표 도식의 경우에, 기준 (Z)은 탈격이든 수여격이든 여격이든 간에 방위적 참여자로 표현된다. 다음이 그 예이다.

(33) Afriki fura foretaa be.(수수어)
　　 Africa be. Europe for
　　 'Africa is hotter than Europe.(아프리카는 유럽보다 더 덥다.)'

목표 도식은 영어의 'X is superior/inferior to Y' 구문에서 나타나는데, 여기서 방위적/여격 표지가 기준(Z)을 표현하는 데 사용된다.

다섯 번째는 극성 도식(polarity schema)이다. 극성 도식은 두 대립되는 질(quality)을 대조적으로 병치시키는 것이다. 두 가지 유형의 극성 도식이 있는데, 하나는 대립관계를 포함하는 것이고 다른 하나는 음-양 극을 가지고 있는 것이다. 다음이 그 두 유형의 극성 도식이다.

(34) a. X has property p while Z has the opposite property q(X는 자질 p를 가지고 있는 반면, Z는 반대자질 q를 가지고 있다)
　　 b. X has property p while Z lack property p(X는 자질 p를 가지고 있는 반면, Z는 자질 p가 없다)

(34a)는 대립관계 도식이고 (34b)는 극성 도식인데, 이것은 각각 다음과 같은 예로 증명된다.

(35) Gan ga　prik, bubannd ba i pri.(차야포어)
　　 you you big　but　　I I small
　　 'You are bigger than me.(당신은 나보다 키가 더 크다.)'
(36) Kaw- ohra naha Waraka, kaw naha Kaywerye.(힉사코리나어)
　　 tall-　not he.is Waraka tall　he.is Kaywerye
　　 'Kaywerye is taller than Waraka.(케이워는 와라카보다 키가 더 크다.)'

여섯 번째는 순차 도식(sequence schema)이다. 순차 도식은 두 개의 연속적인 술어로 구성되어 있는데, 두 번째 술어는 첫 번째 술어를 시간적으로 따르며, and, and then, thereafter와 같은 연속적 사건 표지로 그것과 연결된다. 이 도식은 'X has property Y, and only then Z follows'로 해석된다. 순차 도식은 비교대상(X)과 기준(Z) 사이에 시간적 관계를 설정한다.10) 이 도식에서 더 빨리 나오는 것이 더 뒤에 나오는 것보다 더 많은 양의 Y를 가진다는 추론을 끌어 낼 수 있다. 다음이 그 예이다.

(37) Jan is groter dan Piet.(네덜란드어)
　　 Jan is taller than Piet
　　 'Jan is taller than Piet.(잔은 피트보다 키가 더 크다.)'

일곱 번째는 유사 도식(similarity schema)이다. 유사 도식에서 비교대상(X)과 기준(Z) 사이에 유사성 관계가 형성된다. 유사 도식의 공식 X is Y, (like) Z는 'X is Y-er compared to Z'로 의역된다. 이것의 예는 다음이다.

(38) pitempi kuin sinä.(핀란드어)
　　 bigger as you
　　 'bigger than you(당신보다 키가 더 큰)'

여덟 번째는 주제 도식(topic schema)이다. 주제 도식에서 비교대상(X)은 기준(Z)이 두 명사구가 등위구조의 형태에서 명제적 화제와 같이 표현되며, 다음에 나오는 절은 그 둘 중 하나에 대해 단언하는데, 이것은 "As regard David and Bob, David is tall(er)"의 형태를 취한다. 이에 대한 예는 다음과 같다.

---

10) Heine(1994a: 58)는 이 도식을 시간적 도식(temporal schema)이라 부른다.

(39) madzi ni čakudia komo čakudia.(니안자어)
    water and food   good food
    'Food is better than water.(음식은 물보다 더 좋다.)'

요컨대, 비교 표지는 더 구체적인 실체에서 도출되는 경향이 있다. 세계 언어의 대부분의 비교구문은 제한된 수의 근원구조, 즉 사건 도식에서 도출된다. 비교구문을 설명하는 데 여덟 개의 사건 도식이 제시되는데, 행위 도식, 장소 도식, 근원 도식, 목표 도식, 극성 도식, 순차 도식, 유사 도식, 주제 도식이 그것이다. 이런 도식들은 'X is Y-er than Z'라는 목표 도식을 하고 있는 비교구문으로 발전한다.

제10장 주관화

10.1. 주관화와 해석
10.2. 주관성과 객관성
10.3. 주관화 모형
10.4. 주관화와 전치사의 의미 확장

주관화(subjectification)는 언어 행위에 발화 행위자가 참여하고, 그가 언어 행위에 참여하는 것 자체는 언어의 형태에 영향을 미친다는 사실에 관한 것이다. 물론 이런 주관화의 개념은 언어학에서 주요한 개념은 아니었다. 아마 그 이유는 구조주의 및 형식주의 언어학이 객관적인 명제를 표현하는 수단으로서의 언어에 주로 초점을 두고, 담화에 발화 행위자의 존재를 밝혀내는 것을 내켜 하지 않았기 때문이다. 그러나 최근에 주관화가 언어학의 중요한 주제로 등장하고 있다. 주관화를 받아들이는 언어학은 명제적 사고나 논리적 명제를 표현하는 매체나 자립적인 구조로서의 언어가 아니라, 지각하고 인지하는 발화 행위자에 대한 구현이나 표현으로 언어를 다룬다.

주관화 및 주관성은 물론 최근에 등장한 완전히 새로운 용어는 아니다. Benveniste(1971: 226)는 "사람에 대한 표현이 없는 언어는 상상할 수 없다"고 말한다. 대부분의 언어에서 주관성은 아주 포괄적이며 널리 퍼져 있는 언어 현상이다. 물론 주관성을 표현하는 방법은 언어마다 다를 수 있다. 즉 어떤 언어는 주관성을 표시하기 위해 형태론을 이용하며,[1] 어떤 다른 언어는 억양이나 어순을 이용한다.

---

[1] 특히 일본어에는 명시적인 형태적 표지가 널리 퍼져 있는데, 이것은 일본어 연구

Lyons(1982)는 주관성에 대해 아주 귀중한 논문을 발표했다. Deixis and subjectivity: Loquor, ergo, sum?라는 제목의 이 논문은 객관주의 언어학과 대조되는 내용을 의도적으로 암시한다. 이 논문에서 Lyons (1982: 102)는 주관성을 "자연언어가 그 구조나 보통의 작용 방식으로 발화 행위자 자신 및 그의 태도나 신념에 대한 표현을 공급하는 방법"으로 규정한다. Lyons(1982: 104)는 화자가 자아를 발화에 표현하는 것이 "일련의 명제에 대한 단언"으로 환원될 수 없다는 것을 강조한다.

이런 Lyons의 주관성에 대한 입장을 받아들이면서, Traugott(1989)는 주관성과 문법화를 결부시켜 통시적인 입장을 취한다. Langacker(1990) 의 주관성에 대한 분석은 의미를 개념화와 동일시하는 인지문법의 틀에서 공시적 접근을 취한다. 주관성을 탐구하는 또 다른 언어학자로 Talmy를 들 수 있다. Talmy(1996a, 1996b)는 주관적 의미를 담고 있는 가상 이동(fictive motion)[2] 현상을 다룬다.

인지의미론에서 주관화의 개념은 의미 변화를 연구하는 데 주로 사용되었다. 이 장에서는 주관화의 개념을 통시적인 문맥뿐만 아니라 의미 확장과 관련된 공시적인 문맥에서도 다룰 것이다. 이런 목적을 위해, 먼저 주관화의 본성을 다루면서 주관화가 Langacker의 해석의 한 하위 유형임을 밝히고, Langacker(1999)가 제시하는 주관성/객관성의 개념 및 주관화 모형을 다룰 것이다. 그리고 Langacker(1999)가 제시한 주관화 모형에 기초해서 전치사 across의 의미 확장 현상을 다룰 것이다.

학자들이 주관성을 초기에 인식할 수 있도록 해 준다.
[2] 가상 이동은 Talmy(1996b: 211)에서 사용된 용어로서, This fence goes from the plateau to the valley(울타리가 고원에서 골짜기까지 뻗어 있다)에서처럼 대상의 물리적인 이동이 없지만 이동이 있는 것처럼 인지하는 것을 말한다.

10.1. 주관화와 해석

주관화는 동일한 상황을 다양한 방법으로 구조화하고 해석하는 우리 인간의 인지능력인 해석의 한 차원이다. 언어는 주어진 실체를 객관적으로 표현한다기보다는 사람들이 그것을 바라보고 개념화하는 방식을 반영한다. 이런 점에서 사람들이 동일한 장면이나 상황을 각기 다르게 바라보고 해석하는 것은 아주 자연스럽다.

예컨대, 새로 출판된 책을 언급할 때, new releases나 new arrivals라고 말할 수 있다. 전자는 출판사의 관점을 표현한 것이고 후자는 서점의 관점을 표현한 것이다. 따라서 출판사는 (1a)처럼 말할 수 있지만 (1b)처럼은 말하지 않을 것이다.

(1) a. Have we sent out the new releases?(우리는 새 발매물을 보냈나요?)
　　b. Have we sent out the new arrivals?(우리는 새 도착물을 보냈나요?)

주관화는 Langacker가 말하는 해석의 한 차원이다. 몇 가지 차원의 해석을 구별할 수 있다. 첫 번째 차원은 상세성의 층위(level of specificity)이다. 화자는 주어진 실체나 장면을 다양한 상세성의 층위에서 해석할 수 있다. 다음 예를 보자.

(2) a. That player is tall.(그 선수는 키가 크다.)
　　b. That defensive player is over 6′ tall.(그 수비 선수는 키가 6피트 이상이다)
　　c. That linebacker is about 6′ 5″ tall.(그 라인배커는 키가 약 6피트 5인치이다.)
　　d. That middle linebacker is precisely 6′ 5″ tall.(그 중간 라인배커는 정확하게 키가 6피트 5인치이다.)

위 문장은 한 운동선수의 키가 크다는 동일한 장면을 다양하게 묘사하며, (2a)에서 (2d)로 갈수록 그 묘사는 더 상세해지고 있다.

두 번째 차원은 규모(scale)와 범위(scope)이다. 서술(predication)[3)]의 범위는 적절한 영역에서의 그 적용범위이다. 신체 부위 용어를 사용해서 서술의 규모와 범위의 의미적, 구조적 중요성을 고려해 보자. head(머리), arm(팔), leg(다리)와 같은 용어를 특징짓는 데 본질적인 것은 윤곽부여 된 실체가 몸 전체에 대해 가지는 위치이다. 이런 실체는 다시 더 작은 규모로 정의되는 다른 신체 부위 용어를 위한 서술의 직접 범위(immediate scope)가 된다. 예컨대, arm(팔)은 hand(손), elbow(팔꿈치), forearm(팔뚝)을 위한 직접 범위가 된다. 더욱이 hand(손)는 규모가 더 적은 palm(손바닥), thumb(엄지손가락), finger(손가락)를 위한 서술의 직접 범위를 제공한다. 그리고 finger(손가락)는 knuckle(손가락 관절), fingertip(손가락 끝), fingernail(손톱)을 위한 서술의 직접 범위를 제공한다. 이러한 계층적 조직은 문장의 의미성에 특별한 효과를 미친다. 다음 예를 보자.

   (3) a. A finger has 3 knuckles and 1 nail.(손가락에는 손가락 관절 3개
          와 손톱 1개가 있다.)
       b. ??An arm has 14 knuckles and 5 nail.(??팔에는 손가락 관절 14개
          와 손톱 5개가 있다.)
       c. ??A body has 56 knuckles and 20 nail.(??몸에는 손가락 관절 56
          개와 손·발톱 20개가 있다.)

위 문장 중에서 주어가 목적어에 대한 서술의 직접 범위인 (3a)만이 가장 적절하고, 그렇지 않은 나머지 문장은 이상하게 들린다. 유사한 제약을 복합명사에서도 발견할 수 있다.

[3)] 서술이란 Langacker의 인지문법에서는 크기나 유형에 상관없이 표현의 의미극을 말한다.

(4) a. fingertip(손가락 끝), fingernail(손톱), toenail(발톱), eyelash(속눈썹), eyelid(눈꺼풀)
   b. *bodytip, *armnail, *footnail, *facelash, *headlid

(4a)에서 복합명사의 첫 번째 요소는 두 번째 요소에 대한 직접 범위를 구성한다. 반면에 (4b)에서 첫 번째 요소는 두 번째 요소에 대한 서술의 직접 범위를 구성하지 않기 때문에, (4b)는 이상하게 들린다.

세 번째 차원은 배경 가정(background assumption)과 예상(expectation)이다. 예컨대, (5a,b)는 동일한 상황을 기술하고 있다.

(5) a. He has a few friends in high places.(그는 고위층에 친구가 몇 명 있다.)
   b. He has few friends in high places.(그는 고위층에 친구가 거의 없다.)
   c. Few people have any friends in high places.(거의 어느 누구도 고위층에 친구가 없다)
   d. *A few people have any friends in high places.(*몇 명이 고위층에 약간의 친구가 있다.)

직관적으로 볼 때, few는 부정적이고 a few는 긍정적이라는 점에서 서로 구별된다. 이런 사실은 (5c)와 (5d)의 문법성의 차이로 입증된다. 즉 부정적 문맥을 요구하는 any는 a few가 아니라 few와 양립한다. 분석적으로 말하자면, few는 암시적인 기준보다 적은 것으로 상술된 양을 해석하고, a few는 그 양을 제로의 기준선에 비추어서 해석한다.

네 번째 차원은 윤곽부여이다. 언어 표현의 의미는 하나나 그 이상의 영역에 기초해서 파악된다. 예컨대, 다음 두 문장을 비교해 보자.

(6) a. The cat is under the table.(고양이가 탁자 아래에 있다.)
   b. I took her under my roof.(나는 그녀가 내 신세를 지도록 했다.)

(6a)는 물리적 공간이라는 하나의 영역을 활성화하는 반면, (6b)는 대인 관계라는 추상 영역을 활성화한다. 언어 표현의 의미를 특징짓는 데 적절한 영역은 그것에 대한 바탕(base)을 구성한다. 바탕 안에서 한 실체는 다른 실체보다 더 현저하고 두드러지는 것으로 간주된다. 이처럼 현저한 실체를 윤곽(profile)이라고 한다. 윤곽은 바탕의 한 부분으로서, 특별한 현저성의 층위를 가진 바탕의 하위 구조이다. 바탕에 윤곽을 부여하는 것이 윤곽부여이다. 윤곽은 전경(figure)과 배경(ground)에 의해 조직된다. 전경은 탄도체라 불리고, 배경을 구성하는 실체는 지표라 불린다. (6a)에서 바탕은 물리적 공간의 한 부분이다. 이 바탕 내에서 the cat, the table 및 그 둘 사이의 관계가 윤곽부여 된다. 이런 윤곽 내에서 the cat은 the table에 상대적으로 위치부여 되는 탄도체이고 the table은 지표이다.

다음 두 예를 비교해 보자.

    (7) a. The clock is above the painting.(시계가 그림 위에 있다.)
        b. The painting is below the clock.(그림이 시계 아래에 있다.)

이 두 문장은 동일한 장면을 묘사하고 있지만 의미는 다른 것으로 간주되는데, 왜냐하면 탄도체와 지표의 선택이 각기 다르기 때문이다. (7a)에서는 the clock이 탄도체 역할을 하고 (7b)에서는 그것이 지표 역할을 한다.

    다섯 번째 차원은 원근법(perspective)인데, 여기에 관점(viewpoint)과 주관적 해석(subjective construal) 및 객관적 해석(objective construal)이 포함된다. 먼저 관점에 대해 살펴보자. 사람들은 주어진 상황을 자신의 특정한 관점에서 지각하고 이야기한다. 일반적으로 선택되는 관점은 화자 자신의 관점이다. 다음 두 화자는 동일한 사건에 대해 서로 각자의 관점에 기초해서 이야기하고 있는 예이다.

(8) a. Bill: Mom!, Joe tripped me up with his foot.(엄마, 조가 자기 발로 나를 걸어 넘어트렸어요.)
    b. Joe: No, I didn't, Mom! He just tripped over my foot.(아네요, 내가 그렇게 하지 않았어요, 엄마. 그가 그냥 내 발에 걸려 넘어졌어요.)

본래부터 특정한 관점을 채택하는 많은 표현들도 있는데, come 및 go와 같은 이동동사가 그 예이다. 이런 동사는 본래부터 화자의 관점과 관련된 동사이다. 다음 두 문장을 비교해 보자.

(9) a. She is coming to my party.(그녀는 내 파티에 올 것이다.)
    b. I am going to her party.(나는 그녀의 파티에 갈 것이다.)

이동동사는 출발점의 관점이나 목적지의 관점에서 묘사될 수 있다. 화자가 목적지에 있는 경우에 이동이 화자 쪽으로 향하고 있다면, 화자의 관점은 보통 (9a)에서와 같이 동사 come으로 기술된다. 만일 이동이 화자가 있는 위치에서 멀어지는 쪽으로 향한다면, (9b)에서와 같이 동사 go가 사용된다. 따라서 이런 두 문장은 화자의 관점을 취하고 있는 것이다.
화자는 또한 청자의 관점을 채택하기도 한다. 만일 청자가 이동의 목적지에 있다면 화자는 (10b)가 아니라 (10a)와 같이 그 사건을 묘사해야 한다.

(10) a. I am coming to your party.(나는 당신 파티에 올 것이다.)
     b. I am going to your party.(나는 당신 파티에 갈 것이다.)

다음은 주관적 해석과 객관적 해석을 보자. 한 실체가 그것을 바라보는 개념화자와 구별될 때 그 실체는 객관적으로 해석되며, 개념화자가 개념화 과정에 몰두할 때 그 실체는 주관적으로 해석된다. 다음 두 예를 보자.

   (11) a. I climbed up to her window.(나는 그녀의 창문 위로 기어 올라갔다.)
        b. The ivy goes up to her window.(담쟁이덩굴이 그녀의 창문 위로 올라간다.)

(11a)는 탄도체 I가 행하는 객관적 이동을 기술하며, (11b)에서는 탄도체 the ivy가 객관적으로 이동하는 것이 아니라, 개념화자가 위로 향하는 경로를 심적으로 따르며 정적인 상황에 방향성의 개념을 부과하면서 주관적으로 경로를 따라 이동하고 있다.

  여섯 번째 차원은 주사(scanning)이다. Langacker(1987: 144-6)는 주사를 연속주사(sequential scanning)와 요약주사(summary scanning)로 양분한다. 연속주사는 동사에 의한 동적 인지에서처럼 과정을 하위 사건의 연속으로 파악하는 것을 말하며, 요약주사는 명사 및 형용사에 의한 정적인 인지과정에서처럼 완성된 하나의 단위, 즉 사건을 통합된 전체로 파악하는 것을 말한다. 또한, 연속주사는 한 형상의 다른 형상으로의 연속적 변형과 관계있는 반면, 요약주사는 단일의 일관된 게슈탈트(gestalt)를 구성한다. 비유적으로 말하자면, 연속주사는 활동사진의 연속물을 보는 것과 같으며, 요약주사는 낱낱의 정지된 사진을 보는 것과 같다. 예컨대, 톰이 방으로 들어가는 사건은 영어에서 다음 두 가지 방식으로 표현된다.

   (12) a. Tom entered the room.(톰이 방으로 들어갔다.)
        b. Tom's entrance into the room(톰이 방으로 입장)

주사의 관점에서 보면, (12a)는 동사에 의한 연속주사이며, (12b)는 명사에 의한 요약주사인데, 주사의 이 두 방식은 동일한 내용이 개념화되는 방식에 차이점을 보여 준다. 이것은 다음과 같이 나타낼 수 있다(Langacker 1987: 144, 245).

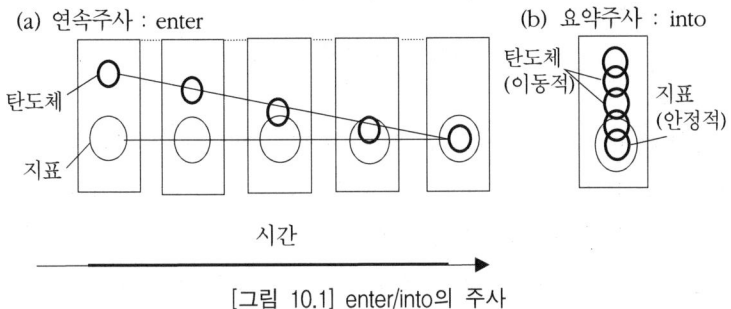

[그림 10.1] enter/into의 주사

다음은 주관화에 본질적인 기능을 하는 심적주사(mental scanning)를 보자. 심적주사는 화자의 마음속에서 이루어지는 장면의 구조화 방식을 뜻한다. 다음 두 표현을 비교해 보자.

(13) a. The car ran from Seoul to Busan.(차가 서울에서 부산으로 달려갔다.)
   b. The highway runs from Seoul to Busan.(고속도로가 서울에서 부산까지 뻗어 있다.)

(13a)에서는 실제로 자동차가 두 도시 사이를 이동해 간다. 이와 같은 물리적 이동, 즉 객관적 이동은 각기 순간순간에 대응하는 상태 관계의 각 단면을 시간의 흐름에 따라 조립하고 전개해 가는 연속주사를 채택한다. 이것은 다음 그림으로 나타낼 수 있다(임지룡 1998: 200).

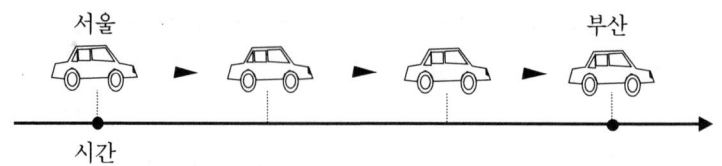

[그림 10.2] 객관적 이동

한편 (13b)에서는 실제로 고속도로가 두 도시 사이를 이동하는 것은 아니다. 오히려 이 경우 이동의 근원은 물리적인 실체가 아니라 화자의 심적 시선인 것이다. 즉 고속도로가 이동해 가는 것이 아니라 화자가 심적으로 두 도시 사이의 고속도로를 따라가고 있는 것이다. 여기에서는 물리적 이동이 없지만 개념화자는 특별한 방향에서 심리적 경로를 따라 나아가며 시간이 경과됨에 따라 단일의 지점에서 전체 경로를 점유한다. 이것은 다음 그림으로 나타낼 수 있다(임지룡 1998: 200).

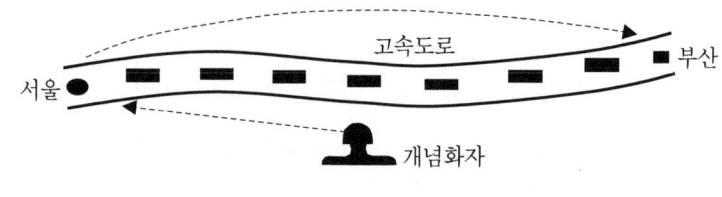

[그림 10.3] 주관적 이동

Langacker(1987: 175)에서는 심적주사를 요약주사의 하위 유형으로 파악한다.4) 요약주사는 그 원형인 객관적 축에 따른 요약주사와 주관적 축에 따른 심적주사로 구별되는데, 심적주사는 최종 사태만이 부각되는 특성을 지닌다.

---

4) Langacker(1991a: 218)에서는 The balloon rose slowly(풍선이 서서히 올라갔다)를 연속주사의 보기로, The hill gently rises from the bank of the river(언덕이 강둑으로부터 완만하게 올라간다)를 심적주사의 보기로 제시한 바 있다.

10.2. 주관성과 객관성

어떤 실체나 상황은 객관적으로 해석되어 객관성을 얻거나 주관적으로 해석되어 주관성을 획득할 수 있다. 주관성이란 영어로 subjectivity인데, subject라는 용어 때문에 거기에서 파생된 subjectivity라는 용어는 문법적인 연상을 일으킨다. 즉 subjectivity는 목적어에 대립되는 주어가 가진 성질로 이해할 수 있을 것이다. 철학적인 문맥에서는 objectivity와 대립해서 subjectivity가 증명이 불가능하며, 심지어는 의심되는 무언가를 암시할 수 있다. 그러나 여기서 말하는 subjectivity는 인지적인 의미에서의 주관성으로서, Finegan(1995: 1)은 '주관성'이란 담화에서 화자 자신을 표현하거나 화자의 관점이나 화자의 흔적을 표현하는 것이라고 말한다.

Langacker(1991b: 316)는 개념화자가 어느 정도의 주관성이나 객관성으로 특별한 실체나 상황을 해석한다고 말한다. 그는 안경의 예를 통해 주관성과 객관성을 비교한다. 만일 안경을 벗고 그것을 손에 쥐고 안경 자체를 바라본다고 가정해 보자. 이 경우에, 안경이라는 실체에 대한 관찰자의 지각은 최대의 객관성을 가지게 된다. 즉 안경이라는 실체는 지각의 도구로 기능하는 것이 아니라 지각대상(object of perception)으로만 기능하는 것이다. 반면에, 안경을 쓰고 다른 사물을 지각할 때, 안경은 관찰자의 의식에서 사라지게 되는데, 이 경우에 안경에 대한 관찰자의 지각은 최대한 주관적이 된다. 즉 안경은 전적으로 지각의 주체(subject of perception)로만 기능하는 것이다. Seisaku(1997: 271)는 주관성/객관성에 대한 안경 비유를 다음 그림으로 나타내고 있다.

254 제3부 인지과정

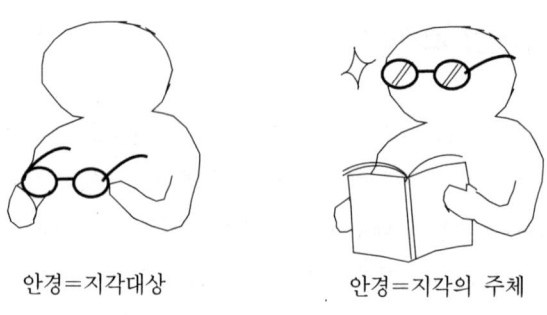

안경=지각대상   안경=지각의 주체

[그림 10.4] 주관성/객관성에 대한 안경 비유

    Langacker(1999: 297)는 객관성과 주관성을 다음과 같이 정의한다. "한 실체가 초점이 부여된 개념대상으로서 무대 위(on-stage)에 놓이는 경우에 그 실체는 객관적으로 해석된다. …반대 극단의 경우에, 무대 밖(off-stage)의 개념화자가 그 자체가 표현되지 않으면서 개념의 주체로 기능하는 경우에 개념화자는 주관적으로 해석된다." [그림 10.5]에서 보듯이(Langacker 1999: 205), 한 실체가 언어 표현이라고 할 때, 그 표현의 윤곽은 직접 범위에서 주의 초점이 되면서 높은 정도의 객관성을 가진 것으로 해석되며, 관찰자나 개념화자는 주관적으로 해석되는 것이다.

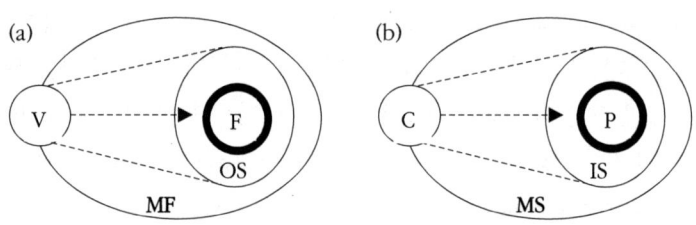

[그림 10.5] 주관성과 객관성

[그림 10.5a]에는 지각의 주체로 기술되기도 하는 관찰자(viewer)인 V가 있다. 주어진 시점에서 관찰자는 특정한 방향을 향하고 있으면서 최대 시야(maximal field of view)인 MF[5]를 결정한다. 최대 시야에는 희미

하게 지각되는 주변부와 더 강한 지각력이 있는 중심부가 있다. 주변부에는 관찰자가 위치하고 있으며, 중심부에는 무대 위 지역(on-stage region)인 OS가 있다. 이곳은 일반적인 주의 초점을 받는 곳이다. 더 중심부로 들어가면, 초점(focus)이라는 F가 있다. 초점은 지각대상으로 기술되기도 한다. 점선화살표는 관찰자와 초점 사이의 지각관계(perceptual relationship)를 나타낸다. 이런 요소들로 이루어지는 특정한 형상을 지각배열(viewing arrangement)이라 한다.

　이런 지각적 형상은 [그림 10.5b]에서와 같이 개념적 형상에도 적용된다. 관찰자에 해당하는 개념화자(conceptualizer)인 C가 있다. MS는 최대 범위(maximal scope)로서, 이것은 우리가 특별하게 주의를 기울이는 중심부와 우리가 어렴풋하게 인식하고 있는 주변부 둘 다를 포함하는 개념화에 대한 완전한 내용을 구성한다. 중심부는 무대 위 지역인 OS에 상응하는 IS라는 직접 범위를 구성한다. 개념대상인 특별한 주의 초점은 윤곽이라 불린다. 점선화살표는 해석관계(construal relationship)를 나타낸다. 이런 요소들로 이루어지는 특정한 형상을 개념배열(conceptual arrangement)이라 한다.

　개념배열 상에서 중심부에 있는 요소는 객관적으로 해석되고 주변부에 있는 요소는 주관적으로 해석된다는 점에서, 주관성과 객관성은 개념배열에서 요소들이 차지하는 관점과 역할의 문제인 것이다.

　언어 표현의 의미에 관해서 보면, 일차적인 개념화자는 화·청자이다. 원칙적으로 개념화자로서 화·청자는 무대 밖 주변부에 위치하며 주관적으로 해석된다. 화·청자를 포함해서 언어 활동이 이루어지는 장소 및 시간과 같은 직접적인 환경은 고정체(ground)로 언급된다. 고정체는 모든 언어 표현의 의미에 나타난다는 것이 Langacker(1991b)의 생각이다. 즉 언어 표현이 있다는 사실은 그 언어 표현을 사용하는 잠재

---

5) 최대 시야란 관찰자가 향하고 있는 방향에서 관찰될 수 있는 모든 것을 말한다.

적인 언어 사용자인 화·청자가 있음을 암시한다. 그러나 화·청자가 다음과 같이 고립적으로 사용되는 낱말에 참여하는 경우에 그 역할은 거의 전적으로 주관적이다.

(14) lamp, tree, toaster, day, twist, die, imagine, denigrate

이에 대한 형상은 다음 [그림 10.6a]와 같다(Langacker 1991b: 319). 이런 표현을 기술할 때, 고정체는 이런 대상물들이 존재하는 무대 밖에서 관찰하여 표현한다. 즉 고정체와 지각대상이 완전히 분리되고 있다.
 직시적 표현6)은 반드시 고정체를 환기한다. Langacker는 직시적 표현을 두 가지 종류로 구분한다. 다음이 그 두 종류의 직시적 표현이다.

(15) a. this lamp, that tree, yesterday, tomorrow, last year
    b. you, here, now

(15a)와 같은 직시적 표현이 실제로 무엇을 가리키고 있는지는 고정체를 참조하지 않으면 알 수 없다. 즉 이런 직시적 표현에는 고정체가 포함되어 있다. 그러나 이런 표현들의 경우에 고정체는 무대 밖에서 암시적으로 윤곽부여 받지 않은 채로 남아 있다. 즉, 고정체는 기술 대상이 존재하는 무대 위 영역에는 포함되어 있지 않고 윤곽부여 되지 않는 무대 밖에 존재하고 있는 것으로 간주된다. 이것은 [그림 10.6b]의 형상으로 나타낼 수 있다(Langacker 1991a: 319). (15b)와 같은 직시적 표현의 경우에는 고정체가 무대 위에 놓이고 윤곽부여 된다. 이것은 [그림 10.6c]로 형상화된다(Langacker 1991a: 319). [그림 10.6a]에서 [그림 10.6c]로 갈수록 고정체에 대한 해석이 점차 더 객관적으로 되는 것을 알 수 있다.

---

6) Langacker(1999: 221)는 이것을 고정화 서술(grounding predication)이라 부른다.

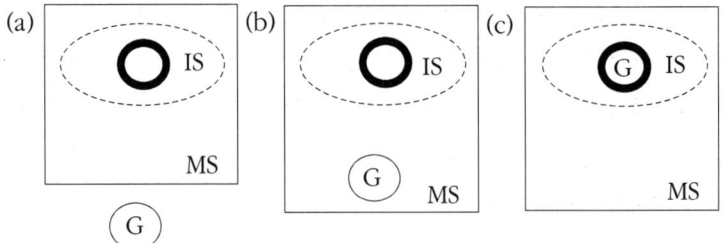

[그림 10.6] 고정체에 대한 객관적 해석과 주관적 해석

10.3. 주관화 모형

Langacker(1990)는 초기에 주관화를 어떤 관계가 객관적 축에서 주관적 축으로 재정렬(realignment)이나 대치(replacement)되는 것으로 정의한다. Langacker(1998: 73)는 자신의 초기 주관화 모형을 [그림 10.7]과 같이 제시한다. 즉 객관적으로 해석되는 무대 위의 요소들 사이에서 유지되는 Y와 같은 어떤 관계적 성분이 Y′라는 유사한 관계로 재정렬이나 대치되는데, Y′라는 관계는 무대 위의 상황과 고정체의 특정 면

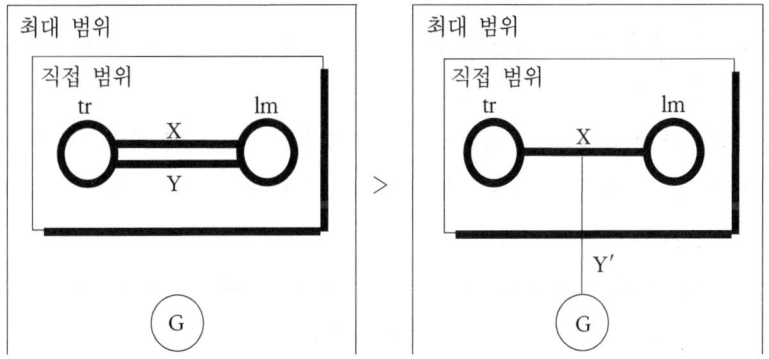

[그림 10.7] Langacker(1990)의 초기 주관화 모형

사이에 유지되고 있다. Y'와 고정체는 무대 밖에 있으며 주관적으로 해석되기 때문에, Y가 주관화를 겪는다고 말할 수 있다. 이런 주관화 과정은 탄도체와 지표라는 참여자의 위상에 영향을 미치는 것이 아니라, 원래의 객관적 관계의 어떠한 면이 무대 위에 남아서 윤곽부여를 받는지에만 영향을 미친다.

그러면 Langacker의 초기 주관화 모형이 다음 예에 나타나는 across의 두 의미를 어떻게 연결시키는지를 보자.

(16) a. A giant chicken strode angrily across the street.(거대한 병아리가 노하여 거리를 가로질러 걸어갔다.)
b. There was a KFC outlet right across the street.(길 건너 바로 맞은편에 KFC가 있었다.)

(16a)에서 탄도체인 the chicken은 공간을 통하여 이동해서 지표인 the street를 가로지르는 경로를 따라 있는 모든 지점을 연속적으로 차지한다. 이것은 객관적 이동의 경우이다. 반면에 (16b)에서 탄도체는 지표 건너편이라는 단 한 지점을 차지하고 있다. 그러나 이 경우에도 이동의 의미는 있다. 즉 탄도체가 정적이지만, 개념화자는 탄도체의 위치를 상술하기 위해 물리적 공간을 심적으로 이동하는 것이다. 이것은 주관적 이동의 경우이다.

요컨대, 무대 위의 탄도체의 객관적 이동은 무대 밖에 있는 개념화자의 주관적 이동으로 대치된다. 이것은 다음 [그림 10.8]로 나타낼 수 있다(Langacker 1998: 74).

주관화를 대치의 개념으로 설명하는 것은 주관화 과정 자체가 불연속적임을 암시한다. 이것은 인간의 인지과정이 본질적으로 연속적이라는 사실과 일치하지 않는다는 점에서 너무 기계론적인 모형처럼 보인다. 그래서 Langacker(1999)에서는 재정렬이나 대치가 아니라 변이(shift)에

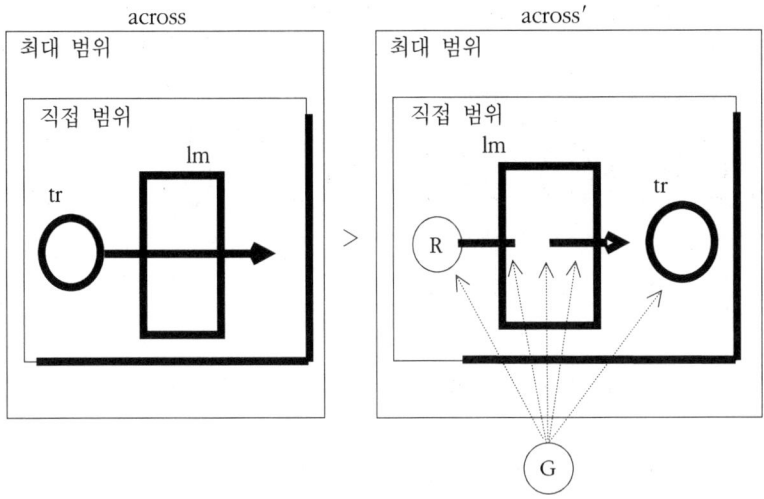

[그림 10.8] across의 초기 주관화 모형

의해 주관화를 기술한다. Langacker(1998, 1999)는 주관적 성분7)이 객관적 개념에 내재하면서 항상 그곳에 있으며, 객관적 개념이 사라질 때 주관적 성분이 뒤에 남는다고 주장한다. Langacker(1999: 297)는 주관화를 다음과 같이 정의한다. "주관화는 어떤 실체에 대한 상대적인 객관적 해석에서 더 주관적 해석으로의 변이이다." 주관화에 대한 이런 수정된 모형은 [그림 10.9]로 표현된다(Langacker 1999: 298).

---

7) 주관적 성분이란 화자의 심적주사를 말한다. 나중에 Langacker의 주관화에 대한 후기 모형에서 알 수 있듯이, 심적주사는 객관적 해석과 주관적 해석 둘 다에 잠재해 있으며, 탄도체와 지표 사이의 관계에 참여하는 정도에서만 차이가 난다. 즉 탄도체와 지표 사이의 관계가 객관적으로 설정되면 그 둘은 객관적 해석을 받는 것이고, 둘 사이가 관계가 심적주사에 의해 설정되면 그것은 주관적 해석을 받는 것이다. 반면에 주관화의 초기 모형에서는 객관적 해석에는 심적주사가 처음부터 설정되어 있지 않고 주관적 해석에서 설정되어 있다.

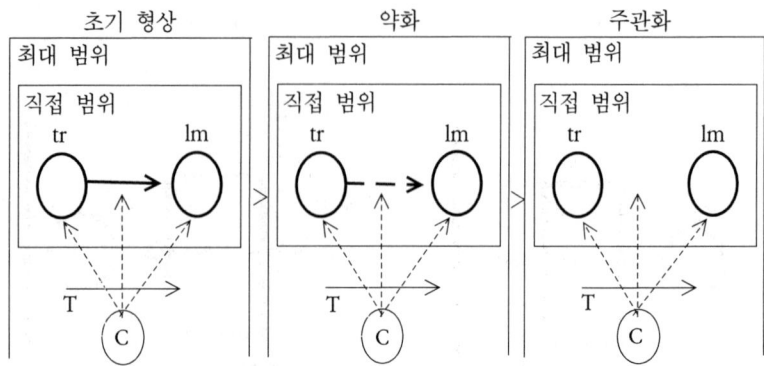

[그림 10.9] Langacker(1999)의 후기 주관화 모형

첫 번째 형상에서, 탄도체와 지표를 연결하는 진하게 표시된 화살표는 객관적으로 해석되는 윤곽부여 받는 둘 사이의 관계를 묘사한다. 화살표의 방향은 탄도체의 선택에 동기부여 하는 객관적인 비대칭성[8]을 나타낸다. T로 표시된 화살표는 시간의 경과를 나타낸다. C로 표시된 개념화자는 탄도체와 지표가 맺고 있는 특정한 관계를 바라보고 있다. 즉 그는 탄도체에서 지표로 심적주사를 하고 있다. 점선 화살표는 시간의 경과를 통해 수행되는 개념화자의 심적활동, 즉 심적주사를 나타낸다. 탄도체와 지표 사이의 관계는 심적주사에 달려 있다기보다는 객관적인 상황에서 설정된다.

두 번째 형상에서, 탄도체와 지표를 연결하는 진하게 표시된 점선은 객관적으로 표현되는 탄도체와 지표 사이의 관계 및 탄도체가 차지하는 역할 둘 다에 대한 약화(attenuation)[9]를 나타낸다. 비록 개념화자가 첫 번째 형상에서와 같거나 그에 필적하는 심적주사를 계속 수행하지만, 탄도체와 지표 사이의 관계에 대한 동기는 심적주사에 덜 의존한다.

---

[8] 탄도체는 어떤 의미에서 지표보다 더 활동적이어서 행위자, 경험자, 이동자가 된다는 점에서, 탄도체와 지표 사이에 비대칭성이 있다.

[9] Langacker(1999: 297)는 주관화의 경우에 행위 주체(agentive subject)가 발휘하는 통제의 정도가 약해지는 현상을 약화라 부른다.

마지막 형상에서 탄도체와 지표 사이에 특정한 관계가 여전히 설정되어 있지만, 그 둘 사이를 연결하는 윤곽부여 된 화살표가 없다는 점에서 그 관계는 객관적으로 해석된다고 할 수 없다. 오히려 그 둘 사이의 관계는 전적으로 개념화자의 심적주사에 달려 있다. 즉 개념화자의 심적주사에 의해 탄도체와 지표 사이의 관계가 설정된다는 것이다. 이제 탄도체와 지표 사이의 관계는 객관적으로 해석되는 것이 아니라 개념화자가 그 관계에 참여하기 때문에 주관적으로 해석된다고 말할 수 있다.

요컨대, 주관화는 Langacker의 해석의 한 차원임을 보여 주었고, 주관화 과정의 결과로 나타나는 성질인 주관성 및 그것과 대비되는 객관성을 인지언어학적으로 정의했다. 마지막으로 의미 확장의 메커니즘으로 작용하는 주관화 모형을 Langacker의 초기 모형과 후기 모형을 대비하면서 제시했다. 다음 절에서는 Langacker의 후기 주관화 모형에 기초해서 전치사 across의 의미 확장 양상을 고찰할 것이다.

10.4. 주관화와 전치사의 의미 확장

10.4.1. 전치사의 의미 확장 양상

전치사의 의미에 대한 인지언어학 연구10)에 따르면, 전치사 의미는 방사 범주를 하고 있는 것으로 간주된다. 방사 범주에는 원형적 의미가 있으며, 원형적 의미는 다른 비원형적 의미들로 확장된다. 즉 모든 전치사는 다의적이다. 즉 전치사는 서로 관련된 몇 개의 의미들로 구성된 방사

---

10) 전치사에 대한 인지언어학 연구로 Herskovits(1986), Boers(1996)가 있는데, 이 두 연구는 몇 개의 전치사를 선택해서 각 전치사들의 다양한 의미를 제시하고, 그 의미들의 관련성을 영상도식과 은유 과정을 도입해서 명시적으로 설명한다. 더 최근에 Tyler & Evans(2003)에서는 원칙적 다의성 모형(principled polysemy model)에 기초해서 전치사를 인지언어학적으로 분석한다.

범주를 구성한다. 이런 방사 범주는 중심-주변 구조로 되어 있으며, 중심부에는 원형적 의미가 있으며, 주변부에는 원형적 의미와 가족닮음을 보여 주는 비원형적 의미가 있다. 이런 방사 구조를 기술할 때 명시해야 할 두 가지 문제가 있다. 하나는 그 범주의 원형적 의미를 정의하는 것이다. 두 번째는 비원형적 의미가 원형적 의미와 관련되는 방법을 기술하는 것이다. 바꾸어 말해서, 비원형적 의미가 원형적 의미에서 확장된다는 것에 대한 동기를 부여하는 것이다.

그러면 전치사 across를 사용해 이 두 문제를 해결해 보자. 첫 번째 문제는 across의 원형적 의미를 결정하는 것이다. across의 원형적 의미는 탄도체가 어떤 출발점에서 특정 경로를 가로질러 목적지로 이동하는 것이며, 더 나아가 탄도체와 지표는 모두 구체적인 실체이다. 다음 예들을 보자.

(17) a. There is a rope across the street.(밧줄이 거리를 가로질러 있다.)
　　 b. There is a bridge across the river.(강을 가로질러 다리가 있다.)
(18) a. He walked across the street.(그는 거리를 가로질러 걸어 갔다.)
　　 b. He ran across the field.(그는 들판을 가로질러 달려갔다.)
(19) a. The house is across the street.(집이 길 건너 맞은편에 있다.)
　　 b. France lies across the channel.(프랑스는 해협을 가로질러 놓여 있다.)
(20) a. I managed to get my arguments across.(나는 가까스로 나의 주장을 이해시켰다.)
　　 b. He put the ideas across.(그는 그 생각을 이해시켰다.)

(17)에서는 구체적인 탄도체인 rope와 bridge가 각각 구체적인 지표인 street와 river를 실제로 가로질러 놓여 있으며, rope 및 bridge의 한쪽 끝과 다른 쪽 끝은 각각 출발점과 목적지가 된다. (18)에서는 탄도체와 지표 둘 다 구체적이며, 탄도체가 실제로 지표를 가로지르고 있다. (19)는 주관적 해석을 받는 경우이다. 탄도체와 지표 둘 다 구체적인 실체이

기는 하다. 그러나 (19)는 탄도체가 실제로 지표를 가로지르고 있는 상황이 아니라, 탄도체가 지표를 가로지른 결과로 전자가 후자 건너편에 있는 상황을 묘사하고 있다. 이 경우에는 관찰자의 시선이 탄도체가 지표를 가로지르는 것을 따라 이동하고 있다. (20)은 (17-19)와는 다른데, 왜냐하면 탄도체가 구체적인 실체가 아니라 추상적이기 때문이다. 더욱이 지표는 언어적으로 표현되어 있지 않고 상황에 기초해서 복원되어야 한다. 이 경우에는 행위자가 탄도체인 추상적 실체를 상대방에게 가로질러 전달하는 상황을 묘사하고 있다. across의 이런 네 가지 의미 중에서 (17)은 탄도체와 지표가 구체적인 실체이고, 탄도체가 지표를 실제로 가로지르고 있다는 점에서 가장 원형적인 의미이며, (20)은 이런 원형적 의미에서 확장된 비유적인 의미, 즉 비원형적 의미이다.

　두 번째 문제는 비원형적 의미가 원형적 의미에서 확장된다는 것에 대한 동기를 부여하는 것이다. 인지의미론에서는 비원형적 의미가 원형적 의미에서 확장되는 것에 대한 동기로 은유와 같은 인지과정[11]이 제안되었다. (20)의 across가 (17)의 원형적 의미에서 확장된 비원형적 의미인 비유적 의미를 가지는 것은 이런 인지과정으로서의 은유 때문이다. 즉 은유라는 인지과정이 의미 확장에 대한 동기가 되는 것이다. 전치사의 의미 확장에 대한 동기가 되는 또 다른 인지과정이 주관화이다. 다음 절은 의미 확장의 동기로서 주관화에 대해 살펴볼 것이다. 즉 (18)의 객관적인 이동이 주관화 과정에 의해 (19)에서는 주관적 이동으로 해석되는 것에 대한 동기를 주관화 모형으로 설명할 것이다.[12]

---

11) 전통적으로 은유는 수사적 장치로 간주되었지만 인지언어학자들은 은유를 인지과정으로 재인식한다. 이것은 Lakoff, Johnson, Turner와 같은 인지언어학자들의 연구 결과이다.
12) Lakoff(1987)은 (19)의 across의 의미가 (18)의 원형적 의미에서 확장되는 것은 환유 과정에 의해서라고 주장한다. (19)에서는 그 전체를 가로지르는 과정 중에서 마지막 지점만을 언급하고 있다. 즉 마지막 지점이라는 부분을 사용해서 전체를 가로지르는 과정을 지시하는 것이다.

10.4.2. across의 의미 확장

전치사는 원형적 의미가 확장되어 둘이나 그 이상의 의미를 가진다는 것은 이미 많이 논의된 부분이다. 먼저 다음 예문을 보자.

(21) a. The child hurried across the street.(그 아이는 거리를 가로질러 서둘러 갔다.)
b. There is a mailbox right across the street.(길 건너 바로 맞은편에 우체통이 있다.)

전치사는 두 개의 명사를 관련짓는 기능을 가지는데, 한 명사는 전치사의 탄도체가 되고 다른 명사는 지표가 된다. (21a)에서 탄도체인 the child는 정적인 지표인 the street를 가로질러 공간적 경로 위에 있는 모든 지점들을 연속적으로 차지하고 있다. 이것은 [그림 10.10]의 왼쪽 그

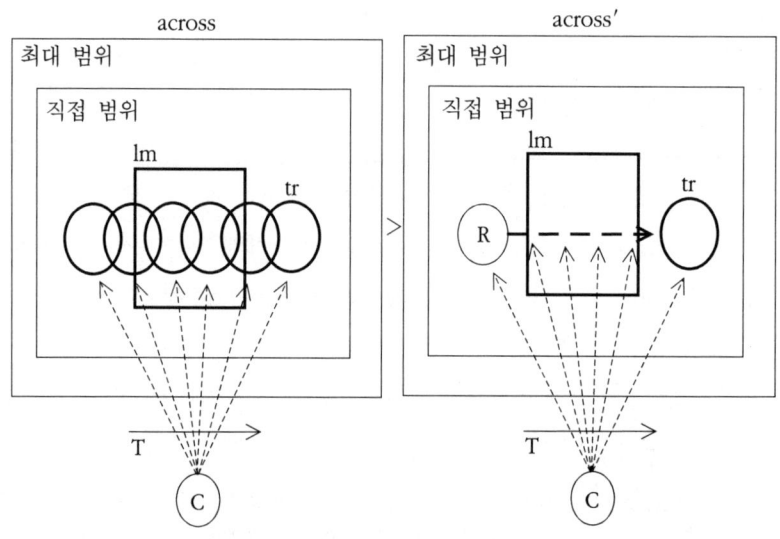

[그림 10.10] across의 후기 주관화 모형

림으로 묘사된다(Langacker 1999: 300). 반면에, (21b)에서 across의 탄도체인 the mailbox는 [그림 10.10]의 오른쪽 그림에서 볼 수 있듯이 정적이다. 즉 across의 탄도체는 지표인 the street에 관해서 단 하나의 위치만을 차지하고 있다. 이것은 탄도체와 지표 사이의 객관적 관계 및 탄도체의 선택에 대한 기초가 약화되었다는 것을 예증한다. (21b)에서 예증되는 across의 두 번째 의미에서 탄도체는 덜 포괄적이고 덜 역동적이다.

(21a)에서 탄도체는 객관적인 공간적 경로를 따라 이동하고 있는데, 개념화자는 반드시 탄도체가 이동하는 객관적인 경로와 동일한 경로를 따라 심적으로 주사한다. 비록 (21b)로 예증되는 across의 두 번째 의미에는 객관적 이동이 없지만, 참조점에 관해서 탄도체의 위치를 파악할 때, 개념화자는 주관적으로 동일한 경로를 따라 이동한다. 객관적 이동이 일단 사라지면, 주관적인 심적주사가 더 명백하게 된다. 비록 객관적 이동이 사라지더라도 탄도체와 지표의 배열에는 아무런 변화가 없다. [그림 10.10]의 오른쪽 그림에서 볼 수 있듯이, across의 탄도체는 공간적 경로를 구성하는 모든 위치를 연속적으로 차지하는 것이 아니라, 단지 마지막 위치만을 차지한다.

across의 이런 두 가지 의미는 이동의 범위에서 차이가 난다. 즉 (21a)로 예증되는 across는 탄도체가 공간적 경로를 구성하는 모든 지점을 가로지른다는 것을 의미하며, (21b)로 예증되는 그것은 단지 공간적 경로의 마지막 지점만을 차지한다는 것이다. 그러나 이동의 범위는 전치사 across의 의미 확장에 대한 첫 번째 매개변수이며, 이 외에 다른 매개변수들이 있다. 이것이 무엇을 의미하는지 보기 위해 다음 예들을 검토해 보자.

(22) a. The child hurried across the busy street.(그 아이는 번잡한 거리를 가로질러 서둘러 갔다.)

b. The child is safe across the street.(그 아이는 길 건너 맞은편에서 안전하다.)
c. You need to mail a letter? There's a mailbox just across the street.(당신은 편지를 우편으로 보낼 필요가 있나요? 길 건너 바로 맞은편에 우체통이 있습니다.)
d. A number of shops are conveniently located just across the street.(많은 상점들이 길 건너 바로 맞은편에 편리하게 위치하고 있다.)
e. Last night there was a fire across the street.(어젯밤에 길 건너 맞은편에서 불이 났다.)

(22a)는 탄도체가 행하는 윤곽부여 된 객관적 이동을, (22b)는 탄도체가 행하는 윤곽부여 되지 않은 과거의 실제 이동에서 초래된 정적인 위치를, (22c)는 수신자가 행하는 윤곽부여 되지 않은 잠재적인 미래 이동의 목적지인 정적인 위치를, (22d)는 총칭적 개인이 행하는 잠재적 이동의 목적지인 정적인 위치를, (22e)는 물리적인 이동을 전혀 관찰할 수 없는 정적인 위치를 나타낸다.

(22a)에서는 탄도체 the child가 지표인 전체 공간 경로를 따르는 이동이 윤곽부여 되고 있다. 이것은 탄도체의 윤곽부여 된 객관적 이동의 경우이다. (22a)를 제외한 모든 다른 문장은 단 하나의 상태적 형상에만 윤곽부여 하기 때문에 상태의 의미를 가진 동사 be를 가진다. 그럼에도 불구하고, 그 문장들에 객관적으로 해석되는 이동의 흔적이 남아 있다. 객관적으로 해석되는 이동은 윤곽부여 된 위상에서 윤곽부여 되지 않은 위상으로의 변화 및 실제 이동에서 잠재적 이동으로 그리고 다시 총칭적 이동으로의 변화를 겪는다. 이동자 또한 변한다. 이동자는 객관적으로 해석되는 탄도체에서 주관적으로 해석되는 수신자로 변하며, 특정한 이동자에서 일반적인 이동자로 변한다. 문장 (22e)에서는 물리적인 이동의 개념이 완전히 사라져서 단지 탄도체의 위치를 상술하기 위해 지표 경로를 따라 심적으로 이동하는 개념화자에 의한 주관적 이동만 남

아 있다.

　이런 예를 통해 알 수 있듯이, (22a)의 객관적 이동에서 (22e)의 주관적 이동으로의 변이인 주관화는 단 하나의 단계에서 발생하는 것이 아니라, 몇 가지 매개변수를 통해서 몇 번의 단계를 거치는 연속적인 진화적 단계를 통해 발생한다는 것을 알 수 있다. 주관화는 개략적으로 네 가지 매개변수를 통해 발생하는 것처럼 보인다. 첫 번째 매개변수는 위에서 검토한 위상의 변화이다. 즉 실제 위상에서 잠재적 위상으로 또는 특정한 위상에서 총칭적 위상으로의 변화이다. 두 번째 매개변수는 초점의 변화이다. 이것은 특별한 요소가 주의 초점으로 윤곽부여 되는 범위의 변화를 말한다. 앞에서 보았듯이, (22a)에서는 탄도체의 실제 이동이 윤곽부여 되지만, (22b)에서 그것은 윤곽부여 되지 않는다. (22b)는 이동 그 자체에 윤곽부여 하는 것이 아니라 실제 이동에서 초래된 마지막 위치에만 윤곽부여 한다. 탈초점화의 경우는 객관적 이동이 없는 (22e)에서 볼 수 있다. 세 번째 매개변수는 영역의 변화이다. 이것은 물리적 영역에서 사회적 영역으로의 변화이다. 마지막 매개변수는 활동의 중심(locus of activity 또는 potency)의 변화이다. 이것은 이동자의 변화이다. 즉 무대 위에 있는 초점받은 참여자(탄도체)에서 무대 밖의 참여자(수신자)로의 변화나 특정한 이동자에서 일반적인 이동자로의 변화이다.

　이 장에서는 또 다른 인지과정인 주관화를 소개하고, 인지과정으로서의 주관화가 적용되는 방식을 다루었다. 주관화는 Langacker가 말하는 해석의 한 차원에 속하며, 해석의 한 차원인 심적주사가 언어 표현에 적극적으로 참여하는 인지과정이다. 주관화는 객관적 축에서 주관적 축으로 재정렬 혹은 대치되는 불연속적인 과정이 아니라, 객관적 해석에서 주관적 해석으로 변이하는 연속적인 과정이라고 주장했다. 연속적인 인지과정으로서의 주관화를 전치사 across의 의미확장 현상을 다루는 데 적용했다.

제11장 개념적 혼성

11.1. 개념적 혼성의 정의
11.2. 개념적 혼성의 특징
    11.2.1. 사건 통합
    11.2.2. 융합
11.3. 개념적 혼성과 의미구성의 양상
    11.3.1. 입력공간 구축과 의미구성
    11.3.2. 공간횡단 사상과 의미구성
    11.3.3. 투사와 의미구성

일반적으로 인지언어학에서는 두 인지영역 사이에서 작용하는 사상(mapping)을 대표적인 인지과정으로 취급해 왔다. 사상에 대한 본성은 인지과학의 중심적인 문제로 상당한 관심을 받아 오고 있으며, 사상에 관한 문헌이 이 분야에서 많이 발표되고 있다. 특히, Lakoff & Johnson(1980), Lakoff & Turner(1989), Sweetser(1990), Turner(1987), Gibbs(1994) 등은 은유라는 주제로 사상에 관심을 가지며, Fauconnier(1997), Turner(1991)는 공간횡단 사상에 관심을 가진다.

  그러나 사상이라는 단 하나의 과정만으로는 다양한 언어 현상을 적절하게 분석할 수 없다는 점에 착안하여, 개념적 혼성이라는 또 다른 인지과정을 절실히 필요하게 되었다. 더 나아가 사상은 개념적 혼성의 한 면에 불과하다는 것이 개념적 혼성을 연구하는 학자들의 관점이기도 하다. 기존의 사상 과정은 두 인지영역에 기초해서 접근하는 두영역 모형(two-domain model)인 반면, 개념적 혼성은 두 입력공간, 두 입력공간에 공통적인 총칭공간, 두 입력공간에서의 선택적 투사(selective projection)

에 의해 창조되는 혼성공간이라는 네 공간으로 구성된 네공간 모형(four-space model)이다.[1]

개념적 혼성이라는 인지과정을 이용하는 인지언어학을 개념적 혼성 이론(conceptual blending theory)이라 한다. 개념적 혼성 이론은 Fauconnier & Turner(1994, 1998a) 및 Fauconnier(1997)에서 전개되고 있는 의미구성(meaning construction)에 관심을 갖는 이론이다. Fauconnier와 Turner가 1993년에 착수한 개념적 혼성 이론에 관한 연구에서, 그들의 첫 번째 연구는 주로 은유였다. 그러나 은유 외에, In French, Watergate would not have hurt Nixon(프랑스였다면, 워터게이트 사건은 닉슨에게 해를 끼치지 않았을 것이다)과 같은 반사실적 구문 및 Goldberg(1995)의 문법 구문이 개념적 혼성으로 설명됨을 볼 수 있다. 더욱이 Mandelblit(1997)는 형태론과 통사론에서, Oakley(1995), Freeman(1997)은 문학에서, Zbikowski(1997)은 음악에서, Coulson(1997)은 유머에서 혼성과정이 작용함을 밝혀낸다.

이 장에서는 개념적 혼성의 본질을 살펴볼 것이다. 특히 개념적 혼성에 대한 정의 및 특징과 더불어 의미구성이 이루어지는 세 가지 방식을 검토할 것이다.

11.1. 개념적 혼성의 정의

개념적 혼성[2]은 표현의 의미구성 방식[3]을 명시적으로 보여 주는 인지

---

1) 네공간 모형은 다공간 모형(many-space model)의 한 유형이다. 네공간 모형의 경우에는 입력공간이 두 개이지만, 다공간 모형은 입력공간이 세 개나 그 이상인 경우이다.
2) 개념적 혼성이라는 용어는 형태론에서 말하는 혼성어(blend)를 환기시킨다. 형태론에서 혼성어란 A와 B라는 두 낱말이 있을 때, 'A의 일부+B의 일부', 또는 'A의 일부+B의 전체', 'A의 전체+B의 일부'로 만들어지는 낱말을 말한다. smog(스모그), motel(모텔), Eurasia(우라시아), brunch(늦은 아침밥) 등이 그 예다. 그러나 이와 같은 혼성어는 개념적 혼성과는 다르다. 혼성어는 언어적인 차원에

과정이다. Coulson(2001: 115)에 따르면, "개념적 혼성은 일련의 비합성적인 개념적 통합의 과정으로서, 그 과정에서 발현구조를 생산하기 위해 의미구성을 위한 상상의 능력이 환기된다." 더 구체적으로 말하자면, 개념적 혼성은 입력공간 구축(establishment of input spaces)을 포함해서, 입력공간들 간의 공간횡단 사상(cross-space mapping) 및 입력공간에서 혼성공간으로의 투사(projection)를 포함하는 강력한4) 인지과정이다. 따라서 먼저 입력공간이 구축되고, 입력공간에 공통적인 총칭공간이 형성되고, 입력공간에서 투사되어 혼성공간이 형성됨으로써 [그림 11.1]과 같은 네공간 망인 개념적 통합 망(conceptual integration network)5)이 만들어 진다(Fauconnier 1997: 151).

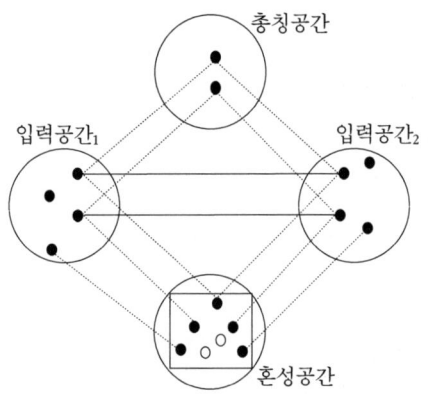

[그림 11.1] 개념적 통합 망

서 발생하는 언어과정인 반면, 개념적 혼성은 인지적 차원에서 발생하는 인지과정이다. 즉, 혼성어와 개념적 혼성은 작용하는 층위가 다르다.
3) Fauconnier(1997: 1)에 따르면 "*의미구성*은 우리가 생각하거나 행동하거나 의사소통 할 때 영역들 내에서 그리고 영역들을 가로질러 적용되는 고차원적이며 복잡한 심적 작용을 가리킨다." 즉, 그는 의미구성을 일종의 인지과정으로 간주한다. 반면에 이 책에서는 의미구성이 개념적 혼성의 결과로 나타나는 결과물로 간주된다.
4) 개념적 혼성이 강력한 인지과정이라 함은 개념적 혼성이 다양한 유형의 언어 현상을 설명할 수 있음을 뜻한다.
5) Coulson(1997: 188)에 따르면, "개념적 통합 망은 화자가 문맥적 정보와 배경 지식에서 구성한 틀들로 구조화된 정신공간들의 망이다."

제11장 개념적 혼성   271

Fauconnier(1997: 149-151)는 개념적 혼성이 발생할 때 충족되어야 하는 몇 가지 조건을 제시한다. 첫째는 공간횡단 사상이다. 공간횡단 사상이란 두 입력공간 사이의 체계적인 대응관계를 말한다.6) 공간횡단 사상은 두 입력공간7)의 요소들 사이를 연결하고 있는 실선으로 표시된다. [그림 11.1]에서 실선은 대응요소들 간의 연결을 나타낸다.8) 대응요소의 연결에는 많은 종류가 있는데, 두 틀 사이의 연결, 틀 속에 있는 역할들 사이의 연결, 은유적 연결(metaphorical link)9)이 그 대표적인 예이다. 각 입력공간 속에 있는 검은색 점들은 입력공간을 구축하는 요소들이다. 요소는 크게 세 가지 종류로 나눌 수 있는데, 실체(entity) 및 실체가 가지고 있는 속성(attribute), 그리고 실체들 사이의 관계(relation)가

---

6) 개념적 혼성 이론에서 사상은 전체적일 수도 있고 부분적일 수도 있다. 사상이 전체적이라 함은 입력공간$_1$에 있는 모든 요소가 입력공간$_2$에 있는 모든 대응요소와 일대일로 사상된다는 것을 말한다. 사상이 부분적이라 함은 대응되지 않는 요소가 입력공간에 있을 수 있음을 말한다.
7) Turner(2001: 16)는 입력공간이 conceptual influences, contributors, contributing spaces, inputs, parents, espaces d'entrée라고 불리기도 한다고 말한다.
8) Fauconnier & Turner(2002: 92-102)는 개념적 통합 망에 있는 입력공간들은 이른바 '중추적 관계(vital relation)'라 불리는 본질적인 관계들에 의해 연결된다고 주장한다. '변화', '동일시(identity)', '시간', '공간', '원인-결과', '유일성(uniqueness)'이 중추적 관계에 속한다는 것이 그들의 주장이다.
9) 사상에 의한 대응관계는 크게 두 가지 종류로 나뉜다. 첫 번째는 근원영역에 있는 사람 및 사물과 같은 실체, 행동, 상태가 목표영역에 있는 그 대응요소로 사상되는 존재론적 대응관계(ontological correspondence)이다. 두 번째는 근원영역에 있는 특정한 상황이 목표영역에 있는 상황과 대응하는 인식론적 대응관계(epistemic correspondence)이다. Lakoff & Johnson(1980) 및 Lakoff(1987)에서 제시된 '사랑은 여행이다' 은유에 의해 생성되고 이해되는 다음 언어적 은유를 보자.
 (1) a. Look how far we've come.(우리가 얼마나 멀리 왔는지 보라.)
     b. Our relationship is off the track.(우리의 관계가 잘못되었다.)
     c. We've spinning our wheels.(우리는 헛바퀴만 돌리고 있다.)
 (1)에서 연인은 여행객과 대응되며, 사랑 관계는 여행 차량과 대응되며, 연인의 공통 목표는 여행의 공통 목적지와 대응되며, 사랑의 어려움은 여행의 방해물과 대응된다. 이런 대응관계가 존재론적 대응관계이다. 그리고 차량이 어딘가에 빠져 여행객이 다시 차량을 움직이게 하고자 하는 여행 상황은 사랑 관계가 만족스럽지 못해 연인들이 다시 그것을 만족스럽게 하고자 노력하는 사랑 상황과 대응한다. 이것은 인식론적 대응관계의 예이다.

그것이다.10) 입력공간이 이렇게 세 가지 유형의 요소들로 이루어져 있다는 것은 특정한 상황이나 사건을 구조화해서 입력공간이 구축된다는 것을 암시한다.

둘째는 총칭공간(generic space)이다. 총칭공간은 두 입력공간이 공유하는 추상적인 구조와 조직을 반영하는 포괄구조이다. 더욱이 총칭공간은 두 입력공간 사이의 공간횡단 사상을 한정해 준다. 총칭공간은 각 입력공간과 사상된다. 즉, 총칭공간에 있는 각 요소는 두 입력공간에서 쌍을 이룬 대응요소에 사상된다.

셋째는 혼성공간(blended space)이다. 혼성공간은 입력공간$_1$과 입력공간$_2$가 선택적으로 투사되어 형성되는 공간이다. 혼성공간에는 총칭공간에서 포착되는 총칭구조가 들어 있지만, 혼성공간에는 총칭공간보다 더 특이한 구조가 들어 있으며 또한 혼성공간에는 입력공간에 없는 구조가 형성될 수도 있다.11)

넷째는 발현구조(emergent structure)이다. 혼성공간에는 두 입력공간에 없는 발현구조가 생성되는데, 이것은 세 가지 방식으로 가능하다. 합성(composition), 완성(completion), 정교화(elaboration)가 그것이다. Grady, Oakley & Coulson(1999: 107)에 따르면, "가장 직접적인 과정인 합성은 각 입력공간의 내용물을 혼성공간으로 투사하는 것을 가리킨다." 즉, 합성은 결국 투사이다. "완성은 입력공간들에서 투사된 구조가 장기기억에 들어 있는 정보와 조화를 이룰 때 환기되는 특정 패턴을 혼성공간에서 채운다." "정교화는 혼성공간에서 사건에 대한 가장된 정신적 수행이며, 우리는 이것을 무한히 계속할 수도 있다." 혼성공간에

---

10) 이 책에서는 세 가지 유형의 요소인 실체, 속성, 관계를 구별하지 않고 일상 언어로 표기하고자 한다.
11) 두 입력공간에 근거하여 혼성공간이 만들어진다고 해서 개념적 혼성이 합성적인 연산 과정이라고 말할 수 없으며, 혼성공간이 전적으로 입력공간들로부터 예측되는 것도 아니다. 오히려, 혼성공간은 독립적으로 이용 가능한 배경 및 문맥적 구조와 조화를 이루어 두 입력공간에 의해 동기를 부여 받아 형성되는 공간이다.

는 입력공간들에서 투사되지 않는 새로운 요소들이 형성되어 발현구조가 창조되는데, 이것은 개념적 통합 망에서 네모로 표시된다. 네모 안의 흰색 점은 혼성공간에서 창조된 요소를 나타낸다.

개념적 혼성 이론에서 가장 두드러진 공간은 발현구조가 창조되는 혼성공간[12]이다. 혼성공간은 두 입력공간에 있는 요소들이 선택적으로 투사되어 만들어진다. 그리고 선택적 투사(selective projection)는 두 입력공간 사이의 공간횡단 사상에 의해 가능하며, 공간횡단 사상은 다시 총칭공간 때문에 가능하다. 즉, 총칭공간은 공간횡단 사상의 전제조건이 되며 공간횡단 사상은 선택적 투사의 전제조건이 된다. 이처럼 두 입력공간, 혼성공간, 총칭공간[13]이 밀접하게 관련되어 하나의 망을 형성하는 것이다.

개념적 혼성은 결국 발현구조를 만들기 위한 인지과정이다. 발현구조에는 주어진 표현의 의미를 구성하는 실마리가 들어 있다. 개념적 혼성이 발현구조를 창조하는 방식을 다음과 같이 나타낼 수 있다.

(1) 입력공간 구축 → 입력공간의 연결 → 혼성공간 형성 → 발현구조 창조

입력공간 구축은 주어진 언어 표현이 실마리가 되어 인지모형과 문맥의 상호작용을 바탕으로 이루어진다. 다음으로 입력공간들 사이의 대응 요소의 연결은 공간횡단 사상 때문에 가능하며, 혼성공간은 선택적 투

---

[12] 혼성공간은 두 입력공간에서 몇 가지 요소 및 그 의미들을 계승한다는 점에서 입력공간의 개념적 후손(conceptual descendent)인데, 이것은 마치 아이가 부모의 생물학적, 문화적 후손인 것과 유사하다. 아이들이 비록 부모에게서 태어나도 그 자체의 주체성이나 독자성을 가지고 있는 것처럼, 혼성공간은 입력공간의 단순한 복사가 아니라 그 자체의 독자성을 가지고 있다. 혼성공간이 가지고 있는 그 자체의 독자성은 발현구조로 실현된다.

[13] 개념적 혼성 이론에서 혼성공간과 총칭공간은 중간공간(middle space)으로 명명된다. 기존의 두영역 모형에는 근원영역과 목표영역이라는 두 영역만 설정되었으며, 여기에 새로운 두 공간이 설정되었다는 점에서 개념적 혼성 이론의 네공간 모형은 은유 이론의 두영역 모형의 확장된 모형이라고 할 수 있다.

사의 결과이며, 발현구조 창조는 합성, 완성, 정교화의 결과이다. 그렇다면 개념적 혼성은 다음과 같은 세 가지 인지과정의 합 또는 세 가지 인지과정이 차례로 작용하는 과정이라고 말할 수 있다.

    (2) 개념적 혼성＝입력공간 구축＋공간횡단 사상＋투사14)

11.2. 개념적 혼성의 특징

11.2.1. 사건 통합

개념적 혼성의 첫 번째 특징은 여러 사건을 하나의 사건으로 통합(integration)할 수 있다는 것이다. (3)은 1953년 샌프란시스코에서 보스턴 간에 이루어진 Northern Light(NL)호의 항해 기록을 깨기 위해, 1993년 샌프란시스코를 출발한 Great American Ⅱ(GA)호의 항해 소식을 담은 기사문이다(Fauconnier & Turner 1994: 7-8, Fauconnier 1997: 155-157 참조).

    (3) a. 1853년에 NL호가 샌프란시스코에서 보스턴까지 항해하는 데 76일 8시간 걸렸다. 1993년에 GA호가 같은 항로로 항해하고 있다.
        b. At this point, Great American Ⅱ is 4.5 days ahead of Northern Light.(이 지점에서 GA호가 NL호를 4.5일 앞섰다.)

---

14) 개념적 혼성 이론의 문헌에서는 개념적 혼성이 부분적 사상과 선택적 투사만을 포함하는 것으로 간주된다. Coulson & Oakley(2000: 178)의 개념적 혼성에 대한 입장은 다음과 같다. "혼성은 망을 구성하는 각기 다른 공간 속의 인지모형들 사이의 선택적 사상의 구축과 한 공간의 개념적 구조의 또 다른 공간으로 투사를 포함한다." 반면에 Coulson(2001)은 개념적 혼성이 세 가지 하위 작용으로 구성된 것으로 본다. Coulson(2001: 204)에 따르면, "사람들은 다른 영역으로부터 부분적인 구조를 이용하고, 다른 입력공간에서 환기된 구조들 사이의 사상을 설립하고, 개념적 혼성이라는 창조적인 메커니즘을 통해서 정보를 통합한다."

(3)을 통해 항해가 서로 다른 시간대에서 이루어지고 있는데, 배 두 대가 경주를 하고 있으며 현재까지 GA호가 NL호보다 4.5일 앞서고 있는 것으로 추론된다. 이 문장을 이해하고 적절한 추론을 이끌어 내기 위해서는 네 개의 공간이 필요하다. 1853년에 있었던 항해에 대한 입력공간$_1$, 1993년에 진행 중인 항해에 대한 입력공간$_2$, 두 입력공간에 공통적인 총칭공간, 배 두 대가 투사되어서 경주라는 발현구조를 만들어 내는 혼성공간이 그것이다. 중요한 것은 입력공간$_1$의 항해와 입력공간$_2$의 항해가 '배 경주'라는 하나의 사건으로 통합된다는 것이다. (3)의 의미구성을 위한 개념적 통합 망은 다음과 같다.

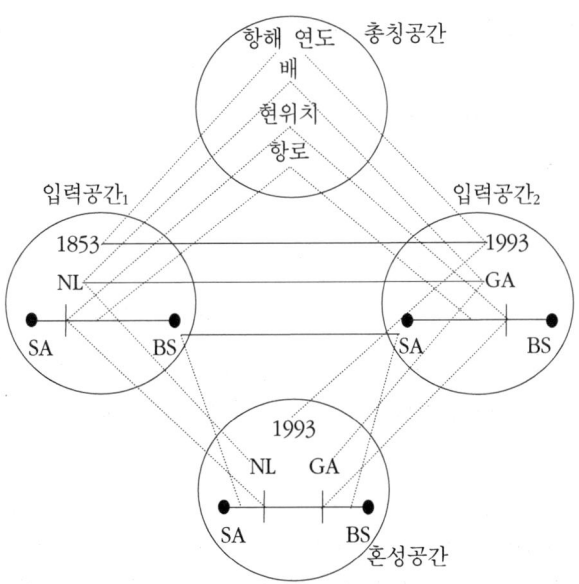

[그림 11.2] '배 경주'의 의미구성을 위한 개념적 통합 망

입력공간$_1$의 [1853], [NL], [현위치], [항로]가 입력공간$_2$에 있는 그 대응요소인 [1993], [GA], [현위치], [항로]와 각각 공간횡단 사상된다. 이 두 입력공간에 공통적인 총칭공간에는 [항해 연도], [배], [현위치], [항로]

로 이루어진 항해에 대한 추상적인 구조가 있다. 두 입력공간의 각 요소들은 총칭공간에 있는 요소들과 사상되고 입력공간 사이의 공간횡단 사상을 한정한다. 다음으로 선택적 투사가 작용해 입력공간$_1$의 [항로]와 입력공간$_2$의 [항로]가 혼성공간으로 투사되어 융합된다. 그리고 입력공간$_1$의 [NL], [현위치]와 입력공간$_2$의 [GA], [현위치]가 혼성공간으로 개별적으로 투사되지만 융합은 되지 않는다. 마지막으로 입력공간$_2$의 연도인 [1993]만이 혼성공간으로 투사된다. 선택적 투사의 결과로 두 입력공간에 없는 '배 경주'라는 새로운 발현구조가 창조된다. 즉, 혼성공간에서는 두 입력공간의 개별적인 두 항해가 '배 경주'라는 하나의 사건으로 통합된다. 혼성공간의 발현구조에서는 배 두 대가 각기 다른 연도에 개별적으로 항해하고 있는 것이 아니라 1993년에 서로 경주를 하고 있는 것으로 해석된다.

11.2.2. 융합

개념적 혼성은 각 입력공간의 요소들을 융합(fusion)할 수도 있고 융합하지 않을 수도 있다. 앞에서 살펴본 '배 경주'의 예에서 배 두 대는 서로 융합되지 않는다. 또 다른 예를 통해 융합의 개념을 추가적으로 살펴보자. (4)는 한 현대 철학자가 강의를 하고 있는 상황을 묘사하고 있다.

> (4) I claim that reason is a self-developing capacity. Kant disagrees with me on this point. He says it's innate, but I answer that that's begging the question, to which he counters, in Critique of Pure Reason, that only innate ideas have power. But I say to that, what about neuronal group selection? And he gives no answer.(나는 이성이 자체적으로 발달하는 능력이라고 주장한다. 칸트는 이 점에서 나와 의견이 다르다. 그는 이성이 선천적이라고 말하지만, 나는 그것이 논점을 교묘하게 회피하는 것이라고 말하는데, 이것에 대해 칸트는 순

수이성 비판에서 선천적인 관념만이 힘을 가진다고 되받아친다. 그러나 나는 그것에 대해 신경 단위적 집단 선택은 어떻게 되느냐고 묻는다. 그는 아무런 답변도 하지 못한다.)

(4)는 마치 현대 철학자 한 명이 칸트와 논쟁하고 있는 것처럼 묘사하고 있다. (4)에 대한 의미구성을 위한 개념적 통합 망은 다음과 같다.

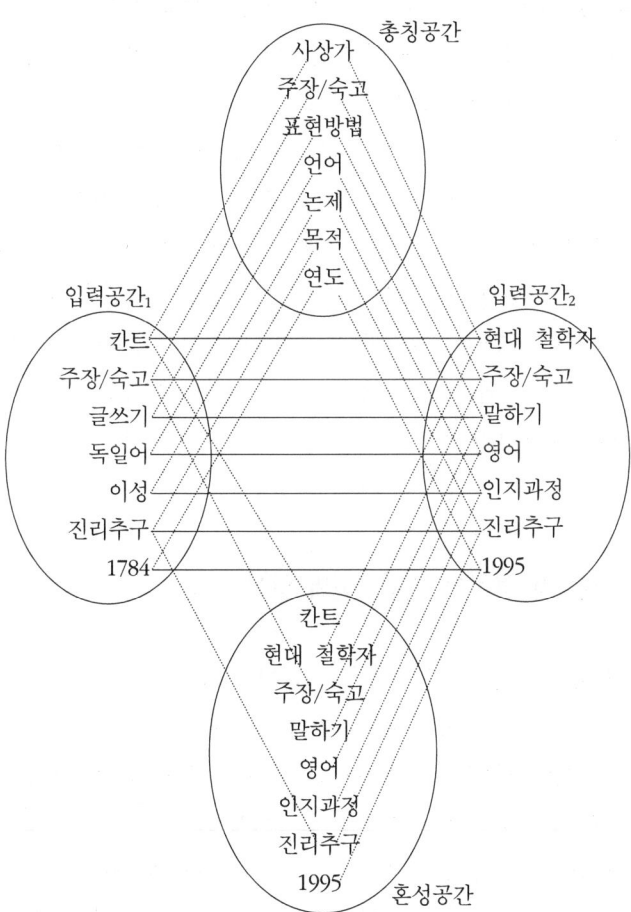

[그림 11.3] '현대 철학자와 칸트 사이의 논쟁'의 의미구성을 위한 개념적 통합 망

입력공간₁에는 독일 철학자 [칸트]가 있으며, 입력공간₂에는 영어를 사용하는 [현대 철학자]가 있다. 각 입력공간에는 논쟁이 없다. 총칭공간은 두 입력공간에 공통적인 하나의 틀을 공유하는데, 이 틀에는 주장하고 사고하는 사상가가 있으며, 또한 사상을 표현하는 방법 및 특정한 언어 등이 들어있다. 입력공간₁과 입력공간₂에서 투사된 혼성공간에는 '현대 철학자와 칸트 사이의 논쟁'이라는 틀이 창조된다. 즉, 혼성공간에서 칸트와 현대 철학자는 진리추구의 목적을 위해 1995년에 영어를 사용해 인지과정이라는 논제에 대해 말하면서 자신의 입장을 주장하고 상대방의 의견을 반대하는 논쟁을 편다는 의미가 구성된다. 이와 같은 혼성공간은 부분적으로는 두 입력공간을 이용하지만, 두 입력공간에서는 이용할 수 없는 구조를 가지고 있다는 것이 독특한 점이다.

예 (4)에 대한 개념적 통합 망에서, 두 입력공간에 있는 대응요소는 혼성공간으로 투사되어 융합될 수도 있고 융합되지 않을 수도 있다. 예컨대, 두 입력공간에 공통으로 들어 있는 [주장/숙고]와 [진리추구]가 혼성공간으로 투사되어 융합되는 반면에, 입력공간₁의 [칸트]와 입력공간₂의 [현대 철학자]는 융합되지 않고 개별적으로 투사된다.

11.3. 개념적 혼성과 의미구성의 양상

개념적 혼성은 입력공간 구축, 공간횡단 사상, 투사로 구성된 복잡한 인지과정이다. 경우에 따라 유사하거나 동일한 표현에 대해 각기 다른 의미가 구성될 수 있는데, 이것은 그 표현에 대해 개념적 혼성이 다르게 작용하기 때문이다. 개념적 혼성이 다르게 작용한다는 것은 그 하위 과정들인 입력공간 구축, 사상, 투사가 각기 다르게 작용함을 뜻한다. 따라서 의미구성의 양상은 크게 입력공간 구축에 입각한 의미구성, 사상에 입각한 의미구성, 투사에 입각한 의미구성이라는 세 가지 의미구성 양상으로 나눌 수 있다.

11.3.1. 입력공간 구축과 의미구성

동일한 표현이지만 그 표현에 대한 입력공간 구축이 다르기 때문에 각 표현에 대한 의미구성이 달라지는 경우를 살펴보자. 다음과 같은 'house＋N' 구조의 합성어15)의 의미구성 방식이 논의의 대상이 된다.

   (5) a. house arrest(자택 감금)
       b. house husband(가사를 돌보는 남편)

  (5)와 같은 합성어에 house가 공통적으로 들어 있는데, 각 표현의 의미구성 방식을 논의하기 위해 house에 대한 입력공간$_1$과 arrest, husband와 같은 명사에 대한 입력공간$_2$의 구축이 선행되어야 한다. 먼저 house에 대한 입력공간의 근간이 되는 인지모형을 설정하는 것이 필요하다. 집이란 가족구성원들이 생활하는 주거 및 휴식 공간이며, 손님들이 방문할 때는 그들이 체류하는 장소이기도 하다. 더 나아가 집은 동물이 서식하거나 식물을 재배하는 공간이기도 하다. 또한 집의 구조는 크게 외적 구조와 내적 구조로 이루어져 있는데, 외적 구조는 바닥, 벽, 지붕 등으로 되어 있으며, 내적 구조는 방, 응접실, 화장실, 부엌 등으로 되어 있다. 집에는 그곳에 거주하는 구성원들 및 그들 특유의 역할이 있다. 우리가 집에 대해 알고 있는 전체 인지모형은 개략적으로 다음과 같다.

---

15) 합성어는 두 개 이상의 자립형태소가 결합해서 만들어진다. 이때 영역이 완전히 다른 두 자립형태소가 결합되는 경우에 의미구성을 위해 개념적 혼성이 작용한다. 특히 합성어 중에서도 새로운 의미가 전이되는 융합합성어와 같은 부류들의 의미가 이러한 개념적 혼성의 작용에 의해 적절하게 기술될 수 있다.

(ⅰ) 기능	거주 휴식 체류 동식물 서식/재배
(ⅱ) 구조	외적 구조: 바닥, 벽, 지붕 내적 구조: 방, 응접실, 화장실, 부엌
(ⅲ) 구성원 및 그 역할	할아버지/할머니: 집안에서 제일 큰 어른, 존경의 　　　　　　　대상, 가정의 중대사 동의 남편/아내: 남편은 직장 생활, 아내는 집안 일 부모/자식: 부모는 자식을 키우고 돌봄 　　　　　자식의 부모에 대한 존경과 효도 형제/자매: 상호 믿음과 의지

[그림 11.4] 집의 인지모형[16]

먼저, house arrest는 법에 위배되는 행동을 했다고 생각되는 사람을 체포해서 감옥에 보내는 것이 아니라 그 사람을 자기 집에 강제로 있도록 하는 법적인 행위인 '연금, 자택 감금'을 의미한다. 이 경우에 house와 arrest가 각각 두 입력공간에 대한 실마리를 제공하는데, house에 대한 입력공간$_1$은 집의 인지모형 중에서 기능적인 측면에 기초해서 구축된다. arrest는 경찰이 범죄자를 체포해서 그를 감옥에 투옥하는 전체 틀을 환기시키며, 이 틀에 기초해서 arrest에 대한 입력공간$_2$가 구축된다. house arrest의 의미구성 방식은 다음과 같은 개념적 통합 망으로 나타낼 수 있다.

---

[16] '집'에 대한 백과사전적인 지식을 구조화해 놓은 집의 인지모형을 기능, 구조, 구성원 및 그 역할에 기초해서 제시해 보았다. 물론, 이외에 집에 대한 다양한 사실들이 인지모형에 추가될 수 있는 가능성이 있다. 그렇다면 인지모형을 구축하는 데 어떤 요소를 어느만큼 언급해야 하는지의 문제가 제기될 수 있다. 이에 대한 답은 인지모형이라는 것은 그 자체로 존재하는 것이 아니라 주어진 언어 표현의 의미를 이해하기 위한 수단으로 사용되기 때문에, 특정한 표현에 대해 그 모습이 약간은 바뀔 수 있다는 것이다. 주어진 언어 표현을 이해할 때 인지모형이 하는 역할은 단순한 토대 역할을 하는 것이고, 구체적인 의미는 전체 인지모형의 특정 부분을 사용한다는 데 있는 것이다.

제11장 개념적 혼성   281

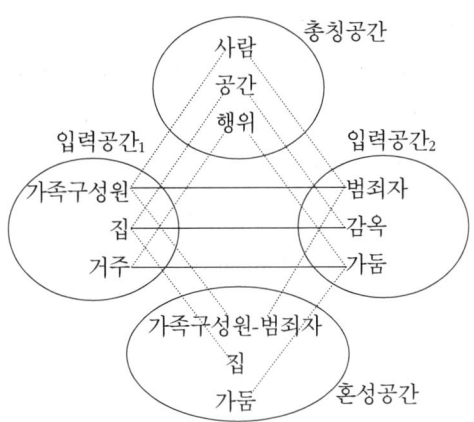

[그림 11.5] house arrest의 의미구성을 위한 개념적 통합 망

위의 개념적 통합 망을 통해 알 수 있듯이, 입력공간$_1$은 집이 가족구성원이 거주하는 공간이라는 기능적인 측면에 기초해서 구축된 공간이며, 입력공간$_2$는 arrest가 환기시키는 전체 과정에 참여하는 요소들로 구성되어 있다. 입력공간$_1$에서 [가족구성원]은 행위자가 되고, [집]은 공간이 되고 [거주]는 행위이다. 반면에 입력공간$_2$에서 [범죄자]는 행위자가 아니라 수동자이며, [감옥]은 공간이며, [가둠]은 행위이다. 즉 입력공간$_1$은 능동적인 사건을 구조화한 것이고, 입력공간$_2$는 수동적인 사건을 구조화한 것이다. 공간횡단 사상에 의해, 입력공간$_1$의 [가족구성원], [집], [거주]와 입력공간$_2$의 [범죄자], [감옥], [가둠]이 각각 일대일로 대응된다. 그리고 투사에 의해, 입력공간$_1$의 [가족구성원]과 입력공간$_2$의 [범죄자]가 혼성공간으로 투사되어 융합되며, 입력공간$_1$의 [집]과 입력공간$_2$의 [가둠]이 혼성공간으로 개별적으로 투사된다. 개념적 혼성의 결과로 범죄자인 가족구성원이 감옥이 아니라 집에 가두어진다는 의미가 구성된다.

house husband의 경우에, 입력공간$_1$은 집의 인지모형 중에서 가족구성원 및 그들의 역할에 기초해서 구성된다. 남편은 주로 직장에서 돈을 벌어 가족을 부양하며, 아내는 안사람으로서 요리, 청소, 그리고 자녀 양육과 같은 이른바 집안일을 한다. 그러면 house husband의 의미구성 방식을 보자. 가족구성원인 [남편] 및 그것과 환유적으로 연결되는 [남편의 역할], [아내] 및 그것과 환유적으로 연결되는 [아내의 역할]이 집에 대한 입력공간$_1$의 요소가 된다. 입력공간$_2$에는 [남편]이 하나의 요소로 들어 있다. house husband의 의미구성을 위한 개념적 통합 망은 다음과 같다.

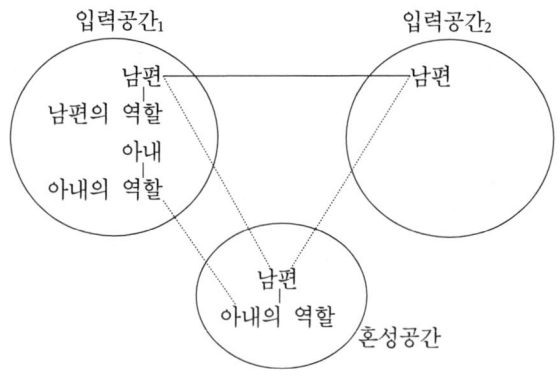

[그림 11.6] house husband의 의미구성을 위한 개념적 통합 망

house husband의 경우에, 입력공간$_1$의 [남편]과 입력공간$_2$의 [남편]이 혼성공간으로 투사되어 [남편]으로 융합된다. 그리고 입력공간$_1$의 [아내의 역할]이 혼성공간으로 투사된다. 개념적 혼성의 결과로 집에서 요리하고, 청소하고, 자녀들을 돌보는 것과 같은 집안일을 남편이 떠맡는다는 의미가 구성된다.

지금까지 동일한 낱말인 house가 들어 있는 합성어지만 핵 명사가 다름에 따라 각기 다른 입력공간이 구축되며, 더 나아가 개념적 혼성의 한 과정인 입력공간 구축이 다름으로써 'house+N'의 개별 표현들에 대한 의미구성이 달라진다는 것을 확인할 수 있었다.

11.3.2. 공간횡단 사상과 의미구성

동일한 표현에 대해 동일한 입력공간이 구축되고 입력공간에서 혼성공간으로 투사도 동일하게 작용하지만, 두 입력공간 사이의 공간횡단 사상이 다르기 때문에 의미가 다르게 구성되는 방식을 검토해 보자. 다음과 같은 'safe+N' 형식의 표현을 자료로 사용하고자 한다.

(6) safe house(안전한 집)

(6)은 문맥에 따라 다음과 같이 다양하게 해석할 수 있다.

(7) a. 집이 지진이나 기타 자연 재해로부터 안전하다.
b. 집이 아이들이 안에서 놀기에 위험하지 않다.
c. 위험에 빠진 사람이 집에서 위험을 피할 수 있다.

동일한 구문에 대한 이렇게 다른 의미가 구성되지만, 각 의미는 동일한 입력공간에 근거한다. 이 경우에는 두 입력공간 사이의 사상이 다르기 때문에 의미구성이 달라진다는 것을 확인할 수 있다.

safe가 명사를 수식하는 'safe+N' 구문에서, safe는 'protected from the danger or harm'(*Oxford Advanced Learner's Dictionary*) 또는 'not causing danger or in danger'(*Cambridge International Dictionary of English*)로 정의된다. 이런 정의에서 볼 때, safe는 위험을 받는 [수동자], 위험을 초래하는 [위험물], 수동자가 위험을 받지 않도록 해 주는 [보호구역]이라는 개념을 환기시킨다. [수동자], [위험물], [보호구역]은 '위험' 틀의 요소로 간주된다. '위험' 틀은 일종의 그릇 은유(container metaphor)에 기초해서 이해된다. [수동자]가 [위험물]이라는 그릇 속에 있으면 [수동자]는 위험한 것이 되고, [위험물]이라는 그릇 밖에 있으면 [수동자]는 안전한 것이 된다. '위험' 틀은 입력공간$_1$에 해당하며, house라는 명사는 입력공간$_2$의 요소가 된다. 이 두 입력공간은 다음과 같이 나타낼 수 있다.

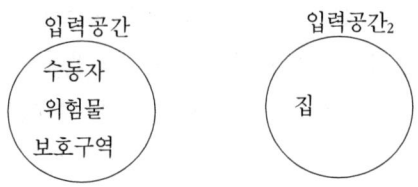

[그림 11.7] safe house의 의미구성을 위한 두 입력공간

safe house가 상황에 따라 다른 의미로 구성되는 것은 동일한 입력공간이 구축되지만 입력공간들 사이의 사상이 다르기 때문이다. 집이 자연 재해로부터 안전하다는 (7a)의 경우에는 입력공간$_1$의 [수동자]와 입력공간$_2$의 [집]이 사상되어 혼성공간으로 투사되어 융합되며, 입력공간$_1$의 [위험물], [보호구역]은 혼성공간으로 투사된다. 이와 같은 개념적 혼성의 결과로 수동자로서의 집이 위험물의 그릇 밖인 보호구역에 있어서 안전하다는 의미가 구성됨을 알 수 있다.

집이 아이들이 놀기에 위험하지 않다는 (7b)의 경우에는, 입력공간$_1$의 [위험물]과 입력공간$_2$의 [집]이 사상된 후 혼성공간으로 투사되어 융합되며, 입력공간$_1$의 [수동자]와 [보호구역]은 혼성공간으로 투사된다. 이와 같은 개념적 혼성의 결과로 수동자가 집이라는 위험물의 그릇 밖인 보호구역에 있어서 안전하다는 의미가 구성됨을 알 수 있다.

또한 집이 위험에 빠진 사람에게 안전한 보호구역이 될 수 있다는 (7c)의 경우에는, 입력공간$_1$의 [보호구역]과 입력공간$_2$의 [집]이 사상된 후 혼성공간으로 투사되어 융합되며, 입력공간$_1$의 [수동자]와 [위험물]은 혼성공간으로 투사된다. 이와 같은 개념적 혼성의 결과로 수동자가 상술되지 않은 위험물의 그릇 밖인 보호구역에 있어서 안전한데, 집이 바로 보호구역이라는 의미가 구성됨을 알 수 있다.

지금까지 동일한 표현에 대해 상황에 따라 각기 다른 의미가 구성되는 것은 공간횡단 사상의 차이 때문임을 보았다.

11.3.3. 투사와 의미구성

여기에서는 유사한 두 표현이 입력공간이 동일하게 구축되고 사상이 동일하게 작용하지만, 선택적 투사의 차이로 의미구성이 달라지는 경우를 검토해 보고자 한다. 다음 두 표현을 예로 들어보자.

(8) a. This surgeon is a butcher.(이 외과의사는 도축자이다.)
　　b. He's not a butcher, he's a surgeon.(그는 도축자가 아니다. 그는 외과의사이다.)

(8a)는 외과의사가 환자를 수술하는 것이 너무 서툰 경우에 할 수 있는 발화로서, '외과의사가 무능하다'는 것을 암시한다. 반면에 (8b)는 한 젊은 견습 도축자가 고기 한 점 자르는 데 너무 조심스러워 시간을 많이 허비하는 경우에 할 수 있는 발화로서, '도축자가 능숙하지 못하다'는 것을 암시한다. 이 표현 둘 다 수술에 대한 입력공간$_1$과 도축에 대한 입력공간$_2$가 동일하게 구축된다. 입력공간$_1$에는 [외과의사], [환자], [수술칼], [수술실], [목표: 치료], [수단: 수술]이 요소로 들어 있고, 입력공간$_2$에는 [도축자], [가축], [식칼], [도축장], [목표: 살코기 베기], [수단: 도축]이 요소로 들어 있다.

먼저, (8a)의 '외과의사가 무능하다'라는 의미가 구성되는 방식은 다음과 같은 개념적 통합 망으로 나타낼 수 있다.

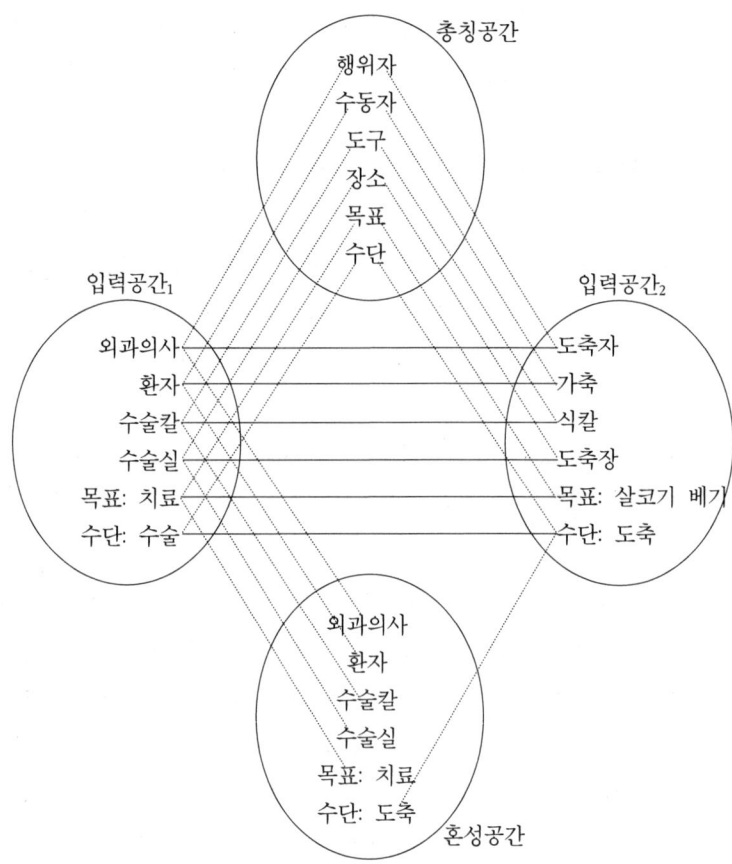

[그림 11.8] This surgeon is a butcher의 의미구성을 위한 개념적 통합 망

입력공간₁과 입력공간₂의 요소들 간에 사상이 이루어져서 두 입력공간의 요소들이 일대일로 대응된다. 다음으로 선택적 투사가 작용하여, 입력공간₁의 [수단: 수술] 외의 다른 모든 요소들이 혼성공간으로 투사되며, 입력공간₂에서는 [수단: 도축]만이 혼성공간으로 투사된다. (8a)는 수술에 관한 내용이기 때문에 입력공간₁의 [외과의사], [환자], [수술칼], [수술실]이 혼성공간으로 투사된다. 여기서 중요한 것은 목표와 수단의 투사 방식이다. (8a)의 경우에 목표는 치료하는 것인데 가축을 도축하듯이 그렇게

하고 있다. 따라서 입력공간$_1$의 [목표: 치료]와 입력공간$_2$의 [수단: 도축]이 혼성공간으로 각각 투사되어 발현구조가 만들어진다. 어떤 일을 수행하는 경우에 그 일에 대한 목표가 있을 것이며 그 목표를 달성하기 위한 적절한 수단이 있기 마련이다. 그러나 (8a)의 경우에는 둘 사이에 불일치가 있다. 도축이라는 수단과 치료라는 목표 사이의 불일치는 (8a)에 대해 의사가 무능하다는 추론을 이끌어 내는 데 결정적인 역할을 한다.

반면에, (8b)는 젊은 도축자의 능력을 부정적으로 평가하는 것으로 의도된다. 도축자를 의사라고 간주하는 것은 젊은 도축자의 도축 수단과 노련한 도축자의 도축 수단 사이에 불일치가 있음을 환기시킨다. (8b)에 대한 입력공간 구축과 공간횡단 사상은 (8a)의 경우와 동일하다. 단 입력공간들에서 혼성공간으로의 투사가 서로 다를 뿐이다. 투사가 다르다는 것은 혼성공간에서 나타나는 발현구조 또한 다름을 뜻한다. (8b)의 의미가 구성되는 방식은 [그림 11.9]와 같은 개념적 통합 망으로 나타낼 수 있다.

먼저, 두 입력공간에 공통적인 총칭공간이 두 입력공간 사이의 공간 횡단 사상을 가능하게 한다. 사상의 결과로, 두 입력공간에 있는 각 요소는 그 대응요소와 일대일로 대응된다. 다음으로 선택적 투사에 의해, 입력공간$_2$에서 [수단: 도축]이라는 요소를 제외한 모든 요소들과 입력공간$_1$의 [수단: 수술]이 혼성공간으로 투사된다. (8b)는 도축에 관한 내용이기 때문에 입력공간$_2$의 [도축자], [가축], [식칼], [도축장]이 혼성공간으로 투사된다. 여기에서도 중요한 것은 목표와 수단의 투사 방식이다. (8b)의 경우에 고기를 베는 목표를 달성하기 위해 수술의 방식을 사용하고 있다. 입력공간$_1$의 [수단: 수술]과 입력공간$_2$의 [목표: 살코기 베기]가 혼성공간으로 각각 투사되어 발현구조가 만들어진다. (8a)와 마찬가지로, (8b)에서도 수단과 목표 사이에 불일치가 있다. 혼성공간에서 도축의 목표와 수술의 수단 사이의 불일치는 젊은 도축자의 도축 능력에 대해 부정적인 평가를 하게 해 준다.

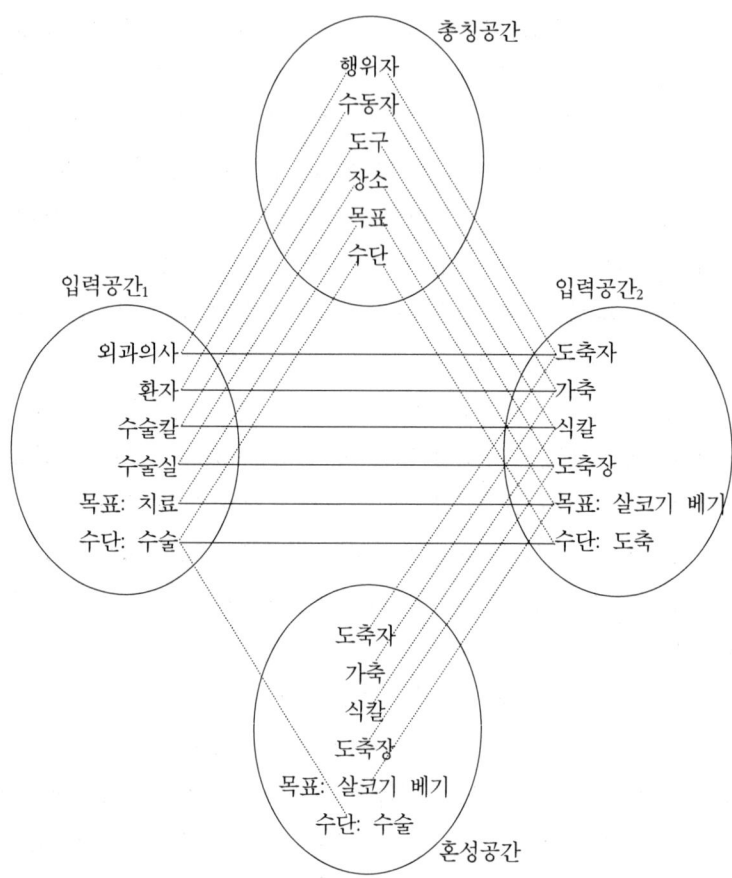

[그림 11.9] He's not a butcher, he's a surgeon의
의미구성을 위한 개념적 통합 망

 이와 같은 예는 개념적 혼성이 개념적 통합 망을 구성하는 요소들을 새롭게 합성함으로써 새로운 의미를 창조해 내는 온라인 과정임을 보여준다. 따라서 개념적 혼성 이론에 따르면, "문맥에서 문장을 이해하는 것은 의도된 개념적 혼성이 어떤 종류의 것인가를 아는 것이다" (Fauconnier 1997: 160). 부연하자면, 개념적 혼성 이론에서 의미는 혼성공간 내의 발현구조를 구성하는 방식과 동일시되며, 더욱이 발현구조

제11장 개념적 혼성 289

가 구성되는 방식이란 입력공간 구축, 공간횡단 사상 및 투사 방식을 말한다. 두 표현 (8)의 경우에 동일한 입력공간이 구축되며 공간횡단 사상이 동일하지만, 혼성공간으로의 선택적 투사가 달라서 각기 다른 의미가 구성되고 있다.

　요컨대, 개념적 혼성 이론에서 말하는 의미는 언어 표현에 주어진 것이 아니라 개념적 혼성에 의해 구성되는 것으로 간주된다. 개념적 혼성은 단순한 하나의 과정이 아니라 세 가지 인지작용의 합이거나 세 가지 인지작용이 순서대로 작용하는 과정이다. 여기서 말하는 세 가지 인지작용이란 입력공간 구축, 공간횡단 사상, 투사를 말한다. Fauconnier (1997)는 이 세 인지작용 중에서 의미구성에 가장 큰 역할을 하는 발현구조를 담고 있는 혼성공간을 창조하는 투사가 가장 중요한 것으로 보고 투사와 개념적 혼성을 유사한 개념으로 취급한다. 이에 반해 필자는 의미구성에 투사의 방식뿐만 아니라 입력공간 구축 방식과 공간횡단 사상의 방식 또한 결정적인 역할을 한다는 점을 지적하고, 그에 대한 사례를 구체적으로 제시하였다.

제4부 의미의 속성

- 제12장 비합성성
- 제13장 다의성

제12장 비합성성

12.1. 합성성 원리
12.2. 의미의 비합성성
    12.2.1. 합성성에 대한 반증
    12.2.2. 비합성성 현상
        12.2.2.1. 명사 합성어
        12.2.2.2. 관용어
        12.2.2.3. 비유법
        12.2.2.4. 화용적 해석
        12.2.2.5. 연어

이 장에서는 의미의 첫 번째 속성으로서 의미의 비합성성 현상을 살펴볼 것이다. 모든 논리 지향적인 객관주의 의미론에서는 복합적 표현의 의미는 그 전체 표현을 구성하는 부분들이 가지고 있는 의미의 합이라고 가정하는 합성성 원리를 핵심 원리로 받아들이면서 의미를 분석한다. 의미의 합성성 원리는 하나의 표현을 구성하는 부분들의 의미 및 그 의미들의 결합 방식을 통해서 그 표현의 의미를 예측할 수 있다고 가정한다. 그러나 인지언어학에서는 의미의 예측 가능성을 논제로 삼는 것이 아니라 의미의 동기부여에 초점을 둔다. 즉 주어진 표현이 그 자체의 의미를 가지고 있는 것에 타당한 동기를 부여하는 것이 인지언어학에서 의미를 다루는 방식이다. 예컨대, Frank sneezed the napkin off the table과 같은 예문은 의미의 합성성 원리의 지배를 받지 않는다. 동사 sneeze는 자동사이기 때문에 '재채기를 해서 종이가 탁자에서 떨어진다'라는 타동의 의미가 합성성 원리로는 설명이 되지 않는다. 이에 반해 인지언어학에서는 이와 같은 비합성적인 현상을 설명할 때 자동사에서 어떻게 타동의 의미가 나올 수 있는지에 대해 동기를 제공한다. 이처럼 인지언어학에서는 의미의 비합성성을 의미 연구의 핵심 가정으로 받아들인다. 이 장에서는 합성성 원리의 모습을 간단하게 살펴본 뒤에 합성성 원리에 대한 반증을 비롯해 비합성적인 현상 몇 가지를 제시할 것이다.

12.1. 합성성 원리

합성성 원리(principle of compositionality)란 복합적인 언어 표현의 해석을 지배하는 원리이다. 전통적으로 합성성 원리는 다음과 같이 정의된다.

    (1) 합성성 원리: 전체 표현의 의미는 각 구성소의 의미 및 구성소들의 결합 방식에 의해 전적으로 결정된다.

합성성 원리는 다음과 같은 특정한 주장으로 나눌 수 있다.

    (2) a. 전체 표현의 각 구성소는 언어 체계 내에서 고정적이며 결정적인 의미를 가지고 있다.
       b. 각 구성소가 결합해서 전체 표현을 형성하는 방식은 전체 표현의 의미에 고정된 결정적인 기여를 한다.
       c. 각 구성소의 의미 특성은 전체 표현에 그대로 남는다.
       d. 전체 표현의 의미는 일반 규칙에 의해 그 구성소의 의미들로부터 완전하게 예측될 수 있다.

이런 합성성 원리는 두 가지를 전제한다. 첫째, 언어에는 무한한 수의 문장이 있다. 둘째, 언어에는 무한한 표현적 힘(expressive power)이 있다. 표현적 힘이란 생각할 수 있는 것이면 무엇이든 언어로 표현할 수 있다는 것이다. 인간의 두뇌는 한정되어 있기 때문에 무한한 수의 문장을 저장할 수 있는 충분한 공간이 없다. 무한한 문장을 완전히 해석할 수 있기 위해서는 그 의미가 규칙 지배적인 방법으로 그 부분의 의미들로부터 결합되어야 한다.

두 개의 의미를 결합해서 새로운 의미를 만드는 합성성 원리의 결합 양식은 크게 두 가지로 나눌 수 있다. 첫째는 첨가적 양식(additive modes)이다. 첨가적 양식이란 구성소들의 각 의미들을 단순히 함께 더하고 결합할 때 각 의미들이 변하지 않고 그대로 남아 있는 결합 양식을 말한다. 첨가적 결합의 전형적인 경우는 다음과 같은 간단한 등위접속 구문이다.

(3) a. [A man and a woman] [entered the room and sat down](남자와 여자가 방에 들어가 앉았다.)
   b. Jane is [tall and fair](제인은 키가 크고 금발이다.)

둘째는 상호작용적 양식(interactive modes)이다. 상호작용적 결합의 경우에는 적어도 한 구성소의 의미가 급진적으로 수정된다. 상호작용적 양식은 다시 내심적 결합(endocentric combination)과 외심적 결합(exocentric combination)으로 나뉜다. 내심적 유형의 경우에는 초래된 의미가 구성소들 중 하나와 유형이 동일하다. 외심적 유형의 경우에는 초래된 의미가 그 구성소들 중 하나와 유형이 서로 다르다.

먼저 내심적인 상호작용적 결합을 보자. 내심적 결합의 첫 번째 예는 부울 결합(Boolean combination)으로서, 이것은 a red hat으로 예증된다. 외연적으로 볼 때, 빨간색 모자의 부류는 모자 부류와 빨간색 부류의 교점에 의해 구성된다. 즉, 빨간색 모자는 모자이면서 동시에 빨간색인 사물이다. 먼저, a red hat이 지시하는 것은 a hat이 지시하는 것과 동일한 '사물'이라는 유형이기 때문에 이것은 내심적 결합이고, red의 효과는 hat의 적용 가능성을 제한하는 것이기 때문에 이것은 상호작용적 결합인 것이다.

내심적 결합의 두 번째 예는 상대적 기술자(relative descriptor)이다. 이것의 예는 a large mouse이다. 이것은 'something which is large and is a mouse'로 해석될 수 없는데, 왜냐하면 아무리 큰 쥐라도 쥐는 작은 동물이기 때문이다. 이 경우에 large는 쥐 부류에 대한 크기의 규범에 상대적으로 해석되어야 한다. 여기에 두 가지 방법의 상호작용이 있는데, 왜냐하면 mouse는 large가 어떻게 해석되어야 하는지를 결정하며, large는 mouse의 적용을 제한하기 때문이다. 그럼에도 불구하고 a large mouse는 mouse가 지시하는 것과 동일한 유형을 가리킨다는 점에서 이 경우는 내심적 결합의 예가 된다.

내심적 결합의 세 번째 예는 부정적 기술자(negational descriptor)이다. 부정적 기술자에서 수식어는 핵을 부정하는 효과를 가지고 있다. a former President(전 대통령), an ex-lover(옛 연인), a fake Ming vase (모조 명조 자기), an imitation fur coat(모조 모피 코트)가 그 예이다. an imitation fur coat는 모조이지만 엄격하게는 모피 코트가 아니다. 그렇지만 이 경우에도 유형에는 변화가 없다.

내심적 결합의 네 번째 예는 간접적 결합(indirect combinations)이다. a beautiful dancer가 그 예이다. 이 표현은 중의적이다. 한 가지 해석은 표준적인 부울 유형으로서 '아름답고 동시에 무용수인 누군가'를 지시한다. 또 다른 해석은 beautiful이 동사 어근 dance의 부사적 수식어가 되어 'someone who dances beautifully'이다.

외심적 결합은 초래된 의미가 구성 의미들 중 한 의미의 유형과 완전히 다른 유형을 가지고 있는 결합이다. 관계를 지시하는 전치사 in과 사물을 지시하는 the box가 결합해서 장소를 지시하는 전치사구 in the box를 생산하는 것이 외심적 결합의 예이다. 또 다른 예는 사람인 John과 행위인 laughed의 결합에서 발생하는 John laughed와 같은 명제이다.

12.2. 의미의 비합성성

이 절에서는 앞에서 살펴본 의미의 합성성 원리의 기본 전제에 대한 반증을 비롯해서 합성성 원리가 지켜지지 않는 현상들을 제시하면서, 언어의 의미가 상당한 유연성을 보여 주는 것임을 암시할 것이다.

12.2.1. 합성성에 대한 반증

먼저, 합성성 원리의 네 가지 기본 전제에 대한 반증을 제기하면서 전체 합성성 원리의 부적절함을 암시할 것이다. 전제 (2a)는 낱말 의미가 일반적으로 고정되어 있고 불변하지만 사용 문맥에 따라 변하는 경향이 있다는 사실과 일치하지 않는다. 동사 run의 경우에, 그 이동 방식은 이동의 주체가 사람인 경우와 쥐나 말인 경우가 서로 다르다. 더 나아가 Tears were running down his face(눈물이 그의 얼굴에서 흘러내렸다) 및 The movie ran for two hours(그 영화는 두 시간 동안 상영되었다)에서와 같이 그 주어가 이동체가 아닌 경우에 run의 의미는 이동체를 주어로 가진 문장에서 사용되는 run의 의미와 또 다르다. 즉, 합성성 원리는 이른바 다의성과 같은 의미적 유연성(semantic flexibility) 현상을 설명하지 못한다. 대부분의 낱말은 어느 정도 다의적인데, 즉 대부분의 낱말에는 서로 관련이 있지만 그래도 구별되는 여러 개의 의미가 있으며, 더 자주 사용되는 낱말이 그렇지 않은 낱말보다 더 다의적인 경향이 있다. 따라서 합성성 원리의 옹호자들은 언어에서 다의성의 범위를 최소화하고자 했다.

(2b)는 단위의 통합적 결합이 의미구조에 고정되고 결정적인 기여를 한다고 단언한다. 이것은 일반적으로 의미가 모호한 것으로 인정되는 구문의 경우에는 문제가 있다. 형태 [N_1+N_2]의 명사 합성어를 고려해 보자. 이런 명사 합성어의 경우에 [N_1]은 보통 [N_2]와 어떤 관계를 맺는

다. 이런 관계는 명시적으로 부호화되지 않는다. [N₁+N₂] 합성어를 해석하는 방식은 [N₁]과 [N₂]에 속하는 개념적 지식에 결정적으로 의존하며, 그 둘 사이에서 타당하게 유지될 수 있는 관계에 의존한다. water pistol은 물과 어떤 관계를 맺고 있는 일종의 권총이며, water truck은 물을 수송하는 트럭이라는 또 다른 관계를 환기시키며, water tower는 물을 저장하는 탑이며, water colours는 물에 근거해서 만든 수채화이며, water skis는 물에서 이용할 수 있는 스키라는 또 다른 관계를 환기시킨다.

다음과 같은 문장도 모호한 것으로 간주될 수 있다.

(4) a. Your mother drives well.(당신 어머니는 운전을 잘 하신다.)
    b. Your car drives well.(당신 자동차는 잘 나간다.)

통사적으로 볼 때, 이것은 정확하게 비슷하다. 두 경우에 동사 drive는 주어 명사(your mother, your car) 및 부사(well)와 결합한다. 그러나 주어의 의미역은 두 경우에 서로 다르다. (4a)에서 주어는 운전하는 사람을 가리키는 반면 (4b)에서 주어는 차량을 지시한다. (4a)는 운전자가 솜씨가 있는 것으로 간주하는 반면, (4b)는 차량에 어떤 특징, 즉 운전 가능성이 있는 것으로 간주한다. (4a)를 해석하기 위해 우리는 자동 구문의 의미에 호소하며, (4b)를 해석하기 위해서는 또 다른 의미에 호소한다. 선택은 자동차, 사람, 운전에 관한 개념적 지식에 근거를 둔다.

(2c)는 fake gun, stone lion, imitation fur와 같은 표현에 관해서 잘 알려진 문제를 제기한다. 가짜 권총은 실제로 총이 아니며, 돌사자 또한 사실상 사자가 아니다. 이런 경우에, 첫 번째 성분은 두 번째 성분에 의미 상술을 더할 뿐만 아니라 그것의 의미 특성을 극적으로 바꾸어 버린다.

(2d)는 kick the bucket과 같은 관용어 현상을 설명하지 못한다. 관

용어의 경우에는 각 구성소의 의미를 결합한다고 해서 관용어의 전체 표현의 의미를 예측할 수 있는 것은 아니다.

12.2.2. 비합성성 현상

red pencil과 같은 'red + 명사'의 경우에, 빨간색의 물건과 그것이 수식 하는 명사를 간단하게 교차해서 red pencil과 같은 명사구의 의미가 결 정되는 것으로 간주된다. 다시 말해서, 형용사 red와 연상되는 고정적이 고 특정한 자질이 있어서 그 자질이 수식 받는 명사에 부여된다는 것이 다. 이것은 명사구의 전체 의미가 그것을 구성하는 형용사와 명사의 고 정된 의미의 합이라는 의미의 합성성 원리를 암시한다. 그러나 red pencil은 연필 표면이 빨간색인 연필일 수도 있고, 연필심이 빨간색인 연필을 가리킬 수도 있다. 이처럼 실제 언어 사용에서는 비합성성 현상 이 상당히 많이 있다. 이 절에서는 엄격한 합성성 원리의 지배를 받지 않은 언어 현상 몇 가지를 제시해 보고자 한다.

12.2.2.1. 명사 합성어

tea-towel(행주)와 같은 명사 합성어는 명백히 blackbird(지빠귀)와 그 유형이 일반적으로 동일하다. 그러나 반복적인 의미 속성을 보여 주는 다른 예가 있는데, 그런 예는 화용적 세계 지식에 근거해서만 예측할 수 있다. 예컨대, 다음의 [N_1]과 [N_2] 사이의 각기 다른 관계를 고려해 보자.

(5) [N_1]에 넣고/쥐고 다닐 수 있는 [N_2]
    a. pocket knife(주머니칼)
    b. pocket calculator(주머니 계산기)
    c. hand gun(권총)
(6) [N_1]에서 사용되는 [N_2]
    a. kitchen knife(부엌칼)

    b. kitchen paper(부엌 종이)
    c. garden knife(정원칼)
(7) [N₁]를 자르기/부드럽게 하기 위한 [N₂]
    a. meat knife(고기칼)
    b. meat tenderizer(고기 연화제)
    c. bread knife(빵칼)

그 관계들은 명백한 유형이 되지만, tablecloth(식탁보)가 식탁을 덮는 데 사용되지만 dishcloth(행주)는 접시를 닦는 데 사용된다고 예측할 수 있는 방법은 없다.

어떤 명사 합성어의 경우에는 그 두 명사가 전혀 어울릴 것 같지 않지만 특정한 의미를 가지면서 명사 합성어로 사용되는 경우들도 있다. 다음 예를 보자.

(8) a. land yacht(고속도로용 호화로운 자동차)
    b. gun wound(총상)
    c. caffeine headache(카페인 두통)
    d. pet fish(애완용 물고기)

먼저, land yacht와 같은 합성어에서 [N₁]이 [N₂]를 수식하는 구조를 이루고 있다. 그러나 land yacht와 같은 합성어의 경우에 논리적으로 결합될 수 없는 두 명사가 결합되어 있다. 즉, land와 yacht의 각 의미들의 합성을 통해서는 그 합성어의 전체 의미가 도출되지 않는다. 이것은 합성어의 전체 의미는 그것을 구성하는 두 낱말들의 의미를 합성적으로 결합하는 것만으로는 얻을 수 없다는 것을 뜻한다.[1]

gun wound의 경우에는 총이 부상을 초래한다는 의미가 있지만, caffeine headache은 카페인이 두통을 초래하는 것이 아니라 카페인이

---

1) land yacht의 비합성성이 개념적 혼성 이론에서 다루어지는 방식에 대해서는 Turner & Fauconnier(1995: 9-10) 참조.

없으면 두통이 초래된다는 것을 뜻한다. caffeine headache를 이해하기 위해서는 카페인 투여를 중지했을 경우에 나타나는 증상과 함께 카페인이 중독성 약품이라는 카페인에 대한 지식이 전제되어야 한다. pet fish는 애완용 물고기로서, 송사리과의 관상용 열대어인 구피(guppy)가 그것의 전형적인 보기이다. 애완동물은 일반적으로 고양이, 강아지 등과 같이 집에서 주인과 함께 살면서 주인이 주는 먹이를 먹고 살며 주인으로부터 사랑을 받는 작고 귀여운 동물을 말한다. 이처럼 상식적으로 볼 때 물고기를 애완동물이라고 하기에는 무언가 어색하지만 하여튼 pet fish는 애완동물이다. 애완동물로서 물고기는 물에서 헤엄친다는 선천적인 속성 외에, 집에서 주인의 보살핌을 받고 자란다는 부가적인 속성을 가지고 있다.[2]

12.2.2.2. 관용어

관용어(idiom)는 어떤 면에서 특이한 낱말보다 더 큰 문법적 단위이다. 관용어를 정확하게 정의하기 어렵지만, Nunberg, Sag & Wasow(1994: 492)는 관용어의 필수 자질을 관습성(conventionality)으로 간주한다. 그들의 말을 빌리자면 "관용어의 의미나 용법은 구성소들이 서로 독립적으로 나타날 때 그 구성소들의 용법을 결정하는 독립적인 관습에 관한 지식에 기초해서 예측할 수 없으며 적어도 그것에 기초해서 전적으로 예측할 수 없다." 그들이 관용어의 특징으로 말한 관습성은 결국 의미의 비합성성과 같은 맥락이기 때문에 이런 관용어는 때때로 비합성성에 의해 정의된다.[3] 관용어는 그것을 구성하는 부분이 해당 언어의 다

---

[2] gun wound, caffeine headache, pet fish의 의미가 구성되는 방식을 개념적 혼성 이론으로 다루는 방식은 김동환(2002: 121-128) 참조.
[3] Taylor(2002: 548-554)에서는 관용어의 일반적인 특성에 대해 언급한다. 그는 어떤 표현을 관용어로 간주할 수 있는 두 가지 방법에 주의를 기울였다. 첫째, 관용성은 표현의 의미에 있을 수 있다. 어떤 표현의 의미가 부분의 의미 및 결합 방식으로부터 해결될 수 없는 경우에 그것은 관용어이다. 이런 관점에서 관용어는 의미적 비합성성으로 묘사된다. 둘째, 표현의 관용성은 형식적 양상에 있다. 비

른 표현에서 가지는 의미로부터 그 의미를 연산할 수 없는 표현이다. 다음이 그 예이다.

(9) a. Don't spill the beans!(비밀을 털어놓지 말라!)
b. You're opening a can of worms.(그는 복잡한 문제를 유발하고 있다.)
c. He kicked the bucket.(그는 죽었다.)

물론 위와 같은 관용어는 그것을 구성하는 부분들이 가지는 글자 그대로의 의미에 근거해서 해석할 수 있기는 하다. 예컨대, (9a)는 다량의 콩을 그릇 안에 잘 넣어 두도록 청자에게 내리는 지시로 간주할 수 있다. 그러나 '기밀 정보를 제삼자에게 누설하지 말라'는 관용적 의미는 spill과 beans가 언어의 다른 표현에서 가지는 의미로부터 연산할 수 없는 것이다. spill the beans는 보다 엄격하게 말하면 언어 사용자에게서 배울 필요가 있는 특별한 의미를 가진 다중 낱말 단위인 것이다.

12.2.2.3. 비유법

다음과 같은 비유법4)을 보자.

(10) a. I have a thousand and one things to do.(나는 할 일이 천 한 개가 있다.)
b. A real genius he is!(그는 정말 천재이다!)
c. It's 2 a.m. and the city is asleep.(새벽 2시이고 도시는 잠들었다.)

각 경우에, 비유적 의미는 문자적 의미로부터 실질적으로 일탈한다.

관용적 표현과는 달리, 관용어는 일반적인 통사 규칙을 적용해서 조합되지 않는다. 이 책에서 말하는 관용어는 Taylor가 말하는 의미적인 관점에서 말하는 관용성에 관한 것에 국한하고 있음을 밝혀둔다.
4) 비유법은 제8부에서 한층 더 심도 있게 논의할 것이다.

(10a)는 과장법으로서 단순히 내가 해야 할 일이 많이 있다는 것을 의미하는 것이지 마무리해야 할 일이 정확하게 천 한 개가 있다는 것을 의미하는 것은 아니다. (10b)는 아이러니로서 그가 결코 천재가 아님을 의미한다. (10c)는 환유로서 도시 자체가 아니라 도시의 거주민들이 잠들었다는 것을 의미한다. 이런 비유법의 전체 의미는 그 구성소가 가지고 있는 의미의 합 그 이상이라는 점에서, 비유법 역시 의미가 비합성적임을 예증해 준다.

12.2.2.4. 화용적 해석

화자가 발화로 전달하고자 의도하는 것이 화자가 실제로 말하는 것의 내용과 일치하지 않을 수 있다는 것은 널리 받아들여지고 있는 사실이다. (11)을 발화하는 사람은 단지 현재의 공기 상태에 대해 진술하는 것처럼 보인다. 그러나 그 발화는 많은 방식으로 해석할 수 있다. 그 발화는 방안이 너무 무덥기 때문에 청자에게 어떤 조치를 취해 달라는 화자의 요청으로 간주될 수 있는데, 이런 경우에 청자는 창문을 열거나 난방기의 온도를 낮추는 등의 조치를 취할 것이다. 또는 화자가 몸이 편치 않아서 그 장소를 떠나고 싶어 할 때 (11)과 같은 발화를 사용할 수도 있을 것이다.

(11) It's stuffy in here.(여기 안은 무덥다.)

이런 예는 문자적 의미와 화자가 전달하고자 하는 의도라는 두 가지 층위의 의미를 인식할 필요가 있음을 시사한다. 이런 두 가지 층위는 의미론과 화용론 사이의 구별에 의해 다루어진다. 낱말이 말하는 바는 의미론의 분야이고, 화자가 낱말을 발화할 때 의미할 것 같은 바는 화용론의 분야이다.5)

---

5) 나는 화용론의 이론에서 다루어지는 주제 및 논란거리에 대해서는 검토하지 않

의미론과 화용론 사이를 구별하는 근거가 매우 설득력이 있다고 하더라도, 그런 구별은 사실상 결코 명확하지 않다. 사람들은 느닷없이 진술문을 만들거나 의문문을 사용하지는 않는다. 느닷없이 The Earth turns on its axis라고 말하거나 느닷없이 Does the Earth turn on its axis?라고 질문하지 않는 것이 보통이다. 진술문과 의문문은 그것을 발화하는 문맥에 적절해야 한다. 그것은 진행 중인 발화, 대화 상대에 대한 공유된 지식, 예상되는 대화 상대의 관심사와 통합되어야 한다. 화용론의 주요한 기여는 이런 논제에 초점을 두는 것이었다. (11)에 대한 화용적 해석(pragmatic interpretation)은 그것이 발화의 문맥에서 적절할 때 나타난다.

어떤 표현들은 어떤 상황에서 반복적으로 사용되면서 관습적인 화용적 해석을 가지게 되었다. 다음과 같은 많은 양극 의문문은 관습적인 화용적 해석을 얻었다. 예 (12a)는 정보를 요청하는 관습적 방법이지 청자의 능력에 관한 요청은 아니다. 예 (12b)와 (12c)는 요청을 하는 관습적 방식이지만, (12d)와 (12e)는 놀랍거나 예기치 않은 정보에 대한 관습적 반응이다.

(12) a. Could you tell me...(… 말해 줄 수 있겠습니까.)
b. Would you mind if...(…해도 괜찮겠습니까.)
c. Why don't you...(…하는 것이 어떻겠습니까.)
d. Would you believe it!(그것을 믿겠습니까!)
e. Is that a fact!(그것이 사실입니까!)

12.2.2.5. 연어

비합성성 현상의 또 다른 예는 연어(collocation)이다. 연어 또한 관용어와 마찬가지로 개별적으로 학습해야 한다. 예컨대, heavy의 한 가지 양

을 것이다. 이에 대해서는 Levinson(1983) 참조.

상은 heavy drinker, heavy smoker에서와 같이 그것이 drinker 및 smoker와 연어하지만, *heavy eater, *heavy spender에서와 같이 eater 나 spender와는 연어하지 않는다는 것이다. 또 다른 연어의 보기로서 강조어 great, heavy, high, utter, extreme, severe를 예로 들어보자. 다음은 강조어들이 명확한 선호와 비선호를 가지고 있음을 보여 준다.

	great	high	utter	extreme	deep	severe
frost	−	−	−	?	−	+
rain	−	−	−	−	−	−
wind	?	+	−	−	−	−
surprise	+	−	+	+	−	−
distress	+	−	−	+	+	+
temperature	?	+	−	+	−	−
speed	+	+	−	?	−	−

[그림 12.1] 강조어의 선호도

또 다른 예로 come과 go의 연어 패턴을 검토해 보자. 보통 come은 긍정적인 뉘앙스를 가진 표현과 연어하고, go는 부정적인 뉘앙스를 가진 표현과 연어하는 경향이 있다. 다음이 그 예가 된다.

(13) a. I think Jenny will come good in time.(나는 제니가 조만간 좋아질 거라고 생각한다.)
　　 b. He's coming around.(그는 의식이 돌아오고 있다.)
　　 c. I think she'll come round to our point of view.(나는 그녀가 우리의 관점 쪽으로 의견을 바꿀 것이라고 생각한다.)
(14) a. It all went wrong.(모든 것이 잘못되었다.)
　　 b. She just went berserk.(그녀는 신들린 듯이 난폭해졌다.)
　　 c. He went crazy.(그는 미친 듯이 흥분했다.)
　　 d. He's going to pieces.(그는 자포자기할 것이다.)

come과 go의 이런 차이는 come이 현재 위치 쪽으로 오는 것을 나타낼 때 사용하고 go는 현재 위치에서 멀어지는 것을 나타낼 때 사용된다는 차이로 쉽게 설명해 볼 수 있다. 보통 현재 위치는 화자가 있는 곳이고 좋고 바람직한 곳으로 개념화되는 곳이다. 이것을 그림으로 나타내면 다음과 같다.

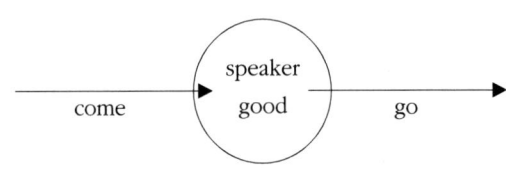

[그림 12.2] come과 go에 대한 모형

즉 come은 화자가 있는 좋고 바람직한 곳으로 들어가는 것이기 때문에 긍정적인 뉘앙스를 가진 표현과 연어하는 반면, go는 화자가 있는 좋고 바람직한 곳에서부터 밖으로 나가는 것이기 때문에 부정적인 뉘앙스를 가진 표현과 연어하는 것이다.

  이 장에서는 객관주의 의미론의 핵심인 합성성 원리의 한계점을 밝히고자 했다. 먼저 합성성 원리의 기본 주장들을 차례로 반증했으며, 더 나아가 의미가 비합성적인 현상 몇 가지를 살펴보았는데, 명사 합성어, 관용어, 비유법, 화용적 해석, 연어가 그것이다.

제13장 다의성

13.1. 다의성, 동음성, 모호성의 구별
13.2. 다의성, 동음성, 모호성 모형
13.3. 전치사 over의 다의성
    13.3.1. 상위-횡단 의미
    13.3.2. 상위 의미
    13.3.3. 덮기 의미
    13.3.4. 재귀 의미
    13.3.5. 문제점

이 장에서는 하나의 언어 단위에 둘 이상의 서로 관련된 의미가 있다는 다의성(polysemy)이라는 의미 속성을 논의할 것이다. 인지언어학의 연구가 언어의 다의성을 해명하는 데 전력을 기울였다고 해도 지나친 말이 아닐 것이다. 예컨대, go라는 동사가 시제의 개념을 표현하는 기능어와 동사의 개념을 표현하는 내용어로 사용되는 현상에 대한 연구, 또는 원래 내용어인 concern, regard와 같은 동사가 기능어인 concerning, regarding과 같은 전치사로 사용되는 과정에 관한 연구인 문법화 이론 또한 동일한 낱말이 두 가지 이상의 의미를 가지는 다의성에 관한 접근법이라고 말할 수 있다. 또한 전치사 연구라고 할 때, 동일한 하나의 전치사가 여러 가지 관련된 의미를 가지는 전치사의 다의성 현상이 인지언어학의 초창기 연구에서 핵심적인 주제였다. 이 장에서는 다의성과 밀접하게 관련된 또 다른 의미 속성인 동음성(homonymy)과 모호성(vagueness)을 비교해서 다의성의 속성을 해명하고자 한다. 이런 목적을 위해 13.1에서는 다의성, 동음성, 모호성을 전통적인 방식으로 구분하고 13.2에서는 이 세 가지를 인지언어학에서 제시한 범주화 모형에 기초해서 구분한다. 마지막으로 13.3에서는 전치사 over의 다의성 현상을 Lakoff(1987)의 논의에 기초해서 제시하고 그 문제점 몇 가지를 살펴볼 것이다.

13.1. 다의성, 동음성, 모호성의 구별

동음성과 모호성의 차이는 하나의 언어 형태와 연상되는 여러 의미들이 구별되느냐 또는 구별되지 않는 단 하나의 더 일반적인 의미의 사례로 통합되느냐의 문제이다. 여러 의미들이 구별된다면 그 언어 형태는 동음성의 성질을 가지는 것이고, 여러 의미들이 하나의 일반적인 의미로 통합된다면 그 언어 형태는 모호성의 성질을 가지게 된다. 동음성의 무난한 예는 bank이다. bank에는 '강둑'과 '은행'이라는 두 개의 의미가 있는데, 이 두 의미는 서로 구별된다. 모호성의 예는 aunt로서, 이것은 '이모'와 '고모'라는 의미를 가지는데, 이 두 의미는 직관적으로 '부모의 여자형제'라는 하나의 일반적인 의미로 통합된다. 따라서 동음성은 서로 다른 의미들의 분리와 대응하는 반면 모호성은 의미들의 통합과 대응한다고 말할 수 있다.

동음성과 모호성을 구별하는 몇 가지 기준이 있다. 첫째는 Quine(1961)의 논리적 기준(logical test)이다. 논리적 기준은 문장 "X and not X"가 참일 수 있는지의 여부를 확인하는 것과 관계있다. 다음 예를 보자.

(1) This is the bank but it is not the bank.(이것은 강둑이지 은행이 아니다.)

이 문장에서 but 앞에 있는 bank는 강둑을 의미하고 그 뒤에 있는 bank가 은행을 의미한다고 할 때 이 문장은 수용되는데, 이것은 bank

가 동음어임을 암시한다. 반면에 다음 예를 보자.

(2) I have an aunt but I do not have an aunt.(나에게는 고모가 있지만 이모는 없다.)

이 문장에서 but 앞에 있는 aunt는 고모를 의미하고 그 뒤에 있는 aunt는 이모를 의미한다고 할 때 이 문장은 수용되지 않는데, 이것은 aunt가 모호성을 가지고 있음을 암시한다.

두 번째 기준은 두 의미에 공통된 의미를 찾는 것과 관계있는 정의적 기준(definitional test)이다. 두 의미에 공통된 의미를 발견할 수 있다면 그것은 정확한 정의로 간주되어 모호성을 가진다고 말할 수 있다. bank의 두 가지 의미에 공통된 의미가 없기 때문에 bank는 동음어인 반면, aunt의 두 가지 의미에는 공통된 의미를 찾을 수 있기 때문에 그것은 모호하다고 말할 수 있다.

세 번째 기준은 교차 해석(crossed readings)에 관한 것이다. "X does/did Z and do does/did Y"와 같이 의미적 동일성을 요구하는 것으로 간주되는 문법 구문이 있다. 이런 구문에서 X가 행하는 Z와 Y가 행하는 Z가 액어법(zeugma)[1]이라는 의미적 기이성 없이 교차 해석이 될 수 있다면, Z의 의미는 모호한 것으로 간주된다. 그런 구문에서 액어법이 초래되면 Z는 동음적인 것으로 간주된다. 다음 예를 보자.

(3) I have an aunt and do does Bill.(나에게는 고모가 있고 빌도 그렇다.)

---

[1] Shen(1997: 55)은 액어법을 다음과 같이 정의한다. "액어법은 보통 동사나 형용사와 같은 하나의 통사적 범주가 두 개의 서로 다른 통사적 범주(전형적으로 명사)의 목록을 지배하는데 하나는 술어에 문자적으로 관계되고 다른 하나는 은유적으로 관계되는 언어 구문으로 간주될 수 있다."

이 문장이 나에게 고모가 있고 빌에게는 이모가 있다는 것으로 교차 해석이 되어도 의미적으로 이상하지 않기 때문에 aunt는 모호하다고 말할 수 있다. 반면에 다음 예를 보자.

(4) I went to the bank and so did Bill.(나는 은행에 갔고 빌도 그렇게 했다.)

이 문장이 나는 은행에 갔고 빌은 강둑으로 갔다는 것으로 해석되는 것은 수용되지 않기 때문에 bank는 동음어이다.

네 번째 기준은 말재롱(pun)2)과 관계있다. 동음성의 구조에서는 말재롱을 구성할 수 있지만 모호성의 구조에서는 말재롱을 구성할 수 없다. 예컨대, 해적이 자기들이 훔친 금을 강둑에 묻고서 putting his money in the bank라고 말하는 경우는 일종의 말재롱인데, 이것은 bank가 동음어이기 때문에 가능하다.

동음성은 두 개의 동일한 언어 형태가 각각의 고유한 의미를 가지는 의미의 성질을 말한다. 모호성은 일반적인 단 하나의 의미를 가지고 있는 하나의 언어 형태와 관계있는데, 하나의 언어 형태가 여러 가지 의미를 가지지만 그 의미들은 서로 구별되지 않거나 한층 더 일반적인 의미와 구별되지 않는다. 다의성은 단 하나의 언어 형태가 여러 구별되는 의미를 가지는 의미의 성질이다. 이런 점에서 다의성은 동음성과 모호성 사이의 중간 지점에 있는 의미 성질이라고 말할 수 있다. painting은 다의성의 예이다. painting은 예술적인 채색인 '그림'과 실용적인 채색인 '페인트칠'이라는 두 가지 의미를 가지고 있다. painting이라는 하나의 형태에 두 개의 의미가 있으며 그 두 의미는 서로 관련이 있다는 점에서 painting은 다의성의 예가 된다. Dean(1988: 327, 345)에서 언급하

---

2) 말재롱은 같은 말을 다른 의미로 사용하거나, 같은 음 또는 비슷한 음을 가졌으면서도 의미는 다른 말을 상관된 문맥 속에서 사용함으로써 다의적 효과를 누리는 말의 기교이다.

듯이, "사실상 그 세 가지 유형은 완전한 의미적 동일성과 완전한 의미의 구별성 사이의 연속변차선을 형성한다. 다의성은 다소간 동일성과 구별성 사이의 경계선상에 걸쳐 있는 것처럼 보인다." 동음성, 다의성, 모호성은 다음과 같이 나타낼 수 있다.

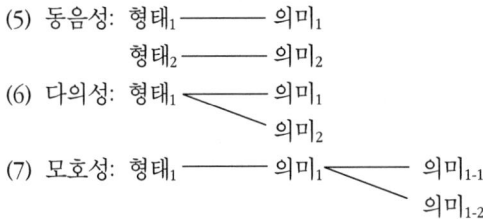

동음성은 형태가 두 개이고 각 형태에 하나의 의미가 있는 경우인데, 그 두 의미는 아무런 관련성이 없다. 다의성은 형태가 하나이고 의미가 두 개인 경우인데, 그 두 의미는 관련성이 있다. 모호성은 형태가 하나이고 일반적인 의미가 하나 있으며, 그 일반적인 의미 밑에 두 개의 구체적인 의미가 있는 경우인데, 그 두 구체적인 의미는 더 일반적인 의미의 실례이기 때문에 그 두 의미는 서로 관련이 있다.

13.2. 다의성, 동음성, 모호성 모형

Langacker의 인지문법에서 제시된 범주화에 대한 망모형에 기초해서 동음성, 다의성, 모호성을 구별해 볼 수 있다. Langacker(1987)를 따라서 두 단위가 공통으로 가지는 것을 도식이라고 부르고, 도식과 실례 사이의 관계는 화살표로 나타낼 것이다. 이런 관계는 망모형에 대한 기초가 되는데, 이것은 다음과 같이 나타낼 수 있다.

312 제4부 의미의 속성

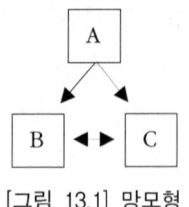

[그림 13.1] 망모형

A는 B와 C의 도식이다. B와 C는 A의 실례이다. 도식은 실례를 정교화(elaboration) 한다. 도식은 실례들에 공통된 것을 추상한다(abstract). 여러 실례는 유사성(similarity)에 의해 서로 관련된다. B와 C는 둘 다 도식 A의 세부항목을 계승한다는 점에서 서로 유사하다. 도식 A는 실례가 유사한 것으로 파악되는 방식을 요약한다. 실선은 실례화의 관계를 나타낸다. 점선은 실례들 사이의 유사성을 나타낸다.

이런 기본적인 망모형은 현저성의 정도(degree of salience)라는 매개변수로 다소간 수정될 수 있다. 다음은 현저한 B와 덜 현저한 C가 한 층 덜 현저한 도식 A 아래에 포함되는 것을 보여 주고 있다.

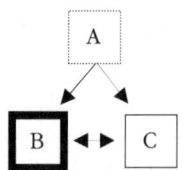

[그림 13.2] 망모형에서의 현저성의 정도

또 다른 매개변수는 정교화 거리(elaborative distance)이다. 정교화 거리는 도식과 실례를 연결하고 있는 화살표의 길이로 나타낸다. 실례의 많은 세부항목이 추상되어 도식이 형성될 때, 도식과 그 실례 사이의 정교화 거리는 멀다. 그리고 실례의 세부항목이 거의 추상되지 않고서 도식이 형성될 때, 도식과 그 실례 사이의 정교화 거리는 짧다. 다시 말해서, 도식과 풍부하게 상술된 실례 사이의 정교화 거리는 더 짧을 것이고, 도식과 풍부하게 상술되지 않은 실례 사이의 정교화 거리는 더 길다. [그림 13.3]에서는 [그림 13.2]에서보다 A에서 B 및 C까지의 정교화 거리가 더 길다. [그림 13.2]의 경우에 A, B, C는 각각 '쥐를 잡아먹는 포유동물', '고양이', '족제비'이고 [그림 13.3]의 경우에 A, B, C는 각각 '사람의 거주지에서 발견할 수 있는 다리가 있는 사물', '개', '걸상'일 것이다.

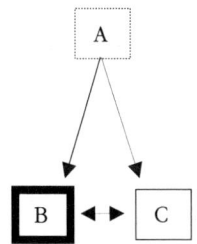

[그림 13.3] 망모형에서의 정교화 거리

객관주의 의미론자들은 도식이 발견되면 그 실례의 현저성의 정도와는 상관없이 그 실례를 무시할 수 있다는 가정을 받아들인다. 그러나 인지언어학에서는 실례가 현저한 경우에는 무시해서는 안된다는 입장을 고수한다.

동음성의 전형적인 경우에는, 하나의 형태와 연상되는 두 개의 실례 의미가 잘 고착화되어서 현저하며, 두 실례 의미가 추상되어 형성되는 도식 의미는 잘 고착화되어 있지 않으며, 도식 의미와 실례 의미 사이의 정교화 거리는 상당히 멀다. 그리고 도식 의미는 형태와 연결되지 않는다. 이와 같은 동음성의 성질은 [그림 13.4]와 같이 나타낼 수 있다.

[그림 13.4]에서 동일한 형태가 B와 C라는 두 개의 실례 의미와 연결이 되어 있을 뿐 A라는 도식 의미와는 연결이 되어 있지 않은데, 이것은 형태가 도식 의미와는 상관이 없다는 것을 암시한다. 실례 의미가 현저하기 때문에 두 실례 의미를 구별하기가 상당히 쉽다는 것을 직관적으로 알 수 있다. 그리고 두 실례 의미가 연결되어 있지 않은데, 이것은

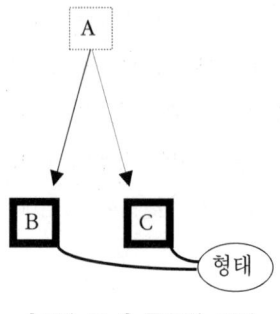

[그림 13.4] 동음성 모형

그 두 의미가 아무런 관련이 없다는 것을 암시한다.

반면에 모호성은 실례 의미는 잘 고착화되어 있지 않으며 도식 의미는 잘 고착화되어서 현저하고, 실례 의미와 도식 의미 사이의 정교화 거리는 매우 짧다. 이것은 다음과 같이 나타낼 수 있다.

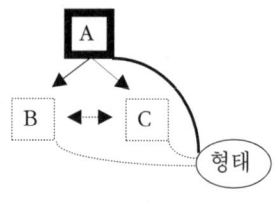

[그림 13.5] 모호성 모형

이 그림에서는 형태와 실례 의미 사이의 관계는 현저하지 않은 반면 형태와 도식 의미 A 사이의 연결은 다소간 현저하다. 실례 의미는 현저하지 않기 때문에 그 둘을 구별하기는 비교적 어렵지만 그 둘을 통합하기는 쉽다는 것을 직관적으로 알 수 있다. B와 C라는 두 실례 의미가 점선으로 연결이 되어 있는데, 이것은 두 실례가 관련있음을 암시한다.

동음성 모형과 모호성 모형 사이의 차이는 등급적이기 때문에 그 중간에 있는 다의성 모형을 발견할 수 있다. 몇 가지 다의성 모형을 제시하면 다음과 같다.

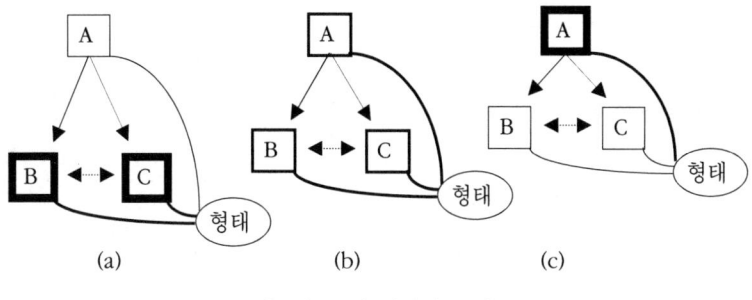

[그림 13.6] 다의성 모형

다의성 모형 (a)의 경우에는 도식이 존재하지만 현저하지 않으며, 도식 의미와 실례 의미 사이의 정교화 거리는 멀다. 다의성 모형 (b)의 경우에는 실례 의미와 도식 의미는 둘 다 다소간 현저하다. 다의성 모형 (c)의 경우에는 실례 의미가 다소 현저하긴 하지만 도식 의미만큼 현저한 것은 아니다. 여기에서 중요한 것은 이런 다의성 모형들 사이의 차이가 등급적인 것이지 절대적인 것이 아니라는 것이다.

그렇다면 이와 같은 범주화 모형을 사용해서 동음성의 예인 bank, 다의성의 예인 painting, 모호성의 예인 aunt를 나타내면 다음과 같다.

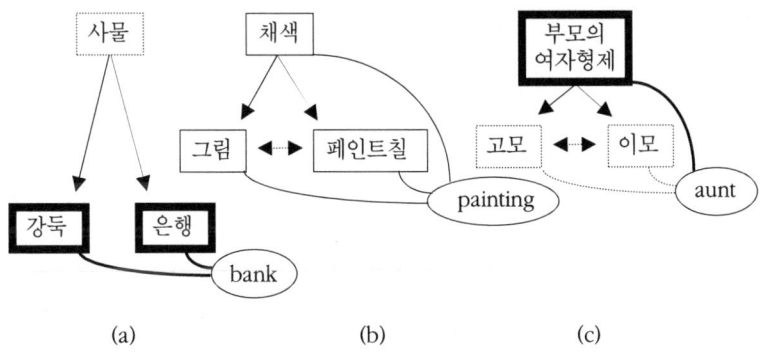

[그림 13.7] 동음성·다의성·모호성 모형

13.3. 전치사 over의 다의성

Lakoff(1987)은 전치사 over의 의미에 대한 복합적인 구조를 제안한다. 전치사 over에는 많은 관련된 의미가 있는데, 상위-횡단(above-across), 상위(above), 덮기(covering), 재귀(reflexive) 의미가 바로 그것이다. 이 각각의 의미는 원형 의미에서 확장되는 모습을 하고 있는 방사 범주로 구조화된다. Lakoff은 상위-횡단 의미를 over의 원형 의미로 제안한다.[3] Lakoff(1987)은 over의 의미를 상위-횡단, 상위, 덮기, 재귀 의미로 나누고, 각 의미를 설명하기 위한 영상도식 및 각 영상도식에 대한 하위 도식을 제시한다. 거의 모든 전치사에는 공간적 의미 외에 비공간적인 추상적인 의미가 있기 마련이다. 영상도식은 over의 공간적 의미에 근거해서 구축되는데, 이런 영상도식 및 은유와 같은 인지과정에 근거해서 over의 공간적 의미와 추상적 의미 사이의 관계가 설명된다. 이런 점에서 Lakoff(1987)의 over의 다의성에 대한 분석은 영상도식 및 영상도식 변형에 의존한다는 점에서 그의 분석을 영상도식 접근법이라고 부를 수 있다.

13.3.1. 상위-횡단 의미

먼저, over의 상위-횡단 의미를 고려해 보자. 이 의미는 다음과 같은 예로 가장 잘 예증된다.

---

[3] 전치사에 대한 적절한 원형 의미를 선택하는 문제는 전치사의 의미 구조에 관한 논의에서 쟁점이 되었다(예컨대, Dewell 1994, Lakoff 1987). 어떤 학자들은 전치사의 가장 원형적인 의미에 관해 공공연하게 직관에 호소했다. 그러나 문제는 많은 전치사의 원형 의미에 관한 직관은 학자마다 다를 수 있다는 것이다. Tyler & Evans(2003)에서는 이런 문제점을 극복하기 위해 원형 의미를 결정하는 몇 가지 언어적 기준을 제시하는데, 가장 초기에 입증된 의미, 의미 망조직에서의 우월성, 합성적 형태에서의 사용, 다른 전치사와의 관계, 문법적 예측이 그것이다.

(8) a. The bird flew over the yard.(새가 마당 위를 날아갔다.)
  b. The plane flew over the hill.(비행기가 언덕 위로 날아갔다.)
  c. The bird flew over the wall.(새가 벽 위로 날아갔다.)
  d. Sam drove over the bridge.(샘은 다리 위를 운전해 갔다.)
  e. Sam walked over the hill.(샘은 언덕 위를 걸어갔다.)
  f. Sam climbed over the wall.(샘은 벽 위를 기어 올라갔다.)
  g. Sam lives over the hill.(샘은 언덕 너머에 산다.)

이 모든 문장에서 over의 의미는 다음과 같은 상위-횡단 도식으로 나타낼 수 있다(Lakoff 1987: 419).

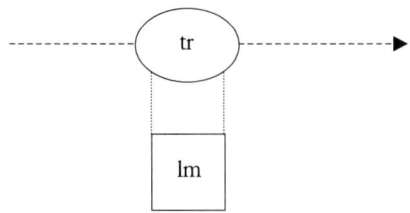

[그림 13.8] 상위-횡단 도식

전치사가 두 대상 사이의 관계를 규정하는 언어 표현이라고 할 때, 두 대상은 각각 이동체인 탄도체와 이동이 발생하는 배경이 되는 지표이다. 위의 각 문장은 주어인 탄도체가 over의 목적어인 지표 위로 횡단하는 것으로 해석된다. 화살표는 탄도체가 따라 움직이고 있는 경로를 나타낸다. 그 경로는 지표 위에 있다. 점선은 지표의 극단적인 경계를 나타낸다.

Lakoff(1987)은 지표의 수직성 차원, 탄도체와 지표의 접촉 여부, 탄도체의 끝점 위치 여부와 같은 매개변수에 기초해서 상위-횡단 도식의 몇 가지 하위도식을 제시한다. 위의 각 문장이 상위-횡단 도식의 예가 되는데, 이 모든 예들은 탄도체와 지표가 모두 구체적인 사물이라는 사실을 공유한다.

구체적인 공간적 의미를 바탕으로 구축된 영상도식이 추상적 의미에도 관여한다. 즉 over의 구체적 의미가 추상적 의미까지 확장된다. 이때의 의미 확장은 은유에 의해 동기부여 된다. over의 추상적 의미는 구체적 의미에 의해서 이해되고 경험된다.

over의 추상적 의미의 예는 다음과 같다.

(9) a. Sam was passed over for promotion.(샘은 승진에서 제외되었다.)
    b. Harry still hasn't gotten over his divorce.(해리는 이혼을 아직 극복하지 못했다.)
    c. The play is over.(공연이 끝났다.)

(9a)는 승진에서 샘이 제외되었다는 것으로 해석된다. 이런 해석은 탄도체와 지표 사이에 접촉이 없는 상위-횡단 도식과 '통제는 위이다; 통제의 부재는 아래이다' 은유와 '선택은 닿는 것이다' 은유에 의해 동기부여 된다. 이 문장에서 탄도체는 샘의 상관이고 지표는 샘이다. 통제권이 있는 상관은 샘보다 위에 있으며, 누군가를 선택한다는 것은 접촉을 암시한다. 승진에 대해 상관은 샘과 접촉하지 않고 바로 넘어가 버리는데, 이것은 곧 샘이 승진되지 않았다는 것을 암시하는 것이다.

(9b)는 해리가 이혼을 극복하지 못했다는 것으로 해석된다. 이런 해석은 탄도체와 지표가 접촉하고 지표가 수직적인 상위-횡단 도식과 '인생은 여행이다' 은유에 의해 동기부여 된다. 이 문장에서 탄도체는 해리이고 지표는 이혼이다. 이혼은 인생의 여행으로 정의되는 경로 위에서 앞으로의 전진을 방해하는 장벽으로 이해된다. 해리가 아직도 이혼이라는 장벽 위를 횡단해서 가지 못하고 있는데 이것은 해리가 이혼을 극복하지 못했다는 것을 암시한다.

(9c)는 연극 공연이 끝났다는 것으로 해석된다. 이런 해석은 탄도체와 지표가 접촉하고 있고 지표는 수평적이고 탄도체가 경로의 끝점에 위치해 있는 상위-횡단 도식에 의해 동기부여 된다. 이 문장에서 탄도

체는 연극 공연이고 지표는 명시화되어 있지 않지만 세계에 대한 우리의 지식에 근거해서 연극 공연 시간임을 알 수 있다. 연극 공연은 움직이는 것으로 개념화되고, 연극 공연이 움직여서 지표의 경로를 지나서 경로의 마지막 지점에 도착해 있는데, 이것은 연극이 끝났다는 것을 암시한다.

요컨대, over의 공간적 의미에 근거해서 상위-횡단 도식이 구축된다. 공간적 영역에서 사용되는 over의 의미는 추상적인 사회적 영역까지 투사된다. 즉 공간적 영역과 사회적 영역은 둘 다 동일한 영상도식을 바탕으로 하고 있으며, 영상도식을 바탕으로 해서 공간적 영역에서 over의 사용이 사회적 영역으로 투사된다. 이러한 사실을 바탕으로 over의 다의성을 설명하는 데 은유와 영상도식이 큰 역할을 담당하고 있음을 알 수 있다.

13.3.2. 상위 의미

상위 의미는 탄도체가 횡단하는 경로가 없으며 탄도체와 지표 사이에 접촉이 없는 정적인 over의 의미이다. 다음 문장을 보자.

(10) a. Hang the painting over the fireplace.(그림을 벽난로 위에 거시오.)
 b. The helicopter is hovering over the hill.(헬리콥터가 언덕 위를 떠돌고 있었다.)

이와 같은 over의 상위 의미는 다음과 같은 영상도식으로 나타낼 수 있다(Lakoff 1987: 425).

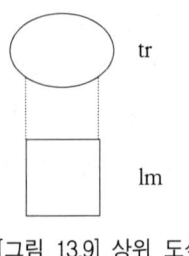

[그림 13.9] 상위 도식

탄도체가 일차원적인 상위 도식의 하위도식이 있는데, 이에 대한 예는 다음과 같다.

(11) The power line stretches over the yard.(전선이 마당 위에 쭉 펼쳐져 있다.)

상위 도식에 근거하고 있는 over의 추상적 의미의 예는 다음이다.

(12) She has a strong power over me.(그녀는 나보다 힘이 강하다.)

이 문장은 그녀가 나보다 힘이 강하다는 것으로 해석된다. 이런 해석은 상위 도식과 '통제는 위이다; 통제의 부재는 아래이다' 은유에 의해 동기부여 된다. 이 문장에서 탄도체는 그녀의 힘이고 지표는 me이다. 탄도체인 그녀의 힘이 완전히 지표인 내 위에 있다. 그녀의 힘이 내 위에 있기 때문에 그녀는 나를 통제하고 있는 것으로 이해할 수 있다.
또 다른 상위 의미와 관계있는 over의 추상적 의미를 보자.

(13) a. You're overlooked his accomplishments.(당신은 그의 업적을 간과했다.)
　　b. We need to find someone who can oversee this operation.(우리는 이 운영을 감독할 사람을 찾을 필요가 있다.)

제13장 다의성 321

(13a)는 당신이 그의 업적을 간과했다는 것을 의미한다. 탄도체는 당신의 시선이고 지표는 그의 업적이다. 상위 도식에서는 탄도체가 지표와 접촉하지 않는다. 즉 당신의 시선이 그의 업적과 닿지 않는다는 것은 당신이 그의 업적을 보지 못한다는 것이다. 이것은 '보는 것은 닿는 것이다' 은유에 의해 동기부여 된다. 눈으로 어떤 것을 본다는 것은 그것을 고려한다는 것을 암시한다. 따라서 누군가의 업적을 간과한다는 것은 그것을 고려하지 않는다는 것을 뜻하게 된다.

(13b)에서 oversee는 감독한다는 것으로 해석된다. 이런 해석은 상위 도식과 '통제는 위이다' 은유 및 '어떤 것이 이루어지는 것을 보는 것은 그것이 이루어진다는 것을 확신한다는 것을 대표한다' 환유에 의해 동기부여 된다. 이 문장에서 탄도체는 someone이고 지표는 this operation이다. 탄도체가 지표와 접촉하지 않고 그 위에 있다. 탄도체가 지표 위에 있다는 것은 탄도체가 지표를 통제하는 것이다. 무언가를 보는 것은 그것을 확인하는 것을 대표한다. 따라서 oversee는 어떤 것이 행해지고 있다는 것을 통제하고 확인하는 것으로 해석된다.

13.3.3. 덮기 의미

over의 덮기 의미는 다음과 같은 문장으로 가장 잘 예증된다.

(14) The board is over the hole.(판자가 구멍을 덮고 있다.)

over의 덮기 의미는 다음과 같은 영상도식으로 나타낼 수 있다(Lakoff 1987: 427).

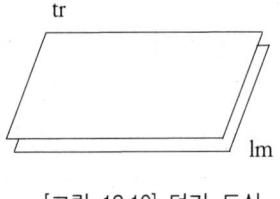

[그림 13.10] 덮기 도식

덮기 도식은 상위 도식의 변이형이지만 그 둘은 두 가지 점에서 서로 구별된다. 첫째, 상위 도식에서 탄도체의 차원성은 상술되지 않지만 덮기 도식의 경우에 탄도체는 적어도 이차원적이어야 한다. 둘째, 상위 도식에서는 탄도체와 지표가 접촉하지 않지만 덮기 도식의 경우에는 둘 사이의 접촉 여부는 중립적이다.

덮기 도식에는 두 가지 하위도식이 있다. 첫 번째 하위도식에서 탄도체는 많은 개체로 구성된 복합적 실체이다. 그 예는 다음과 같다.

(15) The guards were posed all over the hill.(경비원들이 언덕 전체에 배치되어 있다.)

이런 경우에 각 개체들은 지표를 완전히 덮고 있는 것이 아니라 지표의 여러 지역을 따로따로 덮으면서 공동으로 전체 지표를 덮는 것으로 개념화된다.

덮기 도식의 두 번째 하위도식에 대한 예는 다음과 같다.

(16) a. I walked all over the hill.(나는 언덕 전체를 걸어갔다.)
　　 b. We've hiked over most of the country.(우리는 대부분의 육지를 하이킹했다.)

이 도식에서는 복합적 실체들을 나타내는 점이 결합해서 지표를 덮는 하나의 경로를 구성한다.

덮기 도식의 경우에는 탄도체가 지표 위에 있을 필요가 없다. 덮기 의미와 관계있는 over의 추상적 의미를 살펴보자.

(17) Look over my corrections, but don't overlook any of them.(내가 수정한 부분을 하나라도 대충 보지 말고 일일이 검토를 해 주세요.)

look over에 있는 over는 상위 도식의 두 번째 하위도식과 '보는 것은 닿는 것이다' 은유에 의해 동기부여 된다. 이 경우에 탄도체는 시선이고 지표는 my corrections이다. 즉 시선이 my corrections를 덮고 있는 경로를 따라간다. 이때 시선은 지표와 접촉하고 있다. 어떤 것을 보는 것은 그것을 고려하는 것이다. 따라서 누군가가 지표 위를 본다면, 지표를 덮고 있는 대표적인 부분에 주의를 기울이고 그 부분을 고려하는 것이다.

13.3.4. 재귀 의미

over의 재귀 의미는 다음 문장으로 가장 잘 예증된다.

(18) Roll the log over.(통나무를 굴리시오.)

(18)에서 통나무의 절반이 탄도체가 되어 나머지 절반 위로 그리고 그것을 가로질러서 움직인다. 즉 통나무의 절반은 탄도체이고 그 나머지 절반은 지표 역할을 한다.
    over의 재귀 의미는 [그림 13.11]과 같은 재귀 도식으로 나타낼 수 있다(Lakoff 1987: 433).
    재귀 도식은 상위-횡단 도식과 유사하지만, 재귀 도식에서는 탄도체와 지표가 동일하다는 점에서 그 둘은 서로 구별된다. 즉 재귀 도식에서 over의 경로는 움직이는 대상 위로 그리고 그것을 가로질러 반원을 따라간다.

324   제4부 의미의 속성

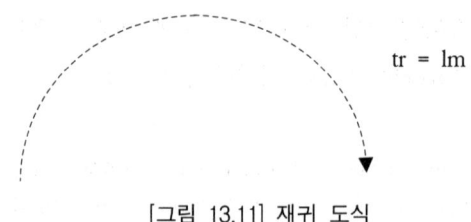

[그림 13.11] 재귀 도식

재귀 도식의 하위도식이 있는데, 그 하위도식에서는 한 실체의 어느 부분이 다른 나머지 부분 위로 가로질러 움직이는 것이 아니라 전체의 실체가 경로를 따른다. 다음이 그 예다.

(19) a. The fence fell over.(울타리가 넘어졌다.)
    b. Sam knocked over the lamp.(샘은 램프를 넘어트렸다.)

(19)에서 탄도체가 처음에는 수직적이었고 경로의 나머지 반을 따르기 위해서 움직인다. 이 하위도식은 다음과 같이 나타낼 수 있다(Lakoff 1987: 433).

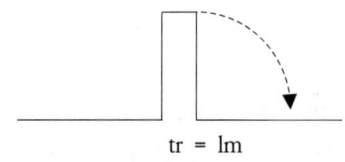

[그림 13.12] 재귀 하위도식

재귀 도식에 근거하는 over의 추상적 의미의 예는 다음이다.

(20) The rebels overthrew the government.(반란군이 정부를 전복시켰다.)

이 문장은 정부가 전복되었다는 것을 의미한다. 이 문장에서 탄도체는 전복되기 전의 정부이고 지표는 전복된 정부이다. 정부가 위로 서 있다는 것은 통제권을 쥐고 있다는 뜻인데, 이것은 '통제는 위이다' 은유에 의해 설명된다. 반란이 발생하기 전에는 정부가 통제권을 쥐고 있다. 그리고 반란이 발생하고 나면 정부는 전복되어서 통제권을 상실한다.

13.3.5. 문제점

Lakoff(1987)은 전치사 over가 가지고 있는 여러 의미들을 관련짓기 위해 영상도식 및 영상도식 변형에 의존하고자 했다. 그러나 그는 지표의 수직성 및 확장성과 같은 차원을 비롯해서, 탄도체와 지표의 접촉 여부와 같은 특징들도 over의 다의성을 분석하는 데 활용을 했다. 이런 특징들은 측량을 위한 객관적인 변별자질처럼 보인다는 점에서, 인지언어학의 가정에 근거하는 그의 분석은 마치 객관주의 의미론의 특징을 활용하는 오류를 범하게 된다. Dewell(1994)은 이러한 Lakoff의 오류를 제거하기 위해 전적으로 영상도식 및 영상도식 변형에 의존하고, 측량을 위한 객관적인 자질을 제거함으로써 Lakoff의 분석을 수정하는 작업을 한다.

over의 다의성에 대한 Lakoff(1987)의 분석이 안고 있는 또 다른 문제는 그가 다의성 오류(polysemy fallacy)를 범하고 있다는 것이다. 다의성 오류란 원어민 화자의 심적 표상에 비해 특정한 형태와 연상되는 개별 의미의 수를 과장하는 것을 말한다. 예컨대 다음 문장을 고려해 보자.

(21) a. The helicopter hovered over the ocean.(헬리콥터는 바다 위를 떠돌았다.)
 b. The hummingbird hovered over the flower.(벌새는 꽃 위를 떠돌고 있었다.)

Lakoff은 (21a)와 같은 문장에서 over가 탄도체 the helicopter와 확장적 지표 the ocean 사이의 관계를 기술하는 한편, (21b)에서는 탄도체 the hummingbird와 비확장적 지표 the flower 사이에 관계가 있다고 말했다. Lakoff은 이처럼 지표의 차원성이 다르면 over와 연상되는 의미 망조직에서 개별 의미로 표상되어야 한다고 주장한다. 이처럼 Lakoff은 탄도체와 지표의 차원성 및 탄도체와 지표의 접촉 여부와 같은 측량적 자질을 제시해서 over와 연상되는 의미의 수를 필요 이상으로 과장하는 오류를 범하고 있다.

Lakoff(1987)은 over의 원형 의미가 '상위-횡단'이라고 간주하는데, Lakoff은 이 의미에는 The plane flew over the city와 같은 문장으로 표상되듯이 탄도체가 이동하는 경로가 포함된다고 주장한다. 여기에서 두 가지 문제가 나오는데, 첫째로 원형 의미를 결정하는 기준에 근거해서가 아니라 단순히 그의 직관에 기초해서 over의 원형 의미가 상위-횡단이라고 주장할 뿐이다. 다음으로 횡단의 개념이 문제가 된다. 횡단이라는 개념은 이동의 개념을 환기시키고 이동의 개념은 한쪽에서 다른 쪽으로 방향이 제시되는 경로의 개념을 환기시킨다. 그러나 이동과 경로라는 개념은 과정의 개념과 밀접하게 관련있는 동사의 속성이다. 전치사는 두 사물 사이의 공간적 관계를 표상하기 때문에 이동이나 경로의 개념은 환기시킬 수 없다. 그럼에도 불구하고 Lakoff은 over의 의미에 이동과 경로의 개념이 있는 것으로 주장하고 있는 오류를 범하는 것이다.

또 다른 문제점으로, Lakoff의 분석으로는 상위 의미를 가지고 있는 또 다른 전치사인 above와 over 사이를 구별할 수 없다는 점이다. 이런 문제점은 Tyler & Evans(2003)의 논의에서 자연스럽게 해결된다. 그들은 over에 대한 인지모형[4]을 다음과 같이 제시한다(Tyler & Evans 2003: 66).

---

4) Tyler & Evans(2003)는 영상도식이나 인지모형이라는 용어를 사용하지 않고 원형 장면(proto-scene)이라는 용어를 사용한다.

제13장 다의성 327

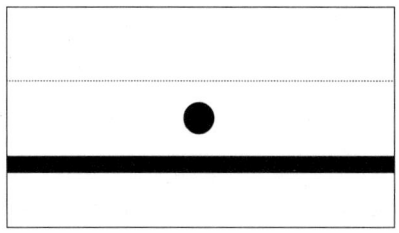

[그림 13.13] over의 인지모형

위의 그림에서 탄도체는 진한 원으로 표시되고 지표는 굵은 수평선으로 표시되어 있다. 지표에 인접해 있으며 지표와 잠재적으로 접촉하는 것으로 개념화되는 지역은 점선으로 범위가 정해진다. 점선과 굵은 수평선 사이의 공간은 탄도체의 힘이 미치는 영향권이다. over의 경우에는 탄도체가 영향권 안에 있기 때문에 지표에게 영향을 미치는 것으로 이해된다.

반면에 above에 대한 인지모형은 다음과 같다(Tyler & Evans 2003: 112).

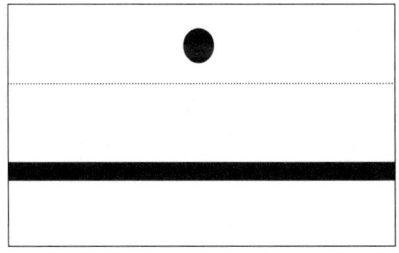

[그림 13.14] above의 인지모형

위의 그림에서 above의 경우는 탄도체가 지표보다 위에 있다는 점에서는 over의 경우와 동일하지만, above의 경우에는 탄도체가 점선과 굵은 수평선 사이인 영향권 범위 내에 있지 않기 때문에 탄도체는 지표에 영향을 미치지 않고 단순히 지표보다 위에 있다는 것만을 암시한다.

그러면 몇 가지 증거를 통해서 over와 above의 의미 차이를 Tyler & Evans(2003)가 제시한 두 전치사의 인지모형으로 설명해 보자.

먼저 다음 두 문장의 차이를 살펴보자.

(22) a. ?The birds are somewhere over us.(?새가 우리 위의 어딘가에 있다.)
b. The birds are somewhere above us.(새가 우리 위 어딘가에 있다.)

위의 문장은 부사 somewhere 때문에 탄도체인 새가 지표인 우리 위에 모호하게 위치하고 있는 상황을 묘사하고 있다. somewhere가 지시하는 위치가 모호하다는 것은 탄도체가 지표의 영향권 안에 있지 않음을 시사한다. 이런 탄도체와 지표 사이의 관계에 대해서는 over가 아니라 above를 사용하는 것이 한층 더 적절하기 때문에 (22a)는 이상하게 들리는 것이다.

또 다른 예를 검토해 보자.

(23) a. The cross-country skier skimmed over the snow.(크로스컨트리 선수는 눈 위를 미끄러져 내려갔다.)
b. ?The cross-country skier skimmed above the snow.(?크로스컨트리 선수는 눈보다 위에서 미끄러져 내려갔다.)

(23a)에서 관습적 해석은 탄도체 the skier가 지표보다 위에 있고 지표의 범위 내에 있어서 이 경우에 눈과 접촉하고 있다는 것이다. 대조적으로, (23b)의 경우에는 그 둘 사이의 접촉 가능성이 배제된다. 스키타기 행동에 대한 우리의 이해는 표면과의 접촉과 관계있기 때문에, (23a)는 완벽하게 수용되지만 (23b)는 이상한 것이다. 이런 예는 over가 탄도체가 지표와 잠재적으로 접촉한다는 공간적 형상을 지시하는 반면 above는 그렇지 않다는 것을 예증해 준다.

또 다른 다음 예를 보자.

(24) a. She has a strange power over me.(그녀는 나에게 이상한 힘을 발휘한다.)
 b. ?She has a strange power above me.(?그녀는 나보다 위에 이상한 힘을 발휘한다.)

즉, over와 above는 둘 다 상위라는 공간적 관계를 지시하지만, over만이 영향이라는 기능적 관계를 지시하는데, 이것은 over의 공간적 형상에 탄도체와 지표 사이의 잠재적 접촉의 개념이 있기 때문이다. 탄도체인 그녀가 지표인 나를 통제하는 것으로 해석되는 경우에 (24a)에 있는 over의 용법은 완벽하게 수용되지만 (24b)에 있는 above의 용법은 분명히 이상하다. 이것은 over에 대한 인지모형의 공간적 형상이 탄도체와 지표 사이의 잠재적 접촉을 지시하는 결과로 그 인지모형에 탄도체와 지표 사이에 영향이라는 기능적 요소가 있음을 시사한다.

이 장에서는 다의성 및 보통 다의성과 함께 논의되는 동음성과 모호성의 본질을 밝히고자 했다. 먼저 다의성, 동음성, 모호성을 전통적인 입장에서 구별했으며, 다음으로 범주화 모형에 입각해서 그 세 가지에 대한 모형을 제시했다. 더 나아가 Lakoff(1987)이 제시한 전치사 over의 다의성을 살펴보고, 그의 분석이 다의성 오류를 범한다는 점을 지적하면서 Tyler & Evans(2003)의 논의를 그 대안으로 제시했다.

제5부 통사 범주의 의미

- 제14장   명사
- 제15장   동사

제14장 명사

14.1. 명사의 정의
14.2. 가산명사와 질량명사
14.3. 명사의 고정화와 실례화

전통적으로 명사 및 동사와 같은 기본적인 통사 범주는 문법적인 원리에 기초해서 정의되어 왔다. 통사 범주에 대한 문법적 원리란, 낱말은 그 의미와 음운 구조에 따라서가 아니라 통사적 행동 양식이나 형태론적 행동 양식인 분포에 기초해서 통사 범주가 할당된다는 것이다. 예컨대, earthquake는 정관사를 취하고 복수가 될 수 있고 형용사 및 관계절의 수식을 받을 수 있고 문장에서 주어나 목적어 기능을 할 수 있다. 이 모든 것은 전형적인 명사의 분포적 특성이며, 이것을 근거로 해서 earthquake이 명사라고 결론 내릴 수 있다. 이에 반해 인지언어학에서는 통사 범주가 동기부여 된다고 주장한다. 특히, Langacker(1987: 189)는 "명사, 동사, 형용사, 부사와 같은 문법 범주는 의미적으로 정의할 수 있다"고 주장한다. Langacker의 설명을 단순화시키면, 명사는 개념적으로 자립적인 '사물'을 지시하는 반면, 동사는 '과정'을 지시한다고 말할 수 있다. Langacker는 명사와 동사의 구별이 상황의 객관적인 자질에 의해 유발되는 것이 아니라 상황이 개념화되는 방식과 관련이 있다고 강조한다.[1] 예컨대, He suffered terribly와 His suffering was

---

[1] Givón(1984)은 명사와 동사의 지시물이 시간 안정성에 관해서 서로 구별된다고 지적한다. 즉, 시간이 지나도 상대적으로 안정적인 현상학적 덩어리에 대한 경험은 인간의 언어에서 명사로 어휘화 되는 경향이 있다. 가장 원형적인 명사는

terrible은 둘 다 동일한 상황을 기술하지만 그 상황을 서로 다르게 해석한다. 전자는 suffer에 의해 그 상황을 해석하는데, 그 과정은 과거의 기간 중에 진행된다. 후자는 그 상황을 사물로 해석하는데, 동사는 -ing 접미사에 의해 명사화되었기 때문에 과정의 시간적 양상은 배경화 되었다. 인지언어학의 목표는 명사 및 동사와 같은 통사 범주에 동기부여 하는 것이다. 이 장과 다음 장에서는 통사 범주 중에서 각각 명사와 동사의 의미적 유연성을 인지언어학적으로 다룰 것이다.

14.1. 명사의 정의

명사는 굴절 자질에 기초해서 몇 가지 하위부류로 세분화될 수 있다.

(1) a. A 부류 명사는 원형적 명사로서 단수 형태와 복수 형태 둘 다 있다. cat-cats가 그 예이다.
  b. B 부류 명사는 단수 형태만 있다. equipment-*equipments, furniture-*furnitures, crockery-*crockeries가 그 예이다.
  c. C 부류 명사는 복수 형태만 있다. *scissor-scissors, *trouser-trousers,*clothe-clothes가 그 예이다.2)
  d. D 부류 명사는 단수 형태와 복수 형태 둘 다 있지만, 그 둘은 동일하다. sheep-sheep, deer-deer, salmon-salmon이 그 예이다.

A 부류 명사는 소위 말하는 가산명사(count noun)이고 B 부류 명사

---

rock, tree, dog, person 등과 같이 영속적이고 단단한 물질로부터 만들어지는 구체적이고 물리적인 실체를 지시하는 명사이다. 그리고 우주의 상태에서 재빠른 변화를 지시하는 경험적 덩어리에 대한 경험은 원형적으로 사건이나 행동인데, 이것은 동사로 어휘화 되는 경향이 강하다.

2) 단수 형태 scissor와 trouser가 없다는 주장은 *This scissor is sharp, *That trouser is small과 같은 예가 비문법적이라는 사실에 근거를 둔다. 사실상, 단수 형태를 발견할 수 있는 문맥 하나가 있는데, 그것은 a scissor movement(가위 움직임), a trouser press(바지 다림질)와 같은 명사 합성어이다.

는 질량명사(mass noun)이다. 가산명사와 질량명사 사이의 차이는 몇 가지 문법적 현상으로 반영되어 나타난다. 첫째, Furniture is useful, I bought furniture, I'm looking for furniture에서와 같이, 질량명사의 단수 형태는 전형적으로 명사구가 차지하는 위치에서 한정사 없이 나타나지만, 가산명사에는 한정사가 없으면 *Cat is useful, *I bought cat, *I'm looking for cat에서와 같이 비문이 된다. 둘째, 부정관사 a는 가산명사와 함께 나타나지만 질량명사와는 함께 나타나지 않는다. 셋째, 한정사 much는 질량명사와 함께 나타나지만 가산명사와는 함께 나타나지 않는다. 넷째, a lot of와 같은 표현은 질량명사의 단수 형태와 함께 나타나지만 가산명사의 단수 형태와는 함께 나타나지 않는다.

전통적으로 이런 문법적인 현상을 통해서 가산명사와 질량명사가 구별되었다. 문제는 가산명사와 질량명사의 구별이 동기부여 되는지 또는 자의적인지에 관한 것이다. 어떤 예는 그런 구별이 자의적이라는 견해를 뒷받침해 주는 것처럼 보인다. 예컨대, vegetable(채소)과 fruit(과일)은 둘 다 집합적인 뉘앙스로 사용된다는 점에서 같은 성격을 가진 것처럼 보이지만 vegetable은 가산명사인 데 반해서 fruit은 질량명사이다. 따라서 vegetable은 가산명사이고 fruit은 질량명사인 것은 아무런 이유가 없는 자의적인 현상처럼 보인다. 또 다른 예로, noodle(국수)은 가산명사이고 rice(쌀)는 질량명사이다. 즉, 그릇에 담긴 많은 국수는 these noodles라고 말할 수 있지만, 그릇에 담긴 많은 쌀알은 these rices가 아니라 this rice라고 말하는데, 그 이유는 자의적인 것처럼 보인다.

그러나 많은 경우에 가산명사와 질량명사를 구별할 수 있는 명백한 인지적 근거가 있다. 가산명사는 사물(object)을 지시하고 질량명사는 물질(substance)을 지시하는 경향이 강하다. 따라서 cup, cat, table은 가산명사인 반면 water, sand는 질량명사라는 사실은 전혀 자의적인 것처럼 보이지 않고 자명하고 당연한 것으로 받아들일 수 있다.

Langacker(1987)는 명사란 어떤 영역에서 지역(region)을 지시하고,

지역은 상호 연결된 일련의 실체들(set of interconnected entities)로 정의된다고 했다. 예컨대, desk, book은 공간 영역에서의 지역을 지시하고, water, air는 물질 영역에서의 지역을 지시한다. 명사는 다음과 같이 나타낼 수 있다(Langacker 1987: 215 참조).

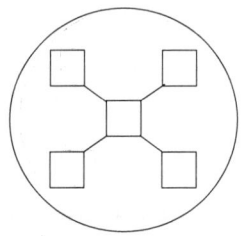

[그림 14.1] 지역으로서의 명사

위 그림에서 성분 실체들은 네모로 표시되어 있고, 성분 실체들 사이의 상호 연결은 실체들을 연결하고 있는 직선으로 표시되어 있다.

14.2. 가산명사와 질량명사

이 절에서는 가산명사와 질량명사를 구별하는 개념적 기초를 제공할 것이다. 앞에서 명사가 지역을 지시한다고 정의했다. 이때 그 지역은 사물일 수도 있고 물질일 수도 있다. 예컨대, bike 및 cat과 같은 가산명사는 고체로 된 물리적 사물의 특징을 가지고 있고 water 및 oil과 같은 물질명사는 액체인 물질의 특징을 가지고 있다. 즉, 가산명사와 물질명사에 대한 구별은 사물과 물질에 대한 구별이 되는 것이다. 사물은 보통 개별화되는 반면 물질은 개별화되지 않는 특징을 가지고 있다. 사물은 그 자체의 내적 구조와 구성을 가지고 있다. 그래서 사물을 분열시키면 그 정체성이 상실된다. 자동차(car)를 분해하면 자동차 부품만 있는 것이지 자동차가 있는 것은 아니다. 그러나 다량의 고기(meat)를 나누더라도 여전히 고기는 있으며, 두 덩어리의 고기를 합쳐도 여전히 고기가 된다.

가산명사와 질량명사 사이의 구별은 내적 동질성(internal homogeneity) 및 그것과 연상되는 분리성(divisibility), 반복성(replicability), 고유한 한정성(inherent boundedness)과 같은 개념으로 포착할 수 있다. 첫째, 사물과 물질은 한정성에서 서로 차이가 난다. 즉, 사물에는 특징적인 형태와 잘 한정된 경계가 있는 반면, 물질에는 그런 경계가 없어서 그 자체가 그릇의 형태에 맞추어 형성된다. 둘째, 사물과 물질은 내적 동질성에서 차이가 난다. 물질은 내적 동질성의 특징을 가지고 있다. 어떤 물질의 한 부분을 떼어 내어도 그것은 그 물질로 간주되며, 물질을 증가해도 증가한 물질 그 자체 또한 물질로 간주된다. 사물은 전형적으로 분리되는 성분들로 구성되는 내적 구조를 가지고 있으며, 한 사물의 각 부분 그 자체는 사물로 간주될 수 없다. 예컨대, 자전거의 각 부품 그 자체는 자전거가 아니다. 셋째, 가산명사는 반복성을 가지고 있기 때문에, keys, dogs, desks에서와 같이 복수로 사용될 수 있는 반면, 물질명사에는 반복성이 없기 때문에 복수형이 없다.

[그림 14.1]에서 명사를 지역으로 정의한 모형에 기초해서 가산명사와 질량명사를 구별해 보자. 먼저 가산명사는 사물이고 그 사물에는 여러 성분 실체들이 포함되어 있다. 이때 그 성분 실체들은 동질적이지 않고 이질적이다. 반면 질량명사 역시 지역이지만 그 지역을 구성하는 성분 실체들은 동질적이다. 둘째로 가산명사는 고유한 경계를 가지고 있다는 점에서 고유한 한정성이라는 특징을 가지고 있다고 했다. 반면에 질량명사는 고유한 한정성의 특징이 없다. 이런 두 가지 가산명사와 질량명사의 특성에 기초해서 가산명사와 질량명사의 차이를 다음과 같이 나타낼 수 있다.

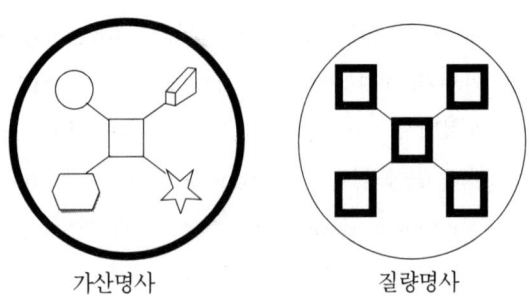

[그림 14.2] 가산명사와 질량명사

가산명사의 경우에는 성분 실체들이 각기 달라서 이질성을 강조하고 있으며, 경계가 진하게 윤곽부여 되어 있다는 것은 가산명사에는 한정성의 특징이 있음을 나타낸다. 반면에 질량명사의 경우에는 모든 성분 실체들이 동일하며, 동일한 성분 실체들에는 윤곽부여 되어 있으나 그 경계에는 윤곽부여 되어 있지 않는데, 이것은 질량명사의 동질성과 비한정성을 반영한다.

가산명사와 질량명사의 구별이 사물과 물질의 예로 가장 쉽게 설명될 수 있지만, 그런 구별은 또한 다른 영역의 실체에도 동등하게 적용된다. 예컨대, 교향곡은 개별화될 수 있는 사물인데, 교향곡이 공연될 때 그것은 시간의 영역에서 한정된다. 2악장과 같은 교향곡의 부분은 교향곡이 아니다. 따라서 symphony는 가산명사이다. 가산명사의 실례를 복사할 수 있는데, 그런 경우에는 several symphonies로 표현된다. 대조적으로 music은 질량명사이다. music의 여러 실례는 several musics가 아니라 단순히 music으로 표현된다.

가산명사와 질량명사 사이의 구별이 이처럼 개념적으로 잘 정립되어 있지만, 그 둘 사이의 구별은 화자가 세계를 어떻게 바라보고 어떻게 인지하고 어떻게 해석하느냐의 문제에 달려 있다. 내적 동질성의 개념을 예로 들어보자. 분자의 층위에서는 물이 동질적이지 않고 개별화될 수 있는 여러 분자들로 구성되기 때문에 water는 가산명사로 분류가 되어야 하지만, 우리는 물을 분자의 층위에서 해석하지 않고 우리 눈에 보이는 표층의 층위에서 해석하기 때문에 water는 물질명사로 간주되는 것이다. 즉 분자의 집합으로서 물은 실용적인 인간의 관심사에 적절하기 때문에 물질명사로 표현되는 것이다. 또 다른 예로, 모래(sand), 설탕(sugar), 쌀(rice), 먼지(dust) 등과 같은 현상을 고려할 때, 이런 것을 물질이 아니라 사물의 집합으로 간주할 수 있을 것이다. 왜냐하면 설탕과 모래를 구성하고 있는 입자들은 적어도 우리 눈으로 인식할 수 있기 때문이다. 그러나 설탕이 우리에게 모습을 드러낼 때 그것은 항상 함께 모여 있는 수천 개의 설탕 입자의 집합의 형태로 나타나기 때문에, 하나의 설탕 입자는 거의 실용적인 목적을 수행하지 못한다. 그리고 여러 입자들의 집합인 설탕은 설탕을 담는 그릇의 형태에 따라 형성되고 내적으로 동질적이기 때문에 마치 액체처럼 행동하므로 물질명사로 분류가 되는 것이다.

noodle의 예를 살펴보자. noodle은 가산명사이다. 개개의 국수는 개개의 쌀알보다 더 크기 때문에 단 하나의 쌀알보다 단 한 가닥의 국수를 먹기가 더 쉽다. 그렇지만 단 한 가닥의 국수는 사람들에게 크게 흥미롭지 않기 때문에 noodle을 가산명사로 분류하는 데 어려움이 있다. 그러나 쌀과는 달리 국수는 사물 범주화(thing categorization)의 기준이 적용된다. 유사한 예를 하나 들자면, 자갈더미를 구성하는 입자의 크기와 조약돌더미를 구성하는 입자 사이에 차이가 거의 없지만, gravel(자갈)은 질량명사인 반면 pebble(조약돌)은 가산명사인데, 이것도 해석(construal)의 문제로 이해할 수 있다. 그리고 가구(furniture)와 칼붙이(cutlery)의 경우에는 물질 범주화(substance categorization)의 기준이 적용된다. 가구를 두 부분으로 나누어도 각 부분은 여전히 furniture이다. 몇 개의 가구를 합쳐도 여전히 furniture로 표현된다.

가산명사와 질량명사의 구별에 해석이 역할을 담당한다고 했는데, 해석의 역할은 주어진 실체를 종종 서로 다른 방법으로 해석할 수 있다는 사실로부터 자명해진다. 우리는 개별화되는 사물에 초점을 두면서 이웃의 houses나 집합적인 실체로서 집에 초점을 두면서 이웃의 housing에 대해 이야기할 수 있다. 우리는 공장의 machines나 공장의 machinery에 대해 이야기할 수 있다.

더욱이 동일한 명사가 종종 가산명사와 질량명사 둘 다로 사용될 수 있다. 다음 예를 보자.

(2) a. Could I have a potato?(감자 한 개를 먹을 수 있을까요?)(가산)
  b. Could I have some potato?(감자 좀 먹을 수 있을까요?)(질량)
(3) a. I'll have an egg.(달걀 하나 먹겠다.)(가산)
  b. I'll have some egg.(달걀을 좀 먹겠다.)(질량)
(4) a. I'd like a pumpkin.(호박 하나를 먹고 싶다.)(가산)
  b. I'd like some pumpkin.(호박을 좀 먹고 싶다.)(질량)
(5) a. There were a lot of newspapers in the box.(상자에 신문이 많이 있었다.)(가산)
  b. There was a lot of newspaper in the box.(상자에 신문지가 많이 있었다.)(질량)
(6) a. There's a glass on the table.(탁자 위에 유리잔이 한 개 있다.)(가산)
  b. It's made of glass.(그것은 유리로 만들어졌다.)(질량)

감자, 달걀, 호박은 보통 단일하고 개별화되고 셀 수 있는 사물로 범주화되므로 가산명사로 취급되어 요리할 때나 상을 차릴 때 이 특징을 그대로 간직할 수 있다. 그러나 만약 감자나 호박을 으깨거나 달걀을 휘저어 익히면 그 특징은 변한다. 그것은 동질적인 물질이 되어 그것으로부터 그 특징을 바꾸지 않고 그 일부가 제거되거나 또 다른 일부가 더해질 수 있다. 이런 경우에는 감자나 호박은 물질로 범주화되어 질량명사로 취급된다.

또 다른 예로서 액체 물질의 경우를 고려해 보자. I'll have some water, There's beer in the fridge, He drank a glass of wine에서와

같이 water, beer, wine은 물질명사로 분류되었다. 그러나 이런 명사들이 가산명사의 용법으로 사용될 수 있는 현상을 쉽게 접할 수 있다. 다음 예를 보자.

(7) a. There were several wines on show.(와인 몇 병이 진열되어 있었다.)
  b. He drank a few beers.(그는 맥주 몇 병을 마셨다.)
  c. The waters were rising.(물이 불어나고 있었다.)

이 용법들에는 다양한 동기가 있다. 와인의 경우에, 사람들은 그 현상을 몇 가지 하위유형으로 나누는 것이 그들의 일상 관심사에 상당히 적절하다고 생각한다. 각각의 그런 하위유형은 개별화되는 실체이기 때문에, 그것은 (7a)에서와 같이 가산명사로 나타난다. 예 (7b) 또한 몇 가지 유형의 맥주를 마셨다는 것을 의미하는 것으로 해석되기 때문에 beer가 가산명사의 용법으로 사용된다. (7c)에서 홍수는 전형적으로 다른 수원지에서 온 물에 의해 흘러 들어가는데, 그래서 그것들이 합쳐진 뒤에도 여전히 다른 실체들로 개념화될 수 있다.

　이처럼 동일한 명사가 경우에 따라 가산명사나 질량명사로 사용될 수 있다는 것은 해석의 문제인데, 어떤 실체에 대해 한정성이나 성분들의 이질성을 강조하는 식으로 해석할 수도 있고, 또는 비한정성과 성분들의 동질성을 강조하는 식으로 해석할 수도 있는 것이다. 따라서 가산명사가 질량명사로 사용되거나 질량명사가 가산명사로 사용될 수 있으며, 화자는 어떤 동일한 명사를 가산명사와 질량명사로 혼용해서 말할 수 있는데, 이것은 해석의 차이인 것이다. 이것은 다음과 같이 나타낼 수 있다.

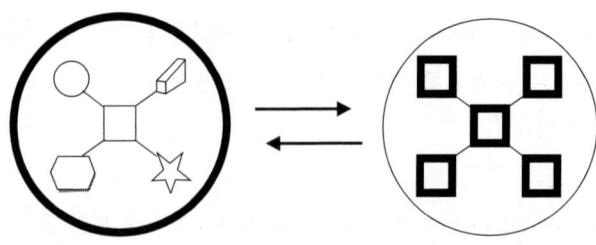

[그림 14.3] 가산명사와 질량명사의 해석 과정

하나의 실체를 다양한 방식으로 해석하는 것이 가능하다고 한다면, 언어마다 각기 다르게 관습적 해석을 부호화한다는 것은 놀라운 일이 아닐 것이다. 영어에서는 information, advice, evidence, research, news가 질량명사로 해석된다. 독일어에서는 그에 상응하는 명사인 Information, Hinweis, Beweis, Forschung, Nachricht는 가산명사 위상을 가지고

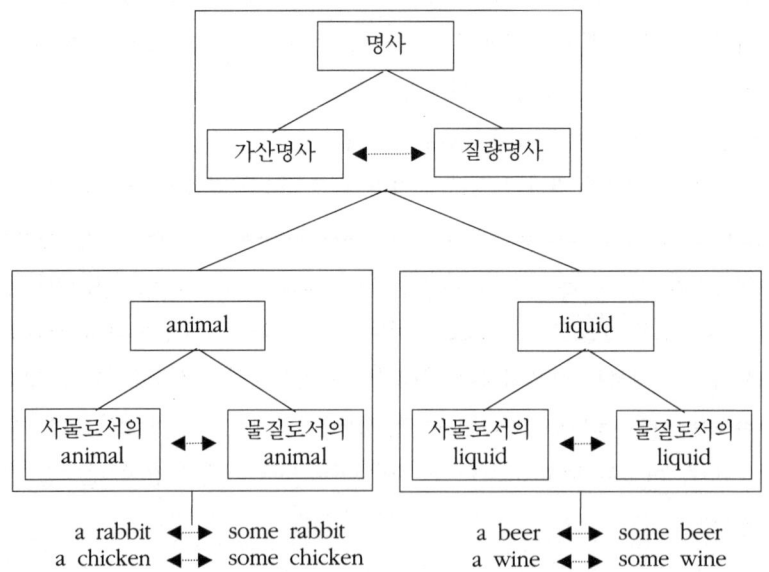

[그림 14.4] 가산-질량 구별에 대한 망조직

있다. 따라서 이런 독일어 명사는 eine Information나 Nachrichten과 같이 부정관사와 함께 사용되거나 복수 접사가 붙을 수 있다.

요컨대, 명사는 어떤 영역에서 상호 연결된 일련의 실체들인 지역으로 정의되며, 한정성 및 동질성의 개념에 기초해서 가산명사와 질량명사로 구분된다. 더욱이 동일한 명사가 해석의 과정에 따라 가산명사나 질량명사로 사용될 수 있음을 보았다. 지금까지의 설명은 [그림 14.4]와 같이 나타낼 수 있다(Taylor 2002: 380 참조).

14.3. 명사의 고정화와 실례화

전통적으로 명사는 명사구와 구별된다. house는 명사이고, the house, an old house, those three houses, a house I used to live in은 명사구이다. 명사는 사물의 유형을 지시하며, 명사구는 유형의 실례를 지시한다. 예컨대, house는 집이라는 실체의 유형을 지시한다. 유형으로서의 집에는 수많은 실례가 있다. 명사구에 있는 the는 많은 실례들 중에서 하나의 실례만 주의를 위해 선택되었다는 것을 전달하는 역할을 한다. the는 또한 지시된 실례가 화자와 청자 모두가 알고 있는 특정한 것임을 전달하기도 한다.

유형으로서의 명사가 실례화된 것인 명사구는 내적으로 복합적이다. 즉, 명사구는 명사 앞에 한정사, 양화사, 보충어 등이 붙은 표현을 말한다. 이처럼 명사구가 내적으로 복잡하게 되는 과정 네 가지를 제시할 수 있다. 첫째는 상술(specification)인데, house라는 명사에 big house에서와 같이 형용사를 붙여 그 명사를 수식하면 그 명사는 훨씬 더 상세하게 상술된다. 둘째는 실례화(instantiation)인데, 이것은 명사가 지시하는 유형과 그 실례 사이의 관계이다. 셋째는 양화(quantification)로서, 이것은 지시된 실례의 수나 양과 관계있다. 넷째는 고정화(grounding)인데,

이것은 화자가 발화 사건의 원근법으로부터 지시된 실례의 위치를 파악하는 과정이다. 한정과 비한정, 특정적과 비특정적 사이의 차이가 고정화의 양상이다.

이런 네 가지 양상은 서로 논리적인 관계를 맺는데, 유형은 상술될 수 있으며, 상술된 유형은 실례화되며, 상술된 유형의 실례는 양을 정할 수 있으며, 양이 정해진 실례는 고정화된다. 따라서 명사구는 다음과 같은 개념적 구조를 가지고 있다고 말할 수 있다.

(8) (고정화 (양화 (실례화 (상술 (유형)))))

상술은 수식어와 보충어의 특이한 기능이다. the, a, this, my와 같은 한정사는 고정화 장치이다. each, every, many, three와 같은 양화사는 양의 개념을 명시적으로 부호화한다. 따라서 명사구 the three big houses의 통사적 구조와 개념적 구조를 다음과 같이 나타낼 수 있다.

(9) (the   (three   (big   (houses))))
    (고정화   (양화)   (상술)   (유형))))

이 절에서는 명사에서 명사구를 만드는 핵심 과정인 고정화와 실례화만을 다룰 것이다. 먼저, 명사에서 고정화란 기본 명사와 고정체(ground)가 결합하는 과정을 말한다. 고정체는 발화 사건의 문맥을 가리킨다. 고정체는 사건의 참여자, 시간, 장소, 상황적 문맥, 선행 담화, 발화 행위 참여자의 공유 지식 등으로 이루어져 있다. 고정화는 실체를 고정체에 관해서 위치부여하는 과정이다. Langacker(1991b: 98)에 따르면, 고정화는 발화 행위 참여자가 지시된 실체와 심적 접촉을 하도록 해준다. the house와 같은 명사구의 고정화는 다음과 같이 나타낼 수 있다(Taylor 2002: 346).

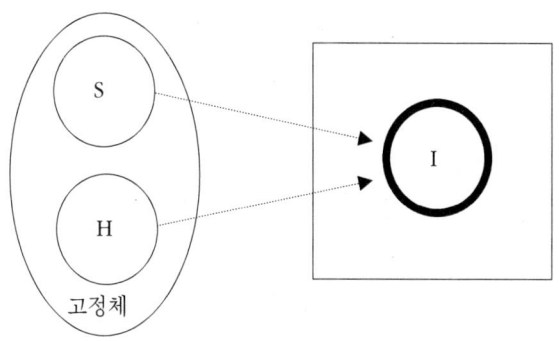

[그림 14.5] 명사구의 고정화

고정화된 명사구는 'I'로 나타낸 실례를 지시한다. 실례는 정사각형으로 나타낸 적절한 문맥을 배경으로 개념화된다. 실례는 화자 S와 청자 H 둘 다가 식별한 것이다. 화자와 청자 둘 다 왼쪽에 있는 타원으로 나타낸 고정체 내에 위치하고 있다. S와 H에서 실례로 향하고 있는 점선 화살표는 S와 H가 특별한 주의를 위해 실례를 선택한다는 것을 나타낸다. 실례가 진하게 되어 있는데 이것은 실례가 윤곽부여 된다는 것을 나타낸다. 고정화된 명사구는 고정화된 실례를 지시한다.

[그림 14.5] 그 자체는 the house와 같은 고정화된 명사구에 대한 의미 표상으로서 불완전하다. 그 그림은 실례만을 묘사하고 있으며 실례가 속하는 유형에 대해서는 아무런 언급도 하지 않는다. [그림 14.6]은 이런 후자의 양상을 제시하고 있다(Taylor 2002: 348). 이 그림은 어떤 유형(type)이 특별한 실례화의 영역(domain of instantiation)에서 실례화되고 있는 상황을 제시하고 있다.

[그림 14.5]는 고정화된 실례를 나타내지만 실례가 속하는 유형에 대해서는 언급을 하지 않고 있으며, [그림 14.6]은 고정화 관계에 대해서는 아무런 시사도 하지 않고 유형-실례 관계만을 묘사하고 있다. 그러나 이런 두 그림을 통합하면 고정화된 명사구에 대한 더 완전한 의미구조를 얻을 수 있다. [그림 14.7]은 그 둘을 통합한다(Taylor 2002: 349).

346 제5부 통사 범주의 의미

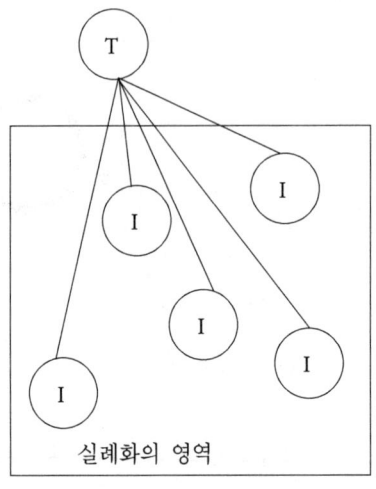

[그림 14.6] 유형과 실례 사이의 관계

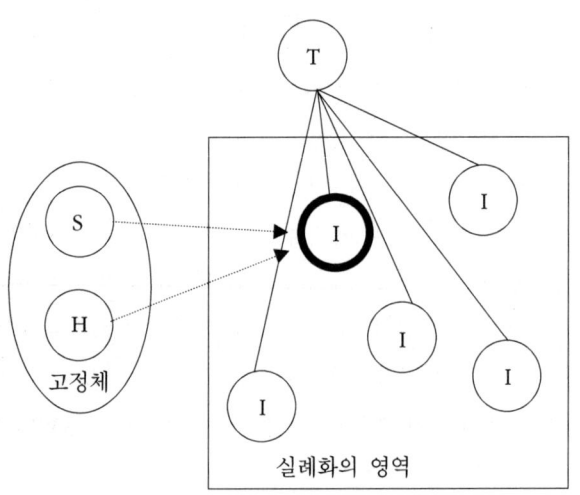

[그림 14.7] 고정화된 명사구의 의미구조

요컨대, 명사는 사물의 유형이며, 명사구는 그 유형의 실례이다. 명사구는 유형 앞에 고정화, 양화, 실례화, 상술이라는 과정이 작용해서 복합적인 내적 구조를 가지고 있다. 본 절에서는 고정화와 실례라는 두 가지 과정을 살펴보았다. 그리고 고정화와 실례화의 작용을 통해서 발생하는 the house라는 명사구의 의미구조를 표상했다.

제15장 동사

15.1. 완료적 과정과 미완료적 과정
15.2. 과정의 하위 유형

이 장에서는 과정을 가리키는 동사의 의미를 인지언어학으로 다룰 것이다. 앞 장에서는 동일한 명사가 가산명사나 질량명사로 사용되기 때문에 명사의 의미가 유연하다는 것을 보았다. 이 장은 앞 장의 연장선상에서 논의가 이루어질 것이다. 명사를 가산명사와 질량명사로 나누듯이, 동사를 완료적 과정과 미완료적 과정으로 나눌 것이다. 그리고 명사의 가산명사의 특징이 동사의 완료적 과정에도 그대로 적용되고, 명사의 질량명사의 특징이 동사의 미완료적 과정에도 적용된다는 것을 보일 것이다. 명사와 마찬가지로, 동사의 경우에도 동일한 동사가 완료적 용법과 미완료적 용법으로 사용되는 현상을 목격할 수 있다. 이런 동사의 의미가 유연하다는 것을 인지언어학의 방법론으로 고찰할 것이다.

15.1. 완료적 과정과 미완료적 과정

인지언어학에서 이루어진 최근 연구의 중요한 통찰력은 앞 장에서 논의한 가산명사와 질량명사를 구별하는 데 사용한 개념적 근거가 동사에도 적용된다는 것이다(Langacker 1987: 258-62, 1990: 87). 명사는 사물이나 물질을 지시하지만, 동사는 주어가 행하는 과정(process)을 가리킨다. 동사가 가리키는 과정은 크게 완료적 과정(perfective process)과 미완료적 과정(imperfective process)으로 나눌 수 있다. 동사의 완료적-미완료적 구별과 명사의 가산-질량 구별 사이에 놀라운 유사성이 있다. 사실상, 명사의 가산-질량 구별에 사용되는 내적 동질성, 분리성, 반복성, 한정성이라는 기준이 동사의 완료적-미완료적 구별의 경우에도 적용된다. 질량명사는 물질을 지시한다. 물질은 내적으로 동질적인 것으로 해석된다. 결과적으로 물질은 분리되고 확장될 수 있다. 물질의 실례가 한정적이긴 하지만 그렇다고 경계가 그 개념에 고유한 것은 아니다. 이것은 미완료적 과정에도 정확하게 동일하다. 미완료적 과정은 내적으로 동질적인 것으로 간주되기 때문에 어떤 구획이라도 타당한 실례로 간주되고 시간적 경계가 무한히 확장될 수 있다. 반면, 완료적 과정은 개별화되는 사물과 유사하다. 완료적 과정은 내적 구조를 가지고 있고 고유하게 한정적이다.

다음 예를 사용해서 완료적 과정과 미완료적 과정을 구별해 보자.

(1) a. John kicked the horse.(존은 말을 걷어찼다.)
　　b. John liked the horse.(존은 말을 좋아했다.)

(1a)가 지시하는 과정은 어떤 점에서 전형적으로 가산명사가 지시하는 물리적 사물과 유사하다. 물리적 사물이 공간상에서 명확하게 한정된 경계를 가지는 것처럼, 말을 걷어차는 과정도 시간상에서 잘 한정된 경계를 가진다. 그 과정에는 시작과 끝이 있는데, 시작은 존이 발을 움직이기 시작하는 순간이고 끝은 다리가 말과 충돌을 하는 순간이다. 여러 개의 물리적 사물을 공간상에서 서로 옆에 배치할 수 있는 것처럼, 이런 과정들도 서사 구조에서 함께 연결되어서 한 과정은 또 다른 과정이 시작되기 전에 끝날 수 있다. (1a)가 가리키는 과정이 물리적 사물과 공유하는 또 다른 자질은 내적 이질성이다. 그 과정은 존이 한쪽 다리로 균

형을 맞추는 것으로 시작해서 다른 다리를 뒤로 당기고, 그 다음에 말과 접촉을 하기 위해 다리를 앞으로 뻗는 것이다. 따라서 이런 형상들은 한 순간에서 다음 순간으로 갈 때 바뀐다. 이런 특징은 대부분의 물리적 사물의 내적 이질성과 일치한다. 따라서 무언가를 차는 과정의 특정한 한 부분이 다른 부분과 동일하지 않다고 말할 수 있다.

(1b)가 기술하는 과정은 모든 면에서 말을 걸어차는 과정과 다르다. 존이 말을 좋아하는 과정에는 명백한 시작과 끝이 없다. 따라서 (1a)의 과거시제는 그 과정을 완전히 과거에 배치시키는 반면 (1b)의 과거시제는 단순히 그 상황이 적절한 과거 시간에 존재했다는 것을 의미하는데, 그것이 여전히 존재한다는 가능성은 열어 놓는다. 즉, 존이 말을 처음에 샀을 때 그는 말을 좋아했고, 내가 아는 바로는 그는 여전히 말을 좋아한다고 말할 수 있다. 더욱이 (1b)와 같은 상태적 상황은 (1a)와 같은 역동적 상황과 달리 내적으로 동질적이다. 이런 면에서, 그것은 질량명사로 지시되는 현상과 같다. 소량의 모래가 다른 소량의 모래와 같은 것처럼, 존이 말을 좋아하는 과정의 어떤 시간적 부분은 다른 시간적 부분과 동일하다

한정적이며 내적으로 이질적인 과정과 관계있는 (1a)와 같은 완료적 과정과 비한정적이고 내적으로 동질적인 과정과 관계있는 (1b)와 같은 미완료적 과정을 구별할 수 있다. 완료적 과정과 미완료적 과정은 [그림 15.1]과 같이 도식으로 나타낼 수 있다(Taylor 2002: 398 참조).

시작과 끝이 있는 완료적 과정은 윤곽부여 된 시간 구획 내에 완전히 들어 있다. 완료적 과정은 일시적으로 한정된다. 즉, 과정에 대한 묘사는 시작과 끝을 참조한다. 미완료적 과정은 그것을 묘사할 때 시작이나 끝을 참조하지 않는 과정이다. 미완료적 과정의 한 구획만이 윤곽 속에 있다. 원칙적으로 미완료적 과정은 윤곽부여 된 구획의 범위를 넘어 확장될 수 있다.

완료적 과정과 미완료적 과정 사이의 이러한 구별은 동사에 적용되기

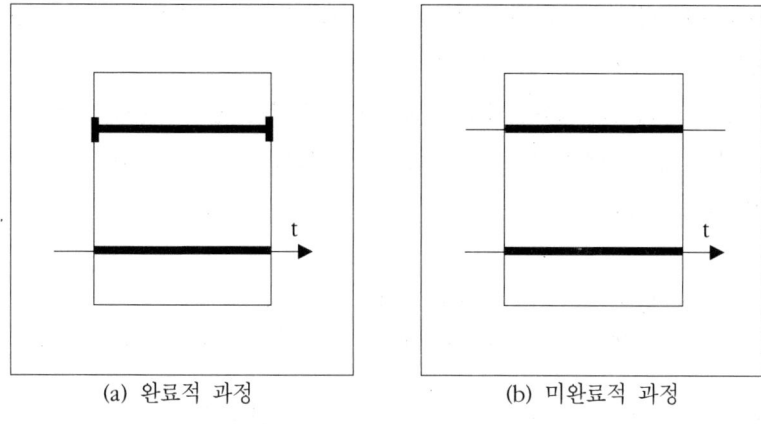

      (a) 완료적 과정   (b) 미완료적 과정
[그림 15.1] 완료적 과정과 미완료적 과정

때문에, 동사를 완료적 동사(perfective verbs)와 미완료적 동사(imperfective verbs)로 구분할 수 있다. 그래서 kick과 같은 동사는 보통 완료적 동사이고 know 및 like와 같은 동사는 미완료적 동사이다. 그러나 동일한 명사가 가산 현상이나 질량 현상을 지시하는 데 사용될 수 있는 것처럼, 동일한 동사도 완료적 과정이나 미완료적 과정을 기술하는 데 사용될 수 있다. 다음 예를 고려해 보자.

(2) a. The soldiers quickly surrounded the castle.(군인들이 재빨리 성을 에워쌌다.)
　　b. A moat surrounded the castle.(해자(垓字)가 성을 에워쌌다.)

(2a)는 완료적 과정인 사건(event)과 관계있고, (2b)는 미완료적 과정인 상태(state)와 관계있다.

유사하게, write a novel과 write novels를 비교해 보면, write a novel은 소설이 완성될 때 그 과정이 끝난다는 점에서 완료적이다. 반면에, write novels는 미완료적이다. 물론 미완료적 과정이 결국에는 어떤 시점에서 종결되지만, 종결점의 개념은 미완료적 과정의 고유한 속성이 아니다. 원칙적으로 소설 쓰기 활동은 혹자가 원하는 만큼이나 오랜 기간 동안이나 짧은 기간 동안 진행될 수 있다.

완료적 과정과 미완료적 과정 사이에는 문법적 차이가 있다. 첫째, 완료적 과정은 진행상과 함께 자연스럽게 나타나는 반면, 미완료적 과정은 그렇지 않다.

 (3) a. John was kicking the horse.(존은 말을 걷어차고 있었다.)
   b. ?John was liking the horse.(?존은 말을 좋아하고 있었다.)

둘째, 완료적 과정은 단순 현재시제로는 현재 진행 중인 사건을 지시하는 데 사용되지 않는다. 다음 두 예를 비교해 보자.

 (4) a. ?Look, John kicks the horse!(?저것 봐, 존이 말을 걷어찬다!)
   b. Look, John likes the horse!(저것 봐, 존이 말을 맘에 들어 한다!)

셋째, 완료적 과정은 전치사 in이 지시하는 상술된 기간 내에 완전히 포함되고, 미완료적 과정은 전치사 for가 지시하는 기간에 걸쳐서 확장될 수 있다.

 (5) a. She wrote the novel {in six months/*for six months}.(그녀는 {6개월 만에/*6개월 동안} 소설을 썼다.)
   b. She wrote novels {for ten years/*in ten years}.(그녀는 {10년 동안/*10년 만에} 소설을 썼다.)

넷째, 완료적 과정은 성분 사건의 수가 정확하게 상술되어야 하는 반면 미완료적 과정은 그렇지 않다. 다음 예를 참고해 보자.

 (6) a. I walked to the store three times.(나는 세 번 가게로 걸어갔다.)
   b. I walk to the store every Saturday.(나는 토요일마다 가게로 걸어간다.)

15.2. 과정의 하위 유형

완료적 과정과 미완료적 과정은 몇 가지 유형으로 세분화된다. 동사 그 자체가 고유하게 완료적이거나 미완료적인 경우는 거의 없다는 것 또한 기억해야 한다. 서로 다른 종류의 보충어와 수식어가 종종 완료적 해석이나 미완료적 해석을 강요(coercion)할 수 있다. 먼저, 더욱더 정교한 과정의 분류법을 고려해 보자(Taylor 2002: 401 참조).

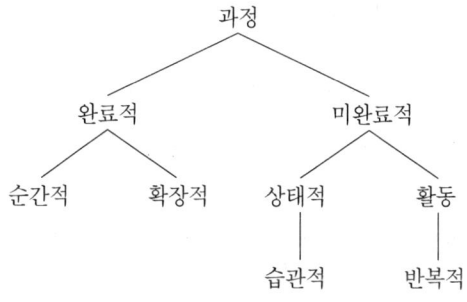

[그림 15.2] 과정의 분류법

완료적 과정은 순간적 사건(punctual event)과 확장적 사건(extended event)으로 나눌 수 있다. 순간적 사건은 시간상의 한 시점에서 나타나기 때문에 시간적 확장이 없다. 확장적 사건은 사실상 오랜 기간 동안 전개되는 사건이다. 순간적 사건은 (7a)이고 확장적 사건은 (7b)로 예증된다.

(7) a. 순간적 사건: sneeze(재채기하다), cough(기침하다), blink(깜박거리다), die(죽다), arrive(도착하다), finish the novel(소설을 끝내다), begin the novel(소설을 시작하다), reach the summit(정상에 도달하다)
 b. 확장적 사건: travel from A to B(A에서 B로 이동하다), play a

Mozart sonata(모차르트 소나타 한 곡을 연주하다), write a novel (소설을 쓰다), build a house(집을 짓다), walk to the store(가게로 걸어가다)

어떤 사건이 순간적인지 또는 확장적인지는 해석의 문제이다. 순간적 사건은 보통 at이 이끄는 시간 표현과 양립하는 반면, 확장적 사건은 그렇지 않다. 다음 두 예를 참고해 보자.

(8) a. I arrived at 6 p.m.(나는 오후 6시에 도착했다.)
    b. *He built a house at 6.p.m.(*그는 오후 6시에 집을 지었다.)

그리고 확장적 사건은 어느 정도의 시간이 걸리고 어느 정도의 시간이 지난 뒤에 나타난다. 다음 두 예를 참고해 보자.

(9) a. It took me half an hour to get to the office.(내가 사무실에 도착하는 데 30분이 걸렸다.)
    b. I got to the office in half an hour.(나는 30분 뒤에 사무실에 도착했다).

다음은 미완료적 과정을 살펴보자. 미완료적 과정은 상태적 사건(stative)과 역동적 과정인 활동(activities)으로 나뉜다. 상태적 과정은 실제로 거의 변화가 일어나지 않고 어떤 상황이 단순히 지속될 뿐이다. 활동은 일이 발생하고 일이 이루어지고 변화가 있지만 고유한 끝이 없는 과정이다. 상태적 사건의 예는 (10a)이고 활동은 (10b)로 예증된다.

(10) a. 상태적 과정: be tall(키가 크다), know the answer(정답을 알다), like cheese(치즈를 좋아하다)
     b. 활동: write novels(소설을 쓰다), learn French(프랑스어를 배우다), grow taller(더 커지다), work on a dissertation(학위논문 작업을 하다)

(11)에서와 같이 상태적 과정의 특징은 진행형으로 사용되지 않는다는 것이다. 반면에 (12)에서와 같이 활동은 진행형으로 사용된다.

(11) a. *He is being tall.(*그는 키가 크고 있다.)
    b. *I am knowing all your secrets.(*나는 당신의 비밀을 알고 있다.)
    c. *Are you liking cheese?(*당신은 치즈를 좋아합니까?)
(12) a. I am learning French.(나는 프랑스어를 배우고 있다.)
    b. He is growing taller (day by day).(그는 (매일매일) 키가 크고 있다.)
    c. She was writing novels (for most of her life).(그녀는 (평생 동안) 소설을 쓰고 있었다.)

완료적 과정이 반복적으로 발생하는 것을 미완료적 과정으로 해석할 수 있기 때문에 과정에 대한 분류법은 한층 더 복잡해진다. 반복적 과정과 습관적 과정이라는 두 가지 유형을 다시 구별해서 논의해 볼 수 있다.

먼저 반복적 과정(iteratives)을 살펴보자. cough는 순간적 과정의 전형적인 예이지만, He coughed를 '그는 여러 차례 기침했다'로도 해석할 수 있다. 다음이 반복적 과정의 예이다.

(13) a. The child coughed all night.(아이는 밤새도록 기침했다.)
    b. Listen, the child is coughing again.(들어 보라. 아이가 다시 기침하고 있다.)

(13a)에서처럼, all night와 같은 시간 부사가 반복적 과정의 해석을 강요한다. 여기에서 coughed는 확장적이고 역동적인 활동을 지시하는데, 그 활동은 간단한 순간적 사건이 여러 차례 발생하는 것으로 되어 있다. (13b)에서처럼, 반복적 과정은 진행형으로 사용될 수 있다.

반복적 과정으로 해석되기 위해서 반복의 수는 명시되지 않아야 한다. 다음 예를 참고해 보자.

(14) a. The child is coughing.(아이가 기침하고 있다.)
　　 b. ?The child is coughing repeatedly.(?아이가 계속 기침하고 있다.)
　　 c. ??The child is coughing many times.(??아이가 여러 번 기침하고 있다.)
　　 d. *The child is coughing twice.(*아이가 두 번 기침하고 있다.)

다음은 습관적 과정(habituals)에 대해 살펴보자. 어떤 과정이 상술되지 않은 기간 동안에 다소 규칙적인 간격으로 나타날 때 그 과정은 습관적 과정으로 해석된다. 다음이 그 예이다.

(15) a. He reads the newspaper every morning.(그는 매일 아침 신문을 읽는다.)
　　 b. He has breakfast at 8.(그는 8시에 아침을 먹는다.)
　　 c. He drives to work.(그는 자동차로 출근한다.)
　　 d. He smokes a packet a day.(그는 하루에 담배 한 갑을 핀다.)

반복적 과정과 마찬가지로 습관적 과정이 미완료적이지만, 습관적 과정은 상태적 과정의 특징을 취한다는 점에서 반복적 과정과 구별된다. 습관적 과정은 상태적 특징을 가지고 있기 때문에 진행형으로 사용되지 않는다. 다음 예를 참고해 보자.

(16) a. I have breakfast at 8.(나는 8시에 아침을 먹는다.)(습관적 해석)
　　 b. *I'm having breakfast at 8.(*나는 8시에 아침을 먹고 있다.)

그러나 습관적 과정은 시간상에서 변할 수 있기 때문에 다음에서와 같이 진행형으로 사용되기도 한다.

(17) a. I'm now having breakfast at 8.(나는 요즈음 8시에 아침을 먹고 있다.)(나는 다른 시간에 아침을 먹곤 했다.)
　　 b. He's smoking a packet a day!(그는 하루에 담배 한 갑을 피고 있다!)

c. I'm driving to work less frequently these days.(나는 요즘 덜 빈번하게 차로 출근하고 있다.)

때때로 진행형을 사용할 수 있다는 것은 상태나 습관이 변할 수 있음을 시사한다. 다음을 비교해 보자.

(18) a. Where do you live?(어디에 삽니까?)
    b. Where are you living?(어디에 살고 있습니까?)

(18)의 두 질문은 사람의 주소에 관해 묻는다. (18a)의 현재시제는 상황을 상태적 과정으로 해석하는 반면, (18b)는 그 사람이 최근에 자신의 주소를 바꾸었다(또는 이사하는 습관이 있다)는 것을 시사한다.

요컨대, 동사의 속성인 과정은 완료적 과정과 미완료적 과정으로 나누어진다. 이런 구분은 앞 장에서 가산명사와 질량명사를 구분하는 데 인지적 근거가 되었던 내적 동질성, 분리성, 반복성, 고유한 한정성의 개념에 기초를 두고 있음을 확인할 수 있었다. 더욱이 명사의 경우와 마찬가지로, 고유하게 완료적인 과정과 미완료적인 과정이 있지만 동일한 동사가 완료적인 것으로 해석되거나 미완료적인 것으로 해석될 수 있다. 다음으로 완료적 과정과 미완료적 과정을 몇 가지 유형으로 세분화해서 그것의 본질과 문법적인 특징들을 살펴보았다.

제6부 구조적 의미

- 제16장 대립어
- 제17장 동의어

제16장 대립어

16.1. 대립어의 속성
16.2. 대립어의 유형
16.3. in/out의 대립성
    16.3.1. in/out의 대립 의미
    16.3.2. in/out의 동의 의미
    16.3.3. in/out의 특수한 개별 의미

이 장과 다음 장에서는 어휘의미론(lexical semantics)의 연구 대상이었던 개념 몇 가지를 인지언어학적으로 다룰 것이다. 어휘의미론은 한 언어의 어휘부는 개별적인 낱말들이 단순히 모여 있을 뿐 구조를 이루고 있지 않는 것이 아니라, 각 낱말의 의미는 언어 구조나 언어 체계 내에서 그것이 차지하는 위치에 의해 결정된다고 가정한다. 즉, 한 낱말의 의미는 고립적으로 기술될 수 있는 것이 아니라, 의미적으로 관련이 있는 서로 인접한 다른 낱말들과의 차이성에 의해 결정된다. 그리고 여기서 말하는 구조나 체계는 언어적 현상이라서 의미는 심리나 인지의 요인을 고려하는 외적인 접근법이 아니라 언어 내적인 접근법으로 다루어야 한다고 보았다. 어휘의미론이 언어 연구에 구조의 개념을 강조한다는 점에서 구조주의 의미론이라고 부를 수 있다. 어휘의미론에서는 의미관계를 크게 계열적 관계(paradigmatic relations)와 결합적 관계(syntagmatic relations)로 나눈다. 계열적 관계의 관점에서는 동의어, 대립어, 하위어를 다루고, 결합적 관계의 관점에서는 연어가 연구 대상이 된다.

인지언어학에서는 어휘의미론과 마찬가지로 언어에 구조나 체계가 있다는 점은 인정하지만, 인지언어학은 언어의 의미를 언어적 현상이 아니라 인지의 개념으로 밝힐 수 있는 인지적 현상으로 간주한다는 점에서는 어휘의미론과 구별된다. 이 장과 다음 장에서는 어휘의미론의 핵심 연구 주제였던 대립어와 동의어를 인지언어학적으로 살펴보고자 한다. 먼저 이 장에서는 대립어의 일반적인 속성 및 대립어의 유형을 살펴보고, 전치사에서 대립어로 간주되는 in과 out의 대립성 현상을 살펴볼 것이다. 흥미로운 점은 in과 out이 대립어이긴 하지만, 그 둘 사이에 대립적인 현상 외에도 그 두 의미가 동의적인 양상도 있고, 대립적인 양상이나 동의적인 양상을 보이지 않고 서로 완전히 개별적인 의미들도 가지고 있다는 것을 밝혀볼 것이다.

16.1. 대립어의 속성

모든 사람은 big, long, heavy, up, out의 대립어가 무엇인지 안다. 이처럼 대립성은 아마 일상 언어에서 직접적으로 인식되는 아주 기본적인 의미관계이다. 그러나 대립성이 정확하게 무엇으로 구성되는지를 규명하는 것은 아주 어렵다. 여기에서는 Cruse(2000: 167-168)에 기초해서 대립성의 세 가지 속성을 살펴볼 것이다.

대립성의 첫 번째 속성은 이원성(binarity)이다. 대립어는 일종의 비양립어(incompatibles)이다. 즉, X is long은 X is not short을 함의한다. 그러나 그 두 표현은 단순히 비양립어인 것은 아니다. 비양립성이라는 개념은 비양립어의 집합 속에 들어 있는 항목들의 수를 제한하지 않는다. 즉, 비양립성은 {Sunday, Monday, ... Saturday}에서와 같이 다수의 구성소 집합에 속하는 낱말들 사이에서 발생하는 의미관계이다. 그러나 대립어의 경우에는 두 구성원만이 있다. 따라서 이원성은 대립성의 선결조건이다.

대립성의 두 번째 속성은 본유성(inherentness)이다. 이원성은 우연적 이원성과 본유적 이원성으로 나눌 수 있다. 예컨대, 어떤 사무실에는 손님이 오면 대접할 수 있는 차가 커피와 녹차뿐이라고 하자. 그리고 영국에는 버스가 일층버스와 이층버스뿐이다. 이것은 아마도 안정성과 교량의 높이 때문일 수 있다. 그리고 부엌에는 요리를 하는 데 필요한 열 자원으로는 가스와 전기만 있다. 이와 같이 green tea/coffee, single-decker/double-decker, gas/electricity는 대립어이긴 하지만 그 대립성은 본유적이라기보다는 우연적이며 화용적이다. 대조적으로, 수직 축을 따라서 이동할 수 있는 가능성은 논리상 두 가지로 제한된다. 즉, up/down의 이원성은 불가피하며 본유적이다. 따라서 본유적 이원성은 대립성의 중요한 속성으로 간주된다.

대립성의 세 번째 속성은 명백성(patency)이다. Monday/Wednesday의 경우를 보자. 시간 차원은 선형적이며, Monday와 Wednesday는 Tuesday와 대립 방향에 위치해 있다. 그러나 우리는 Monday와 Wednesday를 대립어로 간주하지 않는다. 반면에 yesterday와 tomorrow는 대립어로 간주한다. Monday/Wednesday의 경우, Tuesday와 상대적인 시간 축을 따라 대립 방향에 있는 그 둘의 위치는 의미로 부호화되는 것이 아니라 추론되는 반면, today에 상대적인 yesterday와 tomorrow의 방향성은 그 의미의 현저한 부분이 되는 것처럼 보인다. 따라서 Monday/Wednesday는 잠복적(latent) 이원성의 대립어이고, yesterday/tomorrow는 명백한(patent) 이원성의 대립어이다. 따라서 이원성의 명백성은 대립어의 속성으로 간주될 수 있다.

16.2. 대립어의 유형

이 절에서는 대립어의 유형을 검토할 것이다. 첫째는 상보어(complementaries) 또는 이원적 대립어(binary opposites)이다. 이것은 한 낱말의 부정은 다른 낱말의 긍정을 함의하는 대립성이다. 상보어는 담화 영역을 두 개의 상보적인 집합으로 양분하기 때문에 중간 단계가 존재하지 않는다는 점에서 이원적 분류를 형성한다. male/female, dead/alive, pass/fail, hit/miss가 그 예이다. 상보어 male/female의 이원성은 다음과 같이 나타낼 수 있다.

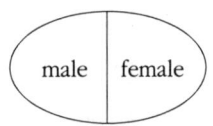

[그림 16.1] male/female의 이원성

dead는 not alive를 함의하기 때문에 다음과 같은 문장은 의미적으로 이상한 것으로 판단된다.

(1) ?My pet python is dead but luckily it's still alive.(?애완동물인 비단뱀이 죽었지만 운 좋게도 여전히 살아 있다.)

그러나 언어 사용자는 특별한 목적을 위해 이런 이원적 분류를 비이원적으로 사용할 수 있기 때문에, He is half dead(그는 반쯤 죽었다), He is almost dead(그는 거의 죽었다)와 같은 표현이 존재할 수 있기는 하다.

둘째는 반의어(antonyms)이다. 이것은 한 낱말의 긍정이 반드시 다른 낱말의 부정을 함의하는 것이 아닌 대립성이다. hot/cold, good/bad, rich/poor, fast/slow, young/old, beautiful/ugly가 그 예이다. 반의어는 주로 형용사와 관련이 있는데, 반의어에는 세 가지 특징이 있다.

먼저, 반의어들은 보통 상대적이다. 따라서 a thick pencil(두꺼운 연필)은 a thin girl(야윈 소녀)보다는 훨씬 얇으며, a late dinosaur(후기의 공룡)는 an early Elvis record(초기의 엘비스 음반)보다 시기적으로 더 앞선다. 다음으로, 반의어 쌍에서 특정한 낱말이 더 기본적이다. 따라서 long/short와 같은 반의어 쌍에서 How long is it?이라고 질문하는 것이 How short is it?이라고 질문하는 것보다 더 기본적이고 일반적이다. 마지막으로, 두 반의어 사이에 등급이 있기 때문에 중간 낱말들을 두 반의어 사이에서 발견할 수 있다. 이것은 반의어가 비이원적이라는 것을 뜻한다. 즉 hot과 cold 사이에 warm, tepid, cool과 같은 낱말이 그 사이에 들어갈 수 있다. 이것은 어떤 것이 뜨겁지도 않고 차갑지도 않을 수 있음을 의미한다. 반의어 hot/cold의 비이원성은 다음과 같이 나타낼 수 있다.

[그림 16.2] hot/cold의 비이원성

그러나 비이원적인 반의어가 경우에 따라 이원적인 상보어로 사용되는 경우도 있다. 다음 예를 참고해 보자.

(2) A: Is he a good chess-player?(그는 체스를 잘 둡니까?)
    B: No.(아니오.)

(2)의 대화에서 A의 질문에 B가 "No"라고 대답했다면, A는 B의 대답을 "He is a bad chess-player(그는 체스를 잘 두지 못한다)"라는 의미로

받아들일 것이다. 이것은 반의어인 good과 bad가 여기에서는 상보어처럼 사용되고 있는 예이다.

셋째는 역동어(reverses)이다. 역동어는 두 개의 말단 상태 사이에서 반대 방향으로의 움직임이나 변화를 지시하는 특성이 있다. come/go, arrive/depart, rise/fall, advance/retreat, enter/leave와 같이 반대 방향으로의 실제적 이동이나 상대적 이동을 가리키는 낱말 쌍이 그 예이다. 역동어 come/go의 이동성을 그림으로 나타내면 다음과 같다.

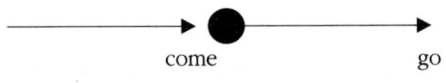

[그림 16.3] come/go의 이동성

넷째는 역의어(converses)이다. 역의어는 대안적 관점으로부터 두 실체 사이의 관계를 기술한다. own/belong to, above/below, employer/employee가 그 예이다. 따라서 우리는 Alan owns this book(알란은 이 책을 소유한다)으로부터 자동적으로 This book belongs to Alan(이 책은 알란에게 속한다)이라는 것을 안다. 그리고 X is above Y(X는 Y 위에 있다)와 Y is below X(Y는 X 아래에 있다)는 X가 Y 위에 있는 동일한 상황에 대한 대안적 관점들이다. 이것을 그림으로 나타내면 다음과 같다.

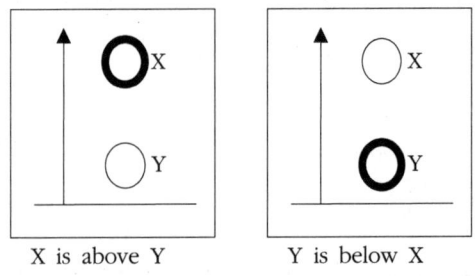

[그림 16.4] 역의어 above/below의 대안적 관점

16.3. in/out의 대립성

이 절에서는 '안-밖'이라는 대립성을 보여 주는 전형적인 대립어인 영어 전치사 in과 out의 대립성을 살펴볼 것이다. 흥미롭게도, 전형적인 대립어로 간주되는 in과 out 사이에는 대립 의미 외에도 동의 의미를 보여 주는 현상도 찾아볼 수 있으며, 더 나아가 서로 대립적이지 않은 그 자체의 특정한 의미를 보여 주는 현상도 있음을 확인할 수 있다.

16.3.1. in/out의 대립 의미

in/out은 '안-밖'이라는 대립성을 보여 주는 전형적인 대립적 전치사이며 한정성(boundedness)의 개념에 의존한다. in/out은 둘 다 지표가 한정적이다. 지표가 한정적이라는 것은 지표에 내부, 경계, 외부라는 구조적 요소를 가지고 있다는 것을 말한다.

  in은 탄도체가 한정적 지표 내에 들어 있는 포함이라는 공간적 관계를 지시한다. 반면에 out은 탄도체가 한정적 지표 내에 있지 않은 공간적 관계를 지시한다. 이처럼 in과 out은 탄도체와 지표 사이의 관계가 서로 대립된다. 그렇다면 구체적으로 이런 in/out의 대립 현상을 제시해 보자.

  첫째, in/out은 원위치성(In Situ)에서 서로 대립된다. in의 경우에는 탄도체가 원래의 위치에 남아 있다는 원위치 의미를 가지고 있는 반면, out은 탄도체가 원래의 위치에 남아 있지 않다는 비원위치 의미를 가지고 있다.

  in의 원위치 의미는 다음으로 예증된다.

    (3) a. What are you in for?(무엇 때문에 들어와 있습니까?)[1]

---

[1] 이 질문이 병원에서 사용된다면 What's wrong with you?(어디가 아픈가요?) 정도로 바꾸어 말할 수 있을 것이고 감옥에서 사용된다면 What were you

b. He stayed in for the evening.(그는 저녁 동안 집에 있었다.)
   c. The workers staged a sit-in.(노동자들은 데모를 벌였다.)

(3a)에서 탄도체 you는 장기간에 걸쳐 특정한 목적을 위해 병원이나 감옥과 같은 지표 내에 있다. 수신자가 그 건물, 즉 한정적 지표 내에 있을 수는 있지만 짧은 기간 동안 병원이나 감옥에 있다면 이런 질문은 적합하지 않을 것이다.[2] (3b)의 문장에서 탄도체 he는 예컨대, 나이트클럽이나 다른 위치에 가는 것이 아니라 집에 남아 있다.[3] (3c)에서 탄도체 the workers는 퇴근하는 것이 아니라 시위 때문에 직장에 남아 있다. 이 각각의 예에서, 탄도체는 장기간에 걸쳐 특정한 목적을 위해서 또는 의도적인 행동이나 사건 때문에 정해진 원래의 위치에 남아 있다. out의 비원위치 의미는 다음으로 예증된다.

   (4) a. Amy is out sick for the day.(에이미는 몸이 아파서 오늘 하루 출근하지 않았다.)
       b. The Robinsons ate out last night.(로빈슨 가족은 어젯밤에 외식했다.)
       c. The workers are out on strike.(노동자들은 파업 중이다.)

(4a)에 대한 전형적 해석은 에이미가 아프기 때문에 직장과 같은 정규적인 원래의 위치에 있지 않다는 것이다. (4b)는 보통 로빈슨 가족이 집과 같은 원래의 위치가 아닌 어떤 다른 위치에서 식사를 했다는 것으로 해석된다. 유사하게, (4c)에서 노동자들은 직장과 같은 원래 위치로부터

---

   convicted of?(왜 유죄를 선고 받았습니까?)로 번역될 수 있을 것이다.
2) 단기 방문자에게 적절한 질문은 있는 상태, 즉 in이라기보다 오기라는 행동을 강조한는 What/Who have you come in for?(무슨 일 때문에/누구를 만나러 오셨습니까?)와 같은 것이다.
3) Lindner(1981)는 in이 탄도체가 기본적인 위치 안에 있다는 특정한 의미를 발현시켰다고 지적한다. 어떤 사람의 경우에 우리는 종종 기본적인 위치를 집으로 생각한다.

떨어져 있는 것으로 해석된다.

둘째, in/out은 가시성(visibility)에서 서로 대립된다. 관찰지점이 한정적 지표 내에 있는 경우에 관찰자는 자신의 지각 기관을 통해서 지표에 담겨있는 탄도체나 내부 환경을 볼 수 있다. 닫힌 문과 같은 한정적 지표의 내용물을 볼 수 있기 위해서 관찰자는 보통 한정적 지표 내에 위치해야 한다. 이것은 관찰자가 한정적 지표 외부에 있을 때 발생하는 것과는 다르다. 관찰자가 한정적 지표 외부에 있을 때, 내부 지역 및 탄도체는 보이지 않을 것이다. 이런 상황에서 in은 관찰자가 지표 내부에 있기 때문에 그 속에 있는 탄도체를 볼 수 있다는 가시성 의미를 가지게 되는 반면, out의 경우에는 관찰자가 지표 외부에 있기 때문에 그 속에 있는 탄도체를 볼 수 없다는 비가시성 의미를 가지게 된다. 물론 out의 경우에 관찰자가 지표 내부에 있고 탄도체가 지표 외부에 있는 경우에도 비가시성 의미를 가지게 된다.

in의 가시성 의미는 다음으로 예증된다.

(5) a. I have it in view.(나는 그것이 보인다.)
 b. I have him in sight.(나는 그 사람이 보인다.)
 c. I stayed in earshot of baby Max's cry.(나는 아기 맥스가 울면 들리는 위치에 있었다.)
 d. Bill always stayed in range of his mother's dinner bell.(빌은 항상 어머니의 저녁식사를 알리는 종소리가 들리는 범위 내에 있었다.)
 e. Susan always tries to stay in touch.(수잔은 항상 연락이 닿는 곳에 있으려고 한다.)

(5a)와 (5b)에서 탄도체는 각각 it과 him인데, 이 탄도체는 시각장이라는 지표 내에 있고 관찰자 또한 지표 내에 있기 때문에 탄도체가 관찰자에게 지각 가능한데, 이것은 전치사 in으로 표현되고 있다. (5c)에서 탄도체와 관찰자는 동일하게 I인데, I가 청각장 내에 있기 때문에 I는 맥

스의 울음소리를 들을 수 있다. (5d)에서도 탄도체와 관찰자는 동일하게 Bill인데, Bill이 청각장 내에 있기 때문에 Bill은 어머니의 저녁 종소리를 들을 수 있다. (5e)에서 탄도체와 관찰자는 동일하게 Susan인데, 탄도체는 연락망이라는 사회적 거리 내에 위치하기 때문에 탄도체인 수잔은 항상 연락이 된다는 의미가 전달된다.4)

탄도체가 지표 외부에 있고 관찰자가 한정적 지표 내에 있게 되면 탄도체는 종종 가시적이지 않게 된다. 이와 같은 out의 비가시성 의미는 다음으로 예증된다.

(6) a. The moment her son went out, Katie started wondering what he was doing.(아들이 밖으로 나가자, 케이티는 그가 무엇을 하고 있는지 궁금해지기 시작했다.)
   b. He switched the light out.(그는 전등을 껐다.)

(6a)에서 탄도체 her son은 방이라는 지표 외부에 있고 관찰자 케이티는 지표 내부에 있기 때문에 탄도체는 관찰자에게 비가시적인데, 이것은 전치사 out으로 표현되고 있다. (6b)에서 탄도체는 불 꺼진 방 안에 있는 물건이고 지표는 불이 꺼진 방인데, 이 경우에 관찰자는 방 안에 있는 물건을 볼 수 없다.

16.3.2. in/out의 동의 의미

이 절에서는 in과 out이 대립성이 아닌 동의성을 띠는 현상을 살펴볼 것이다. 첫째, 앞에서 out에는 비가시성 의미가 있다고 했는데, out에는 가시성 의미도 있다. in의 의미에도 가시성 의미가 있기 때문에, in과 out은 둘 다 가시성 의미를 가진다는 점에서 동의어가 된다. 관찰지점

---

4) (5e)에서는 지표가 사회적 영역이기 때문에 이 경우에 in의 의미는 은유적이다.

이 지표의 외부에 있는 공간적 장면에서, 탄도체 또한 외부에 있다면 탄도체가 종종 가시적이게 된다. 예컨대, 마술사가 모자에서 토끼를 꺼내면 관중은 토끼를 볼 수 있다. 다음이 그 예가 된다.

(7) A: I can't find my glasses.(안경을 찾을 수 없어.)
    B: They're on the table out in plain view.(안경은 바로 보이는 탁자 위에 있다.)
(8) The sun/moon is out.(태양/달이 떴다.)

이와 같은 예에는 안경, 태양, 달이 가시적이라는 관습적 해석이 있다. 그렇다면 서로 대립적인 in과 out이 둘 다 가시성이라는 의미를 가진다는 점에서 동의성을 가지게 되는 특수한 상황이 생기게 된다.

둘째, 앞에서 out에 비가시성 의미가 있다고 했는데, in에도 비가시성 의미가 있는 현상을 찾아볼 수 있다. 내부가 있는 많은 물리적 실체의 본질은 지표가 불투명한 물질로 만들어져 있으며, 따라서 지표의 경계 때문에 종종 관찰자는 내부를 보지 못한다. 내부가 있는 지표와 차단 사이의 밀접한 상관관계 때문에 동기부여 되는 in의 비가시성 의미는 다음으로 예증된다.

(9) a. The wine quickly soaked in.(와인이 빨리 스며들었다.)
    b. Millie rubbed in the lotion.(밀리는 로션을 문질러 발랐다.)
    c. The sun has gone in/The sun is in.(태양이 사라졌다.)

셋째, in과 out은 둘 다 재귀(reflexive) 의미를 가지고 있다. Lindner (1981)는 in과 연상되는 재귀 의미가 있다고 지적한다. 결국, 상자나 플라스틱 커피잔을 짜부라트리는 것과 같은 상황에서 그릇의 원래 표면은 지표가 되고 안으로 짜부라진 그릇의 표면은 탄도체가 된다. 즉 동일한 그릇의 표면이 탄도체이면서 동시에 지표이다. 따라서 in은 시간적으로 불연속적인 두 위치에 있는 동일한 실체들 사이의 공간적 관계를 중재한다. 지표의 경계가 안으로 움직임으로써 생기는 두 가지 결과는 지표가 원래의 형태를 소실하고, 원래의 내부 공간이 더 이상 내부 공간으로 존재하지 않는다는 것이다. 자연스럽게도, 재귀 의미는 종종 지표와 내용물의 붕괴 및 파괴와 연상된다. in과 연상되는 재귀 의미를 예증하는 몇 가지 예를 고려해 보자.

(10) a. The walls of the sandcastle fell in.(모래성의 벽이 무너졌다.)
b. The house caved in.(집이 함몰되었다.)

(10)에서 탄도체와 지표는 동일하다. 지표의 경계는 벽과 집이 무너지고 함몰되기 전의 원래 위치이고, 무너지고 함몰된 후의 그 경계는 탄도체가 된다.

in의 경우와 마찬가지로, out 또한 재귀 의미의 특징이 있다(Lindner 1981 참조). 다음 예를 고려해 보자.

(11) a. The syrup spread out.(시럽이 퍼졌다.)
b. The peacock fanned out its tail.(공작은 꼬리를 부채꼴로 펼쳤다.)
c. The boy stretched out his hand.(소년은 손을 뻗었다.)
d. The seamstress let out the waist of the skirt.(여자 재봉사는 스커트의 허리를 느슨하게 한다.)

이 각각의 예에서 지표는 탄도체와 동일하다. 지표의 경계는 지표가 차지하고 있던 원래 위치의 외부 한계선에 의해 정의된다. 예컨대, (11a)에서 지표의 경계는 시럽의 원래 위치에 의해 결정된다. 시럽이 중력의 힘을 받아 이동할 때, 그것의 외부 한계선은 새로운 위치, 즉 탄도체가 된다. 이런 새로운 위치는 원래 위치에 외재적이다.

in과 out이 둘 다 재귀 의미를 가진다는 점에서 동의어로 간주되지만, [그림 16.5]에서 볼 수 있듯이 재귀 방향은 서로 반대이다. 즉, in의 경우에는 가장 바깥에 있는 경계가 지표가 되고 가장 안쪽에 있는 경계가 탄도체가 된다. 반대로, out의 경우에는 가장 안쪽에 있는 경계가 지표가 되고 가장 바깥에 있는 경계가 탄도체가 된다.

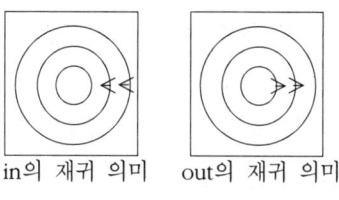

in의 재귀 의미   out의 재귀 의미

[그림 16.5] in/out의 재귀 의미

16.3.3. in/out의 특수한 개별 의미

이 절에서는 in과 out의 서로 대립되는 의미가 아니라 그 자체 독립적인 개별 의미를 제시할 것이다. 즉 in에는 out과 대립되지 않는 그 자체의 개별 의미가 있으며, out에도 in과 대립되지 않는 그 자체의 특수한 의미가 있다는 것이다. 여기에서는 예증을 위해 몇 가지 의미만을 살펴볼 것이다.

in의 경우에, 첫 번째 특수한 의미는 상태(state) 의미이다. 그 예를 제시하면 다음과 같다.

(12) a. She looked peaceful in death.(그녀는 죽을 때 평화롭게 보였다.)
　　 b. They're always getting in trouble.(그들은 항상 곤란한 처지에 있다.)
　　 c. The neighbour's dog is in heat.(이웃집 개가 암내를 내고 있다)5)

---

5) 미국 영어를 사용하는 화자의 경우에 암캐가 암내를 내고 있는 상황을 The neighbour's dog is in heat으로 기술하는 것이 일반적이고, 영국 영어를 사용하는 화자의 경우에는 동일한 상황을 The neighbour's dog is on heat으로 기술하는 것이 일반적이다. on을 사용하는 경우는 발정기의 상태가 비교적 오래 가지 않는다는 것을 암시하고, in을 사용하는 것은 암캐가 발정기 상태에서 벗어나기 어렵다는 것을 암시한다. 따라서 in과 on은 둘 다 동기부여 되지만 어떤 전치사

d. She is in love.(그녀는 사랑에 빠졌다.)
(13) We're in a state of war/emergency/holy matrimony/martial law/anarchy.(우리는 전쟁/비상사태/성스러운 결혼/계엄령/무정부 상태에 있다.)

(12)에서 in은 지표가 탄도체를 제약하거나 탄도체가 지표에서 벗어나는 것이 어려운 것으로 개념화되는 어떤 상태를 의미하고, (13)에서는 상태로 개념화되거나 어휘화 될 수 있는 상황에 대해 사용될 수 있다. 그 이유는 한정적 지표 내에 있는 것과 그곳에 위치함으로써 발생하는 특정한 상태 사이에 밀접한 상관관계가 있기 때문이다.

둘째는 in의 활동(activity) 의미이다. 예컨대, 정부 관리를 위해서 일하는 사람은 아마도 탄도체의 직업을 묻는 질문에 대한 반응으로 다음과 같은 방식으로 기술될 수 있다.

(14) A: What's his line of work?(그는 어떤 일을 하지?)
    B: He's in the governor's office.(그는 주지사의 사무실에 있어.)

이 예는 활동과 그 활동이 발생하는 한정적 지표 사이의 상관관계를 잘 예증해 준다. 주지사를 위해 하는 일은 주지사의 사무실로 언급되는 한정적 지표에서 발생한다. 따라서 위치는 활동을 환유적으로 대표할 수 있다.

in의 활동 의미를 예증하는 몇 가지 예를 더 제시하면 다음과 같다.

(15) a. He works in stocks and shares.(그는 증권 회사에서 근무한다.)
    b. She's in medicine.(그녀는 의료계에 종사한다.)
    c. They are in the manufacture of expensive baby clothes.(그는 고가의 아동 의류 제조업에 종사한다.)
    d. She's in graduate school.(그녀는 대학원에 재학 중이다.)

를 선택하느냐는 관습화의 문제이다.

셋째는 in의 수단(means) 의미이다. in의 수단 의미는 다음으로 예증된다.

(16) a. She wrote in ink.(그녀는 잉크로 글을 썼다.)
     b. He spoke in Italian.(그는 이탈리아어로 말했다.)

(16a)에서 in은 특정한 활동과 잉크 및 연필과 같은 활동 달성을 위한 수단 사이의 관계를 지시한다. 유사하게, (16b)의 활동은 이탈리아어를 매체로 해서 달성된다.

넷째는 in의 차단(blockage) 의미이다. 한정적 지표는 보통 통과를 용이하게 한다. 그런데 탄도체가 너무 크면 지표를 채우거나 지표를 방해해서 통과를 방해할 수 있다. 이런 in의 차단 의미는 다음으로 예증된다.

(17) a. We couldn't move the car because a fallen tree was in the driveway.(쓰러진 나무가 차도에 있었기 때문에 자동차를 움직일 수 없었다.)
     b. The portly gentleman got a fish-bone lodged in his throat.(비대한 신사는 그의 목에 물고기 가시가 걸렸다.)
(18) a. There's a bad accident in the roadway with traffic backed up to the Wilson Bridge.(차도에 심한 사고가 나서 차량이 윌슨 다리까지 정체되었다.)
     b. The rock is in my way.(바위는 내가 가는 길에 방해가 된다.)

이런 문장에는 in과 연상되는 차단 의미가 있다. 즉, in은 포함이 아니라 이동에 대한 제약과 관계가 있다.

out의 경우에, 첫 번째 개별 의미는 완료(completion) 의미인데, 이것은 다음으로 예증된다.

(19) a. This jacket needs to dry out before you wear it again.(이 재킷은 다시 입기 전에 말릴 필요가 있다.)

b. The ground has now thawed out.(땅이 이제 녹는다.)

이런 문장에서 out은 완료의 의미를 첨가한다. 따라서, 이 각각의 예에서 out은 completely로 바꿔 말할 수 있다. 완료 의미에서 out은 과정의 끝점, 즉 각각 건조하기 및 녹이기를 지시한다.

out의 두 번째 개별 의미는 배제(exclusion) 의미이다. 한정적 지표는 종종 그 경계에 의해 내부로의 물리적 출입을 막기 때문에, 탄도체가 외부에 있음으로써 내부 환경으로부터 배제되는 결과가 발생한다. 내부 지역에 위치하고 있는 경험자의 원근법으로부터 탄도체를 배제하는 것은 종종 의도적인 행동이다.

(20) a. They used a special filter to block out the radio waves.(그들은 특별한 필터를 사용해서 라디오 전파를 차단했다.)
  b. We use mesh screens to keep the insects out.(우리는 벌레가 들어오지 못하도록 망사 필터를 사용한다.)
  c. The report left out a number of vital facts.(보고서에는 많은 중요한 사실이 빠져 있다.)

out의 세 번째 개별 의미는 알기(knowing) 의미이다. 그 예는 다음이다.

(21) a. The secret is out.(비밀이 탄로 났다.)
  b. We figured out the problem.(우리는 그 문제를 이해했다.)

이런 예에서, 물리적으로 볼 수 있는 것은 아무것도 없다. 우리가 비밀을 알지만 비밀을 물리적으로 볼 수는 없다. 그러나 보기와 알기 사이에 밀접하고 반복적인 경험적 상관관계가 있는데, 이것은 I see [know] what you mean(나는 당신이 무엇을 의미하는지를 안다)과 같은 문장으로 예증된다. out에는 선행적으로 가시성 의미가 있기 때문에, 그리고 어떤 것이 그러하다는 것을 보는 것과 어떤 것이 그러하다는 것을 아는 것 사이에 독립적으로 동기부여 되는 경험적 상관관계가 있기 때문에, 어떤 문맥에서 가시성을 지시하기 위해 out을 사용하는 것은 자연스럽게 알기를 함축한다.

요컨대, in과 out이 기본적으로 대립어로 간주되지만, in과 out의 많은 의미들 중에서 대립성을 가지는 경우는 소수에 불과했으며, 심지어 in과 out이 서로 동의성을 보이는 현상도 있었다. 그리고 in 자체에 대립적인 의미들이 있으며 out 자체에 대립적인 의미들이 있는 현상도 제시했다. 그 외에 in과 out에는 서로 대립되지 않는 그 자체의 특수한 개별 의미들도 있다는 것을 확인할 수 있었다.

제17장 동의어

17.1. 동의성의 유형
    17.1.1. 절대적 동의성
    17.1.2. 명제적 동의성
    17.1.3. 근사적 동의성
17.2. 동의성의 양상
    17.2.1. 동의성과 Talmy의 영상 체계
        17.2.1.1. 동의성과 구조적 도식화
        17.2.1.2. 동의성과 원근법 배치
        17.2.1.3. 동의성과 주의 배분
    17.2.2. 동의성과 도상성
        17.2.2.1. 도상성 원리
        17.2.2.2. 동의성과 도상성 원리
    17.2.3. 동의성과 은유
        17.2.3.1. 화 은유와 인지모형
        17.2.3.2. 동의성과 화 은유

synonymy라는 용어는 'same'을 의미하는 syn-과 'name'을 의미하는 -nymy가 결합한 형태로 그리스어에서 유래한 것이다. 이런 어원을 가지고 있는 동의성은 둘 이상의 낱말이나 문장이 동일한 의미를 가지는 계열적 의미관계 중의 하나이다. 이 장에서는 동의성의 유형을 먼저 제시하고, 인지언어학적인 관점에서 완전한 동의성이 없다는 가정 아래에서 몇 가지 동의성의 양상을 제시할 것이다.

17.1. 동의성의 유형

이 절에서는 Cruse(2000: 156-160)의 논의에 기초해서 동의성을 세 가지 유형으로 나누어 그 성격을 규명할 것이다.

17.1.1. 절대적 동의성

절대적 동의성(absolute synonymy)은 의미의 완전한 동일성을 가리키며, 두 낱말이 모든 문맥에서 동일하게 정상적인 경우를 절대적 동의성이라고 한다. 즉, 두 낱말 X와 Y에 대해서, 그 둘이 절대적 동의어로 인식되기 위해서는 X가 완전히 정상적인 문맥에서 Y 또한 정상적이어야 한다. X가 들어 있는 의미가 다소 이상한 문맥에서 X를 Y로 대체해도 그 문맥은 이상해야 한다. 이것은 매우 엄격한 요구조건이기 때문에 이런 조건을 충족시키는 동의어 쌍은 거의 없다. 다음은 절대적 동의어에 대하여 논란의 여지가 없는 쌍을 찾는 것이 어렵다는 것을 보여 주기 위한 예들이다.

(1) brave/courageous
    a. Little Billy was so brave at the dentist's this morning.(꼬마 빌리는 오늘 아침 치과에서 너무 용감했다.)
    b. ?Little Billy was so courageous at the dentist's this morning.
(2) calm/placid
    a. She was quite calm just a few minutes ago.(그녀는 단지 몇 분 전에는 아주 침착했다.)
    b. ?She was quite placid just a few minutes ago.
(3) big/large
    a. He's a big baby, isn't he?(그는 참으로 큰 아이구나, 그렇지 않니?)
    b. ?He's a large baby, isn't he?

(4) almost/nearly
   a. She looks almost Chinese.(그녀는 거의 중국인처럼 보인다.)
   b. ?She looks nearly Chinese.
(5) die/kick the bucket
   a. Apparently he died in considerable pain.(명백하게, 그는 상당히 고통스럽게 죽었다.)
   b. ?Apparently he kicked the bucket in considerable pain.

각 문장의 쌍에서 (a)는 정상적인 표현이지만 (b)는 의미가 다소 이상한 것으로 판단되는데, 이것은 각 문장의 쌍에서 사용되는 두 형용사가 완전한 동의어가 아니라는 것을 보여준다.

17.1.2. 명제적 동의성

명제적 동의성(propositional synonymy)은 함의(entailment)에 의해 정의될 수 있다. 두 낱말이 명제적 동의어이면, 그 둘은 진리조건적 속성을 가진 표현에서 서로 대치되어도 그 표현의 진리치는 바뀌지 않는다. 다시 말해서, 한 문장이 명제적 동의어 쌍의 한 구성원이고 또 다른 문장은 그 쌍의 다른 구성원을 가진다는 점에서만 다르면, 그 두 문장은 서로 함의한다. 다음이 그 예이다.

(6) a. John bought a violin.(존은 바이올린을 샀다.)
   b. John bought a fiddle.(존은 깡깡이를 샀다.)
(7) a. I heard him tuning his fiddle.(나는 그가 깡깡이를 조율하는 소리를 들었다.)
   b. I heard him tuning his violin.(나는 그가 바이올린을 조율하는 소리를 들었다.)
(8) a. She is going to play a violin concerto.(그녀는 바이올린 협주곡을 연주할 것이다.)
   b. She is going to play a fiddle concerto.(그녀는 깡깡이 협주곡을 연주할 것이다.)

위 각 문장에서 (a)는 (b)를 함의하고, (b)도 (a)를 함의한다. 그러나 fiddle이 있는 문장 (6b)에서 진리조건은 그대로이지만 그 문장은 그다지 자연스럽지 못한데, 이것은 fiddle과 violin이 절대적 동의어가 아님을 보여 준다.

당연히, 명제적 동의어인 낱말들은 몇 가지 미묘한 의미 차이를 보여 준다. 첫째는 lift/elevator, pavement/sidewalk, flat/apartment에서와 같은 방언의 차이로서, 전자는 영국 영어의 낱말이고 후자는 미국 영어의 낱말이다. 둘째는 begin/commence, last/final에서와 같은 문체나 공식성의 차이로서, 전자는 구어체이고 후자는 딱딱한 공식적인 문체로 사용된다. 셋째는 shin/fibula에서와 같이 전문성의 차이로서, 전자는 일상용어이고 후자는 의학 전문용어이다. 넷째는 내포의 차이이다. 예컨대, love/adore에서 전자는 중립적인 표현이지만 후자는 '열정이나 숭배'라는 내포를 가지고 있다. 다섯째는 담화의 차이이다. 다음 예를 보자.

(9) a. This was the first time they had had intercourse.(이것은 그들이 성교를 했던 첫 경험이었다.)
 b. This was the first time they had made love.(이것은 그들이 사랑을 나누었던 첫 경험이었다.)
 c. This was the first time they had fucked.(이것은 그들이 성교를 했던 첫 경험이었다.)

(9a)는 법정에서 사용되는 것이 자연스럽고, (9b)는 아마 가장 중립적이고, (9c)는 공항의 매점에서 발견할 수 있는 삼류 소설에서 사용되는 표현일 것 같다.

17.1.3. 근사적 동의성

근사적 동의성(near synonymy)은 두 낱말 사이에 사소한 차이를 가진 경우이다. 근사적 동의성은 몇 가지로 나누어 정리해 볼 수 있다. 첫째는 정도의 차이를 보이는 근사적 동의이다. 다음이 그 예이다.

(10) a. fog/mist(짙은 안개/엷은 안개)
　　 b. laugh/chuckle(웃다/싱글벙글 웃다)
　　 c. hot/scorching(뜨거운/몹시 뜨거운)
　　 d. big/huge(큰/거대한)
　　 e. disaster/catastrophe(재난/큰 재난)
　　 f. pull/heave(끌어당기다/들어올리다)
　　 g. weep/sob(눈물을 흘리다/흐느껴 울다)

둘째는 동사에 대한 특정 부사적 성격의 차이를 보이는 근사적 동의어이다. 다음이 그 예이다.

(11) a. amble/stroll(느릿느릿 걷다/한가로이 거닐다)
　　 b. chuckle/giggle(싱글벙글 웃다/킬킬 웃다)
　　 c. drink/quaff(마시다/꿀꺽꿀꺽 마시다)

셋째는 상태와 성질의 차이를 보이는 근사적 동의어이다. calm/placid가 그 예인데, 전자는 상태를 나타내고 후자는 성질을 나타낸다.
　넷째는 사용 영역의 차이를 보이는 근사적 동의어이다. brave/courageous가 그 예인데, 전자는 물리적 영역에서 사용되고 후자는 지적 또는 도덕적 영역에서 사용된다.

17.2. 동의성의 양상

이 절에서는 객관적인 의미는 동일하지만 주관적이고 지각·인지적인 관점에서 차이가 나는 동의성의 양상을 인지언어학적으로 분석하고자 한다.

17.2.1. 동의성과 Talmy의 영상 체계

먼저 Talmy가 제시한 영상 체계에 기초해서 동의성의 양상을 논의할 것이다. Talmy는 영상 체계로서 네 가지 유형의 인지과정을 제시하는데, 구조적 도식화, 원근법 배치, 힘역학, 주의 배분이 그것이다. 이 절에서는 힘역학을 제외하고 동의성의 양상과 관계있는 세 가지 영상 체계에 근거해서 동의성의 양상을 고찰할 것이다.

17.2.1.1. 동의성과 구조적 도식화

Talmy(1988: 194)는 구조적 도식화가 "양이나 둘 또는 그 이상의 양이 공간이나 시간 또는 기타 다른 개념적 차원에서 상호 연결되는 패턴에 속하는 것으로 생각될 수 있는 모든 형태의 개념적 기술을 구성한다"라고 정의한다. 이 절에서는 이런 구조적 도식화에 기초해서 동의성의 양상을 설명할 것이다. 특히, 차원(dimension), 복잡성(plexity), 한정성(boundedness)과 같은 개념들이 구조적 도식화 체계에서 다루어지는 방식에 기초해서 동의성의 양상을 논의할 것이다.

첫 번째 다룰 개념은 차원이다. 차원 범주에는 두 가지 주요 구성원 개념인 공간과 시간이 있다. 공간에서 존재하는 실체는 연속적인 물질과 개별적인 사물이며, 시간에서 존재하는 실체는 그에 상응하는 연속적인 행위와 개별적인 사건이다. 이와 같은 차원 범주의 두 가지 핵심 범주 사이에 두 가지 전환 작용(conversion operation)[1])이 있다. 첫 번째 전환 작용은 시간 차원의 두 구성원인 행위와 사건이 각각 공간 차원의 물질과 사물로 구체화(reification)되는 작용이다. 그 예는 다음과 같다.

(12) a. John helped me.(존은 나를 도와주었다.)
　　　b. John gave me some help.(존은 나에게 도움을 주었다.)
(13) a. John called me.(존이 전화했다.)
　　　b. John gave me a call.(존이 나에게 전화를 주었다.)

위의 각 쌍의 문장은 존이 나를 도와 준 상황과 존이 나에게 전화를 건 상황이라는 동일한 상황을 묘사하고 있다는 점에서 동의적이라고 말할 수 있다. 그렇지만 (12)에서는 도와주는 행위(12a)가 도움이라는 물질(12b)로 구체화되며, (13)에서는 전화를 거는 사건(13a)이 전화라는 사물(13b)로 구체화된다. 이처럼 동일한 상황이 (12)에서와 같이 행위의 관점에서 표현되거나 물질의 관점에서 표현될 수 있으며, (13)에서와 같이 동일한 상황이 사건의 관점이나 사물의 관점으로 표현될 수 있다는 점에서 각 쌍의 문장들은 미묘한 의미 차이를 보인다고 말할 수 있다.

또 다른 전환 작용은 그 역으로 공간 차원의 두 구성원인 물질과 사물이 행동화(actionalizing)되는 작용이다. 그 예는 다음과 같다.

(14) a. Ice is forming over the windshield.(바람막이유리에서 얼음이 얼고 있다.)
　　　b. It is icing over the windshield.(바람막이유리에서 얼음이 얼고 있다.)

---

1) 전환은 어형성 과정 중의 하나로서, 낱말의 형태를 바꾸지 않고, 동일한 낱말에 품사만 달라지는 경우이다. porch가 그 예이다. 이것은 이런 인지과정들이 동일한 상황에 대해 각기 다르게 인지되는데, 여기서 동일한 상황이라는 점에서 전환이라는 용어가 적절하리라 본다.

이것은 사물/물질이 시간 차원의 구성원으로 행동화되는 것이다. 물론 두 문장은 자동차의 바람막이유리에 얼음이 얼고 있는 동일한 상황을 묘사하고 있다는 점에서 의미가 동일하다고 말할 수 있지만, (14a)에서는 그 상황이 물질로 묘사되고 있고 (14b)에서는 행동으로 묘사되고 있다는 점에서 미묘한 의미 차이를 보인다.

두 번째 다룰 범주는 복잡성이다. 양이 하나로 구성되어 있으면 그것은 단일적이고, 두 개 이상으로 구성되어 있으면 그것은 복수적이다. 영어에서 기본적으로 단일적 낱말은 사물의 경우에 bird이며 사건의 경우에는 sigh이다. 그러나 단일성이 공간이나 시간상에서 복수성으로 개념화되는 경우가 있는데, 이런 인지과정을 복수화(multiplexing)라고 한다. 다음 예를 보자.

(15) a. A bird flew in.(새가 날아 들어왔다.)
　　 b. Birds flew in.(새들이 날아 들어왔다.)
(16) a. He sighed once.(그가 한숨을 한 번 쉬었다.)
　　 b. He kept sighing.(그가 계속해서 한숨쉬고 있다.)

(15a)에서 부정관사에 의해 하나의 사물인 bird가 (15b)에서는 복수접미사 -s에 의해 birds인 복수로 표현되고 있는데, 이것은 복수화라는 인지과정 때문에 가능한 것이다. (16a)에서 sigh가 once에 의해 한 번의 사건으로 표현되는 것이 (16b)에서는 sigh가 kept‥‥-ing 구문으로 표현되어 여러 번의 사건으로 표현되는데, 이것 역시 복수화라는 인지과정 때문이다. 물론 이 경우에는 각 쌍의 문장이 동일한 상황을 묘사하고 있는 것이 아니기 때문에 동의성의 양상이라고 할 수 없다.

그 역으로, 영어에는 원래 복수성을 상술하는 예가 있는데 물질의 경우에는 furniture나 timber가 그 예이고, 행위의 경우에는 breathe가 그 예이다. 여기서는 단일화(unit-excerping)라는 인지과정이 작용해서 복수성의 표현이 단일성의 표현이 된다. 다음이 그 예이다.

(17) a. Furniture overturned in the earthquake.(가구가 지진 때문에 넘어졌다.)
   b. A piece of furniture overturned in the earthquake.(가구 한 점이 지진 때문에 넘어졌다.)
(18) a. She breathed without pain.(그녀는 고통 없이 숨쉬었다.)
   b. She took a breath/breathed in without pain.(그녀는 고통 없이 숨을 쉬었다/숨을 들여 마셨다.)

(17a)에서 물질명사인 furniture가 (17b)에서는 piece of에 의해 가산명사로 표현되고 있는데, 이것은 단일화라는 인지과정 때문에 가능하다. (18a)에서 breathe가 여러 번의 행위로 표현되는 것이 (18b)에서는 부정관사로 인해 한 번의 행위로 표현되는데, 이것 역시 단일화라는 인지과정 때문이다. 물론 이 두 문장 쌍은 동일한 상황을 묘사하고 있기 때문에 동의성의 양상을 보여 주고 있다.

여기서 다룰 마지막 범주는 한정성이다. 양이 '비한정적'인 것으로 상술되면, 그것은 한정되지 않고 무한히 계속될 수 있다. 반면에 양이 '한정적'인 것으로 상술되면, 그것은 개별적인 하나의 실체로 한계가 정해지는 것으로 간주된다. '비한정적 양'의 개념은 물질명사에 해당하며, '한정적 양'의 개념은 가산명사에 해당한다. 이것이 동사에 적용되면 각각 미완료적 과정과 완료적 과정에 해당한다.

영어에서 water와 to sleep은 기본적으로 비한정적 양을 상술하며, sea와 to dress는 한정적 양을 상술한다. 이런 의미 상술은 한정적 양을 상술하는 시간 부사를 가진 문장의 문법성으로 밝혀진다.

(19) a. *We flew over water in 1 hour.(*우리는 한 시간 동안 물 위를 날아갔다.)
   b. We flew over a sea in 1 hour.(우리는 한 시간 동안 바다 위를 날아갔다.)
(20) a. *She slept in 8 hours.(*그녀는 8시간 동안 잤다.)
   b. She dressed in 8 minutes.(그녀는 8분 만에 옷을 입었다.)

비한정적 양의 한 부분이 한정되는 과정이 있는데, 이것은 한정화(bounding)라는 인지작용이다. 다음 예를 보자.

(21) a. water(물)
　　 b. body of water(수역)
(22) a. to sleep(자다)
　　 b. to sleep for an hour(1시간 동안 자다)

한정화라는 인지과정에 의해 위 두 쌍의 예에서 (a)는 (b)로 표현되고 있다. 물론 두 표현은 모두 동일한 상황을 묘사하고 있다는 점에서 동의성의 양상을 보여 주지만, 한정성의 개념에서 서로 차이가 난다.

　역으로 shrub(관목)와 panel(머름)은 원래 한정적 실체이다. -ery와 -ing이라는 문법 요소들이 그 낱말에 첨가되어 shrubbery(관목)와 paneling(머름)이라는 형태를 만들어 내는데, 이것은 비한정적 양을 언급한다. 즉 이런 문법 요소들은 비한정화(debounding)라는 인지작용을 초래한다. 이런 인지작용에 의해 한정적 양이 무한히 확장될 수 있는 비한정적 양을 가진 형태로 개념화된다. 중요한 것은 shrub와 shrubbery 및 panel과 paneling은 모두 동일한 실체를 가리킨다는 점에서 동의어이지만, 한정성에서 차이가 나기 때문에 둘 사이에 미묘한 의미 차이를 보인다는 것이다.

17.2.1.2. 동의성과 원근법 배치

다음은 원근법 배치에 의해 동의성의 양상을 논의해 보자. 원근법 배치 체계는 구조적으로 조직되어 있는 장면에 주의를 기울이기 위해 우리의 정신적 눈을 배치하는 방법과 관계있다. 여기에는 원근법 방식(perspective mode)과 확장의 정도(degree of extension)라는 두 가지 범주가 해당된다.

　원근법 방식은 사건의 기본 배열 방식과 일치할 수도 있고 또는 그것에서 벗어날 수도 있다. 원근법은 크게 정적인 원거리 원근법 방식(steady-state long-range perspective mode)과 동적인 근거리 원근법 방식(moving close-up perspective mode)으로 나누어 볼 수 있다. 다음 예가 원근법의 두 가지 방식을 잘 표현해 준다.

(23) a. There are houses at various points in the valley.(계곡의 다양한 지점에 집들이 있다)
b. There is a house every now and then through the valley.(이따 금씩 계곡 전역에 집이 있다)

이 두 문장은 여러 집들이 계곡을 따라 놓여 있는 동일한 상황을 묘사하고 있다는 점에서 동의적이다. 그렇지만 각 문장은 서로 다른 원근법 방식을 취한다는 점에서 미묘한 의미 차이를 보여 준다. (23a)는 고정된 원거리 원근법 방식에서 묘사되고 (23b)는 연속적으로 움직이는 근거리 원근법 방식으로 묘사된다. 즉 (23a)에서는 집이라는 여러 사물들이 정지해 있는 원근법 방식을 채택하고 있는데, 이것이 (23b)에서는 집이라는 여러 사물들이 연속적으로 움직이고 있는 원근법 방식을 채택하고 있다. 물론 여기서 움직이는 것은 객관적인 사물인 집이 아니라 그 집들을 바라보는 사람의 시선이다.

반대로 연속적으로 움직이는 근거리 원근법 방식이 고정된 원거리 원근법 방식으로 전환되는 경우도 있다. 다음 예를 보자.

(24) a. I took an aspirin time after time during/in the course of the last hour.(나는 마지막 시간 동안 계속해서 아스피린을 복용했다)
b. I have taken a number of aspirins in the last hour.(나는 마지막 한 시간 동안 아스피린을 많이 복용했다)

(24a)에서 여러 사건들이 연속적으로 움직이고 있는 근거리 원근법 방식이 (24b)에서 고정된 원거리 원근법 방식으로 전환되고 있다. 위의

두 문장은 모두 주어진 시간 동안 내가 아스피린을 계속 먹는 동일한 상황을 묘사한다는 점에서 동의성의 양상을 보여 준다. 그렇지만, (24a)에서는 내가 아스피린을 먹는 순간들이 많이 있는데, 그 각 순간을 전체적으로 보는 것이 아니라, 동적인 근거리 원근법을 취해 그 사건을 하나씩 시선을 옮겨서 보는 것이기 때문에 단수 명사가 사용되고 있으며, (24b)는 정적인 원거리 원근법을 취해 멀리에서 여러 아스피린을 먹는 동작을 한꺼번에 바라보는 것이다.

다음은 확장의 정도를 이용해 원근법 배치 체계를 살펴보자. 확장의 정도는 다음과 같은 세 가지 주요한 종류로 나뉜다(Talmy 1988: 183).

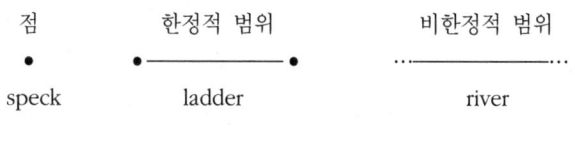

[그림 17.1] 확장의 정도의 유형

모든 낱말들은 그것이 물질이든 행위이든 간에 그 지시체의 확장의 정도에 대해 상술되어야 한다. 그러나 특정한 확장의 정도를 가지고 있는 것으로 생각되는 낱말의 지시체는 다른 확장의 정도로 개념화될 수 있다. 예컨대, climb a ladder가 지시하는 사건을 보자.

(25) a. She climbed up the fire-ladder in 5 minutes.(그녀는 5분 안에 소방사다리를 올라갔다.)
　　b. Moving along on the training course, she climbed the fire-ladder at exactly midday.(훈련 과정 중에 그녀는 정확히 정오에 소방사다리를 올라갔다.)
　　c. She kept climbing higher and higher up the fire-ladder as we watched.(그녀는 우리가 지켜볼 때 계속해서 소방사다리를 더 높이 올라가고 있었다.)

(25a)의 사건은 기본적으로 시간 차원에서 한정적인 선적 범위를 가진 것으로 표현된다. 그러나 이런 확장의 정도는 (25b)에서는 시간의 점으로 개념화된다. 확장의 정도에서 발생하는 이런 변화는 축소(reduction)라는 인지작용과 관계있다. 이런 변화는 반대 방향으로도 발생한다. (25c)에서와 같이, 사건이 비한정적인 범위를 가진 것으로 개념화될 수 있다. 이런 경우는 확대(magnification)라는 인지작용과 관계있다. 동의성의 관점에서 보면, 사다리를 오르는 동일한 상황이 각기 다른 확장의 정도로 표현되는 점에서 의미 차이를 보인다고 말할 수 있다.

17.2.1.3. 동의성과 주의 배분

이 절에서는 주의 배분에 기초해서 동의성의 양상을 고려할 것이다. 어떤 구조화된 도식2)과 그것을 바라보는 방식인 관점이 주어지면, 주의 배분은 그 장면의 요소들에 대해 각기 다르게 주의를 배분하는 체계이다. 이 체계의 가장 주요한 범주는 전경-배경 조직(figure-ground organization)이다.3) 주어진 장면에서 어떤 요소는 주의를 받아 전경의 위상을 부여받고, 다른 요소는 주의를 받지 못해 배경의 위상을 부여받는다. Talmy(1983: 232)는 전경을 "이동하며 개념적으로 이동 가능한

---

2) 구조화된 도식이란 주어진 어떤 상황이나 장면을 말한다. 장면이 특정한 구조를 가지고 있다는 점에서 구조화된 것이며, 그 장면에서 불필요한 요소들이 배제되어 추상되어 있다는 의미에서 도식인 것이다.
3) 전경-배경 조직이란 전경과 배경이 선택되는 방식을 말한다. 지각적 장면 그 자체는 하나의 배경이 되고 그 중에서 특정한 양상이 그 배경에서 두드러지게 될 수 있다. 청각의 경우에서는 특정한 사람의 목소리가 배경 소음에서 두드러지게 되어 그 사람의 목소리를 듣게 되는 경우가 있다. 전경-배경 조직이 지각적 차원에서 발생하든 청각적 차원에서 발생하든 간에 그것은 감각적 차원의 문제에만 적용되는 것은 아니다. 전경-배경 조직은 또한 우리가 어떤 상황에 대해 생각하고 그것을 개념화하는 방식과도 관계가 있다. 즉, 전경-배경 조직은 어떤 주어진 장면을 언어로 표현할 목적으로 그 장면을 조직하는 방식에서도 표명된다. The farmer shot the rabbit과 The rabbit was shot by the farmer는 모두 동일한 상황을 기술하지만, 전자는 농부가 전경이 되어 농부가 무엇을 했는지에 대한 관점을 표현하는 방법이고, 후자는 토끼를 전경으로 취하고 토끼에게 어떤 일이 발생했는지에 대해 이야기하는 관점을 표현하는 방법이다.

사물"로 간주하며, 배경은 "지시 틀 내에서 정적인 무대를 가지고 있는 지시물로서, 배경에 관해서 전경의 위치, 경로, 방위가 특징을 부여받는다"라고 정의한다.

다음 문장으로 전경-배경 구분을 설명해 보자.

(26) a. The bike is near the house.(자전거가 집 근처에 있다.)
　　 b. ?The house is near the bike.(?집이 자전거 근처에 있다.)

이 두 문장이 대칭적 공간 관계를 나타낸다는 점에서 서로 동일한 의미를 가지는 것으로 간주될 수 있다. 그러나 이것 외에, (26a)에서는 bike가 전경으로서 주의를 받아 주어가 되고, house는 배경의 위상을 부여받고 있다. 배경인 집이 전경인 자전거의 위치를 파악할 수 있는 참조점(reference point)으로 사용된다. 이런 비대칭적인 역할 배당은 현실 세계에서 일반적으로 경험할 수 있는 흔한 경우이다. 즉 자전거보다는 집이 더 정적인 위치를 가지고 있으며 훨씬 더 큰 지표를 가지고 있기 때문에 (26a)는 완전히 수용 가능한 문장으로 해석된다. 반면에, (26b)는 다소 이상하게 들린다. 왜냐하면, 주의를 받을 자격이 없는 배경인 집이 주의를 받아 주어가 되고 주의를 받을 자격이 있는 전경인 자전거가 주의를 받지 못하고 있기 때문이다.

다음 문장에서는 전경과 배경 둘 다 주의를 받아 주어가 될 수 있는 자격을 가지고 있는 것처럼 보인다.

(27) a. The light emanated from beacon.(빛이 등대에서 발산되었다.)
　　 b. The beacon emitted light.(등대가 빛을 발산했다.)

위 두 문장은 등대에서 불빛이 나오는 동일한 상황을 묘사하고 있다는 점에서 동의적이다. 이 두 문장에서 light은 전경으로 선택되고, beacon은 배경으로 선택된다. (27a)는 전경인 light가 주의를 받아 주어가 되는 경우이고, (27b)는 배경인 beacon이 주의를 받아 주어가 되는 경우이다. 이처럼 동일한 장면에서 전경에 주의를 배분하는 것과 배경에 주의를 배분하는 것은 어휘적 차이로 나타날 수 있다. 전경에 주의가 배분되면 emanate라는 자동사가 사용되고, 배경에 주의가 배분되면 emit라는 타동사가 사용된다. 따라서 두 문장은 동의적이긴 하지만 주의 배분이 서로 다르기 때문에 미묘한 의미 차이를 보인다고 말할 수 있다.

물론 이런 주의 배분의 차이는 어휘적 차이뿐만 아니라 다음과 같이 문장 구조의 차이도 가진다.

(28) a. The bees swarmed in the field.(벌들이 들판에서 떼를 지어 있다.)
　　 b. The field swarmed with bees.(들판에 벌들이 떼를 지어 있다.)
(29) a. The ice glistened in the moonlight.(얼음이 달빛에 반짝이고 있다.)
　　 b. The moonlight glistened on the ice.(달빛에 얼음이 반짝이고 있다.)

(28)은 벌이 들판에서 떼를 지어 있는 상황에 대한 표현이고, (29)는 얼음이 달빛에 반짝이는 상황에 대한 표현이다. 여기서 성격상 bees 및 ice가 전경이고, field 및 moonlight가 배경이 된다. (28)-(29)에서 (a)는 전경이 주의를 받아 주어가 되어 있는 표현이고, (b)는 배경이 주의를 받아 주어가 되어 있는 표현이다. 여기서는 동사에서가 아니라 문장 구조에서 차이가 나고 있다. 두 쌍의 문장이 각각 동일한 상황을 묘사하고 있다는 점에서 서로 동의적이지만, 주의 배분에서 차이가 나기 때문에 둘 사이에 미묘한 의미 차이가 있다.

17.2.2. 동의성과 도상성

이 절에서는 도상성에 기초해서 동의성의 양상을 논의할 것이다. 먼저 도상성의 정의 및 그 원리를 제시하고, 도상성의 원리가 어떻게 동의성의 양상을 설명하는지 살펴보고자 한다.

17.2.2.1. 도상성 원리

언어의 형태와 의미 사이의 관계가 자연스러운지의 여부에 따라서 그 관계는 자의적일 수도 있고 도상적일 수도 있다. 형태와 의미 사이의 관계가 자의적이라 함은 둘 사이에 자연스러운 관계가 없음을 말하며, 도상적이라 함은 둘 사이의 관계가 자연스럽다는 것을 말한다. 여기서는 언어의 형태에 주의할 필요가 있다. 하나의 낱말 dog가 '개'를 의미하는 것은 확실히 자의적이다. 이렇게 언어의 형태를 단지 하나의 개별적인 낱말 수준에서 생각하면 그 형태와 의미 사이의 관계는 자의적일 수밖에 없다. 그러나 형태라는 개념을 개별적인 낱말 수준을 넘어서 여러 낱말들이 배열되는 방식의 수준에서 보면 언어의 도상성은 드디어 그 모습을 드러낸다.

낱말을 고립적인 상태에서 고려하면 낱말의 형태와 의미 사이의 관계는 자연스러운 관계가 없는 상징으로 간주된다. 그러나 여러 낱말들이 적절하게 배열된 더 큰 언어 단위는 도형적 도상으로서 형태와 의미 사이에는 자연스러운 관계가 있는 것으로 간주된다. 도상성에서 주요한 개념은 동기부여(motivation)이다. 즉, 의미는 형태에 의해 동기부여 되고, 의미 차이는 형태 차이에서 반영된다는 것이다.

동기부여란 언어의 형태와 의미 사이에 지각할 수 있는 유사성이 있음을 뜻한다. 이것은 언어 의미가 언어의 형태 그 자체가 가지고 있는 구조에 의해서 동기부여 된다는 것을 말한다. 동기부여는 다음과 같이 나타낼 수 있다(Hiraga 1994: 9).

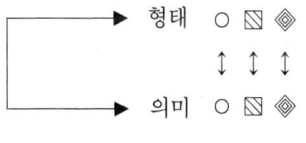

[그림 17.2] 도상성의 동기부여

언어의 의미가 언어의 형태에 의해 동기부여 된다고 할 때, 그 형태의 유형에 따라 크게 세 가지 유형의 도상성의 원리를 밝혀볼 수 있다. 그 형태는 시간적 순서, 거리, 양일 수 있다는 점에서 도상성의 원리는 시간적 순서의 원리, 거리의 원리, 양의 원리로 나뉜다.

첫 번째 도상성 원리는 시간적 순서의 원리(temporal sequence principle)로서, 이것은 언어 구문 속에 들어 있는 낱말들의 배열 순서와 낱말들이 묘사하는 사건들의 발생 순서 사이에 유사성을 지각할 수 있으며, 더 나아가 낱말들의 배열 순서는 사건들의 발생 순서에 의해 동기부여 되는 현상을 말한다. 다음 표현들이 가장 유명한 예이다.

(30) a. Veni, vidi, vici(I came, I saw, I conquered)(왔노라, 보았노라, 이겼노라.)
b. Eye it, try it, buy it.(보고, 입어보고, 구입하라.)

위의 예에서 세 절의 선적인 순서는 그 사건이 발생한 순서를 반영하고 있다. 만일 절의 순서를 바꾸면 의미가 통하지 않는 이상한 발화가 되고 만다.

다음 두 문장을 보자.

(31) a. Virginia got married and had a baby.(버지니아는 결혼을 하고 임신을 했다.)
b. Virginia had a baby and got married.(버지니아는 임신을 하고 결혼을 했다.)

위의 예는 and로 연결되는 두 개의 절 순서를 바꾸면 서로 다른 사건 순서, 즉 다른 의미를 전달한다는 것을 보여준다. (31a)는 버지니아가 결혼을 하고 그 다음에 임신을 했다는 정보를 전달하며, (31b)는 먼저 임신을 하고 그 다음에 결혼을 했다는 사실을 전달한다. 이 두 문장은 두 개의 동일한 사건을 가지고 있지만, 그 배열 방식에 따라 완전히 다른 것을 전달한다. 등위접속사 and 그 자체는 사건의 순서와는 아무런 상관이 없다. 단지 두 절의 배열 순서와 그 사건들 발생 순서 사이에 유사성이 있음을 지각하게 된다.4)

시간적 순서의 원리는 또한 문장 층위에서도 발견된다. 다음 두 문장은 동일한 낱말을 사용하지만 형용사 green과 door가 그 순서가 서로 다르기 때문에 각기 다른 의미를 전달한다.

(32) a. Bill painted the green door.(빌은 녹색 문을 칠했다.)
b. Bill painted the door green.(빌은 문을 녹색으로 칠했다.)

(32a) 문장은 문이 원래 녹색이었으며 어떤 다른 색으로 칠해진 것을 의미하며, (32b) 문장은 문이 원래 어떤 색이었는지는 모르지만 칠한 결과로 문이 녹색이 되었다는 것을 의미한다. (32a)에서는 형용사 green이 명사 door를 수식하는 관계로서 명사 앞에 위치하고 있지만, (32b)는 형용사 green이 명사 door 뒤에 위치하고 있는데, 이것은 칠을 한 결과로 발생한 문의 색깔을 도상적으로 반영하고 있다.

두 번째 도상성 원리는 거리의 원리(distance principle)5)로서, 이것은 낱말들이 더 가까이 있으면 둘 사이에 미치는 효과가 더 강해서 의미적으로 더 가까워지는 경향이 있다는 것이다. Haiman(1983: 782)은 다음과 같은 주장을 한다. "표현들 사이의 언어적 거리는 그들 사이의 의미적 거리와 상응한다." 아래에서 거리의 원리가 적용되는 도상성의 양상을 살펴보기로 한다.

첫째, 거리의 원리는 명사의 속성을 기술하는 형용사들의 어순 문제에서 발견된다. 다음 각 표현들을 비교해 보자.

---

4) 이 예는 논리학에서 'A and B'와 'B and A'가 동일한 논리적인 의미를 가진다는 것에 대한 반증이 된다.
5) 거리의 원리는 근접성의 원리(proximity principle)라고도 한다.

(33) a. the famous delicious Italian pepperoni pizza
 b. *the Italian delicious famous pepperoni pizza
 c. *the famous pepperoni delicious Italian pizza
 d. *the pepperoni delicious famous Italian pizza

위의 예는 명사 pizza를 famous, delicious, Italian, pepperoni라는 네 개의 형용사가 수식하고 있으며, 이들 형용사의 어순 문제가 거리의 원리로 설명될 수 있다. 위 문장 중에서 (33a)만이 수용되며, 다른 세 예는 수용되지 않는 것으로 판단된다. 왜냐하면, 단지 (33a)만이 밀접한 관계를 가지고 있는 요소들은 함께 가까이 놓여야 한다고 진술하는 거리의 원리를 따르기 때문이다. 즉 pepperoni는 피자의 본유적인 속성을 나타내므로 명사 pizza에 가장 가까이 위치한다. 페페로니 피자의 기원 장소인 Italian은 영속적인 속성을 띠고 있으므로 개념적 거리상 그 다음에 온다. 기술적 형용사 delicious는 피자의 가변적인 속성을 나타내므로 개념적 근접성의 정도가 느슨하다. famous는 평가 특성을 나타내는데, 이는 피자를 이해하는 데 개념적으로 그다지 중요하지 않으므로 명사에서 가장 먼 거리에 놓이게 된 것이다.

둘째, Bybee(1985)의 동사 어간과 동사 어미 사이의 근접성 문제를 거리의 원리로 설명할 수 있다. Bybee에 따르면, 여러 동사 어미들 중에서 동사 어간과 의미적으로 관련성이 많으면 많을수록 동사 어간에 가까이 위치한다. 즉 그녀는 많은 언어에서 상(aspect) 어미는 시제(tense) 어미보다 동사 어간에 더 가까우며, 시제 어간은 서법(modal) 어미보다 동사 어간에 더 가깝다는 것을 보여 주었다. 다음과 같은 일련의 예에서 예증되듯이, 이것은 영어 동사에서 다소 반영된다.

(34) a. She was working at that time.(그녀는 당시에 일을 하고 있었다.)
 b. She worked a lot at that time.(그녀는 당시에 많은 일을 했다.)
 c. She could swim when she was three.(그녀는 세 살 때 수영을 할

수 있었다.)

    d. *She swim-could when she was three.(*그녀는 세 살 때 수영을 할 수 있었다.)

(34a) 문장에서 상 어미 -ing은 접미사로 사용되기 때문에 동사 어간에 가장 가까운 반면에, 시제 어미 was는 선행하는 조동사의 부분이기 때문에 동사 어간과 덜 밀접하게 연결된다. 그러나 (34b)에서와 같이, 시제 어미는 상 어미가 표현되지 않을 때 동사 어간에 부착될 수 있다. (34c)에서와 같이 서법 어미 can은 동사 어간과 가장 의미적으로 거리가 멀기 때문에 동사에 융합되지 않는다. 비문법적인 (34d) 문장이 보여 주듯이, 서법 어미는 접미사화되어 동사 어간에 가장 가까운 위치로 이동할 수 없다.

  Bybee의 연구는 동사 어간과 동사 어미 사이의 근접성 관계가 다음과 같다는 것을 암시한다.

    (35) 서법 어미 - 시제 어미 - 상 어미 - 동사 어간

상 어미는 동사가 표현하는 사건에 대한 방식을 암시하기 때문에 동사 어간과 가장 밀접한 관계가 있으며, 동사의 사건이 발생하는 시간을 암시하는 시제 어간은 그 다음 위치를 차지하며, 동사의 사건에 대한 화자의 태도를 암시하는 서법 어미는 가장 주관적인 것으로서 동사와 가장 멀리 떨어져 있으며 어떤 식으로든 동사 어간과 융합될 수 없다.

  세 번째 도상성 원리는 양의 원리(quantity principle)인데, 이것은 언어 형태의 양과 의미의 양 사이에 비례 관계가 있다는 것을 말한다. 즉 형태의 양이 많으면 의미의 양 또한 많다는 것이다.

  양의 원리가 가장 쉽게 적용되는 경우는 복수와 단수의 경우이다. 복수는 단수보다 복잡한 개념이며, 따라서 복수 형태는 단수 형태보다 길이가 더 길다. 범언어적으로 복수 형태는 단수에 복수 표지가 덧붙는

것이 일반적이다.6) 예컨대, 배 한 척과 여러 척에 대하여 영어는 ship/ships, 터키어는 gemi/gemiler로 나타난다. 긍정과 부정 사이의 차이도 양의 원리로 설명할 수 있다. 부정은 긍정보다 복잡한 개념이며, 범언어적으로 부정은 긍정의 형태에 부정접사가 붙은 것이 일반적이다. 예컨대, 국어의 '자라다/모자라다', '규칙/불규칙', '작용/반작용'이나 영어의 one/none, tie/untie, confirm/disconform, ever/never 등에서 부정의 형태는 긍정의 형태를 바탕으로 하기 때문에 긍정의 형태보다 복잡하다.

17.2.2.2. 동의성과 도상성 원리

그러면 앞에서 살펴본 도상성 원리에 기초해서 동의성의 양상을 고찰해 보자. 먼저, 낱말들이 더 가까이 있으면 둘 사이에 미치는 효과가 더 강해서 의미적으로 더 가까워지는 경향이 있다는 거리의 원리에 기초해서 동의성의 양상을 살펴보자. Lakoff & Johnson(1980: 126-133)이 제시한 다음 예를 보자.

(36) a. Mary doesn't think he'll leave until tomorrow.(메리는 그가 내일까지 떠날 거라고 생각하지 않는다.)
  b. Mary thinks he won't leave until tomorrow.(메리는 그가 내일까지 떠나지 않을 거라고 생각한다.)

---

6) 이에 대한 예외를 발견할 수 있다. 다음 예들을 보자.
  (1) a. deer/deer, salmon/salmon, trout/trout, fish/fish, sheep/sheep
    b. bacterium/bacteria, datum/date, criterion/criteria, curriculum/curricula
    c. alumnus/alumni, fungus/fungi, stimulus/stimuli, bacillus/bacilli
  위의 낱말 쌍에서 전자는 단수이고 후자는 복수이다. 도상성의 원리에 의하면, 단수보다는 복수가 더 복잡하고 낱말 길이가 더 길어야 한다. 그런데 (1a)에서는 단수와 복수의 길이가 같으며, (1b)와 (1c)에서는 복수보다 단수가 더 복잡하고 길이가 더 길다.

이 두 문장은 동일한 상황을 전달하기 때문에 그 두 문장의 객관적인 의미는 동일하다고 말할 수 있다. 그러나 (36a)는 (36b)보다 부정력이 더 약한데, 왜냐하면 전자의 부정어 not은 후자의 그것보다 종속절의 동사 leave에 더 멀리 떨어져 있기 때문이다.

다음 예를 보자.

(37) a. Harry is not happy.(해리는 행복하지 않다.)
 b. Harry is unhappy.(해리는 불행하다.)

이 두 문장은 거의 동일한 것을 의미한다는 점에서 동의적이다. 그러나 문장 (37b)에 있는 부정 접두사 un-은 문장 (37a)에 있는 부정어 not보다 형용사 happy에 더 인접해 있다. 그래서 부정소는 문장 (37b)에서 더 큰 영향을 끼쳐서, unhappy는 '불행한'을 의미하게 되고, not happy는 '행복하지 않다'는 행복과 슬픔의 중간적인 해석을 가지게 된다.

다음 예문을 보자.

(38) a. I found that the chair was comfortable.(나는 그 의자가 편안하다는 것을 알았다.)
 b. I found the chair was comfortable.(나는 그 의자가 편안하다는 것을 알았다.)

이 문장의 차이는 접속사 that의 존재 여부와 관계가 있다. 전통적으로 접속사 that이 목적어로 사용될 때 의미 차이 없이 자연스럽게 생략될 수 있기 때문에 그 둘은 동의적인 것으로 간주되었다. 그러나 인지언어학의 관점에서는, 즉 도상성 이론의 관점에서는 형태가 다르면 의미가 다르다고 가정한다는 점에서 위의 두 문장은 미묘한 의미 차이를 보인다. 문장 (38b)는 내가 직접 경험해서 그 의자가 편안하다는 것을 알았음을 암시하고 (38a)는 그 사실을 간접적으로 알았음을 암시한다. 이런 의미 차이는 find와 that이 이끄는 명사절 사이의 거리 차이에서 나타난다. 즉, (38a)에서는 주절과 종속절이 that이 있음으로 해서 거리가 떨어져서 둘 사이의 관계가 간접적이고, (38b)에서 that이 없으므로 두 절 사이의 거리가 가깝기 때문에 그 관계가 직접적임을 암시하는 것이다.
다음 예를 보자.

(39) a. Sam killed Harry.(샘은 해리를 죽였다.)
    b. Sam caused Harry to die.(샘은 해리를 죽게 했다.)
    c. Sam brought it about that Harry died.(샘은 해리를 죽게끔 했다.)

위의 세 문장은 동일하게 샘이 해리를 죽였다는 객관적으로 동일한 의미를 공유한다는 점에서 서로 동의적이다. 그렇지만 '죽이다'는 술어를 중심으로 샘과 해리의 거리 차이가 '죽임'이라는 행동의 직접성의 여부에서 차이를 일으킨다는 점에서 세 문장에 미묘한 의미 차이가 있음을 알 수 있다. (39a)에서는 인과관계가 아주 직접적이고, (39b)에서는 그것이 간접적이고, (39c)에서는 더 간접적이다.

다음은 형태의 양과 의미의 양 사이에 비례 관계가 있다고 하는 양의 원리에 기초해서 동의성의 양상을 살펴볼 것이다. Lakoff & Johnson (1980: 127)이 제시한 다음 예를 보자.

(40) a. He ran ran ran ran and ran.(그는 달리고 달리고 달렸다.)
    b. He ran.(그는 달렸다.)
(41) a. He is very very very tall.(그는 매우 매우 매우 키가 크다.)
    b. He is very tall.(그는 매우 키가 크다.)
(42) a. He is bi-i-i-ig!(그는 덩치가 크~~다.)
    b. He is big.(그는 덩치가 크다.)

위 각 쌍의 문장은 논리적으로 거의 동일한 의미를 전달한다. 예컨대, (41)에서 그의 키가 1미터 80센티미터일 때 어떤 사람은 그 사람의 키가 엄청나게 매우 크다고 생각할 수 있고 또 다른 사람은 그냥 매우 크다고 판단할 수 있을 것이다. 중요한 것은 그 사람의 키는 객관적으로는 동일하다는 것이다. 그렇지만 그것을 묘사하는 사람들의 주관적인 판단에 따라 각 표현은 서로 다른 미묘한 의미를 전달하는 것이다. 요컨대, 위의 각 문장에서 (a)가 (b)보다 더 많은 양의 언어의 형태를 가지고 있으므로 더 많은 양의 의미를 가질 것이다. 즉 (a)의 그는 (b)의 그보다 더 빨리 달리고, 키가 더 크고, 덩치가 더 크다는 것을 알 수 있다.

다음 예를 보자.

(43) a. This guy is getting on my nerves.(이 놈이 내 신경을 건드리고 있다.)
　　 b. This aggressively impertinent egghead is getting on my nerves. (이렇게 공격적으로 무례한 대머리가 내 신경을 건드리고 있다.)

위의 두 문장에서 각 주어가 동일한 사람을 지시한다는 점에서 그 두 문장은 동의적이지만, 주어 명사구의 양에서 서로 차이를 보이고 있다. 이런 차이는 언급되는 사람을 기술하기 위해 제공되는 정보의 양과 상응하며, 더 많은 양의 언어는 더 많은 양의 정보를 전달한다. 즉 (43a)는 그 사람에 대한 정보가 많지 않지만, (43b)는 그가 다소 공격적이고 무례하며 대머리라는 더 많은 정보를 전달하고 있다.

Givón(1990)은 언어의 양이 처리되는 정보의 중요성과 예측 가능성의 정도와 상응한다고 제안한다. 이것은 다음 문장을 통해 알 수 있다.

(44) a. On the Brighton train from Victoria I met her.(빅토리아에서 출발한 브라이튼 기차에서 나는 그녀를 만났다.)
　　 b. On the Brighton train from Victoria I met the girl from next door.(빅토리아에서 출발한 브라이튼 기차에서 나는 이웃집 소녀를 만났다.)
　　 c. Just imagine! Last night on the Brighton train from Victoria I

met this fair-haired, fragile, just unbelievably beautiful creature.(생각만이라도 해 보라! 어젯밤 빅토리아에서 출발한 브라이튼 기차에서 나는 금발이며 연약하고 믿을 수 없을 만큼 아름다운 이 피조물을 만났다.)

위의 모든 문장은 내가 어떤 여자를 기차에서 만났다는 동일한 상황을 묘사하고 있기 때문에 동의적이다. 그렇지만, (44a)에서 대명사 her는 단지 보통 언급된 사람이 특별히 중요하지 않거나 유명하지 않고 누구를 언급하는지 예측하기가 어려운 경우에 사용될 것이다. (44b)의 the girl from the next door는 더 큰 정도의 개념적 중요성과 더 높은 예측 가능성을 암시하며, 이런 예측 가능성은 (44c)에서는 한층 더 높다.

17.2.3. 동의성과 은유

이 절에서는 은유 및 인지모형에 기초해서 동의성의 양상을 살펴볼 것이다. 특히 화에 관한 개념적 은유들 중에서 '화는 그릇 속의 액체 열이다'라는 개념적 은유에서 실현되는 다양한 언어적 은유들 사이의 동의성 양상을 살펴볼 것이다. 이런 목적을 위해 액체 열의 인지모형을 먼저 제시하고 다음으로 화에 관한 언어적 은유들의 동의성 양상을 살펴볼 것이다.

17.2.3.1. 화 은유와 인지모형

Kövecses(1990: 53, 58, 59, 61, 62, 63, 65)에서는 추상적인 감정 개념인 화에 대해 다음과 같은 개념적 은유가 있다고 지적한다.

(45) a. '화는 그릇 속의 액체 열이다'
b. '화는 불이다'
c. '화는 정신병이다'

d. '화는 적수이다'
e. '화는 위험한 동물이다'
f. '화난 행동은 공격적인 동물 행동이다'
g. '화를 초래하는 것은 침입이다'
h. '화는 짐이다'

이 절에서 '화는 그릇 속의 액체 열이다'라는 개념적 은유에 논의를 국한해서 화와 관련된 언어적 은유들의 동의성에 관해 논의할 것이다.

'화는 그릇 속의 액체 열이다' 은유에 의하면 화라는 추상적인 감정 개념은 그릇 속에 들어있는 액체 열이라는 구체적인 개념에 의해 이해된다. 화와 관련된 언어적 은유들의 동의성에 관해서 논의할 때 액체 열의 인지모형에 근거를 둘 것이다. 그러기 위해 먼저 액체 열의 인지모형을 제시해야 한다. 그릇에 물을 넣고 끓이는 우리의 일상 경험은 그 인지모형에 대한 기초를 제공한다. 액체 열의 인지모형은 개략적으로 다음과 같이 나타낼 수 있다.

단계	사건 내용
준비 단계	a. 물이 담긴 그릇을 불 위에 올린다. b. 열이 그릇에 전달된다.
끓는 단계	a. 물이 미지근해진다. b. 물이 뜨거워진다. c. 물이 끓기 시작한다.
열/김 단계	a. 뜨거운 열이 올라온다. b. 그릇에서 김이 나온다.
통제 단계	열/김이 그릇 밖으로 나오질 않는다.
폭발 단계	a. 그릇이 폭발한다. b. 그릇의 부분이 공중으로 올라간다. c. 그릇 속에 있는 것이 밖으로 나온다.
식는 단계	a. 열이 잠잠해진다. b. 열이 식는다.

[그림 17.3] 액체 열의 인지모형

이와 같은 '화는 그릇 속의 액체 열이다'라는 개념적 은유에 대한 근원영역인 액체 열의 인지모형은 목표영역인 화로 부분적으로 사상되어 목표영역이 이해되고 체험된다. 준비 단계에서 그릇은 신체이며, 불은 화를 나게 하는 사람이나 상황이다. 끓는 단계에서 물이 미지근해지고 뜨거워지고 끓는 것은 화의 정도이다. 열/김 단계에서는 물이 끓을 때 열과 김이 생기는 것은 화가 생기는 상황이다. 통제 단계는 열과 김이 그릇 밖으로 나오지 않고 그릇 속에서 계속 쌓이는 것은 곧 화를 참고 억누르는 것이다. 폭발 단계에서 그릇이 폭발하는 것은 화를 내는 것이며, 그릇의 파편이나 끓는 물이 밖으로 나오는 것은 화난 사람이 난폭한 언행을 하는 것이며, 끓는 물이 주위 사람들에게 피해를 주는 것은 화난 사람의 난폭한 언행이 물리적으로나 감정적으로 피해를 주는 것이다. 식는 단계에서 적절한 조치를 취하는 것은 화를 나게 한 사람이 사과를 하거나 그런 상황이 우호적으로 바뀌는 것이다.

17.2.3.2. 동의성과 화 은유

이 절에서는 화 은유와 관련된 다양한 언어적 은유들 중에서 동의성을 보여 주는 패턴을 제시하고, 동의성을 보여 주는 일군의 언어적 은유들이 액체 열의 인지모형에서 동일한 특정 부분을 활용하고 있다는 점에서 동의적이라고 말할 수 있다고 주장할 것이다.

첫째, 다음의 언어적 은유를 고려해 보자.

(46) a. His pent-up anger *welled up* inside him.(울화가 그의 마음속에서 치밀어 올랐다.)
  b. She could feel her *gorge rising*.(그녀는 자기의 분노가 올라오는 것을 느낄 수 있었다.)
  c. We got a *rise* out of him.(우리는 그를 약 올렸다.)
  d. My anger kept *building up* inside me.(화가 내 속에서 계속 쌓여 올라가고 있다.)

e. Pretty soon I was in a *towering* rage.(곧 나는 화가 치 솟았다.)

　이 언어적 은유에서 이탤릭체로 된 부분은 모두 화에 대한 언어적 은유로서, 액체 열의 인지모형 중에서 '열/김 단계 (a)'를 활용해서 '화가 치솟는다'라는 것을 의미한다는 점에서 동의적이라고 말할 수 있다.
　둘째, 다음의 언어적 은유를 고려해 보자.

(47) a. She got all *steamed up*.(그녀는 완전히 화가 났다.)
　　 b. Billy's just *blowing off steam*.(빌리는 막 화를 발산시켰다.)
　　 c. I was *fuming*.(나는 성나 날뛰었다.)

　이 언어적 은유에서 이탤릭체로 된 부분은 모두 화에 대한 언어적 은유로서, 액체 열의 인지모형 중에서 '열/김 단계 (b)'를 활용해서 '몹시 화난 또는 몹시 흥분한'을 의미한다는 점에서 동의적이라고 말할 수 있다.
　셋째, 다음의 언어적 은유를 고려해 보자.

(48) a. I *suppressed* my anger.(나는 화를 억눌렀다.)
　　 b. He *turned* his anger *inward*.(그는 화를 안으로 돌렸다.)
　　 c. He managed to keep his anger *bottled up* inside him.(그는 그럭저럭 화를 속으로 억눌렀다.)
　　 d. He was *blue in the face*.(그는 노해서 얼굴이 파랗게 질렸다.)

　이 언어적 은유에서 이탤릭체로 된 부분은 모두 화에 대한 언어적 은유로서, 액체 열의 인지모형 중에서 '통제 단계'를 활용해서 '화를 억누르다'라는 것을 의미한다는 점에서 동의적이라고 말할 수 있다.
　넷째, 다음의 언어적 은유를 고려해 보자.

(49) a. When I told him, he just *exploded*.(내가 그에게 이야기했을 때, 그는 막 폭발했다.)

b. She *blew up* at me.(그녀는 나에게 화를 냈다.)
c. He won't tolerate any more of your *outbursts*.(그는 더 이상 내가 화내는 것을 참지 않을 것이다.)

이 언어적 은유에서 이탤릭체로 된 부분은 모두 화에 대한 언어적 은유로서, 액체 열의 인지모형 중에서 '폭발 단계 (a)'를 활용해서 '화를 내다'라는 것을 의미한다는 점에서 동의적이라고 말할 수 있다.

다음의 언어적 은유는 액체 열의 인지모형 중에서 '폭발 단계 (a)'를 더 정교하게 활용하고 있다. 즉 폭발의 개념으로 화를 이해할 때 구체적으로 어떤 것이 폭발하는지에 따라 다음과 같은 다양한 은유가 사용될 수 있다는 것이다.

(50) a. He *blew a gasket*.(그는 버럭 화를 내었다.)
b. She *erupted*.(그녀는 폭발했다.)
c. I *blew a fuse*.(나는 몹시 화났다.)
d. She's *on a short fuse*.(그녀는 화가 났다.)
e. That really *set* me *off*.(그것 때문에 나는 정말 화가 났다.)

(50a)는 피스톤이 터지는 것으로, (50b)는 화산이 폭발하는 것으로, (50c)는 전기의 퓨즈가 터지는 것으로, (50d)는 폭약이 터지는 것으로, (50e)는 폭탄이 터지는 것으로 그 양상이 정교화 되고 있지만, 모두 액체 열의 인지모형에서 폭발 단계 (a)를 활용하고 있다는 점에서 동의적이다.

다섯째, 다음의 언어적 은유를 고려해 보자.

(51) a. I *blew my stack*.(나는 발끈 화를 냈다.)
b. I *blew my top*.(나는 노발대발했다.)
c. She *flipped her lid*.(그녀는 발끈 화를 냈다.)
d. He *hit the ceiling*.(그는 몹시 성을 냈다.)
e. I *went through the roof*.(나는 화가 나서 길길이 뛰었다.)

이 언어적 은유에서 이탤릭체로 된 부분은 모두 화에 대한 언어적 은유로서, 액체 열의 인지모형 중에서 폭발 단계 (b)를 활용해서 '화를 발끈 내다'라는 것을 의미한다는 점에서 동의적이라고 말할 수 있다.

여섯째, 다음의 언어적 은유를 고려해 보자.

(52) a. His anger finally *came out.*(그는 마침내 화를 표출했다.)
　　 b. Smoke was *pouring out of his ears.*(연기가 그의 귀에서 쏟아지고 있었다.)

이 언어적 은유에서 이탤릭체로 된 부분은 모두 화에 대한 언어적 은유로서, 액체 열의 인지모형 중에서 '폭발 단계 (c)'를 활용해서 '화를 내다'라는 것을 의미한다는 점에서 동의적이라고 말할 수 있다.

일곱째, 다음의 언어적 은유를 고려해 보자.

(53) a. Keep *calm.*(화를 가라앉히다.)
　　 b. Keep *cool.*(화가 식다.)

위의 두 표현은 액체 열의 인지모형 중에서 식는 단계를 선택해서 화에 관한 추상적인 목표영역으로 사상을 해서 이해되는 은유이다. 물론 세부적으로 (53a)는 '식는 단계 (a)'를 활용하고, (53b)는 '식는 단계 (b)'를 활용한다는 점에서 차이가 나지만, 그 두 표현이 액체 열의 인지모형 중에서 동일한 식는 단계를 이용한다는 점에서 동의적이라고 말할 수 있으며, 둘 다 화를 가라앉힌다는 것을 의미한다.

이 장에서는 동의성의 유형을 세 가지로 나누어 그 성격을 먼저 규명했다. 다음으로, 동일한 상황을 묘사한다는 점에서 동의적인 것으로 간주되지만, 미묘한 의미 차이를 보이는 동의성의 양상을 세 가지로 나누어 살펴보았다. 첫째는 Talmy의 영상 체계인 구조적 도식화, 원근법 배치, 주의 배분이라는 과정에서 나타나는 동의성의 양상이다. 두 번째는 형태가 의미를 반영한다는 도상성 현상에서 나타나는 동의성 양상이다. 세 번째는 '화는 그릇 속의 액체 열이다'라는 개념적 은유에서 실현되는 다양한 언어적 은유들이 액체 열의 인지모형에서 동일한 특정 부분을 활용해서 동이적이게 되는 동의성 양상이다.

제7부 구문 의미

- 제18장 상승 구문
- 제19장 사역이동 구문

제18장 상승 구문

18.1. 목적어 상승 구문
18.2. 주어 상승 구문

인지언어학에서 구문(construction)이란 구성 요소들과 독립적으로 의미를 가지는 언어 표현을 말한다. 여기서 말하는 구문은 "만약 C가 F_i의 어떤 양상이나 S_i의 어떤 양상이 C의 구성 요소들이나 이전에 성립된 다른 구문들로부터 엄격하게 예측될 수 없는 형태 의미 쌍 〈F_i, S_i〉이면, C는 구문이다"는 Goldberg(1995: 4)의 구문에 대한 정의에 근거한다. 구문에 대한 이런 정의는 특정 언어 표현의 전체 의미가 구성 요소들의 의미 및 구성 요소들의 결합 방식에서 도출된다는 의미의 합성성 원리와 대립된다. 오히려, 문장의 의미는 그 문장에 있는 낱말들의 의미와 구문 고유의 속성에 의해 결정된다. 이 장과 다음 장에서 다룰 상승 구문(raising construction)과 사역이동 구문(caused-motion construction)에 대한 인지언어학적 분석을 통해서 구문 그 자체가 구문에서 발생하는 낱말들이 가지는 의미들과는 다소 독립적인 의미를 가지고 있다는 결론을 내릴 수 있을 것이다.

    상승 구문은 생성문법에서 다양한 변형규칙, 특히 상승 규칙을 정당화하기 위해 소개한 것이다. 생성문법에서는 심층구조와 표층구조 사이에 어떤 관계가 있음을 증명하기 위해 다양한 변형규칙을 제시했다. 결국 생성문법에서는 심층구조와 표층구조가 서로 다른 것처럼 보이지만 특정한 변형규칙에 의해 그 둘이 연결되기 때문에 의미는 동일한 것으로 처리한다. 그러나 인지언어학에서는 형태가 다르면 의미가 다르다는 도상성의 원리를 받아들이고 있기 때문에, 생성문법에서 가정하고 있는 심층구조와 표층구조의 의미가 동일하다는 입장을 받아들이지 않는다. 따라서 인지언어학에서는 상승 구문과 비상승 구문의 의미가 동일한 것이 아니라 그 자체 특유한 의미를 가진 것으로 간주하고, 그 의미 차이를 윤곽부여라는 개념으로 설명한다. 다음에서는 목적어 상승 구문과 주어 상승 구문을 차례로 살펴볼 것이다.

18.1. 목적어 상승 구문

먼저, 다음 문장을 고려해 보자.

(1) a. To solve the crossword is difficult.(십자말풀이를 푸는 것은 어렵다.)
b. The crossword is difficult to solve.(십자말풀이는 풀기가 어렵다.)

통사적으로 볼 때 (1a)는 절 주어(To solve the crossword)와 술어(is difficult)로 이루어져 있다. (1a)는 difficult가 과정 'to solve the crossword'에 대해 단언된다는 것으로 해석할 수 있다. 즉 to 부정사 자체가 문장의 주어가 되어서 그 내용이 어렵다는 의미가 자연스럽게 나온다. 어렵다는 것은 어떤 사물이 어렵다는 것이 아니라 동사의 속성을 가진 과정이 어렵다는 것을 의미한다. 따라서 to 부정사는 준동사로서 과정의 속성을 가지고 있기 때문에 is difficult의 주어로서 충분한 자격이 있는 것이다.

그러나 문장 (1b)에서 주어는 절이 아니라 명사구인 the crossword이다. 의미적인 관점에서 볼 때 자질 difficult는 일반적으로 명사구의 지시물에 적용될 수 없다. 즉 어떤 구체적인 사물이 어렵다는 것은 뜻이 통하지 않는다. 예컨대, This hypotenuse is difficult(이 빗변은 어렵다)

나 That chair is difficult(그 의자는 어렵다)와 같은 문장은 해석이 되지 않는다는 점에서 의미가 이상한 것으로 처리된다. (1a)와 (1b) 사이의 통사적 차이에도 불구하고, 그 두 문장은 거의 동일하게 해석된다. 즉, (1b)는 십자말풀이를 푸는 과정이 어렵다는 것으로 해석된다.

생성문법에서는 (1b)와 같은 문장의 경우에 종속절의 목적어를 주절의 주어 위치로 상승시키는 이동 규칙을 가정한다. 이것은 심층구조와 표층구조라는 두 가지 층위의 구조를 가정하는데, 심층구조에서 표층구조로의 도출 과정을 나타내면 다음과 같다(Lee 2002: 79 참조).

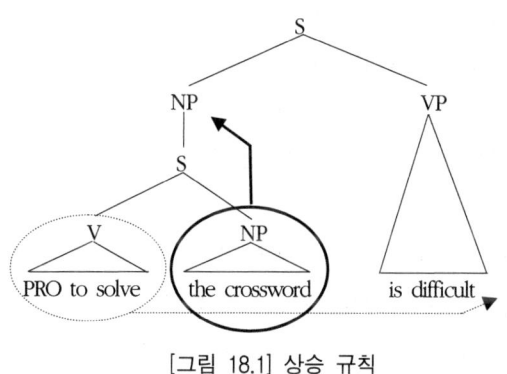

[그림 18.1] 상승 규칙

위의 그림은 심층구조에 상승 규칙이 적용되어 표층구조가 도출되는 과정을 나타내고 있다. 생성문법에서는 의미에 관한 모든 정보가 심층구조에 들어 있으며 상승 규칙은 의미를 바꾸지 않기 때문에, 상승 규칙이 적용되어 도출되는 표층구조의 의미는 심층구조에 근거한다. 따라서 그 두 구조의 의미는 동일한 것으로 간주된다.

그러나 인지언어학에서는 생성문법과 다르게 (1a)와 (1b) 사이에 의미 차이가 있는 것으로 가정한다. 인지언어학에서는 이 두 문장 모두 십자말풀이를 푸는 과정에 속성 difficult를 부여하기 때문에 그 두 문장이 다음과 같은 동일한 인지적 구조를 공유한다고 제안한다(Lee 2002: 79).

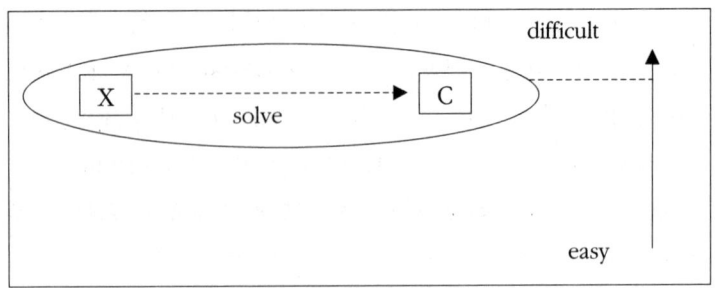

[그림 18.2] 목적어 상승 구문과 비상승 구문에 대한 공통 모형

이 그림에서 X는 임의의 사람인 탄도체이고 C는 십자말풀이인 지표를 가리키고, 그 둘을 연결하는 화살표는 X가 C를 푸는 과정(X ⇢ C)을 나타낸다. 오른쪽에 있는 위로 향한 화살표는 하단에 있는 쉬움에서 상단에 있는 어려움이라는 어려움의 정도를 나타내고 있는 척도이다. 임의의 사람이 십자말풀이를 푸는 과정 그 자체가 이런 어려움의 척도에서 상위 끝을 향해 있다.

이런 인지적 구조에서 (1a)의 경우에는 X가 C를 푸는 과정인 X ⇢ C가 윤곽부여 되는 반면, (1b)에서는 그 과정의 지표가 윤곽부여 되고 과정 그 자체는 윤곽부여 되지 않아서 배경화 된다. 이처럼 (1a)와 (1b)는 동일한 상황을 묘사하고 있지만 윤곽부여에서 차이가 난다는 것을 알 수 있다. 윤곽부여에서 차이가 난다는 것은 의미 차이가 난다는 것을 시사한다. 이와 같은 대조는 [그림 18.3]과 [그림 18.4]로 증명된다. 이 그림에서 굵은 원은 윤곽부여, 즉 전경화를 나타내고 점선 원은 배경화를 나타낸다(Lee 2002: 80).

이와 같은 목적어 상승 구문을 설명하는 생성문법과 인지언어학 사이의 차이는 생성문법은 상승 이동이라는 변형 규칙을 가정하는 반면 인지적 분석은 구문마다 윤곽부여가 서로 다르게 이루어진다는 것이다. 따라서 생성문법에서 목적어 상승 구문을 순수한 통사적 현상으로 처리하는 반면, 인지언어학에서는 인지과정으로 처리된다.

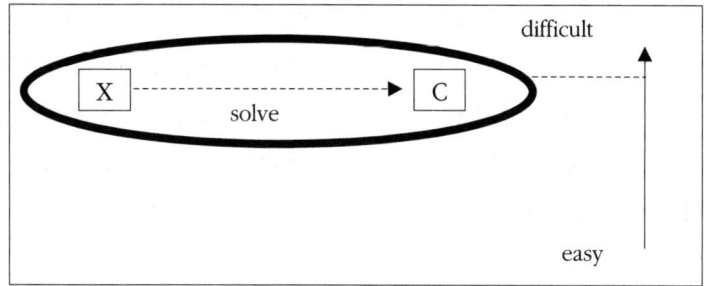

[그림 18.3] 비상승 구문의 모형

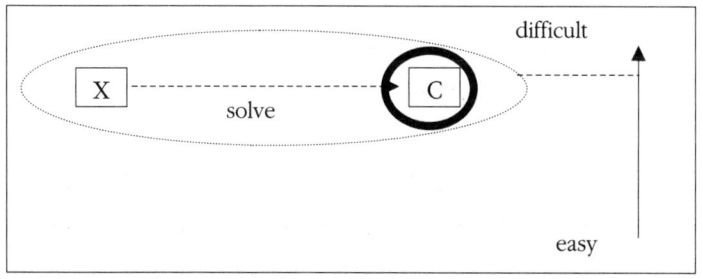

[그림 18.4] 목적어 상승 구문의 모형

지금까지의 인지언어학적인 관점에서 비상승 구문(1a)과 목적어 상승 구문(1b)의 차이에 관한 설명을 통해서, 수동자의 역할이 과정의 특징에 특별히 적절하지 않는 경우에는 비상승 구문이 목적어 상승 구문보다 더 적절하다고 예측할 수 있다. 예컨대, 다음 두 구문을 비교해 보자.

(2) a. The violin is nice to play quietly.(바이올린은 조용히 연주하는 것이 좋다.)
 b. Playing the violin quietly is nice.(바이올린을 조용히 연주하는 것은 좋다.)

만약 바이올린을 조용히 연주하는 것이 유쾌한 일이라는 생각을 표현하고 싶다면, (2a)와 같은 목적어 상승 구문보다 (2b)와 같은 비상승 구문이 더 적절할 것이다. 왜냐하면 특정한 바이올린의 특징은 그것을 조용히 연주하는 것이 유쾌한지에 관한 질문과 관련이 없기 때문이다. 반면에, 만약 바이올린의 특정한 자질 때문에 그것이 연주하기에 특별히 좋은 악기가 된다면, 목적어 상승 구문으로 바이올린에 윤곽부여 하는 것이 더 자연스럽게 된다.

또 다른 다음 예를 보자.

(3) a. Friends are nice to chat to in the pub.(친구들은 술집에서 담소를 나누기가 좋다.)
    b. Chatting with friends in the pub is nice.(친구들과 술집에서 담소를 나누는 것은 좋다.)

마찬가지로, 만약 내가 술집에서 친구와 잡담하는 과정이 시간을 보내기에 즐거운 방법이라고 말하고 싶다면, 목적어 상승 구문인 (3a)라기보다는 비상승 구문인 (3b)를 사용하는 것이 더 적절하다.

목적어 상승 구문에 대한 이런 인지언어학적인 분석이 정확하다면, 수동자의 전경화 및 과정의 배경화를 포함하는 다른 구조를 영어에서 쉽게 발견할 수 있을 것이다. 다음이 적절한 경우들이다.

(4) a. This crossword is difficult.(이 십자말풀이는 어렵다.)
    b. This book is difficult.(이 책은 어렵다.)
    c. This operation is difficult.(이 수술은 어렵다.)

이 예에서 배경화는 (1b)에서보다 한층 더 강한데, 왜냐하면 과정의 명시적 지시가 완전히 제거되었기 때문이다. 이것이 (4a)에서 가능한데, 왜냐하면 십자말풀이와 밀접하게 연상되는 특별한 활동, 즉 그것을 푸는 활동이 있으므로 이 과정을 명시적으로 언급할 필요가 없기 때문이다. (4b)와 (4c)도 유사하게 설명할 수 있다. 이런 문장들은 (1b)에서 예중한 목적어 상승 구문과 동일한 방식으로 해석된다. 즉, 주어가 명사구이지만 그 술어는 명사구 실체가 아니라 과정에 적용되는 것으로 간주된다.

이런 주장은 다음과 같은 명사구가 존재한다는 사실에 의해 뒷받침된다.

(5) a. a difficult problem(어려운 문제)
    b. a difficult period(어려운 시기)
    c. a difficult request(어려운 요청)
    d. an easy child(쉬운 아이)
    e. an impossible task(불가능한 임무)

이런 명사구에서 어렵다거나 쉽다거나 불가능하다는 속성은 그와 같은 명사 지시물이 아니라 이해되는 과정에 적용된다.

18.2. 주어 상승 구문

주어 상승 구문은 (6a)로 예증되는데, 이것은 비상승 구문인 (6b)와 대조된다.

(6) a. John is likely to win.(존이 이길 것 같다.)
    b. That John will win is likely.(존이 이길 것 같다.)

속성 likely가 보통 상황에 단언된다고 한다면, 문장 (6b)는 영어 문법의 일반적인 규칙으로 쉽게 해석할 수 있다. 문장의 주어가 That John will win으로 표명되는 상황을 나타내기 때문에 이 조건은 (6b)에서 충족된다. 반면에 예 (6a)는 문제가 있는데, 왜냐하면 이 경우에 문장의 주어 John은 명사구 실체를 지시하기 때문이다. 명사구 실체는 be likely의 주어로 간주될 수 없기 때문에, 여기에서 존의 승리가 가능하다는 적절한 해석을 생산하는 데 특별한 해석 규칙이 필요하게 된다.

주어 상승 구문에 대해서도 목적어 상승 구문에서 제시한 유사한 해결책이 적용된다. (6a)와 (6b) 둘 다는 다음과 같은 인지적 구조를 공유한다(Lee 2002: 83).

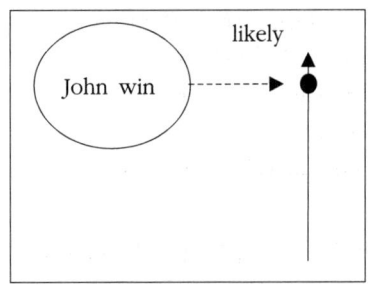

[그림 18.5] 주어 상승 구문과 비상승 구문의 공통 모형

이런 동일한 인지적 구조에 기초해서 주어 상승 구문과 비상승 구문 사이의 차이는 윤곽부여 및 배경화라는 인지과정으로 설명할 수 있다. 이것을 그림으로 나타내면 다음과 같다(Lee 2002: 83 참조).

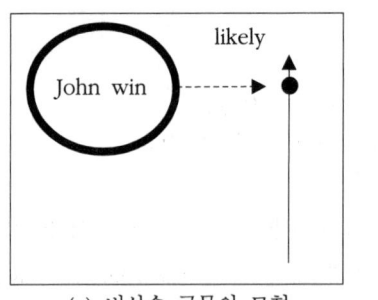 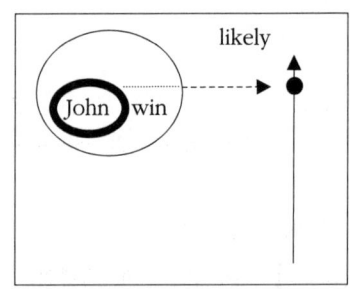

(a) 비상승 구문의 모형   (b) 주어 상승 구문의 모형

[그림 18.6] 비상승 구문과 주어 상승 구문의 모형

주어 상승 구문에 대한 이와 같은 분석을 뒷받침해 주는 증거를 다음과 같은 명사구에서 찾아볼 수 있다.

(7) a. a likely prime minister(유망한 국무총리)
    b. a likely candidate(유망한 후보)

만약 내가 어떤 사람을 a likely prime minister로 묘사한다면, 형용사 likely는 tall과 같은 형용사와는 달리 prime minister의 개념에 적용되지 않는다. a tall prime minster는 a prime minister who is tall이지만, a likely prime minister는 a prime minister who is likely가 아니다. 오히려 likely는 누군가가 국무총리가 되는 과정에 적용된다. 마찬가지로, 만약 내가 존을 a likely candidate로 지시한다면 나는 그가 후보가 될 것 같다는 것을 의미할 수 있으며, 만약 그가 이미 후보이면 그가 승리할 것 같다는 것을 의미할 수 있다. 두 경우에, 있음직한 것으로 간주되는 것은 과정이지만 과정의 지표만이 언어로 부호화되어 있다.

요컨대, 생성문법에서는 상승 구문과 비상승 구문 사이의 관계를 변형 규칙으로 설명하며, 변형규칙은 심층구조의 의미를 바꾸지 않는다는 의미보존 가설을 받아들이고 있기 때문에 그 두 구문의 의미가 동일한 것으로 받아들인다. 반면, 이 장에서는 상승 구문과 비상승 구문이 동일한 인지적 구조를 공유하고 있지만 윤곽부여에서 서로 차이가 나며, 윤곽부여의 차이는 결국 의미 차이로 이어진다는 결론을 내린다.

제19장 사역이동 구문

19.1. 사역이동 구문의 정의
19.2. 사역이동 구문의 사용 조건
19.3. 사역이동 구문의 의미구성

이 장에서는 사역이동 구문(caused-motion construction)의 정의, 그 사용 조건 및 사역이동 구문의 의미구성을 논의할 것이다. 사역이동 구문이란 행위자가 특정 행동을 해서 수동자가 특정 방향으로 이동하도록 하는 'NP$_1$ V NP$_2$ PP'와 같은 통사구조를 가진 구문을 말한다. Jack threw the napkin off the table과 같은 예가 가장 전형적인 사역이동 구문이다. 여기서 사용되는 동사에는 수동자를 이동하게 하는 사역의 힘이 있으며, 그 힘을 받은 수동자가 이동하게 된다. 문제는 사역의 의미가 없는 동사들이 사역이동 구문의 동사 자리를 차지하고 있으면서, 전형적인 사역이동 구문과 동일한 의미구조를 가지는 독특한 사역이동 구문이 존재한다는 것이다. Frank sneezed the napkin off the table이 그 예이다. 동사 throw가 사용되는 전자의 예는 원형적 사역이동 구문이고, 동사 sneeze가 사용되는 후자의 예는 비원형적 사역이동 구문이다. 여기에서는 주로 비원형적 사역이동 구문의 의미구성 방식을 개념적 혼성 이론으로 설명하고자 한다.

19.1. 사역이동 구문의 정의

사역이동 구문은 행위자가 특정 행동을 해서 수동자가 특정 방향으로 이동하도록 하는 'NP$_1$ V NP$_2$ PP'와 같은 통사적 구조를 가진 구문을 말한다. 동사는 NP$_1$의 지시물이 수행하는 행동을 나타내며, 그 행동은 NP$_2$가 지시하는 실체가 PP가 나타내는 경로를 따르도록 초래한다. 다음이 그 예이다.

(1) a. We ordered them out of the house.(우리는 그들에게 명령해서 집에서 나가도록 했다.)
   b. We forced them out of the house.(우리는 그들에게 강요해서 집에서 나가도록 했다.)

(1)과 같은 사역이동 구문은 (2)와 같은 부정사 구문과 밀접한 관계가 있는 것처럼 보인다.

(2) a. We ordered them to go out of the house.(우리는 그들이 집에서 나가도록 명령했다.)
   b. We forced them to go out of the house.(우리는 그들이 집에서 나가도록 강요했다.)

다음에서 볼 수 있듯이, order, force, coax, ask, invite, beckon, urge, allow, let과 같은 동사는 사역이동 구문과 부정사 구문 둘 다에서 나타날 수 있다.

(3) a. We coaxed/asked/invited/beckoned/urged/allowed him to go out of the house.(우리는 그를 구슬려서/요청해서/권해서/유인해서/재촉해서/허용해서 집에서 나가도록 했다.)
   b. We coaxed/asked/invited/beckoned/urged/allowed him out of the house.(우리는 그가 집에서 나가도록 구슬렸다/요청했다/권했

다/유인했다/재촉했다/허용했다.)

그러나 instruct, tell, advise, beg, convince, persuade와 같은 동사는 부정사 구문에서만 나타난다. 다음 예를 참조해 보자.

(4) a. We instructed/told/advised/begged/convinced/persuaded him to go out of the house.(우리는 그에게 지시하고/말하고/충고하고/간청하고/납득시키고/설득해서 집에서 나가도록 했다.)
   b. *We instructed/told/advised/begged/convinced/persuaded him out of the house.(*우리는 그가 집에서 나가도록 지시했다/말했다/충고했다/간청했다/납득시켰다/설득했다.)

그리고 lure는 사역이동 구문에서만 나타난다. 다음 예를 참조해 보자.

(5) a. *She lured him to go out of the house.(*그녀는 그를 유혹해서 집에서 나가도록 했다.)
   b. She lured him out of the house.(그녀는 그가 집에서 나가도록 유혹했다.)

외관상 볼 때 사역이동 구문과 부정사 구문의 이런 분포는 자의적이며, 그런 분포는 문법의 문제임을 암시하는 것처럼 보인다. 따라서 영어 화자들은 이런 것들을 특정한 동사의 자의적인 자질로 학습해야 하는 것으로 생각할 것이다.

그러나 이런 입장으로 설명되지 않는 몇 가지 언어 현상이 있다. 예컨대, let은 보통 사역이동 구문에서는 아주 만족스럽게 나타나지만 부가어를 첨가하면 때때로 자연스럽지 못하게 된다.

(6) a. She let Bill into the room.(그녀는 빌을 방으로 들어가게 했다.)
    b. ?She let Bill into the room by leaving the door open.(?그녀는 문을 열어 둠으로써 빌이 방으로 들어가게 했다.)

유사한 문제가 다음 쌍에서도 발생한다.

(7) a. He nudged the ball into the hole.(그는 공을 슬쩍 밀어서 구멍으로 들어가게 했다.)
    b. ?He nudged the ball down the hill.(?그는 공을 슬쩍 밀어서 언덕 아래로 내려가게 했다.)
(8) a. John broke the eggs into the dish.(존은 달걀을 접시 안으로 깨뜨려 넣었다.)
    b. ?John broke the eggs onto the floor.(?존은 달걀을 마루 위로 깨뜨려 올렸다.)

사역이동 구문과 부정사 구문의 분포 패턴을 자의적이고 문법적인 현상으로 다루게 되면, 각 문장에서 (a)는 자연스럽지만 (b)는 의미가 이상하다는 사실을 설명할 수 없게 된다.

특히, sneeze 및 laugh와 같은 동사는 자동사로 분류되기 때문에 직접목적어가 있는 사역이동 구문에서 나타날 수 없다. 그러나 사실상, Goldberg(1995: 54-5)가 지적했듯이 다음과 같은 예를 빈번히 접할 수 있다.

(9) a. Sue sneezed the napkin off the table.(수가 재채기해서 냅킨이 탁자에서 떨어졌다.)
    b. They laughed the poor guy out of the room.(그들이 웃어서 그 불쌍한 녀석은 방에서 나갔다.)

유사하게, wash와 같은 타동사가 (10a)와 같은 사역이동 구문에서는 자연스럽지만, (10b)과 같은 평범한 타동 구문에서는 수용되지 않는 것처럼 보인다.

>(10) a. He washed the soap out of his eyes.(그는 비누를 눈에서 씻었다.)
>   b. ?He washed the soap.(?그는 비누를 씻었다.)

지금까지의 자료를 통해 사역이동 구문과 부정사 구문 사이에 미묘한 의미 차이가 있음을 알 수 있다. 인지언어학에서는 사역이동 구문의 의미 자체가 어떤 동사가 그 구조에서 나타나며 어떤 상황에서 나타날 수 있는지를 결정한다는 가설을 제시한다.

19.2. 사역이동 구문의 사용 조건

사역이동 구문의 경우 행위자는 수동자가 경로를 따라 이동하도록 초래한다. 어떤 동사가 사역이동 구문에서 사용되기 위해서 그 동사는 이동이 발생하도록 초래하는 잠재력을 가지고 있는 과정을 언급해야 한다는 기본 조건을 충족시켜야 한다. 이 절에서는 사역이동 구문에서 사용되는 동사의 선택을 지배하는 몇 가지 조건을 살펴볼 것이다.
 첫째, 이동의 경로는 사역의 힘에 의해 전적으로 결정되어야 한다. 이 조건은 다음과 같은 두 문장의 차이를 설명해 준다.

>(11) a. He nudged the ball into the hole.(그는 공을 슬쩍 밀어서 구멍으로 들어가게 했다.)
>   b. ?He nudged the ball down the hill.(?그는 공을 슬쩍 밀어서 언덕 아래로 내려가게 했다.)

(11a)에서 슬쩍 미는 행동은 공이 구멍으로 들어가도록 하기에 충분하기 때문에, 그 행동은 공이 구멍으로 들어가는 과정에 현저한 역할을 한

다. 즉, 공이 구멍으로 들어가도록 하는 과정이 사역의 힘이 있는 슬쩍 미는 행동에 의해 전적으로 결정된다는 것이다. 반면에, (11b)에서는 공이 언덕 아래로 굴러 내려가도록 하는 데 슬쩍 미는 행동이 그다지 큰 역할을 하지 않는다. 즉, 공이 언덕 아래로 내려가는 이동의 경로는 슬쩍 미는 행동에 의해 전적으로 결정되는 것이 아니라 중력이라는 자연법칙에 의해서 결정되는 것이 일반적이다.

둘째, 초래하는 사건과 그에 수반되는 이동 사이를 중재할 수 없을 만큼 수동자의 결정력이 부족해야 한다. 이 조건은 왜 order, force, invite, lure, frighten과 같은 동사는 사역이동 구문에서 나타나는 반면, instruct, tell, advise, convince, persuade, plead, beg는 사역이동 구문에서 나타날 수 없는지를 설명해 준다. 명령을 받는 수동자는 명령을 수행할 때 그 명령에 복종할지의 여부를 고민하는 인지적 활동을 한다. 그렇지만 대부분의 경우에 명령 그 자체는 명령 수행의 직접적인 원인으로 해석된다. 명령에 대한 원형적 틀은 군대 문맥으로서, 그런 문맥에서 명령은 의문의 여지없이 복종해야 하는 것으로 생각된다. 반면에, instruct, tell, advise, convince, persuade, plead, beg와 같은 경우에는 수동자가 해당 과정에 더 많이 참여하기 때문에, 이런 동사들은 사역이동 구문에서 나타나지 않는다.

셋째, 원인 제공자는 도구격이 아니라 살아 있는 행위자나 자연력이어야 한다. 다음에서 보듯이, 도구격이 타동 문장에서 주어가 될 수 있는 것은 일반적인 현상이다.

(12) a. The hammer broke the vase.(망치가 꽃병을 깨뜨렸다.)
　　　 b. His cane helped him to move around.(그의 지팡이는 그가 다닐 수 있도록 도왔다.)

그러나 도구격은 사역이동 구문에서는 주어 위치에 나타나지 못한다.

(13) a. *The hammer broke the vase into pieces.
    b. John broke the vase into pieces.(존은 꽃병을 산산조각 냈다.)
(14) a. *His cane helped him into the car.
    b. Sue helped him into the car.(수는 그가 자동차 안으로 들어가도록 도왔다.)

이 조건 역시 주어는 이동의 직접적인 원인 제공자로 해석될 수 있어야 한다는 더 일반적인 조건을 반영하는 것으로 간주될 수 있다.

넷째, 어떤 행동이 관습적으로 수행되고 이동을 초래하고자 하는 의도를 가지고 수행되는 경우에는, 만약 동사가 이동을 포함하는 상태 변화를 지시한다면 사역이동 구문이 사용될 수 있다. 이 조건은 다음과 같은 두 문장의 차이를 설명해 준다.

(15) a. John broke the eggs into the dish.(존은 달걀을 접시 안으로 깨뜨렸다.)
    b. *John broke the eggs onto the floor.(*존은 달걀을 마루 위로 깨뜨렸다.)

(15b)가 수용되지 않는 이유는 존이 달걀을 바닥에 떨어뜨릴 의도가 없었기 때문이다.

관습성의 기준은 다음과 같은 문장의 차이를 설명해 준다.

(16) a. The company flew me to London for an interview.(회사 측에서 인터뷰를 위해 나를 런던으로 날려 보냈다.)
    b. ?Mom flew me to London for a holiday.(?엄마가 휴가를 위해 나를 런던으로 날려 보냈다.)

회사 측에서 인터뷰를 하기 위해 사람을 데리고 올 때 비행기표를 사 주는 것은 관습적인 시나리오이다. 어머니가 자식을 휴가 보내주기 위해 비행기표를 사 주는 시나리오는 특이하다.

다섯째, 동사가 나타내는 행동은 이동이 아닌 다른 효과를 암시할 수 없다. 이 조건은 만약 샘이 팜을 쏘고 그녀가 방에 내동댕이쳐진다면 이 사건을 기술하기 위해 사역이동 구문을 사용하는 것은 부자연스러울 것이라는 사실을 설명해 준다.

(17) ?Sam shot Pam across the room.(?샘은 팜을 쏘아서 그녀가 방에 내동댕이쳐졌다.)

이것은 이동 외의 다른 효과가 쏘는 행동에 의해 강하게 암시되기 때문이다.

이 조건은 또한 hit, strike, clobber와 같은 동사가 만약 수동자가 무생물이라면 사역이동 구문에 아주 만족스럽게 나타나지만 수동자가 유생물이라면 자연스럽지 않은 다음과 같은 차이를 설명해 준다.

(18) a. He hit/struck/clobbered the ball to the boundary.(그는 공을 경계선 쪽으로 때렸다/쳤다/사정없이 쳤다.)
b. ?He hit/struck/clobbered me to the ground.(?그는 나를 땅바닥으로 때렸다/쳤다/사정없이 쳤다.)

만약 hit, strike, clobber가 환기시키는 과정이 인간에게 가해지는 것이라면, 이동뿐만 아니라 고통도 이런 과정으로부터 초래될 수 있기 때문에 (18b)는 (18a)보다 자연스럽지 못한 것으로 판단된다.

19.3. 사역이동 구문의 의미구성

이 절에서는 사역이동 구문의 의미구성 방식을 개념적 혼성 이론으로 다루어 보고자 한다. 사역이동 구문은 다음과 같은 통사적 구조와 개념적 구조¹)를 가지고 있다.

(19) a. NP₁   V   NP₂   PP(통사적 구조)
     a   d   b   c
  b. [[a ACTS] CAUSES [b MOVE to c]](개념적 구조)

즉, 행위자 NP₁(a)가 어떤 행동 V(d)를 함으로써 수동자 NP₂(b)가 특정 경로 PP(c)를 따라 이동하도록 하는 것이 사역이동 구문의 개념적 구조이다.

사역이동 구문의 이런 구조는 인지언어학의 많은 연구에서 문법 구문을 형태와 의미의 쌍으로 간주하는 입장과 유사하다. Fauconnier & Turner(1996)는 문법 구문을 개념적 통합 망과 동일한 것으로 간주한다. 이때 사역이동 구문의 통사적 구조는 입력공간₁이 되고, 개념적 구조는 입력공간₂가 된다. 이것을 그림으로 나타내면 다음과 같다.

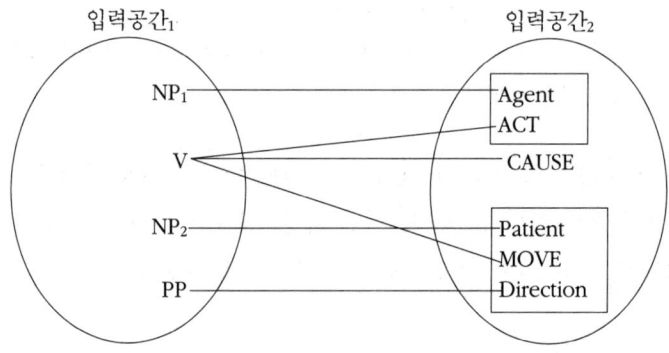

[그림 19.1] 사역이동 구문의 의미구성을 위한 공간횡단 사상²)

---

1) Fauconnier & Turner(1998)는 사역이동 구문의 개념적 구조를 도식 시나리오 (schematic scenario)라고 부른다.
2) 입력공간에 있는 네모는 하나의 사건을 표시하는 기호로 사용된다. 즉, 네모 안에 들어 있는 [Agent], [ACT]는 행위자가 어떤 행동을 하는 사건을 뜻하며, 네모 안에 들어 있는 [Patient], [MOVE], [Direction]은 수동자가 어떤 방향으로 이동하

통사적 구조를 구조화해서 구축된 입력공간$_1$의 [NP$_1$], [NP$_2$], [PP]와 개념적 구조를 구조화해서 구축된 입력공간$_2$의 [Agent], [Patient], [Direction]이 각각 공간횡단 사상된다. 이 그림에서 [V]는 [ACT], [CAUSE], [MOVE] 모두와 사상되어 있는데, 이것은 [V]의 사상 방식이 크게 네 가지임을 암시한다. 첫 번째는 [V]가 [ACT], [CAUSE], [MOVE] 모두와 사상되는 방식인데, 이것은 원형적 사역이동 구문의 경우이다. 두 번째는 [V]가 [ACT]와 사상되는 방식이고, 세 번째는 [V]가 [CAUSE]와 사상되는 방식이고, 네 번째는 [V]가 [MOVE]와 사상되는 방식인데, 이 세 가지 방식은 비원형적 사역이동 구문의 경우이다.3)

John throws the ball to Susan(존은 공을 수잔에게 던진다)과 같은 가장 원형적인 사역이동 구문은 행위자의 행위, 사물의 이동, 둘 사이의 사역적 연결을 다 포함하고 있다는 점에서, 원형적 사역이동 구문의 경우에 [V]는 [ACT], [CAUSE], [MOVE] 모두에 사상된다. 이것은 [그림 19.2]와 같은 개념적 통합 망으로 나타낼 수 있다.

John throws the ball to Susan과 같은 원형적 사역이동 구문에 사용되는 동사 throw에는 사역이동의 의미를 표현하는 개념인 [ACT], [CAUSE], [MOVE]가 모두 융합되어 있다. 이것은 [ACT], [CAUSE], [MOVE]가 모두 [V]와 사상되며, 이 세 요소가 throw라는 하나의 동사로 실현되고 있음을 보여 준다.

그러나 비원형적 사역이동 구문의 경우에는 입력공간$_1$에 있는 [V]가 입력공간$_2$의 [ACT], [CAUSE], [MOVE] 중 하나에 사상된다.4) 이것은 영어에 세 가지 유형의 비원형적 사역이동 구문이 있음을 암시한다. 이 세

는 사건을 뜻한다.
3) 사역이동 구문의 경우에, [V]가 [ACT], [CAUSE]와 사상되는 경우나, [V]가 [ACT], [MOVE]와 사상되는 경우, [V]가 [CAUSE], [MOVE]가 사상되는 경우와 같이 [V]가 두 가지 성분과 사상되는 경우는 없다.
4) 그 이유는 [V]가 사건에 참여하는 세 가지 요소인 [ACT], [CAUSE], [MOVE]와 각각 적절한 자질을 공유하기 때문이다.

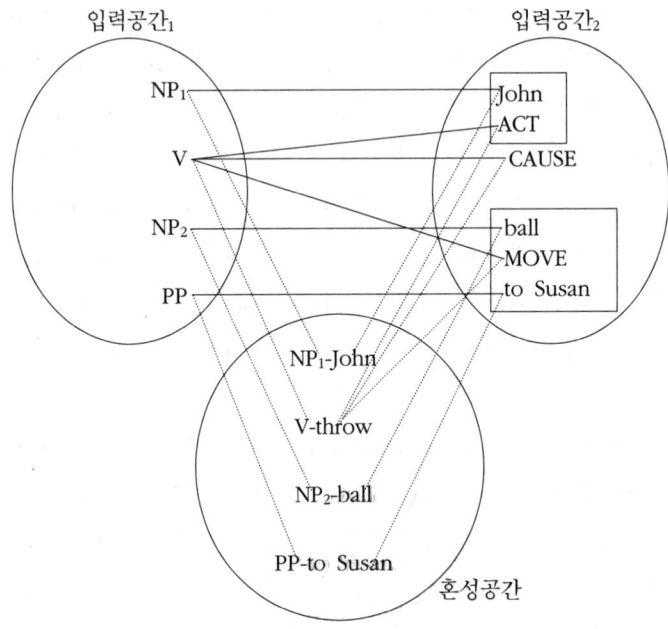

[그림 19.2] John throws the ball to Susan의 의미구성을 위한 개념적 통합 망

구조는 모두 입력공간₁에서 통사적 구조를 계승하고 입력공간₂에서 개념적 구조를 계승한다. 물론 혼성공간은 두 입력공간의 합 이상이다. 혼성공간에는 입력공간에 없는 그 자체로서 독립적인 발현구조가 있는데, 그 발현구조에서 사역이동 구문의 통사적 구조와 개념적 구조가 동전의 양면처럼 하나로 통합되어 있다.

먼저, 다음과 같은 [[a **ACTS**] CAUSES [b MOVE to c]]의 개념적 구조를 가진 첫 번째 유형의 비원형적 사역이동 구문의 의미구성 방식을 개념적 혼성 이론으로 검토해 보자.

(20) Frank sneezed the tissue off the nightstand.(프랭크가 재채기를 해서 티슈가 침대용 스탠드에서 떨어졌다.)

동사 sneeze는 사역이동의 의미 없이 단순한 행동을 나타내는 자동사이다. 그럼에도 불구하고 (20)은 사역이동 구문으로 간주된다. 사역이동의 의미가 없는 동사가 사역이동의 의미를 획득하는 방식을 개념적 혼성으로 설명할 수 있다. 먼저 두 입력공간이 구축되어야 하는데, 원형적 사역이동 구문의 통사적 구조가 구조화되어 입력공간$_1$이 구축되고, (20)의 개념적 구조가 구조화되어 입력공간$_2$가 구축된다. 이렇게 구축된 두 입력공간 사이에 공간횡단 사상이 작용한다. 동사 sneeze는 행위자의 행동을 나타낸다는 점에서 입력공간$_2$의 개념적 구조를 구성하는 요소 중 [ACT]가 어휘화된 것으로 간주된다. [ACT]를 표현하는 동사 sneeze는 통사적 구조 'NP$_1$ V NP$_2$ PP' 중에서 [V] 자리에 나타난다. 그 결과 입력공간$_1$의 [V]는 입력공간$_2$의 [sneeze]에 사상된다. 마지막으로, 두 입력공간에서 혼성공간으로 선택적 투사가 작용한다. 두 입력공간의 조직틀이 혼성공간으로 투사될 때, 입력공간$_1$로부터는 통사적 구조가 투사되고, 입력공간$_2$로부터는 개념적 구조 및 어휘가 투사된다. 이 때 특이한 점은 입력공간$_2$의 [sneeze]로 어휘화되는 [ACT]만이 혼성공간으로 투사되고 나머지 요소인 [CAUSE]와 [MOVE]는 투사되지 않는 선택적 투사 양상을 보여준다는 점이다. 개념적 혼성의 결과로 [그림 19.3]과 같은 개념적 통합 망이 만들어진다.

　이런 개념적 통합 망을 통해 알 수 있듯이, 입력공간$_1$의 사역이동 구문의 통사적 구조를 구성하는 모든 요소들과 입력공간$_2$의 개념적 구조를 구성하는 모든 요소들이 혼성공간으로 투사되어 각각 융합된다. 이렇게 되면, 입력공간$_2$의 [sneeze]는 사역의 힘이 없는 자동사인데, 그것이 사역이동 구문의 통사적 구조인 입력공간$_1$에서 사역의 힘이 있는 [V]와 사상되고 혼성공간으로 투사되어 사역이동의 의미를 가지게 된다.

　또 다른 예로, 다음과 같은 [[a ACTS] **CAUSES** [b MOVE to c]]의 개념적 구조를 가진 두 번째 유형의 비원형적 사역이동 구문의 의미구성 방식을 개념적 혼성 이론으로 검토해 보자.

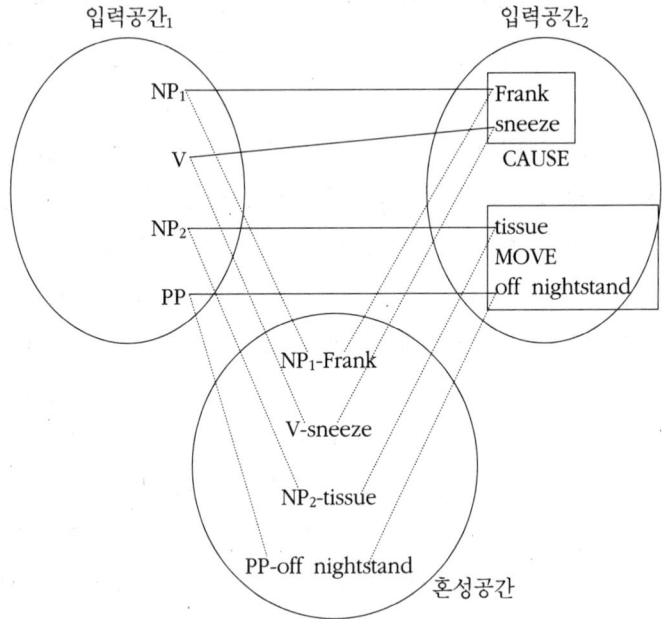

[그림 19.3] Frank sneezed the tissue off the nightstand의
의미구성을 위한 개념적 통합 망5)

(21) Sam let Bill into the room.(샘은 빌이 방으로 들어가게 했다.)

동사 let은 사역의 의미만 가지고 있을 뿐 이동의 의미는 없다. 그럼에도 불구하고 (21)이 사역이동 구문으로 간주된다. 여기에서도 사역이동의 의미가 없는 동사가 사역이동의 의미를 획득하는 방식을 개념적 혼성으로 설명할 수 있다. 먼저 두 입력공간이 구축되어야 하는데, 원형적 사역이동 구문의 통사적 구조가 구조화되어 입력공간₁이 구축되고, (21)의 개념적 구조가 구조화되어 입력공간₂가 구축된다. 이렇게 구축된 두 입력공간 사이에 공간횡단 사상이 작용한다. 동사 let은 행위자의 행동이나 수동자의 이동이 아니라, 이동의 초래를 나타낸다는 점에서 입력

─────────
5) 이 그림은 Fauconnier(1997:174)에서 사용된 그림을 약간 수정한 것임.

공간₂의 개념적 구조를 구성하는 요소 중 [CAUSE]가 어휘화된 것으로 간주할 수 있다. [CAUSE]를 표현하는 동사 let은 통사적 구조 'NP₁ V NP₂ PP' 중에서 [V] 자리에 나타난다. 그 결과 입력공간₁의 [V]는 입력공간₂의 [let]에 사상된다. 마지막으로, 두 입력공간에서 혼성공간으로 선택적 투사가 작용한다. 두 입력공간의 조직틀이 혼성공간으로 투사되는데, 입력공간₁로부터는 통사적 구조가 투사되고, 입력공간₂로부터는 개념적 구조 및 어휘가 투사된다. 특이한 점은 입력공간₂의 [let]으로 어휘화되는 [CAUSE]만이 혼성공간으로 투사되고 나머지 요소인 [ACT]와 [MOVE]는 투사되지 않는 선택적 투사 양상을 보여 주는 것이다. 개념적 혼성의 결과로 다음과 같은 개념적 통합 망이 만들어진다.

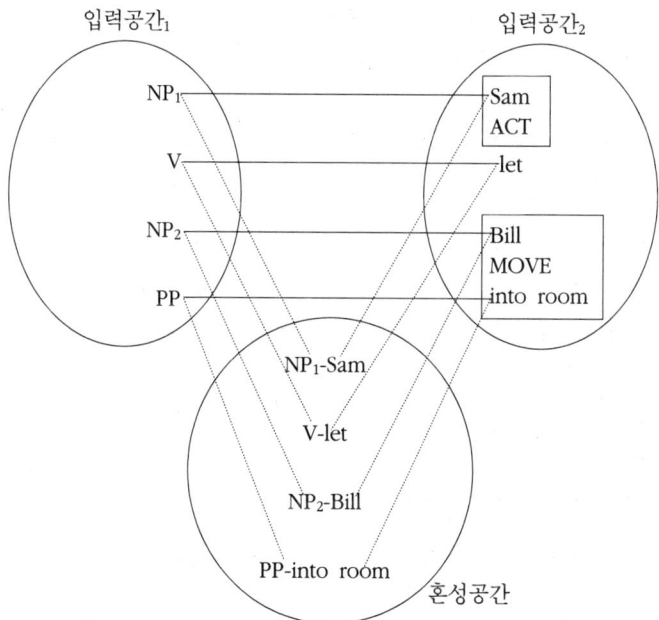

[그림 19.4] Sam let Bill into the room의 의미구성을 위한 개념적 통합 망

이런 개념적 통합 망을 통해 알 수 있듯이, 입력공간$_1$의 사역이동 구문의 통사적 구조를 구성하는 모든 요소들과 입력공간$_2$의 개념적 구조를 구성하는 모든 요소들이 혼성공간으로 투사되어 각각 융합된다. 이렇게 되면, 입력공간$_2$에 있는 [let]은 원래 사역동사이기는 하지만 이동의 개념을 표현하지 않는데, 그것이 사역이동 구문의 통사적 구조인 입력공간$_1$에서 사역이동의 힘이 있는 [V]와 사상되고 혼성공간으로 투사되어 사역이동의 의미를 가지게 된다.6)

마지막으로, 다음과 같이 [[a ACTS] CAUSES [b **MOVE** to c]]의 개념적 구조를 가진 세 번째 유형의 비원형적 사역이동 구문의 의미구성 방식을 개념적 혼성 이론으로 검토해 보자.

(22) Bill sped the car around the Christmas tree.(빌이 속력을 내어 자동차가 크리스마스트리를 돌았다.)

동사 speed는 이동의 의미만 가지고 있을 뿐 사역의 의미는 없다. 그럼에도 불구하고 (22)는 사역이동 구문으로 간주된다. 이러한 구문에서도 사역이동의 의미가 없는 동사가 사역이동의 의미를 획득하는 방식을 개념적 혼성으로 설명할 수 있다. 먼저 두 입력공간이 구축되어야 하는데, 원형적 사역이동 구문의 통사적 구조가 구조화되어 입력공간$_1$이 구축되

---

6) let이 사역이동 구문에서는 아주 자연스럽지만, 부가어를 첨가하면 그 구문은 그다지 자연스럽지 않게 된다고 지적했다. 유사한 문제가 다음 문장 쌍에서도 발생한다.

    (1) a. They laughed the poor guy off the stage.(그들이 웃어서 불쌍한 친구가 무대에서 내려왔다.)
       b. ?They laughed the poor guy into the stage.(?그들이 웃어서 불쌍한 친구가 무대로 올라갔다.)

(1a)는 자연스러운 반면, (1b)는 부자연스럽다. 본 논의에서는 (1a)처럼 자연스러운 비원형적 사역이동 구문의 의미구성에만 논의를 국한시키고 있으며, (1b)처럼 왜 부가어가 첨가되거나 이동의 개념을 나타내는 데 다른 전치사구가 사용되는 경우에는 부자연스러운지는 논의하지 않기로 한다. 이 문제는 차후 문제로 남겨둔다.

고, (22)의 개념적 구조가 구조화되어 입력공간$_2$가 구축된다. 이렇게 구축된 두 입력공간 사이에 공간횡단 사상이 작용한다. 동사 speed는 행위자의 행동이나 이동의 초래가 아니라 수동자의 이동 그 자체를 나타낸다는 점에서 입력공간$_2$의 개념적 구조를 구성하는 요소 중 [MOVE]가 어휘화된 것으로 간주할 수 있다. [MOVE]를 표현하는 동사 speed는 통사적 구조 'NP$_1$ V NP$_2$ PP' 중에서 [V] 자리에 나타난다. 그 결과 입력공간$_1$의 [V]는 입력공간$_2$의 [speed]에 사상된다. 마지막으로, 두 입력공간에서 혼성공간으로 선택적 투사가 작용한다. 두 입력공간의 조직틀이 혼성공간으로 투사되는데, 입력공간$_1$로부터는 통사적 구조가 투사되고, 입력공간$_2$로부터는 개념적 구조 및 어휘가 투사된다. 두 입력공간의 조직틀이 혼성공간으로 투사되는데, 특이한 점은 입력공간$_2$의 speed로 어휘화되는 [MOVE]만이 혼성공간으로 투사되고 나머지 요소인 [ACT]와 [CAUSE]는 투사되지 않는 선택적 투사 양상을 보여 준다. 개념적 혼성의 결과로 [그림 19.5]와 같은 개념적 통합 망이 만들어진다.

이런 개념적 통합 망을 통해 알 수 있듯이, 입력공간$_1$의 사역이동 구문의 통사적 구조를 구성하는 모든 요소들과 입력공간$_2$의 개념적 구조를 구성하는 모든 요소들이 혼성공간으로 투사되어 각각 융합된다. 이렇게 되면, 입력공간$_2$에 있는 [speed]는 사역의 힘이 없는 자동사인데, 그것이 사역이동 구문의 통사적 구조인 입력공간$_1$에서 사역의 힘이 있는 [V]에 사상되어 혼성공간으로 투사됨으로써 사역의 힘을 가지게 된다.

이 장에서는 특수한 비원형적 사역이동 구문의 의미구성 방식을 개념적 혼성 이론의 메커니즘으로 살펴보았다. 그 결과 원형적 사역이동 구문과 비원형적 사역이동 구문 사이에 많은 유사성이 있으며, 전자가 설명되는 방식과 동일한 설명 방식이 후자에도 적용됨을 볼 수 있었다. 비원형적 사역이동 구문이 외관상 이상하게 보이지만 원형적 사역이동 구문과 동일한 개념적 통합 망을 가지고 있는 극히 정상적인 구문임을 알 수 있다.

436 제7부 구문 의미

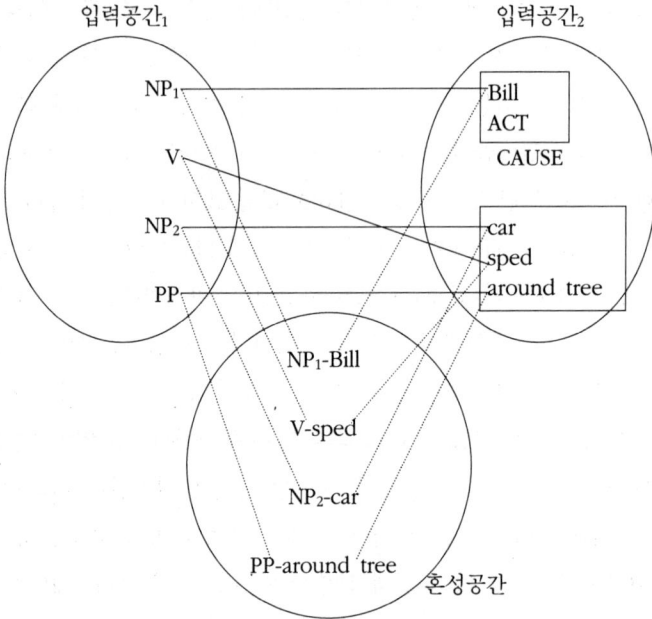

[그림 19.5] Bill sped the car around the Christmas tree의
의미구성을 위한 개념적 통합 망[7]

---

7) 이 그림은 Fauconnier(1997: 175)에서 사용된 그림을 약간 수정한 것임.

제8부 비유적 의미

- 제20장 은유
- 제21장 환유
- 제22장 아이러니

제20장 은유

20.1. 은유의 유형
   20.1.1. 관습성의 정도에 의한 분류
   20.1.2. 기능에 의한 분류
      20.1.2.1. 구조적 은유
      20.1.2.2. 존재론적 은유
      20.1.2.3. 방향적 은유
   20.1.3. 은유의 본성에 의한 분류
   20.1.4. 일반성의 층위에 의한 분류
20.2. 서법동사의 다의성
   20.2.1. 서법동사의 의미구조
   20.2.2. must, may, can의 다의성
20.3. 은유와 시 텍스트 분석
20.4. 은유와 꿈 해몽

이 장 및 다음의 두 장에서는 비유적 표현으로 간주되는 은유, 환유, 아이러니를 전통적인 입장에서가 아니라 인지언어학적인 관점에서 살펴보고자 한다. 특히 은유와 환유는 인지언어학에서 언어적 은유나 환유로서가 아니라 인지과정으로서 집중적으로 연구되고 있는 주제이기도 하다. 따라서 이 장과 다음 장에서는 지금까지 인지언어학에서 다룬 은유와 환유에 관한 논의를 정리해서 그 유형은 물론이고 그것이 적용되는 범위까지 살펴보고자 한다. 은유에 관한 제19장과 환유에 관한 제20장은 결국 인지과정으로서의 은유를 다룬 제7장 및 인지과정으로서의 환유를 다룬 제8장과 각각 같은 연장선상에 있다고 볼 수 있다. 그리고 아이러니를 다루는 장에서는 개념적 혼성이라는 인지과정에 기초해서 아이러니의 의미가 구성되는 방식을 명시적으로 제시할 것이다.

 이 장에서는 인지언어학에서 은유를 크게 네 가지 방식으로 분류하는 방식을 먼저 살펴볼 것이다. 다음으로 동일한 서법동사가 두 개의 의미를 가지는데, 그 두 의미가 힘역학 도식과 은유라는 인지과정에 의해 서로 관련성을 확보해서 다의성이라는 의미 속성을 띤다는 사실을 증명해 보일 것이다. 마지막으로 시 텍스트와 꿈의 내용을 개념적 은유를 통해 해석해 볼 것이다.

20.1. 은유의 유형

인지언어학에서는 은유를 크게 네 가지 방식으로 분류한다. 은유의 관습성(conventionality)에 의한 분류, 기능(function)에 의한 분류, 본질(nature)에 의한 분류, 일반성의 층위(level of generality)에 의한 분류가 그것이다.

20.1.1. 관습성의 정도에 의한 분류

은유는 관습성의 정도에 따라 분류할 수 있는데, 은유는 관습적이거나 비관습적일 수 있다. 은유가 관습적이라 함은 보통 사람들이 자주 사용해서 그것이 일상 생활에 깊이 굳었다는 것을 뜻한다. 관습적 은유(conventional metaphor)는 일상 생활에 너무 널리 퍼져 있기 때문에 그것이 은유라고 인식하기 힘든 은유로서 사은유(dead metaphor)라고 불리기도 한다. 또는 보통 사람들이 일상 생활 속에서 무의식적으로 사용한다는 의미에서 관습적 은유는 일상 은유(everyday metaphor)라고도 한다. 반면에 비관습적 은유(unconventional metaphor)는 일상 생활에서 거의 사용되지 않은 은유를 말한다. 비관습적 은유는 새롭고 참신하기 때문에 신은유(new metaphor)라고도 하고, 일반적으로 문학에서, 특히 시에서 자주 사용된다고 해서 시적 은유(poetic metaphor)라고도 한다.

앞에서 은유를 개념적 은유와 언어적 은유로 나누었는데, 개념적 은유와 언어적 은유 둘 다 일상적이거나 시적일 수 있다. 앞에서 살펴본 '논쟁은 전쟁이다', '사랑은 여행이다', '이론은 건물이다', '생각은 음식이다', '사회 기관은 식물이다', '인생은 여행이다'와 같은 개념적 은유가 언어적으로 실현된 언어적 은유들은 모두 일상 은유에 해당한다.

시적 은유의 경우에는 개념적 은유와 언어적 은유의 관습성이 각기 다른 각도에서 조명된다. 개념적 은유가 시적이라 함은 이해하고자 하는 목표영역에 대해 독창적인 근원영역을 사용하는 경우이다. 반면에, 언어적 은유가 시적이라 함은 관습적인 개념적 은유가 언어적 은유로 실현되는 방식이 독창적인 경우이다. 먼저 언어적 은유가 시적인 다음의 은유를 보자.

(1) Two roads diverged in a wood, and I-
 I took the one less traveled by,
 And that has made all the difference.
 (두 길이 숲 속으로 갈라져 있었다. 나는 -
 나는 지나간 사람이 적은 길을 택했다,
 그리고 나서 모든 차이가 생겼다.)

위의 예는 Robert Frost의 시 "The Road Not Taken(가지 않은 길)"에서 나온 구절이다. 명백하게도 Frost는 관습적인 개념적 은유 '인생은 여행이다'를 비관습적인 방식으로 사용하고 있다. 즉 그는 여행 은유에서 영어 사용자들에게 관습화되지 않은 Two roads diverged 및 I took the one less traveled by와 같은 언어 표현을 사용하고 있는데, 이런 언어 표현들은 비관습적이다. 그러나 그것들이 근거를 두고 있는 개념적 은유는 관습적이다.

다음은 개념적 은유 자체가 비관습적인 경우를 보자. 개념적 은유가 비관습적인 것은 당연히 그것의 언어적 실현인 언어적 은유 또한 비관습적인 것이 된다. 개념적 은유가 비관습적이라는 것은 이해하고자 하는 목표영역에 대한 근원영역이 독창적이고 비관습적임을 뜻한다. Kövecses(2002: 32)에는 독창적인 근원영역을 사용하는 시적 은유의 실례 하나가 제시되어 있다. 1993년 유엔의 NGO 회담에서 William P. Magee는 'Life is a mirror. If you smile, it smiles back at you; if you frown, it frowns back(인생은 거울이다. 만약 당신이 웃으면 그것도 당신에게 웃는다. 만약 당신이 눈살을 찌푸리면 그것도 당신에게 눈살을 찌푸린다)'라고 말했다고 전해진다. 이 때 그는 개념적 은유 '인생은 거울이다'를 사용하는데, 그 은유는 인생을 이해하기 위한 근원영역으로 거울이라는 독창적인 근원영역을 사용하고 있다. 인생에 대한 일상 은유의 경우에는 개념적 은유 '인생은 여행이다'에서와 같이 '여행'과 같은 평범한 근원영역이 사용되는 것이 일반적인데, 이에 반해 '거울'은 독창적인 근원영역이라고 말할 수 있다.

시적 은유의 특징은 이해하고자 하는 목표영역의 개념에 대해 상당히 새로운 인식을 보통 사람들에게 제공할 수 있다는 것이다. 언어적 은유 the solution of the problems를 예로 들어 보자. '문제'라는 추상적인 개념은 일반적으로 다음과 같은 두 가지 개념적 은유에 의해 이해할 수 있다.

(2) a. '문제는 퍼즐이다'(='퍼즐' 은유)
    b. '문제는 화학 용해의 침전물이다'(='화학' 은유)

일반적으로 우리는 '퍼즐' 은유에 의해서 '문제'라는 개념을 다룬다. 이 은유에 의하면, 문제에는 정확한 해결 방안이 있고 일단 문제가 해결되면 문제는 영원히 사라진다. '퍼즐' 은유는 문제에 대한 우리의 일반적인 개념화이다. 그러나 문제라는 개념은 '화학' 은유에 의해서도 이해할 수 있다. '화학' 은유는 문제에 대한 새로운 개념화를 제공한다. '화학' 은유에 따르면, 문제라는 것은 일단 해결되면 완전히 사라지는 그런 종류의 개념이 아니다. 즉 침전물이 용해될 때 그것이 완전히 사라지는 것 같지만, 사실은 침전되어 고체의 형태로 다시 나타난다. 문제는 이런 침전물의 속성을 가지고 있기 때문에 그것은 어떠한 형태로든지 항상 존재해 있다. 문제는 고체 형태로 있을 수도 있고, 그 고체 덩어리가 액체 형태로 용해될 수도 있다. 문제는 영원히 해결되는 것이 아니고 일시적으로 해결될 뿐이다. 이런 식으로, '화학' 은유는 우리에게 문제를 보는 새로운 견해를 제시해 준다.

이처럼 비관습적 은유는 하나의 새로운 개념화를 창조해 내는 힘을 가지고 있다. 이것은 우리가 은유를 통해서 우리의 경험을 이해할 때 나타난다. 만일 비관습적 은유가 우리 행동에 토대를 둔 개념적 체계에 들어온다면, 비관습적 은유는 그 개념적 체계 및 그것이 생성한 지각과 행동을 변화시킬 것이다. 새로운 개념적 은유가 소개되고 예전의 개념적 은유가 소실되어 많은 문화적 변화가 발생하게 된다. 예컨대, 전 세계에 걸쳐 일어났던 문화의 서구화는 개념적 은유 '시간은 돈이다'를 그 문화에 소개했다.[1]

---

[1] 이 사실은 은유가 언어만의 문제가 아님을 보여준다. 그래서 이제 은유는 언어만의 문제가 아니라 개념적 체계와 우리가 행하는 일상 활동을 구조화하는 수단이 된다. 왜냐하면, 언어의 변화만으로 현실이 바뀌는 것이 아니라, 개념적 체계의 변화가 우리의 현실을 바꿀 수 있기 때문이다. 우리의 현실은 은유적인 것으로 이해된다. 물리적 세계에 대한 우리의 개념은 어느 정도 은유적이기 때문에, 은유는 현실을 결정하는 데 중요한 역할을 담당한다.

20.1.2. 기능에 의한 분류

개념적 은유는 그것이 행하는 인지적 기능에 따라서 분류할 수 있다. Lakoff & Johnson(1980)이 제시한 구조적 은유(structural metaphor), 존재론적 은유(ontological metaphor), 방향적 은유(orientational metaphor)가 개념적 은유의 기능에 의한 분류에 속한다.

20.1.2.1. 구조적 은유

Lakoff & Johnson(1980: 14)에 따르면, "구조적 은유는 한 개념이 다른 개념에 의해 은유적으로 구조화되는 경우이다." 좀더 구체적으로 말하자면, 구조적 은유에서는 근원영역이 목표영역을 위해 비교적 풍부한 인지모형을 제공해 준다. 즉 구조적 은유의 인지적 기능은 화자들이 근원영역의 인지모형에 의해 목표영역을 이해하도록 해 주는 것이다.

예컨대, 시간이라는 추상적인 개념은 이동과 공간이라는 구체적인 개념에 따라 구조화된다는 것을 표현하는 '시간은 이동이다' 은유가 있다. 이 개념적 은유에는 다음과 같은 일련의 사상이 있다.

(3) a. 시간은 사물이다.
b. 시간의 경과는 이동이다.
c. 미래 시간은 관찰자 앞에 있고, 과거 시간은 관찰자 뒤에 있다.
d. 한 사물은 움직이고 다른 사물은 정적이다. 정적인 사물은 직시적 중심이다.

이와 같은 일련의 사상은 시간의 개념을 명확하게 구조화해 준다. 개념적 은유 '시간은 이동이다'는 '시간의 경과는 사물의 이동이다'와 '시간의 경과는 관찰자의 이동이다'라는 두 가지 특별한 형태를 가지고 있는 것으로 간주된다. '시간은 이동이다'에 대한 첫 번째 유형의 개념적 은유는 다음과 같은 언어적 은유로 실현된다.

(4) '시간의 경과는 사물의 이동이다'
   a. The time for action has *arrived*.(조치를 취해야 할 시간이 왔다.)
   b. Thanksgiving is *coming up* us.(추수 감사절이 다가오고 있다.)
   c. Time is *flying by*.(시간이 지나가고 있다.)

이 은유에서 관찰자는 고정되어 있고 시간은 관찰자와 관계해서 움직이는 사물이다.

'시간은 이동이다'에 대한 두 번째 유형의 개념적 은유는 다음과 같은 언어적 은유로 실현된다.

(5) '시간의 경과는 관찰자의 이동이다'
   a. He *passed* the time happily.(그는 그 시간을 행복하게 보냈다.)
   b. We're *coming up* on Christmas.(우리는 크리스마스에 이르고 있다.)
   c. We're *getting close* to Christmas.(우리는 크리스마스에 가까이 가고 있다.)

이 은유에서는 시간이 고정된 위치이고 관찰자가 시간과 관련해서 이동하고 있다.

20.1.2.2. 존재론적 은유

존재론적 은유는 구조적 은유보다 목표영역을 인지적으로 훨씬 덜 구조화한다. 존재론적 은유의 인지적 기능은 단순히 추상적인 목표영역에 존재론적 위상을 제공할 뿐이다. 즉, 사물, 물질, 그릇에 의해 우리의 경험을 이해하는데, 이때 사물, 물질, 그릇이 정확하게 어떤 종류의 것인지는 명확하게 상술되지 않는다. 사물, 물질, 그릇에 대한 우리의 지식이 다소 제한되어 있기 때문에, 목표영역에 대해 많은 것을 이해할 수는 없다.

일반적으로 존재론적 은유는 윤곽이 없는 곳에 훨씬 더 뚜렷한 윤곽이 있는 구조를 보도록 해 준다. 그러면 존재론적 은유의 한 유형인 그릇 은유를 보자. 우리 자신은 한정적인 물리적 존재이다. 즉 우리는 한정적인 표면과 안-밖 방향성을 가지고 있는 하나의 그릇이다. 그래서 세상의 나머지 부분을 우리 밖에 있는 것으로 경험한다. 우리는 우리 자신의 안-밖 방향성을 표면이 있는 다른 물리적 대상에 투사한다. 그래서 다른 물리적 대상은 내부와 외부를 가진 그릇이 된다. 더 나아가 그릇의 특징인 자연적인 물리적 경계가 없는 곳에도 외부와 내부를 가지고 있는 한정적인 표면을 투사한다. 그래서 벽, 울타리, 추상적인 선, 계획 등은 영토를 가지게 되어 내부와 한정적인 표면을 가지게 된다. 즉 그릇이 되는 것이다.

시야를 그릇으로 개념화하고 우리가 보는 것을 그 그릇 안에 담겨 있는 대상으로 개념화할 수 있다. 어떤 영토를 볼 때 시야는 우리가 볼 수 있는 영토의 경계를 정한다. 경계가 있는 물리적 공간이 그릇이고 시야가 그 공간과 서로 관련된다는 점을 고려한다면, '시야는 그릇이다' 은유가 자연스럽게 발생한다. 그 개념적 은유에 의해서 다음과 같은 언어적 은유를 생성하고 이해할 수 있다.

(6) '시야는 그릇이다'
    a. The ship is *coming into* view.(배가 시야에 들어오고 있다.)
    b. I *have* him *in* sight.(그는 내 시야 안에 있다.)
    c. He's *out of* sight now.(그는 이제 보이지 않는다.)
    d. That's *in* the *center of* my *field* of vision.(그것은 내 시야의 한가운데 있다.)

20.1.2.3. 방향적 은유

방향적 은유는 존재론적 은유보다 목표영역의 개념에 개념적 구조를 훨씬 덜 제공한다. 방향적 은유의 인지적 기능은 목표영역의 개념들을 우리의 개념적 체계에서 응집력 있도록 만들어 주는 것이다. 방향적 은유라는 명칭은 이런 기능을 하는 대부분의 은유들이 위-아래, 중심-주변 등과 같은 인간의 기본적인 공간적 방위와 관련이 있다는 사실에서 비롯된다.

공간적 은유에서 사용되는 목표영역의 개념들은 균등하게 개념화되는 경향이 있다. 예컨대, 다음과 같은 개념들은 '위' 방위를 받는 반면, 그 반대 개념들은 '아래' 방위를 받는다.

(7) '많음은 위이다, 적음은 아래이다'
    a. The number of books printed each year keeps going *up*.(연간 출판되는 책의 수가 계속 증가한다.)
    b. His income *fell* last year.(그의 소득이 지난해 떨어졌다.)
(8) '건강은 위이다, 아픔은 아래이다'
    a. Lazarus *rose* from the dead.(라자로가 부활했다.)
    b. He fell *ill*.(그는 병에 걸렸다.)
(9) '의식은 위이다, 무의식은 아래이다'
    a. Wake *up*.(깨어나라.)
    b. He *sank* into a coma.(그는 혼수상태에 빠졌다.)
(10) '통제는 위이다, 통제의 부재는 아래이다'
    a. I'm *on top of* the situation.(나는 그 상황을 완전히 통제하고 있다.)
    b. He is *under* my control.(그는 내 통제 아래에 있다.)
(11) '행복은 위이다, 슬픔은 아래이다'
    a. I'm feeling *up* today.(오늘은 기분이 좋다.)
    b. He's really *low* these days.(그는 요즈음 아주 사기가 저하되어 있다.)
(12) '미덕은 위이다, 미덕의 부재는 아래이다'
    a. She's an *upstanding* citizen.(그녀는 정직한 시민이다.)
    b. That was a *low* trick.(그것은 저급한 계략이었다.)
(13) '합리는 위이다, 불합리는 아래이다'
    a. He couldn't *rise above* his emotions.(그는 자신의 흥분을 극복할 수 없었다.)
    b. The discussion *fell to an emotional* level.(그 토의는 감정적인 수준으로 떨어졌다.)

이처럼 '위' 방위는 긍정적인 평가와 어울리고, '아래' 방위는 부정적인 평가와 어울린다.

20.1.3. 은유의 본성에 의한 분류

어떤 은유는 근원영역이 가지고 있는 기본적인 인지모형에 입각하고 있다. 지금까지 살펴본 은유가 이 부류에 속한다. 이런 유형의 은유에서는 근원영역이 가지고 있는 인지모형이 근원영역에서 목표영역으로 사상된다. 이 외에 영상도식 은유(image-schema metaphor)라는 다른 부류의 은유가 있는데, 이 은유의 경우에는 근원영역의 개념이 환기시키는 영상도식의 개념적 요소들이 근원영역에서 목표영역으로 사상된다.

영상도식 은유의 경우에는 그 이름이 암시하듯이 근원영역은 영상도식을 가지고 있으며, 근원영역에서 목표영역으로의 사상이 비교적 거의 없다. 반면에 구조적 은유는 인지모형이 풍부하고 근원영역과 목표영역 사이에 비교적 풍부한 일련의 사상을 제공해 준다. 방향적 은유에서 살펴본 위-아래 관계가 일종의 영상도식인데, 이 외에도 우리가 세계를 은유적으로 이해하는 데 중요한 역할을 하는 많은 다른 영상도식이 있다. 몇 가지 예를 제시하면 다음과 같다.

영상도식	은유적 확장
안-밖	I'm *out* of money.(나는 돈이 다 떨어졌다.)
전-후	He's an *up-front* kind of guy.(그는 눈에 띄는 녀석이다.)
위-아래	I'm feeling *low*.(나는 침울하다.)
접촉	Hold *on*, please.(기다리시오.)
이동	He just *went* crazy.(그는 미쳤다.)
힘	You're *driving* me insane.(당신은 나를 미치게 하고 있다.)

[그림 20.1] 영상도식과 은유적 확장

영상도식의 흥미로운 특징은 그것이 다른 개념들의 기초 역할을 할수 있다는 것이다. 예컨대, 이동 도식은 여행 개념의 기초가 된다. 이동도식에는 시작점, 이동, 끝점과 같은 몇 가지 부분이 있는데, 그 부분들이 여행에서 출발점, 여행, 목적지와 대응한다. 이런 식으로 여행과 같은 비영상도식적 개념들이 영상도식적 기초를 가지고 있는 것처럼 보인다. 따라서 많은 구조적 은유의 목표영역은 그 근원영역에 의해 영상도식적으로 구조화된다.

영상이 훨씬 더 풍부한 영상 토대적 은유인 또 다른 종류의 은유가 있는데, 그것은 영상 은유(image metaphor)이다. 영상 은유는 풍부한 영상을 이용한다. 다음의 속어를 예로 들어보자.

(13) a. A: What 'you doin'?(뭐하고 있어요?)
　　　B: Watering the plants.(오줌을 누고 있는데요.)
　　b. He laid pipe.(그는 섹스를 했다.)

(13a)는 배뇨의 행동을 기술하고, (13b)는 성교의 행동을 기술한다. (13) 둘 다 풍부한 일련의 영상을 근원영역에서 목표영역으로 사상하는 영상 은유를 이용하고 있다. (13a)에서 식물에 물을 주는 것은 오줌을 누는 것이고, 물은 오줌이고, 물뿌리개는 남자의 성기이다. 물을 받는 식물은 오줌이 떨어지는 땅이다.[2]

20.1.4. 일반성의 층위에 의한 분류

개념적 은유는 일반성의 층위에 따라서 분류할 수 있다. 예컨대, '인생은 여행이다', '논쟁은 전쟁이다', '생각은 음식이다' 등은 특정적 층위

---

[2] 이런 사상은 두 영상이 생산하는 일회적인 것으로, 한 영상이 또 다른 영상에 상위부가 됨으로써 대응관계가 성립된다. 이런 은유는 일회적 영상 은유(one-shot image metaphor)이다.

은유(specific-level metaphor)이다. '인생', '여행', '논쟁', '전쟁', '생각', '음식'은 특정적 층위 개념들이다. 이런 특정적 층위 은유 외에, 총칭적 층위 은유(generic-level metaphor)가 있다. '사건은 행동이다', '총칭성은 특정성이다'가 이 부류에 속하는데, 이런 은유들은 대연쇄 은유(great chain metaphor)이다. '사건', '행동', '총칭성', '특정성'은 모두 총칭적 층위 개념들이다. 이런 개념들은 단지 소수의 자질들에 의해서만 한정되고, 상당히 골격적인 구조를 가지고 있다. 예컨대, 사건의 경우에 한 실체는 전형적으로 어떤 외적인 힘이 초래한 변화를 겪는다. 죽음, 태우기, 사랑하기, 통화 팽창, 바람 불기 등과 같은 많은 종류의 사건들은 사건이라는 총칭적 개념에 대한 특정적 실례이다. 총칭적 층위의 개념과는 달리, 특정적 경우들은 특정한 세부적인 요소로 채워진다. 예컨대, 죽음에는 보통 인간이라는 어떤 실체가 있는데, 그는 나이가 들거나 병이 들어서 죽는다. 그러나 총칭적 층위의 개념인 사건은 이런 세부적인 요소들을 언급하지 않는다. 그러나 죽음의 일반적 구조는 죽음에서 어떤 실체가 어떤 힘의 결과로 변화를 겪는다는 총칭적 사건의 골격적 구조를 공유한다.

총칭적 층위 은유는 특별한 기능을 수행한다. 예컨대, 개념적 은유 '사건은 행동이다'는 많은 의인화를 설명한다. 개념적 은유 '총칭성은 특정성이다'는 속담(proverb)과 상투적 어구(cliched phrase)를 해석하는 데 도움을 준다. 속담은 종종 특정적 층위 개념으로 구성되어 있다. The early bird catches the worm(일찍 일어나는 새가 벌레를 잡는다)이라는 속담을 예로 들어보자. bird, catch, worm은 특정적 층위 개념들이다. 이 속담은 총칭적 층위 은유인 '총칭성은 특정성이다'에 의해 해석이 용이하게 된다. 즉 그 은유는 속담을 총칭적 층위에서 해석하도록 한다. 즉 일찍 일어나는 새는 어떤 일을 제일 먼저 하는 어떤 사람이고, 잡는 것은 어떤 것을 획득하는 것이고, 벌레는 다른 사람들보다 앞서 획득한 어떤 것이다. 따라서 그 속담의 총칭적 의미는 If you do something first, you will get what you want before others(만약 당신이 어떤 일을 제일 먼저 하면, 당신은 원하는 바를 다른 사람들보다 먼저 얻게 될 것이다)이다. 이런 총칭적 해석을 제공해 주는 그 속담은 이런 총칭적 구조를 가지고 있는 많은 경우들에 적용될 수 있다. 예컨대, 인기 있는 연극 표를 구하기 위해 일찍 줄을 서서 그 표를 구하는 경우가 한 사례가 된다.

20.2. 서법동사의 다의성

20.2.1. 서법동사의 의미구조

서법동사(modal verbs)가 근원적 의미(root meaning)와 인식적 의미(epistemic meaning)를 가지고 있다는 것은 주지의 사실이다.3) Sweetser(1990: 49)는 서법동사가 두 가지 의미, 즉 근원적 의미와 인식적 의미로 구분될 수 있다고 주장한다. 근원적 의미는 우리의 사회·물리적 세계에서의 능력(can)이나 허락(may), 의무(must)를 나타낸다. 능력, 허락, 의무와 같은 의미는 물리적인 제약과 힘 또는 사회적 제약과 관계가 있다. 서법동사의 근원적 의미는 다음과 같은 문장에서 볼 수 있다.

(14) a. You must move your foot, or the car will crush it.(발을 치워야 한다. 그렇지 않으면 차에 뭉개지게 될 것이다.)
 b. Sally can reach the fried eel for you.(샐리는 당신에게 프라이한 뱀장어를 내밀어 줄 수 있다.)

---

3) Heine, Claudi & Hünnemyer(1991)는 근원적 의미와 인식적 의미를 각각 의무적 양상(deontic modality)과 인식적 양상(epistemic modality)으로 부른다. 필자는 전자의 용어를 채택할 것이다.

c. You may now kiss the bride.(이제 신부에게 키스해도 좋습니다.)

(14a)의 must는 각각 물리적인 필연성을, (14b)의 can은 그녀가 물리적으로 그것에 닿을 수 있다는 것을, (14c)의 may는 어떤 사회적 장벽이 당신이 그녀에게 키스하는 것을 더 이상 막지 않는다는 것을 나타내고 있다.

서법동사의 인식적 의미는 추리, 논쟁, 이론화에서 찾을 수 있는 개연성(probability)이나 가능성(possibility), 필연성(necessity)을 나타낸다. 그 예는 다음이다.

(15) a. Paul must have gotten the job, or else he couldn't be buying that new car.(폴이 직장을 구했음이 틀림없다. 그렇지 않다면 그는 그와 같은 새 자동차를 살 수 없었다.)
   b. You might be right about her motives, but I'm not convinced. (그녀의 동기에 대해 당신이 맞을 수 있지만, 나는 납득이 되지 않는다.)

(15)는 다음과 같이 해석된다.

(16) a. The available evidence forces me to conclude that Paul got the job.(이용 가능한 증거는 폴이 직장을 구했다는 결론을 내가 내리도록 강요한다.)
   b. No evidence blocks your conclusion, but neither does the evidence compel me to your conclusion.(어떤 증거도 당신의 결론을 방해하지 않으며, 어떤 증거도 내가 당신의 결론에 복종하도록 하지 않는다.)

이런 사실로 미루어 보아 하나의 동일한 서법동사가 두 가지 의미로 해석될 수 있다. 이 두 유형의 의미 사이에 연관성이 없다면 서법동사는 동음어가 되는 것이고,[4] 연관성이 있다면 그것은 다의어가 될 것이다.

앞으로 필자가 전개할 논의를 미리 언급하면 다음과 같다. 서법동사는 서로 관련된 근원적 의미와 인식적 의미를 가진 다의어이다. 근원적 의미와 인식적 의미가 자의적이지 않고 체계적으로 관련성을 가지고 있다는 것은 둘이 동일한 영상도식을 공유하고 있다는 사실에 기인한다.5) 이 두 의미 중에서 우리의 신체적, 사회적, 물리적 경험을 바탕으로 하는 근원적 의미가 원형적 의미가 되고 은유 과정에 의해 확장되는 인식적 의미가 비원형적 의미이다. 근원적 의미는 물리적 영역에 있는 것이고 인식적 의미는 인식 영역에 있는 것이라고 할 때, 두 영역이 있고 한 영역에서 다른 영역으로의 전이 과정이 있기 때문에 이것은 확실히 은유 과정이 역할을 하고 있는 것이다.6) 이런 점에서 서법동사의 의미는 다의적이다.

---

4) 이것은 서법동사의 근원적 의미와 인식적 의미가 체계적인 방법으로 관련되어지지 않는다고 주장하는 Lyons(1977)의 입장이다. 그는 서법동사의 근원적 의미는 힘이나 의무와 같은 개념을 가지고 있는 반면에, 인식적 의미는 단지 논리적 작용자(logical operator)의 결합이라는 견해를 가지고 있다. Lyons의 입장에서 볼 때, 서법동사의 근원적 의미와 인식적 의미는 동음적이다.
5) 서법동사의 두 의미가 체계적인 관계성을 가지고 있다는 것은 다음과 같은 Sweetser(1990: 49-50)의 제안에서도 찾을 수 있다. 그녀는 서법동사의 인식적 의미가 근원적 의미에서 확장된 것이지 그 역이 아니라는 견해에 대해서 역사적, 사회언어학적, 심리언어학적 증거가 있다고 말한다. 역사적으로 볼 때, 영어의 서법동사는 물리적 힘과 같은 비서법의미(예컨대, OE magan "be strong, be able")에서 근원적 의미로 발달했으며, 나중에 더욱더 확장되어 인식적 의미를 포함하게 되었다. 사회언어학적 입장에서 볼 때, Antiguan Creole에 대한 Shepherd(1981)의 작업은 혼합어가 먼저 근원적 의미의 표현을 발달시키고, 그 다음에 그 표현은 인식 영역에까지 완전히 확장된다는 증거를 제시한다. 심리언어학적 입장에서 볼 때, 어린이는 서법동사의 인식적 의미보다는 근원적 의미를 훨씬 일찍 습득한다.
6) 근원적 의미가 은유 과정에 의해 인식적 의미로 확장된다는 생각은 Sweetser(1990: 50)에서도 찾을 수 있다. "근원-양상 의미는 인식 영역으로 확장되는데, 그 이유는 정확히 이러하다. 즉 우리는 일반적으로 외부 세계의 언어를 사용해서 내적인 정신 세계에 적용하는데, 그 내적인 정신 세계는 외부 세계와 유사하게끔 은유적으로 구조화된다."

20.2.2. must, may, can의 다의성

20.2.2.1. must의 다의성
Sweetser(1990: 52)는 must의 근원적 의미가 어떤 주체를 행동 쪽으로 움직이게 하는 강제적인 힘을 나타내는 것으로 분석한다. 그런 근원적 의미는 강요 도식(compulsion schema)[7]으로 나타낼 수 있다. 아마 사람들은 바람이나 물과 같은 외부의 힘에 의해 강제로 움직이게 된 적이 있을 것이다. 예컨대, 우리는 서울의 복잡한 지하철 속에서 많은 사람들 때문에 강제로 한 쪽 방향으로 움직이게 되는 경우를 경험한다. 이런 경우에 그 힘은 저항할 수 없을 정도로 강하다. 그 힘은 어딘가에서 오며, 어느 정도의 크기나 양을 가지고 있으며, 어떤 경로를 따라 움직이며, 방향성을 가지고 있다. 이 영상도식은 다음과 같이 나타낼 수 있다 (Johnson 1987: 45).

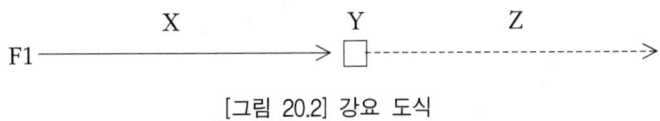

[그림 20.2] 강요 도식

위 그림에서 검은 화살표는 실제 힘의 방향성을, 점선 화살은 잠재적인 힘의 방향성을 나타낸다.

근원적 의미의 경우에 F1은 주어에게 가해지는 사회・물리적인 힘이며, X는 주어에게 미치는 힘의 방향성을 나타내며, Y는 힘을 받는 주어

---

[7] 강요 도식은 Talmy(1988a)에서 제시된 힘의 발휘, 힘에 대한 저항, 저항의 극복, 힘의 방해, 방해물의 제거 등과 같은 우리 신체의 경험을 통해 발생하는 힘역학 도식(force dynamic schema) 중 하나이다. 강요 도식 외에 그가 제안한 힘역학 도식에는 봉쇄 도식(blockage schema), 저항 도식(counterforce schema), 전환 도식(diversion schema), 장벽제거 도식(removal of blockage schema), 권능 도식(enablement schema), 인력 도식(attraction schema) 등이 있다.

를 나타내며, Z는 주어가 앞으로 해야 할 일을 나타낸다.

must의 근원적 의미가 강요 도식과 동일다면 그 힘은 다양한 방법으로 해석할 수 있다. 다음 예를 보자.

(17) a. You must cover your eyes, or they'll be burned.(당신은 눈을 감아야 한다. 그렇지 않으면 눈이 탈 것이다.)
b. Johnny must go to bed; his mother said so.(조니는 자러 가야 한다. 그의 어머니가 그렇게 말했다.)
c. She must give blood; it's her duty.(그녀는 목숨을 바쳐야 한다. 그것이 그녀의 임무이다.)

(17)에서 must는 모두 근원적 의미를 가지고 있다. 주어에게 미치는 힘인 F1이 (17a)에서는 물리적인 힘이고, (17b)에서는 부모의 권위이고, (17c)에서는 도덕적 권위이다.

must의 인식적 의미는 어떤 결론에 도달하게 하는 저항할 수 없는 힘을 나타낸다. 다음 예를 보자.

(18) He must be the Scarlet Pimpernel!(그는 나도개별꽃임에 틀림없다.)

이것은 다음과 같이 해석된다.

(19) The available evidence compels me to the conclusion that he is the Scarlet Pimpernel.(이용 가능한 증거는 그가 나도개별꽃이라는 결론을 내가 내리도록 강요한다.)

이런 인식적 의미에도 역시 강요 도식이 관여한다. 그러나 이때의 힘 F1은 물리적인 것이 아니라 논리적인 증거이다. 다시 말해, 인식적 의미의 경우에는 F1은 증거이며, X는 화자로 하여금 어떤 결론에 이르게 하는 힘의 방향성이며, Y는 화자 자신이며, Z는 화자가 이르게 되는 결론의 방향성을 표시한다.

must의 다의성은 다음과 같이 설명된다. must의 근원적 의미와 인식적 의미는 둘 다 강요 도식에 근거를 둔다. 이것은 동일한 영상도식이지만 세부적으로는 서로 구별된다. 이런 점에서 두 의미는 완전히 동일한 것이 아니라 부분적으로만 유사하기 때문에 가족닮음을 이루고 있다. 그리고 물리적 영역에 있는 근원적 의미는 구체적인 원형적 의미로서 은유 과정에 의해 인식 영역에 있는 비원형적 의미인 인식적 의미로 확장된다.

20.2.2.2. may의 다의성

may의 근원적 의미는 주어가 어떤 행동을 하는 데 아무런 장벽이 없다는 것을 나타낸다. 이것은 주어가 주어진 행동을 할 수 있음을 말하는 것이며, 이런 장벽은 통상 화자에 의해 제거된다. 이런 may의 근원적 의미는 장벽제거 도식(removal of blockage schema)으로 나타낼 수 있다. 방문이 열릴 때 우리는 자유로이 방으로 들어갈 수 있고 거기에서 나올 수도 있다. 이에 대한 적절한 도식은 힘이 발휘되는 것을 가능하게 해 주는 열려 있는 통로이다. 장벽이 제거되거나 어떤 잠재적인 제약이 제거되는 것은 우리가 일상에서 접하는 경험이다. 장벽이 제거될 때 힘이 발휘된다. 이 영상도식은 다음과 같이 나타낼 수 있다(Johnson 1987: 47).

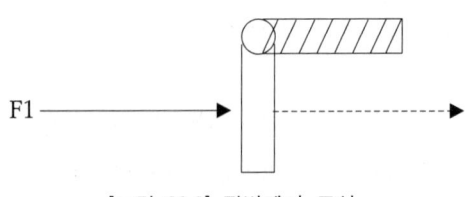

[그림 20.3] 장벽제거 도식

앞의 그림은 실제 장벽이 무언가에 의해서 제거되거나 잠재적 장벽이 실제로 존재하지 않기 때문에 힘 F1이 발휘될 수 있음을 시사한다.

근원적 의미의 경우에 F1은 주어가 되며, 그 주어는 잠재적인 장벽이 제거되어 동사구가 나타내는 행동을 할 수 있다. 어떤 행동을 행할 수 있다고 말하는 것은 그 행동에 대한 잠재적인 장벽이 제거된다는 것을 암시한다. 다음 예를 보자.

(20) a. We may be able to cure his illness.(우리는 그의 병을 치료할 수 있다.)
  b. You may now open the window, if you like.(당신이 원한다면 이제 창문을 열어도 좋다.)

(20a)에서 치료라는 사건은 어떤 알려진 사태에 의해서 방해를 받지 않는다. 그리고 (20b)에서 창문을 여는 행동은 허용된다.

may의 근원적 의미가 내적 장벽이 없다는 것을 의미하는 것과 유사하게, may의 인식적 의미는 전제에서부터 결론에 도달하는 것을 막는 장벽이 없는 것으로 이해된다. 즉 may의 인식적 의미는 화자가 어떤 전제에서 결론에 도달하는 추리 과정에 어떠한 장벽도 없다는 것을 뜻한다. may의 근원적 의미에서와 같이, 인식적 의미의 적절한 영상도식도 장벽제거 도식이다. 그러나 근원적 의미의 경우에 F1이 주어인 반면에, 인식적 의미의 경우에는 F1은 화자가 된다는 점에서 서로 구별된다.

다음 예를 보자.

(21) a. You may be right.(당신이 옳을 수도 있다.)
  b. He may be a university professor.(그는 대학 교수일 수 있다.)

이것은 "I am not barred by the evidence from drawing that conclusion(나는 그 결론을 이끌어내는 데 증거에 의해 방해를 받지 않

458   제8부 비유적 의미

는다)"과 같이 해석된다.

　may의 다의성은 다음과 같이 설명된다. may의 근원적 의미와 인식적 의미는 둘 다 장벽제거 도식에 근거를 둔다. 이것은 동일한 영상도식이지만 세부적으로는 서로 구별된다. 이런 점에서 두 의미는 완전히 동일한 것이 아니라 부분적으로만 유사하기 때문에 가족닮음을 이루고 있다. 그리고 물리적 영역에 있는 근원적 의미는 구체적인 원형적 의미로서 은유 과정에 의해 인식 영역에 있는 비원형적 의미인 인식적 의미로 확장된다.

20.2.2.3. can의 다의성

can의 근원적 의미는 주어가 문장에 제시된 행동을 할 수 있는 신체적, 정신적 능력이나 여건이 허용되어 있음을 나타낸다. Sweetser(1990: 53)는 can과 may의 차이를 다음과 같이 설명한다. "can은 행위자, 청자 측의 긍정적인 능력을 나타낸다. may은 다른 사람의 측에서 제약이 없음을 나타낸다." 따라서 can은 행동할 수 있는 내적인 힘이나 능력의 의미를 포함한다. 행위자는 어떤 행동을 하는 데 충분한 에너지의 원천이다. 비록 can이 제약하는 장벽이 없다는 것을 가정하지만, 그것은 주로 행동할 수 있는 잠재력이나 능력에 초점을 둔다. 따라서 can의 근원적 의미는 잠재적인 힘이나 방향성만으로 구성된 힘에 대한 권능 도식(enablement schema)으로 나타낼 수 있다. 어떤 행위를 하기 위해 힘을 발휘할 때, 어떤 때는 힘이 부재함을 느끼고 또 어떤 때는 힘이 충만해 있음을 느낄 수 있다. 예컨대, 아기는 들어올릴 수 있지만 큰 자동차는 들어올릴 수 없다. 이 경우에는 잠재적인 힘의 방향성은 있지만 장벽은 없다. 이에 대한 영상도식은 다음과 같다(Johnson 1987: 47).

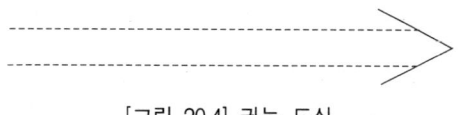

[그림 20.4] 권능 도식

즉 근원적 의미의 경우에 주어의 능력이 잠재적 힘이며, 그 힘으로 동사구가 나타내는 과정에 도달한다.

may는 잠재적 장벽이나 실제 장벽의 제거를 강조하는 반면에, can은 행동할 수 있는 잠재적인 힘을 강조한다. 다음 예를 보자.

(22) a. He can go now.(그는 지금 가도 좋다.)
b. I can do anything you can do better.(나는 당신이 더 잘할 수 있는 것이면 무엇이든 할 수 있다.)
c. He can type.(그는 타이프할 줄 안다.)

(22)에서 주어는 문장에 나타난 어떤 행동을 할 수 있는 능력을 가지고 있음을 나타낸다.

긍정의 can은 인식적 의미에서는 사용될 수 없으나, 부정과 의문형에서는 적절하다고 Sweetser(1990: 62)는 말하고 있다. 다음에서 보듯이, 어떤 명제는 결론에 도달하는 경로를 따라 있는 힘을 제거하고 있다.

(23) She can't have gone over to the enemy.(그녀는 적에게 붙을 수 없었다.)

이것은 다음과 같이 해석된다.

(24) Some evidence or proposition [such as knowledge of her character] bars me from concluding that she is a traitor.([그녀의 성격을 아는 것과 같은] 어떤 증거나 명제는 그녀가 반역자라는 결론을 내리지 못하게 막는다.)

can의 인식적 의미의 경우에서도 적절한 힘에 대한 영상도식은 권능 도식이다. 그러나 인식적 의미의 경우에는 화자의 능력이 잠재적 힘이며, 그 힘으로 어떤 결론에 도달한다. 즉 인식 영역에서는 그 도식은 이성적, 합리적 힘을 포함하고 있는 것으로 이해된다.

can의 다의성은 다음과 같이 설명된다. can의 근원적 의미와 인식적 의미는 둘 다 권능 도식에 근거를 둔다. 이것은 동일한 영상도식이지만 세부적으로는 서로 구별된다. 이런 점에서 두 의미는 완전히 동일한 것이 아니라 부분적으로만 유사하기 때문에 가족닮음을 이루고 있다. 그리고 물리적 영역에 있는 근원적 의미는 구체적인 원형적 의미로서 은유 과정에 의해 인식 영역에 있는 비원형적 의미인 인식적 의미로 확장된다.

지금까지의 논의를 바탕으로 서법동사가 근원적 의미와 인식적 의미를 가지고 있으나, 그 두 의미가 아무렇게나 놓여 있는 것이 아니라 정연한 체계성을 가지고 있음을 알 수 있다. 은유 과정과 영상도식이 서법동사의 다의성을 체계적으로 설명할 수 있다. 즉 한 표현의 여러 의미들이 구체적인 근원적 의미와 추상적인 인식적 의미를 가지고 있다고 할 때, 그 두 의미는 신체적, 물리적 경험에서 발생한 동일한 영상도식을 포함하고 있다는 점에서 서로 관련된다. 그리고 구체적인 의미가 원형적 의미이며 추상적인 의미는 비원형적 의미이며, 모든 의미는 가족닮음과 같은 유사성을 가지고 있다. 마지막으로 구체적 의미는 은유 과정에 의해 추상적 의미로 확장된다.

20.3. 은유와 시 텍스트 분석

Emily Dickinson의 "Because I could not stop for death"를 개념적 은유를 이용해 해석해 보자.

(25) Because I could not stop for death-
He kindly stopped for me-
The carriage held but just ourselves-
And immortality.

We slowly drove-He knew no haste
And I had put away
My labor and my leisure too,
For his civility-

We passed the School, where children strove
At recess-in the ring-
We passed the fields of gazing grain-
We passed the setting sun-

Or rather-he passed us-
The dews drew quivering and chill-
For only gossamer, my grown-
My tippet-only tulle-

We paused before a house that seemed
A swelling of the ground-
The roof was scarcely visible-
The cornice-in the ground-

Since then-' tis centuries-and yet
Feels shorter than the Day
I first surmised the horses' heads
Were toward eternity.

(우두커니 서서 죽음을 기다릴 수 없었기에-
그는 고맙게도 나를 위해 멈추어 주었다-
마차에는 우리 자신들과-
영원만이 타고 있었다.

우리는 서서히 나아갔다- 그는 서둘 줄을 몰랐다
그리고 나는 버렸다
고난도 안식도,
그의 예의바름 때문에-

우리는 학교를 지났다. 거기 학동들이
노는 시간에 다투고 있었다- 동그랗게 모여서-
우리는 지켜보는 곡물의 들판을 지나갔다-
아니 태양이 우리를 지난 것이야-
이슬이 부르르 떨면서 얼어붙었다-
나의 엷고 가벼운 가운에-
나의 목도리에- 망사로만 짠-

우리는 집 앞에 멈춰 섰다
땅이 도도록해 보이는 곳-
지붕은 희미하게 보였다-
처마 끝은- 땅 속에-
그리고 나서- 수백 년- 그런 대로
하루보다 짧은 것 같구나,
나는 비로소 짐작했다, 말 머리는
영원 쪽을 향해 있다는 것을.)[8]

1연에 나오는 stop, carriage와 같은 시어 때문에, 1연을 이해하기 위해서 인생이 여행으로 이해되고 경험되고 개념화되는 '인생은 여행이다' 은유가 필요함을 알 수 있다. 즉 인생이라는 추상적인 개념을 이해하기 위해서 우리가 일상 속에서 행하는 여행이라는 구체적인 개념을 이용하는 것이다. 여행이란 출발점, 목적지, 그리고 그 중간의 여러 지점들이 있기 마련이다. 여행에 대한 이런 일반적인 내용은 다음과 같이 나타낼 수 있다.

---

[8] 시의 번역은 Lakoff, George & Mark Turner. 1989. *More than cool reason: A field guide to poetic metaphor.* Chicago: The University of Chicago Press를 한국어로 옮긴 이기우・양병호의 『시와 인지』(1996: 6-7)에서 따온 것임.

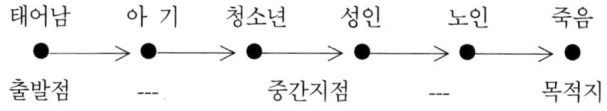

[그림 20.5] '인생은 여행이다'의 인지모형

1연에서 화자는 죽었다. 그러나 그것으로 모든 것이 끝난 것은 아니다. 죽음이란 새로운 시작이다. '죽음'은 '화자'를 '마차'에 태우고 또 다른 새로운 여행을 한다. 화자는 삶에서의 여행이 아니라 죽음 속에서의 새로운 여행길에 오른 것이다. 더욱이 죽음 속에서 화자가 행하는 여행 경로는 삶 속에서 하는 것과 동일하다. 2연에서 5연까지는 화자가 행하는 죽음의 여행에 관한 이야기를 하고 있다. We slowly drove-he knew no haste가 죽음 또한 목적지가 있는 여행으로 이해된다는 사실을 뒷받침해 주고 있다. 인생이 여행으로 이해되듯이, 죽음 또한 여행으로 이해된다면 인생의 마지막 지점은 죽음의 출발점이 될 것이다. 따라서 [그림 20.5]는 다음과 같이 수정되어야 한다.

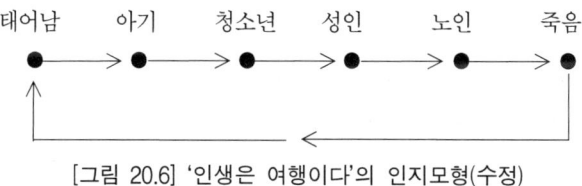

[그림 20.6] '인생은 여행이다'의 인지모형(수정)

2연에서 5연까지는 death가 화자에게 죽음의 여행과 여행을 시켜 주는 상황을 묘사하고 있다. 2연을 보면, '학교'에서 쉬는 시간에 다투고 있는 학생은 '어린 시절의 단계'를 언급하고 있는 것으로 해석할 수 있다. 그리고 fields of grazing grain은 '성숙기의 단계'를 언급하고 있으며, setting sun은 '늙음의 단계'를 언급하고 있는 것으로 해석할 수 있다. 그리고 얼어붙어 있는 dew는 '죽음의 징후'를 언급하는 것으로,

swelling of the ground는 여행의 마지막 지점인 '무덤'을 언급하는 것으로 해석할 수 있다. 6연에서 화자는 육체의 마지막 안식처인 house가 영원(eternity)으로 향하고 있다고 짐작하고 있다.

문제는 시인이 사용하고 있는 school, fields of grazing grain, setting sun, swelling of the ground가 각각 어린 시절, 성숙기, 노년기, 죽음을 언급하고 있다는 것을 어떻게 그렇게 자연스럽게 이해할 수 있느냐 하는 것이다. 아마도 우리는 인생과 죽음을 이해하는 데 도움이 되는 몇 가지 은유를 무의식적으로 알고 있는데, 이것은 시인이 우리가 이런 은유를 알고 있다고 전제하기 때문에 가능하다.

그러면 이 시를 이해하기 위해서는 어떤 은유들이 필요한지를 살펴보자. 먼저, fields of grazing grain이 성숙을 암시한다는 것을 이해하기 위해서 사람을 식물로 경험하고 이해하는 '사람은 식물이다' 은유가 필요하다. 이 은유에서 인간은 생명주기에 관해서 볼 때 식물로 간주된다. 다시 말해, 사람이란 싹이 터서 결국은 시드는 식물로 간주되는 것이다. 식물의 생명주기는 인생의 그것과 상응한다. 다음 표현을 고려해 보자.

(26) a. He is a young sprout.(그는 어린 새싹이다.)
　　　b. He is in full bloom.(그는 활짝 피어 있다.)
　　　c. He is withering away.(그는 시들어 가고 있다.)

(26a)는 그가 인생의 초기 단계에 있음을, (26b)는 성숙되어 있음을, (26c)는 그가 죽음에 직면하고 있음을 뜻한다. 따라서 이 시에서 '사람은 식물이다' 은유를 적용해서 fields of grazing grain이 성숙이라는 인생의 단계를 언급하고 있다는 것으로 해석할 수 있는 것이다.

다음으로, setting sun이 노년을 언급하고, 얼어붙은 dew가 '죽음의 징후'를 언급한다는 것을 이해하기 위해서 '일생은 하루이다' 은유가 필요하다. 하루는 다음과 같은 주기로 나타낼 수 있다.

제20장 은유 465

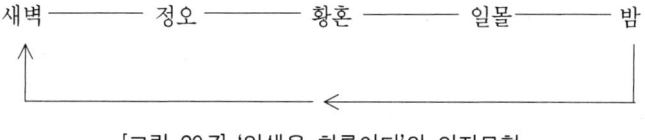

[그림 20.7] '일생은 하루이다'의 인지모형

이 은유에서 '출생'은 '새벽'이며, '성숙'은 '정오'이며, '노년'은 '황혼'이며, '죽음의 순간'은 '일몰'이며, '죽음의 상태'는 '밤'으로 이해된다. 이 은유를 통해서 이 시에 나오는 setting sun은 노년을 언급하는 것으로 이해할 수 있다. 하루에 대한 우리의 관습적인 지식을 통해 알 수 있듯이, 해가 지면 이슬이 생기고 추위가 찾아온다. 은유적으로 말하자면, 죽음이란 밤으로 이해되기 때문에 죽음의 추위는 밤의 추위이다. 이런 죽음의 추위가 찾아옴에도 불구하고 화자는 단지 얇고 가벼운 가운만을 걸치고 있다.

마지막으로, swelling of the ground가 육체의 마지막 안식처인 무덤을 언급한다는 것을 이해하기 위해서 '죽음은 마지막 목적지로의 출발이다' 은유가 필요하다. 이 은유를 이용해서 이성으로부터 떠나는 것과 마지막 목적지로의 여행에 의해 죽음을 이해할 수 있다. 시인이 언급하고 있는 거의 보이지 않는 house는 그녀의 무덤이다. carriage는 '서둘지 않고' 서서히 움직이고 있는 영구차이다. 그리고 얇고 가벼운 가운은 죽을 때 입는 수의이다.

시인이 새로운 방법으로 이런 은유를 확장시키지만, 이런 은유를 창조한 것은 아니다. 이런 은유는 서구 문화에 이미 널리 퍼져 있었던 것이다. 즉 이런 기본 은유는 시인의 독창적인 창조물이라기보다는 문화의 구성원들이 자신의 경험을 개념화하는 방법을 반영하고 있으며, 그런 문화의 한 구성원인 시인은 이런 은유를 이용해서 다른 사람, 즉 독자들과 자연스럽게 의사소통을 하는 것이다.

20.4. 은유와 꿈 해몽

일반적으로 꿈 해몽가의 꿈에 대한 해석이 우리에게 자연스럽고 타당한 것처럼 들린다. 꿈 해몽가의 일은 꿈을 해석하는 것이다. 여기서 꿈 해몽가의 일은 끝이 난다. 그리고 우리는 그 해석에 대해 그럴 듯하다고 고개를 끄덕인다. 문제는 어떻게 꿈 해몽가의 해석이 우리에게 그럴 듯하고 자연스럽고 타당하게 들리느냐 하는 것이다. 왜 꿈 해몽이 우리에게도 자연스럽게 들리느냐 하는 문제를 앞에서 살펴본 개념적 은유를 바탕으로 설명하는 것이 이 절의 목적이다.

꿈은 사고의 한 형태이다. 즉, 꿈은 어떤 내용을 감정적으로 표현하는 하나의 사고이다. 대부분의 사고는 무의식적[9]이며 개념적 은유를 이용한다. 꿈 또한 개념적 은유를 이용하는 무의식적인 사고의 한 형태이다. 사고의 한 형태로서의 꿈은 욕망, 두려움 등과 같은 내용을 표현한다. 꿈에서 관습적인 개념적 은유는 그 꿈의 명시적인 내용과 그 꿈 해몽 사이를 중재한다. 또한 꿈은 무한한 해석 가능성을 가진 과정이다. 그리고 이런 과정이 무엇이냐 하는 것은 개념적 체계 내에 있는 개념적 은유에 의해 결정된다.

그러면 개념적 은유를 바탕으로 꿈 해몽에 타당한 동기를 부여해 보자. 여기서 필자가 제시하는 꿈은 Lakoff(1993)에서 인용한 것이다. 먼저, 첫 번째 꿈을 보자. 허브라는 남자는 여자친구와 사랑에 빠져 그녀와 함께 살았다. 그러나 결국 그것은 불행으로 끝나고 말았다. 그들은 매일 말다툼을 하면서 보냈다. 그들은 어쩔 수 없이 헤어지기로 결심했다. 그날 밤 그는 이런 꿈을 꾸었다. 그들은 버클리로부터 여행을 가고

---

[9] 꿈이 무의식적이라는 것은 Freud가 말하는 꿈의 무의식과는 다르다. 그는 무의식이라는 용어로 억압된 사고를 의미한다. 인지언어학에서 말하는 무의식은 우리가 의식적으로 접근할 수 없고 통제할 수 없는 수준에서 작용하는 대부분의 사고를 말한다.

있었는데, 그때 난폭한 태풍이 불었고, 그들이 샌프란시스코만을 가로질러 있는 리치몬드-라파엘 다리에 도달했을 때 그 다리가 샌프란시스코만 속으로 떨어져 버렸다. 이런 꿈에 대한 해석은 꿈 해몽가의 도움이 없더라도 꿈을 들은 사람은 누구나 그 꿈을 비슷하게 해석해 낼 것이다.

이 꿈은 두 개의 관습적 은유를 사용한다. 하나는 인간 내부의 감정이 외부의 기후 조건이라는 감정 기후 은유이다. 행복한 사람은 햇빛이 찬란한 성향을 가지며, 행복은 빛인 반면에, 슬픔과 의기소침은 어둠이다. 이 은유의 특별한 은유는 '감정적 불일치는 폭풍이다'라는 개념적 은유이다. 이 은유를 통해서 폭풍은 두 사람을 헤어지게 하는 싸움이라는 감정적인 불화를 상징한다. 이 꿈의 해석에 관련된 또 다른 은유는 '사랑은 여행이다' 은유이다. 여행을 떠나는 것은 그들이 함께 살게 되었을 때 같이 행복하게 살자는 의무와 대응관계를 이룬다. 다리가 폭풍에 의해 씻겨가 버리는 것은 사랑 관계의 종말과 대응한다.

또 다른 예로, 서양에서 꿈 해몽에 대한 가장 유명한 보기는 창세기에 나오는 Pharoah의 꿈에 대한 Joseph의 해석을 보자. 그것은 다음과 같다.

(27) In his dream, Pharoah is standing on the river bank, when seven fat cows come out of the river, followed by seven lean cows that eat the seven fat ones and still remain lean. Then Pharoah dreams again. This time he sees seven "full and good" ears of corn growing, and then seven withered ears growing after them. The withered ears devour the good ears. Joseph interprets the two dreams as a single dream. The seven fat cows and full ears are good years and the seven lean cows and withered ears are famine years that follow the good years. The famine years "devour" what the good years produce. (그의 꿈에서 파라오는 강둑에 서 있었는데 그때 살찐 소 일곱 마리가 강에서 나왔고 그 다음에 살찐 소 일곱 마리를 먹었지만 여전히 야위어 있는 야윈 소 일곱 마리가 뒤따라 나왔

다. 그리고 나서 파라오는 다시 꿈을 꾼다. 이번에는 그는 '통통하고 잘 익은' 낟알 일곱 개가 자라는 것을 보았고, 그 다음에 시든 낟알 일곱 개가 자라는 것을 보았다. 시든 낟알은 잘 익은 낟알을 먹어치운다. 요셉은 이 두 꿈을 하나의 꿈으로 해석한다. 살찐 일곱 마리의 소와 통통한 일곱 개의 낟알은 풍년이고 야윈 일곱 마리의 소와 시든 일곱 개의 낟알은 풍년 다음에 발생하는 흉년이다. 흉년은 풍년이 생산한 것을 "먹어치운다.")

서양에서는 유태인이든 기독교이든 간에 수백만 명의 사람들은 이 구절을 읽고 Joseph의 해석이 자연스럽고 합당한 것으로 이해하고 더 이상 논의를 하지 않는다. 문제는 왜 Joseph의 해석이 그렇게 자연스럽게 보이느냐 하는 것이다.

이 해석이 자연스러운 것은 우리의 개념적 체계 내에 있는 개념적 은유 때문이다. 여기에 사용된 첫 번째 은유는 '시간은 이동하는 실체이다'이다. 이 은유는 현재 시간을 규정짓는 관찰자가 있으며, 미래는 그 관찰자 앞에 있으며 과거는 그 사람 뒤에 있는 것으로 본다. 미래 시간은 앞에서 그 사람 쪽을 향해서 이동하며, 과거 시간은 뒤쪽으로 이동하고 있다. 이 개념적 은유는 다음과 같은 구체적인 언어적 은유로 실현된다.

(28) a. The time for action is here.(행동할 시간이 되었다.)
　　 b. The time for waiting has passed.(기다리는 시간이 지나갔다.)
　　 c. The revolution is coming.(혁명이 오고 있다.)
　　 d. Times flies.(세월이 유수 같다.)
　　 e. Time flows by.(시간이 흘러간다.)

이 은유는 시간의 흐름을 묘사하며, 강은 흐르는 실체의 실례이다. 따라서 강은 시간의 흐름에 대한 은유이다. 강에서 나오고 있는 소는 해와 같은 시간의 단위이다. 낟알 또한 시간의 단위이다.

여기서 사용된 두 번째 은유는 '목적을 달성하는 것은 먹는 것이다'이다. 이 은유에서 통통한 것은 성공을 암시하고 야윈 것은 실패를 암시한다. 이 개념적 은유는 다음과 같은 구체적인 언어적 은유로 실현된다.

(29) a. He's starved for a win.(그는 승리에 굶주려 있다.)
　　 b. I can taste victory.(나는 승리를 맛볼 수 있다.)
　　 c. the sweet smell of success(달콤한 성공의 향기)
　　 d. He enjoyed the fruits of his labor.(그는 노동의 열매를 즐겼다.)
　　 e. He's got a lot on his plate.(그는 해야 할 일을 잔뜩 안고 있다.)

이 은유는 '부분은 전체를 대표한다' 환유와 결합한다. 그 환유는 다음과 같은 구체적인 언어적 환유로 실현된다.

(30) a. We've got a good glove at a third base.(우리는 훌륭한 3루수가 있다.)
　　 b. Look at his new wheels.(그의 새 자동차를 보라.)

소와 낟알은 각각 고기와 곡물의 전형으로서, 소 한 마리는 일년 동안 기른 전체 소를 대표하며, 낟알 하나는 일년 동안 재배한 모든 낟알을 대표한다. 통통한 소와 낟알은 일반적인 음식을 대표하며, 이것은 다시 개념적 은유 '목적을 달성하는 것은 먹는 것이다'를 통해 성공을 은유적으로 나타낸다. 통통한 소와 낟알은 또한 '시간은 이동하는 사물이다' 은유를 통해 해를 상징한다. 따라서 통통한 소와 낟알은 풍년을 나타낸다.

　여기에 사용된 마지막 은유는 '자원은 음식이다' 은유로서, 이 은유에서 자원을 다 써 버리는 것은 음식을 먹는 것이다. 이 개념적 은유는 다음과 같은 구체적인 언어적 은유로 실현된다.

(31) a. I've got a gas guzzler.(내 자동차는 기름을 엄청 많이 먹는다.)
　　 b. They've gobbled up all the wood available to the building trades.
　　　 (그것들은 건축업에 드는 모든 목재를 게걸스럽게 먹어치웠다.)

흉년이 풍년을 먹어치우는 것은 풍년의 모든 잉여 자원이 흉년에 의해 고갈됨을 암시하는 것으로 해석된다.

    요컨대, Pharoah의 꿈에 대한 Joseph의 해석이 자연스러운데, 그것은 세 개의 관습적 은유와 하나의 환유가 합성된 결과이다. 그것은 우리 일상의 개념적 체계 내에 있는 은유와 환유가 꿈과 그 꿈에 대한 해몽 사이의 연결 고리를 제공해 주기 때문임을 알 수 있다. 다시 한 번, 무의식적이고 관습적인 개념적 은유는 꿈 해몽에 대한 타당한 동기를 부여해 줌을 알 수 있다.

제21장 환유

21.1. 환유의 유형
    21.1.1. 전체-부분에 입각한 분류
        21.1.1.1. 전체-부분 환유
        21.1.1.2. 부분-부분 환유
    21.1.2. 실체의 종류에 입각한 분류
        21.1.2.1. 공간적 환유
        21.1.2.2. 시간적 환유
        21.1.2.3. 추상적 환유
21.2. 환유와 다의성
    21.2.1. 행위 명사의 다의성
    21.2.2. love의 다의성
    21.2.3. 과거시제 접미사 -ed의 다의성
21.3. 환유와 전환
21.4. 환유와 간접화행

이 장에서는 먼저 인지언어학적인 관점에서 환유를 몇 가지 유형으로 세분화할 것이다. 다음으로 하나의 낱말이 여러 가지 의미를 가지는데, 그 의미들이 환유라는 인지과정에 의해 관련성을 확보해서 다의성이라는 의미 속성을 띤다는 것을 증명해 보일 것이다. 그리고 하나의 동일한 낱말이 각기 다른 품사로 작용하고 기능하는 전환이라는 언어 현상을 환유의 개념으로 살펴볼 것이다. 마지막으로 자신의 의도를 간접으로 전달하는 화행론(speech act theory)의 주제인 간접화행의 현상을 환유 과정으로 설명할 것이다.

21.1. 환유의 유형

이 절에서는 환유의 과정이 부분-전체 관계에 입각한다는 사실에 의해 환유를 전체-부분 환유와 부분-부분 환유로 나누고, 환유의 경우에 한 실체가 다른 실체를 지시한다고 할 때 그 실체의 종류에 따라 환유를 공간적 환유, 시간적 환유, 추상적 환유로 나눌 것이다.

21.1.1. 전체-부분에 입각한 분류

21.1.1.1. 전체-부분 환유

전체 인지모형과 그것을 구성하는 부분들에 입각한 전체-부분 환유(whole-part metonymy)는 전체 인지모형이 무엇인가에 따라 몇 가지 유형으로 나뉜다. 첫 번째는 사물(thing)의 인지모형이다. 특정한 물리적인 사물은 보통 잘 구조화된 경계가 있는 전체를 형성하며 내적으로는 다양한 부분들로 구성된 것으로 간주된다. 사물의 인지모형은 다음과 같은 두 가지 환유를 생성한다.

(1) '전체는 부분을 대표한다'
 a. *He* hit me.(그는 나를 때렸다.)
 b. The *car* needs washing.(그 자동차는 세차할 필요가 있다.)
 c. Let's go to the *theater* tonight.(오늘밤에 연극 보러 가자.)
(2) '부분은 전체를 대표한다'[1]
 a. We need a new *face* in this company.(우리 회사에 새 인물이 필요하다.)
 b. Most people prefer the *ballot* to the *bullet*.(대부분의 사람들은 무력보다는 민주적인 투표제도를 더 좋아한다.)

---

1) Lakoff & Johnson(1980)이 제시한 '장소는 기관을 대표한다'와 '장소는 사건을 대표한다'도 '부분은 전체를 대표한다' 환유에 속한다.

'전체는 부분을 대표한다' 환유는 Langacker(1991b)의 활성지역/윤곽 불일치 상황에서 널리 사용되는데, (1)이 그 예이다. 즉 전체 he와 car는 활성지역 부분인 '그의 주먹'과 '자동차 본체'를 각각 대표하는 것으로 간주된다. 추상적인 사물도 부분을 가지는 것으로 간주한다면, (1c)에서 '극장'이라는 전체 사물이 '연극'이라는 추상적인 부분을 대표한다. '부분은 전체를 대표한다' 환유는 전통 수사학에서 제유(synecdoche)이다. 배의 일부인 sail(돛)이 '범선'이라는 전체 배를 대표하고 (2a)에서와 같이 신체 일부인 face를 사용해 '사람 전체'를 대표하는 것이 그 예이다. 또한 추상적인 사물을 그 부분에 의해 환유적으로 접근할 수 있다. (2b)에서 ballot(비밀 투표)라는 부분이 '민주적 투표제도'를 대표하며, bullet(총탄)이 '무력'을 대표한다.

두 번째는 척도(scale)의 인지모형이다. 척도는 사물의 특별한 경우로서, 척도의 단위들은 그것의 부분이다. 전형적으로 전체 척도는 그 척도의 상단 부분을 대표한다. 다음이 그 예이다.

(3) Henry is *speeding* again.(헨리는 다시 속도를 내고 있다.)

(3)에서 speed는 '매우 빨리 달리다'의 의미로 이해된다.
역으로 부분이 전체 척도를 대표하는 경우도 있는데, 다음이 그 예이다.

(4) How *old* are you?(몇 살입니까?)

(4)에서 old는 '나이에 대한 전체 척도'를 대표한다.
세 번째는 구성(constitution)의 인지모형이다. 재료는 특정한 사물을 구성하는 부분으로 간주된다. 구성의 인지모형은 다음과 같은 두 가지 환유를 생성한다.

(5) '사물은 재료를 대표한다'
   There was *cat* all over the road.(길 전체에 고양이가 있다.)
(6) '재료는 사물을 대표한다'
   wood(나무)

사물과 그것을 구성하는 재료 사이의 관계는 셀 수 있는 실체와 셀 수 없는 실체 사이의 문법적 구분과 대응한다. 사물이 재료로 간주될 때, 그것은 문법적으로는 cat과 같은 질량명사로 부호화된다. 역으로 재료가 사물로 간주될 때, 그 물질은 wood와 같이 보통명사로 부호화된다.

네 번째는 복합 사건(complex event)의 인지모형이다. 한 사건은 서로 구별되는 하위 사건들로 구성된다. 전체 사건을 구성하는 하위 사건들은 시간에 따라 순서대로 발생할 수도 있고 동시에 발생할 수 있다는 점을 받아들인다면, 복합 사건의 인지모형은 다음과 같은 두 가지 환유를 생성한다.

(7) '연속적인 하위 사건들은 복합적 사건을 대표한다'
   a. They *stood* at the altar.(그들은 제단에 서 있었다.)
   b. Mother is *cooking* potatoes.(어머니는 감자 요리를 하고 있다.)
   c. I have to *grade* hundreds of papers.(나는 수백 장의 보고서를 채점해야 한다.)
(8) '공동 존재적 하위 사건들은 복합적 사건을 대표한다'
   Mary *speaks* Spanish.(메리는 스페인어를 구사할 줄 안다.)

연속적인 사건의 경우에, 처음 사건이나 중간 사건 또는 마지막 사건이 관습적으로 복합적인 전체 사건을 대표하는 데 사용될 수 있다. (7a)의 경우에는 '처음 사건'이 '전체 결혼식'을 대표하는 데 사용되고 있다. (7b)의 경우에는 '중간 사건'이 '음식 준비'라는 전체 사건을 대표하고 있다. 즉 음식을 준비하는 것은 재료를 다듬는 처음 사건, 음식을 요리하는 중간 사건, 음식을 차리는 마지막 사건이 있는데, 이 경우에는 중간 사건이 전체 사건을 대표하는 것이다. (7c)의 경우에는 성적을 매기는 전체 사건은 보고서를 읽고 수정하고 성적을 매기는 것으로 구성되어 있는데, 여기서는 마지막 사건이 전체 사건을 대표하고 있다. (8)에서 그녀의 스페인어 구사는 말하기 능력, 듣기 능력, 이해 능력, 작문 능력이라는 언어 능력들과 동시에 존재한다. 이 경우에 말하기 능력이 전체 사건을 대표하고 있다.

다섯 번째는 범주-구성원(category-member)의 인지모형이다. 이 인지모형은 다음과 같은 두 가지 환유를 생성한다.

(9) '범주는 구성원을 대표한다'
the pill(피임약)
(10) '구성원은 범주를 대표한다'
aspirin(아스피린)

(9)의 경우에 '알약'이라는 범주가 그 구성원 중의 하나인 '피임약'을 대표하며, (10)의 경우에는 '진통제'라는 범주의 구성원인 '아스피린'이 '진통제'라는 범주 전체를 대표한다.

여섯 번째는 범주-자질(category-property)의 인지모형이다. 특정 범주에는 그것을 규정하고 한정짓는 다양한 자질들이 있다. 이 인지모형은 다음과 같은 두 가지 환유를 생성한다.

(11) '범주는 한정 자질을 대표한다'
   a. He is a second *Chomsky*.(그는 제2의 촘스키이다.)
   b. Boys will be *boys*.(애는 애다.)
(12) '한정 자질은 범주를 대표한다'
There are many *blacks* around here.(주위에 많은 흑인들이 있다.)

(11a)에서 Chomsky라는 범주는 그의 자질 중의 하나인 '지적 총명함'을 대표한다. (11b)는 항상 참이 되는 항진명제로서, boys라는 범주가

소년의 속성 중의 하나인 '무례함'이라는 자질을 대표한다.[2] (12a)에서는 흑인이라는 범주의 특징 중의 하나는 '검다'는 것인데, 그 자질이 '흑인'을 대표한다.

21.1.1.2. 부분-부분 환유

위에서 살펴본 전체-부분 환유는 전체 인지모형과 부분 사이에 입각한 환유인 반면에, 부분-부분 환유(part-part metonymy)는 전체 인지모형을 구성하는 부분들 사이의 관계에 입각한 환유이다. 부분-부분 환유의 몇 가지 유형을 살펴보자.

첫 번째는 행위(action)의 인지모형을 구성하는 부분들에 입각한 환유이다. 행위의 인지모형에는 다양한 참여자들이 포함되어 있으며, 그 참여자들은 동사로 표현되는 행위와 관련된다. 따라서, 행위의 인지모형은 다음과 같은 다양한 환유를 생성한다.

(13) '도구는 행동을 대표한다'
    a. to *ski*(스키를 타다)
    b. Every morning he *shampoos* his hair.(매일 아침 그는 샴푸로 머리를 감는다.)
(14) '행위자는 행동을 대표한다'
    a. to *butcher* the cow(소를 도살하다)
    b. to *author* a book(책을 저술하다)
(15) '행동은 행위자를 대표한다'
    He is a *snitch*.(그는 밀고자이다)
(16) '행동에 관여한 사물은 행동을 대표한다'
    to *blanket* the bed(침대를 담요로 덮다)
(17) '행동은 그것에 관여한 사물을 대표한다'
    Give me one *bite*.(한 입만 줘라.)

---

[2] 항진명제는 문자적으로 정보 제공을 하지 못하는 명제로 간주되어 왔는데, 환유에 의해 독특한 의미를 가지게 된다.

(18) '결과는 행동을 대표한다'
　　　a *screw-up*(중대한 실수)
(19) '행동은 결과를 대표한다'
　　　a deep *cut*(깊게 베인 상처)
(20) '수단은 행동을 대표한다'
　　　He *sneezed* the tissue off the table.(그는 재채기를 해서 화장지를 탁자에서 떨어트렸다.)
(21) '행동의 방식은 행동을 대표한다'
　　　She *tiptoed* to her bed.(그녀는 침대까지 발끝으로 걸어갔다.)
(22) '행동하는 데 걸린 시간은 행동을 대표한다'
　　　to *summer* in Paris(파리에서 여름을 지내다)
(23) '목적지는 이동을 대표한다'
　　　to *porch* the newspaper(신문을 현관에 던지다)
(24) '이동의 시간은 이동에 관여한 실체를 대표한다'
　　　The *8:40* just arrived.(막 8시 40분이 되었다.)

위의 모든 환유에서 낱말의 품사는 바뀌었지만 낱말의 형태는 동일하다는 점을 지적할 수 있다.3)

두 번째는 지각(perception)의 인지모형에 기초를 둔다. 의도적인 지각은 본질적으로 행위적이기 때문에 행위의 인지모형에 기초해서 나오는 환유와 동일한 환유가 생성된다. 몇 가지 예를 보자.

(25) '지각 도구/기관은 지각을 대표한다'
　　　to *eye* someone.(누군가를 눈여겨보다.)
(26) '지각 방식은 지각을 대표한다'
　　　She *squinted* through the mailbox.(그녀는 우체통을 실눈으로 보았다.)

(25)에서 지각의 도구인 '눈'이 '보다'라는 지각을 대표하며, (26)에서 '실눈으로 보다'는 지각 방식이 '보다'라는 지각을 대표한다.

---

3) 이에 대한 설명은 21.3에서 자세히 다루기로 한다.

반면에 비의도적 지각은 다음과 같은 환유를 생성한다.

(27) '지각은 지각 대상을 대표한다'
   a gorgeous *sight*(화려한 광경)
(28) '지각 대상은 지각을 대표한다'
   There goes my *knee*.(무릎이 아프다.)

(27)에서 '시각'이라는 지각이 '지각 대상'을 대표하며, (28)에서는 지각 대상인 '무릎'이 '아프다'라는 지각을 대표한다.

세 번째는 인과관계(causation)의 인지모형에 입각한 환유이다.

(29) '원인은 결과를 대표한다'
   healthy complexion(좋은 건강)
(30) '결과는 원인을 대표한다'
   slow road(더딘 길)

(29)에서 '건강한 혈색'이라는 원인이 그것으로 초래된 '좋은 건강'을 대표한다. (30)에서 '더딘 교통'이라는 결과가 그것을 초래한 좋지 못한 '도로 사정'을 대표한다.

이 두 환유 중에서 '결과는 원인을 대표한다' 환유가 더 널리 퍼져 있는 것처럼 보인다.

(31) '상태/사건은 그것을 초래한 사물/사람/상태를 대표한다'
   a. She was a *success*.(그녀는 성공한 사람이었다.)
   b. He was a *failure*.(그는 실패한 사람이었다.)
   c. She is my *ruin*.(그녀는 나의 파멸자이다.)

네 번째는 생산(production)의 인지모형에 입각한 환유이다. 생산의 인지모형에는 생산자와 생산품이 있다. 이 인지모형은 다음과 같은 환유를 생성한다.

(32) '생산자는 생산품을 대표한다'
　a. He bought a *Ford*.(그는 포드 자동차를 구입했다.)
　b. He's got a *Picasso* in his den.(그는 자신의 사실에 피카소 그림이 있다.)
　c. I hate to read *Heidegger*.(나는 하이데거의 책을 읽는 것을 싫어한다.)
(33) '장소는 생산품을 대표한다'
　a. *java*(자바산 커피)
　b. *china*(중국산 도자기)

이 환유에 대해 주목해야 할 부분은 여기에서는 역의 환유가 발생하지 않는다는 점이다. 즉 '생산품은 생산자를 대표한다'나 '생산품은 장소를 대표한다'라는 환유는 없다는 것이다.

다섯 번째는 통제(control)의 인지모형에 입각한 환유이다. 통제의 인지모형에는 통제자와 통제물이 있다. 이 인지모형은 다음과 같은 환유를 생성한다.4)

(34) '통제자는 통제물을 대표한다'
　Schwarzkopf defeated Iraq.(슈와츠코프는 이라크를 쳐부쉈다.)
(35) '통제물은 통제자를 대표한다'
　The *Mercedes* has arrived.(메르세데스 벤츠사가 막 도착했다.)

여섯 번째는 소유(possession)의 인지모형에 입각한 환유이다. 소유의 인지모형에는 소유자와 소유물이 있다. 이 인지모형은 다음과 같은 환유를 생성한다.

---

4) 사용 관계가 통제 인지모형에 입각한 환유의 한 유형이 되기 때문에, Lakoff & Johnson(1980)이 제시한 '사용된 사물은 사용자를 대표한다' 환유도 이 범주에 속한다.

(36) '소유자는 소유물을 대표한다'
　　　This is *Harry*.(이것은 *해리*의 것이다.)
(37) '소유물은 소유자를 대표한다'
　　　a. She married *money*.(그녀는 *재벌*과 결혼했다.)
　　　b. She married *power*.(그녀는 *권력가*와 결혼했다.)

일곱 번째는 포함(containment)의 인지모형에 입각한 환유이다. 포함의 인지모형에는 그릇과 그 안에 있는 내용물이 있다. 이 인지모형은 다음과 같은 환유를 생성한다.

(38) '그릇은 내용물을 대표한다'
　　　Do you want another *cup*.(*한잔* 더 하시겠습니까?)
(39) '내용물은 그릇을 대표한다'
　　　The *milk* tipped over.(*우유 그릇*이 뒤집어졌다.)

요컨대, 환유는 크게 두 가지 개념적 형상에 기초해서 만들어진다. 하나는 전체 인지모형과 그 부분, 즉 전체-부분 환유이며, 다른 하나는 전체 인지모형의 부분들, 즉 부분-부분 환유이다.

21.1.2. 실체의 종류에 입각한 분류

환유의 경우에 한 실체가 다른 실체를 지시한다고 할 때, 그 실체가 어떤 종류의 실체이며, 지시의 유형이 어떠한 것인지에 따라 환유를 세 가지 유형으로 분류할 수 있다.

21.1.2.1. 공간적 환유

공간적 환유(spatial metonymy)는 한 실체가 다른 실체를 지시할 때 그 실체가 공간적 실체5)인 환유를 말한다. 공간적 환유는 크게 전체-부분 유형과 그릇-내용물 유형으로 세분화될 수 있다.

공간적 환유의 전체-부분 유형을 예와 같이 제시하면 다음과 같다.

(40) '사물은 구성 요소를 대표한다'
　　a. The *windmill* is turning.(풍차 날개가 돌고 있다.)
　　b. He picked up the *telephone*.(그는 전화 수화기를 들었다.)
(41) '조직은 구성원을 대표한다'
　　The *committee* have decided to raise membership fees for next year.(위원들은 내년에 회비를 인상하고자 결정했다.)

풍차에는 풍차 날개가 그 구성 요소로 있는데, (40)에서는 windmill이라는 전체 사물을 사용해서 그 구성 요소인 풍차 날개를 대표하고 있다. 위원회라는 단체에는 여러 명의 위원들이 그 구성 요소로 있는데, (41)에서는 committee라는 전체 조직을 사용해서 위원이라는 구성 요소를 대표하고 있다.

공간적 환유의 그릇-내용물 유형에는 다음과 같은 예가 있다.

(43) a. The *dam* has dried up.(댐의 물이 바싹 말랐다.)
　　b. The *kettle* is boiling.(주전자의 물이 끓고 있다.)
　　c. He drank three *bottles*.(그는 세 병의 술을 마셨다.)

위의 문장에서 dam, kettle, bottles는 모두 그릇이지만 실제로 가리키는 것은 그 속에 들어 있는 내용물이다.

21.1.2.2. 시간적 환유

시간적 환유(temporal metonymy)는 크게 두 가지 유형으로 나뉘는데, 하나는 전체 사건과 하위 사건 사이의 관계에 근거를 두는 것이고, 다른

---

5) 여기서 말하는 공간적 실체라는 것은 시간과 대비되는 공간의 개념이 아니라 추상적이라는 개념과 대비되는 구체적인 사물을 언급하고 있다. 즉, 넓은 의미에서 공간적 실체는 물리적인 구체적 사물이다.

하나는 선행 상황과 후속 상황 사이의 관계에 근거를 두는 것이다.
시간적 환유 '하위 사건은 전체 사건을 대표한다'는 다음으로 예증된다.

(44) a. He is *reading* for the first degree.(그는 학사 학위를 받기 위해 공부하고 있다.)
b. She can hardly *get out of bed*.(그녀는 침대에서 일어나지를 못한다.)
c. She was *up and about*.(그녀는 병에서 회복되었다.)

(44a)의 reading은 studying의 한 부분이다. 즉 reading은 '학사 학위를 취득하는 것'이라는 전체 사건에 대한 하위 사건이다. (44b)에서 그녀는 침대에서 거의 밖으로 나올 수 없는 처지인데, 이것은 '심하게 앓는 것'이라는 전체 사건을 환유적으로 지시하는 하위 사건이다. (44c)에서 being up and about은 '회복'이라는 전체 사건에 대한 하위 사건이다.

시간적 환유의 '선행 상황-과정-후속 상황' 유형은 과정적인 속성을 가지고 있는데, 이 유형의 기본 구조는 크게 원인에 해당하는 선행 상황, 과정, 결과에 해당하는 후속 상황으로 이루어져 있다. 이런 세 가지 요소로 구성된 '선행 상황-과정-후속 상황' 유형의 지시 관계에 기초해서 다음과 같은 하위 유형들로 세분화되는데, 그것을 예와 같이 제시하면 다음과 같다.

(45) '선행 상황은 과정을 대표한다'
He *took off* the uniform at last.(그는 마침내 사임했다.)
(46) '과정은 선행 상황을 대표한다'
a. There are a lot of *allurements* in big cities.(대도시에는 유혹물들이 많이 있다.)
b. The Milford Track is the finest *walk* in the world.(밀포드 트랙은 세계에서 가장 좋은 산책길이다.)

사임하기 위해 직책을 대표하는 유니폼을 먼저 벗는데, 옷 벗기라는 선행 상황을 사용해 '사임'이라는 전체 과정을 대표하고 있다. 유혹과 걷기라는 과정이 이루어지기 위해서는 먼저 각각 유혹물과 산책길이 있어야 하는데, (46)에서는 allurement와 walk라는 과정이 그 과정의 선행 상황인 유혹물과 산책길을 환유적으로 대표한다.

이 유형은 다음에서와 같이 탈동사화된 명사에서도 나타난다.

(47) '과정은 후속 상황을 대표한다'
I carried the sheat of *printouts* to a crowded table in the periodicals room.(나는 출력물을 정기간행물실의 혼잡한 탁자로 가져갔다.)
(48) '후속 상황은 과정을 대표한다'
I want to *cash* a check.(나는 수표를 현금으로 *바꾸고* 싶습니다.)

출력이라는 과정의 결과로 출력물이 나오는데, (47)에서는 출력이라는 과정으로 출력물이라는 후속 상황을 환유적으로 대표하고 있다. 현금 교환이라는 과정은 그 결과로 현금이 생기게 되는데, (48)에서는 cash라는 후속 상황을 사용해서 현금 교환이라는 과정을 환유적으로 대표한다.

또 다른 시간적 환유와 그 예를 보자.

(49) '선행 상황은 후속 상황을 대표한다'
I squeezed her shoulder gently and offered to make her some *eggs*.(나는 그녀의 어깨를 부드럽게 쥐고 그녀에게 *계란 요리*를 해 주겠다고 제안했다.)

요리를 할 때 재료가 있을 것이고 그 재료를 사용해서 특정한 음식이 나오게 된다. 이때 재료는 선행 상황이고 요리는 과정이고 완성된 요리인 음식은 후속 상황이다. (49)에서는 재료가 되는 some eggs를 사용해서 오믈렛과 같은 계란 요리라는 후속 상황을 가리킨다.

또 다른 시간적 환유와 그 예를 보자.

(50) '후속 상황은 선행 상황을 대표한다'
  a. She is my *pride* and *joy*.(그녀는 나의 *자부심이자 기쁨*이다.)
  b. The news was a great *satisfaction* to all of us.(그 소식은 우리 모두에게 상당히 만족스러운 것이었다.)
  c. Self-complacency is the *death* of the artist.(자기 독선 때문에 그 예술가는 죽는다.)

(50a)에서 그녀 때문에 나에게 자부심과 기쁨이 생긴다. 즉, 그녀는 기쁨과 자부심에 대한 선행 상황이고 그녀로 인해 결과적으로 자부심과 기쁨이라는 후속 상황이 생기는 것이다. 이때 후속 상황인 pride와 joy를 사용해서 그것을 야기한 어떤 사람을 대표하고 있다. (50b)에서 satisfaction이라는 후속 상황은 이에 앞서는 만족시켜 준 소식이라는 선행 상황을 대표한다. (50c)에서 death라는 후속 상황은 죽음의 원인인 자기 독선이라는 선행 상황을 대표한다.

21.1.2.3. 추상적 환유

추상적 환유(abstract metonymy)의 경우에 어떤 실체가 가지고 있는 추상적인 자질은 전체 실체를 대표한다. 추상적 환유의 예는 다음이다.

(51) '자질은 사물을 대표한다'
  a. The Prime Minister is here to see you, Your *Majesty*.(국무총리가 폐하를 뵙고자 왔습니다.)
  b. She was considered a great *beauty* in her youth.(그녀는 젊은 시절에 상당한 미인으로 간주되었다.)

(51)에서 majesty 및 beauty와 같은 어떤 사물의 추상적인 자질이 폐하 및 미인과 같은 구체적인 사물을 환유적으로 대표하고 있다.

21.2. 환유와 다의성

다의성이란 하나의 언어 단위가 관련된 여러 가지 의미를 가지는 언어 현상으로서, 여러 가지 의미들을 연결 짓는 인지과정이 있기 마련인데, 이 절에서는 환유라는 인지과정을 통해 여러 의미들이 어떻게 관련성을 가지게 되어 다의성의 자격을 갖게 되는지 살펴볼 것이다. 특히, 행위 명사가 가지고 있는 다의성을 비롯해서 love라는 낱말, 과거시제 접미사 -ed의 다의성을 살펴볼 것이다.

21.2.1. 행위 명사의 다의성

여기서는 환유라는 인지과정에 기초해서 동사에서 파생된 행위 명사가 가지는 다의성의 본질을 밝혀보고자 한다. 다의성은 하나의 낱말이 여러 의미들을 가지며, 더욱이 그 여러 의미들이 체계적으로 관련되어 있는 언어 현상이다. 이때 여러 의미들을 서로 관련시키는 장치가 있는지의 문제가 발생할 수 있는데, 그 해결책은 은유 및 환유와 같은 인지과정이다. 여기서는 여러 의미들을 연결하는 인지장치 중의 하나인 환유에 기초해서 행위 명사(action noun)의 다의성을 다룰 것이다.

환유를 통해 다의성을 밝힐 때 기억해야 할 점은 환유는 단 하나의 인지모형에서 발생한다는 점이다. 한 인지영역에 특정한 사물이 있다고 할 때, 그 사물은 보는 각도에 따라 여러 가지 모습으로 나타날 수 있다. 이때 어느 부분을 지각하느냐에 따라 각기 다른 모습, 즉 다른 의미가 나타나며, 그 여러 의미들은 동일한 하나의 인지모형에서 발생한다는 점에서 관련성이 있다.

먼저 행위 명사 delivery를 포함하고 있는 다음 예를 보자.

(52) a. The final delivery lasted an hour.(마지막 배달이 한 시간 동안 계속되었다.)
b. The final delivery was in huge paper boxes.(마지막 배달물이 거대한 종이 상자 안에 있었다.)
c. The final delivery was careless and sloppy.(마지막 배달은 부주의하고 너절했다.)

(52a)에서 행위 명사 delivery는 배달하는 행위를 나타내며, 배달하는 행위가 한 시간 동안 지속되었다는 것을 의미한다. (52b)에서는 배달 행위의 구체적인 결과물을 나타내며, (52c)에서는 배달하는 행위가 수행되는 방식을 나타낸다. 즉 동일한 하나의 행위 명사 delivery가 행위, 결과물, 방식이라는 세 가지 의미를 가지며, 이 세 의미가 밀접하게 관련되어 있다는 점에서 다의적임을 알 수 있다.

delivery 외에, criticism(비평), painting(그림), work(작업), writing(작문), recording(기록), description(기술), applause(박수갈채), performance(공연) 또한 행위, 결과물, 방식 사이의 다의성에 대한 좋은 실례가 된다. 예컨대, description 또한 delivery와 동일한 의미구조 양상을 보여준다.

(53) a. The description ran for an hour.(기술이 한 시간 동안 진행되었다.)
b. The description appeared on the front page.(기술이 첫 쪽에 나왔다.)
c. The description was thorough.(기술이 완전했다.)

(53a)에서 행위 명사 description은 한 시간 동안 지속되는 성질이 있는 행위를, (53b)에서는 기술의 결과물을, (53c)에서는 기술되는 방식을 의미한다.

행위 명사가 가지는 세 가지 의미, 즉 행위, 행위의 결과, 행위가 수행되는 방식은 직관적으로 관련이 있음을 느낄 수 있다. 즉 이 세 요소는 하나의 인지모형 내에서 서로 밀접하게 관련되어 있는 것이다. 그리고 이 세 요소는 근원 동사가 환기시키는 현저한 요소이다. 그러면 행위 명사가 환기하는 인지모형이 무엇인지 살펴보자. 먼저, 배달이나 기술이라는 것은 그 행위를 수행하는 행위자 및 행위의 대상이 되는 사물이 있기 마련이다. 더욱이 행위자는 어떤 행위를 특정한 방식으로 수행할 것이며, 그 수행 결과로 특정한 결과물이 나올 것이다. 이런 맥락에서 행위 명사의 인지모형은 다음과 같다.

행위자	행위를 수행하는 사람
수동자	행위의 영향을 받는 사람 및 사물
행위	실제 행위
방식	행위를 수행하는 방식
결과	행위를 수행한 후의 결과

[그림 21.1] 행위 명사의 인지모형

행위 명사의 이런 인지모형은 행위 명사의 근원이 되는 동사의 구체적인 의미구조에 의해 결정된다. 이 다섯 요소들 중에서 행위 그 자체와 직접적으로 관련있는 요소는 행위, 결과, 방식이다. 행위 명사의 이런 세 의미들 간의 관계는 다음과 같은 두 가지 환유에 의해 가능하다.

(54) a. '행위는 생산물을 대표한다'
　　b. '행위는 방식을 대표한다'

이런 행위 명사의 전체 인지모형 중에서 특정한 의미는 특정한 요소가 전체 인지모형을 대표해서 획득된다. (52-53)에서 행위 명사가 행위 그 자체의 의미를 가지는 것은 위의 인지모형 중에서 행위라는 부분을 선택해서 전체 인지모형을 의도함으로써 가능하다. 행위의 방식 및 결과의 의미 또한 같은 방식으로 획득된다. 즉 각 특정 부분을 사용해서 행위 과정 전체를 대표하는 환유 과정에 의해 가능한 것이다.

21.2.2. love의 다의성

이 절에서는 낱말 love의 여러 의미들이 환유에 의해 서로 관련된다는 것을 보이고자 한다. 다음 예들을 보자.

(55) a. I was overwhelmed by love.(나는 사랑에 압도되었다.)(=강렬한 감정, 열정)
 b. The love between them is strong.(그들 간의 사랑은 강하다.)(=관계)
 c. Her love of music knows no boundary.(음악에 대한 그녀의 사랑은 끝을 모른다.)(=열광)
 d. Come here, love.(이리와, 내 사랑.)(=사랑의 대상)
 e. I love ice-cream.(나는 아이스크림을 좋아한다.)(=좋아함)
 f. They are lovers.(그들은 연인이다.)(=성적 파트너)
 g. I gave her all my love.(나는 그녀에게 나의 모든 사랑을 주었다.)(=애정)

위의 예에서 볼 수 있듯이, love에는 다양한 의미들이 있다. 이런 의미들의 관련성을 포착하기 위해서는 환유와 인지모형의 개념이 필요하다. 환유는 단 하나의 인지모형의 요소들 사이에서 발견할 수 있다는 것은 이제 잘 알려진 사실이다. 낭만적 사랑의 인지모형에는 연인, 연인들이 느끼는 강렬한 감정, 연인들 사이의 관계, 애정을 포함해서 사랑의 감정에 의해 전형적으로 가정되는 다양한 태도 및 행동, 좋아함, 열정, 섹스 등이 포함된다. 사랑에 대한 기본적인 의미들의 확장 현상은 다음과 같은 일련의 환유를 제시함으로써 설명할 수 있다.

(56) a. '사랑은 그 관계를 대표한다'(55b)
    b. '사랑은 그 감정의 사물을 대표한다'(55d,f)
    c. '사랑은 감정의 주체를 대표한다'(55f)
    d. '사랑은 그 자질을 대표한다'(55c,e,f,g)

더 일반적으로는 다음과 같은 그에 상응하는 개념적 환유를 가질 수 있다.

(57) a. '감정은 그것이 만들어내는 관계를 대표한다'
    b. '감정은 감정의 사물을 대표한다'
    c. '감정은 감정의 행위자를 대표한다'
    d. '감정은 그 감정의 자질을 대표한다'

그러나 love의 몇 가지 의미들을 설명해 주는 위의 환유들이 감정 영역에만 국한된 것은 아니다. 가장 일반적인 층위에서, 우리는 사랑과 관계해서 다음과 같은 환유들을 찾을 수 있다.

(58) a. '원인은 결과를 대표한다'; '감정은 관계를 대표한다'
    b. '결과는 원인을 대표한다'; '감정은 사물을 대표한다'
    c. '상태는 행위자를 대표한다'; '감정은 행위자를 대표한다'
    d. '전체는 부분을 대표한다'; '감정은 자질을 대표한다'

'전체는 부분을 대표한다' 환유는 '사랑은 애정을 대표한다', '사랑은 좋아함을 대표한다', '사랑은 열정을 대표한다', '사랑은 섹스를 대표한다'를 그 특별한 경우로 포함할 것이다.

21.2.3. 과거시제 접미사 −ed의 다의성

영어의 과거시제 접미사 -ed의 중심 의미는 어떤 사건이나 상태가 말하고 있는 현재 시점 이전에 발생했다는 것이다. 이 외에도 과거시제 접미사 -ed는 현재에 대한 반대인 현재의 반사실성(counterfactuality)를 표현하기도 한다. 다음 예를 참고해 보자.

(59) If I had enough time…(시간이 충분히 있다면…)
(60) a. I wish I knew the answer.(난 답을 알고 있으면 좋겠어.)
　　　b. It would be nice if I knew the answer.(답을 안다면 좋을 텐데.)

위의 문장에 있는 과거시제 접미사 -ed는 과거의 시점에서가 아니라 말하고 있는 현재 시점에서의 반사실성을 나타낸다. (59)는 말하고 있는 현재 시점에서 화자가 충분한 돈을 가지고 있지 않음을 암시하고, (60)은 화자가 답을 알고 있지 않음을 전달한다.

　문제는 어떻게 과거시제 접미사 -ed가 외관상 과거 시간과 관계가 없는 것처럼 보이는 현재 사실에 대한 반사실성의 의미를 표현하는 데 사용될 수 있는지이다. 그 이유는 과거시제 접미사 -ed의 과거 사실과 현재의 반사실성 사이에 환유적 사상이 작용을 하고 있기 때문이다. 예컨대, I was ill last week라는 문장은 '지난주에 아팠다'는 의미인데, 이것은 결국 지금 현재는 아프지 않다는 추론을 이끌어 낼 수 있다. 즉, 과거시제는 과거에 대한 긍정이면서 동시에 현재에 대한 부정을 암시하는 역할을 한다. 과거시제의 사용이 현재의 반사실성을 암시한다고 하면, 과거시제는 '과거 시간'이라는 의미를 가지는데, 그 의미는 어떤 사건이나 상태가 현재에는 참이 아니라는 추론을 포함하는 더 큰 의미의 부분이라고 제안할 수 있다. 따라서 '부분은 전체를 대표한다' 환유가 과거시제 접미사 -ed가 가지는 두 의미인 과거의 사실성과 현재의 반사실성 사이의 관계를 설명해 준다고 말할 수 있다.

　과거시제가 사건의 반사실성을 나타내는 것 외에도, 그것은 화용적 연화제(pragmatic softner)로 사용되기도 한다. 과거시제를 선택해서 화자는 발화가 청자에게 미칠 수 있는 영향을 완화시킬 수 있다. 따라서 (61b)는 (61a)보다 더욱더 재치 있게 청자의 사생활에 개입할 수 있는 방법이다.

   (61) a. Excuse me, I want to ask you something.(실례합니다만, 뭐 좀 묻고 싶은데요.)
        b. Excuse me, I wanted to ask you something.(실례합니다만, 뭐 좀 묻고 싶은데요.)

과거시제의 이런 화용적 연화제의 기능은 영어에서 과거시제 서법동사의 의미에서 이미 관습화되었다. 다음 문장을 보자.

   (62) a. Can you help me?(나 좀 도와줄 수 있습니까?)
        b. Could you help me?(나 좀 도와줄 수 있습니까?)
   (63) a. Will you help me?(나 좀 도와주시겠습니까?)
        b. Would you help me?(나 좀 도와주시겠습니까?)
   (64) a. John may know.(존은 알 수도 있다.)
        b. John might know.(존은 알 수도 있다.)
   (65) a. You shall speak to him.(당신은 그에게 이야기해야 해.)
        b. You should speak to him.(당신은 그에게 이야기해야 해.)

위의 문장에서 (62-63b)는 (62-63a)보다 요청이 직접적이지 않은 것으로 느껴진다. (64b)는 (64a)보다 더욱더 불확실성을 표현한다. (65b)는 단지 충고를 주지만 (65a)는 명령의 힘을 가지고 있다.

과거시제가 화용적 연화제로 사용되는 현상은 은유로도 설명할 수 있다. 이것은 이중 은유화(double metaphorization)를 포함한다는 점에서 다소 복잡하다. 먼저, '시간은 공간이다' 은유가 있다. 이 은유는 시간 영역을 공간 영역에 의해 경험하고 이해하는데, 다음과 같은 표현들이 이 개념적 은유로 이해되는 언어적 은유이다.

   (66) a. distance past(먼 과거)
        b. near future(가까운 미래)

다음으로, '참여는 가까움이다, 참여의 부재는 먼 거리이다' 은유는 과거시제가 화용적 연화제로 확장되는 현상을 설명하는 데 참여한다. 이 은유는 다음과 같은 언어적 은유에 내재해 있다.

(67) a. Tom distanced himself from the proposal.(톰은 그 제안과 거리를 두었다.)
 b. Tom has a close relationship with those about him.(톰은 주위 사람들과 친밀한 관계를 맺고 있다.)

그러면 이중 은유화가 과거시제의 화용적 연화제의 기능을 어떻게 설명하는지 보자. 먼저, 과거시제라는 시간 영역이 공간 영역에 의해 이해된다. 즉 현재 시점을 중심으로 한 사태가 현재보다 이전의 시점에 있다는 것은 공간적으로 볼 때 현재의 위치보다 더 멀리 떨어져 있음을 의미한다. 다음으로, 사회 영역이 공간 영역에 의해서 이해된다. 즉 누군가가 한 사건에 직접적으로 참여하고 있지 않다는 것은 그 사람과 사건 사이에 공간적으로 거리를 두고 있다는 것을 의미한다. 따라서 과거시제를 사용하여 화자는 그가 참여하고 있는 화행과 거리를 둠으로써 그 화행에서 발생할 수 있는 결과로부터 자신을 배제할 수 있다.

21.3. 환유와 전환

이 절에서는 전환 현상이 인지과정으로서의 환유에 의해 동기부여 된다는 것을 보일 것이다. 전환(conversion)은 명사나 형용사가 파생(derivation) 과정 없이 동사라는 새로운 범주로 사용되는 어형성(word formation) 과정을 말한다. 다음이 그 예이다.

(68) a. The waitress cleaned the table.(웨이트리스는 탁자를 닦았다.)
b. He headed the ball into the goal.(그는 공을 골대로 헤딩했다.)
c. He hammered the nail into the wall.(그는 망치로 못을 벽에 박아 넣었다.)

전환에 의해 초래되는 새로운 언어 범주는 동사이다. 동사는 일종의 사건을 표현하는 통사 범주이다. 근원이 되는 명사/형용사와 목표가 되는 동사 사이의 관계 설정은 동사가 환기하는 사건 도식을 두 범주가 공유하고 있기 때문에 가능하다. 특히 세 가지 유형의 사건의 인지모형이 전환을 위한 환유가 작용하는 인지모형이 될 것이다. 행위의 인지모형, 이동의 인지모형, 상태성(essive)의 인지모형이 그것이다.

첫 번째는 행위의 인지모형이다. 행위의 인지모형은 행위자가 특정한 방식으로 도구를 사용하고 에너지를 수동자에 발휘해서 그에게 영향을 미치는 사건을 표현하는 인지모형이다. 이런 점에서 행위의 인지모형은 다음과 같이 나타낼 수 있다.

행위자	행위를 수행하는 사람
수동자	행위의 영향을 받는 사람 및 사물
행위	실제 행위
방식	행위가 수행되는 방식
도구	행위를 수행하는 도구
결과	행위가 수행된 후의 결과

[그림 21.2] 행위의 인지모형

행위의 인지모형 중에서 특정 요소를 선택해서 윤곽부여 하면, 그 요소는 전환 동사의 근원 명사와 관련된 행위를 하는 것으로 이해된다. 행위자, 행위, 결과를 제외한 행위의 인지모형의 요소들이 선택되어 그 전체 행위의 한 특정 면을 강조하는 데 사용될 수 있다. 따라서 수동자나 도구, 방식이 전체 행위의 인지모형을 대표할 수 있다. 다음 예를 보자.

(69) a. He is to fish salmon.(그는 연어를 잡는다.)
　　 b. He is to lure/hook/harpoon/net fish.(그는 물고기를 꾀어 들인다/낚시에 건다/작살로 죽인다/그물로 잡는다.)
　　 c. He is to fish pearls.(그는 진주를 뒤진다.)

(69a)는 전체 행위의 인지모형 중에서 수동자가 윤곽부여 되어 전체 행위의 인지모형을 대표하고 있다. '미끼', '낚싯바늘', '작살', '그물'과 같은 낚시 도구가 의도적으로 사용되며, 그런 도구를 기술하는 명사가 동사로 전환될 수 있는데, (69b)가 그 대표적인 예이다. 고기 잡는 방식이 윤곽부여 될 수 있다. (69c)는 'to take pearls from the bottom of the sea like one takes or catches fish(고기를 잡는 것처럼 바다의 밑바닥부터 진주를 캐다)'로 의역된다. 여기에서는 오직 고기 잡는 방식이나 상황만이 적절하다. 즉 고기가 미끼를 물 때까지 기다리는 데 인내가 필요한 것처럼, 바다 밑에서 진주를 찾아내는 데도 상당한 인내가 요구되는 것이다.

　다음은 행위의 인지모형에서 수동자, 도구, 방식을 각각 윤곽부여 한 결과로 동사로의 전환이 발생하는 대표적인 예들이다.

(70) a. crew(승무원으로 일하다), anger(성나다)(수동자 동사)
　　 b. head(나아가다), veto(거부하다)(도구 동사)
　　 c. queue(줄을 짓다), balloon(기구를 타고 올라가다)(방식 동사)

　두 번째는 이동의 인지모형이다. 이동의 인지모형은 출발점, 경로, 목적지, 이동자로 구성되어 있다. 이동의 인지모형은 [그림 21.3]과 같이 나타낼 수 있다.

　인간의 관점에서 볼 때, 출발점보다는 목적지가 더 현저하기 때문에, 이동의 인지모형에 기초해서 전환 과정으로 초래되는 동사는 주로 목적지 동사인 것이 당연하다. 목적지의 유형은 도착의 유형을 결정하기 마련

이동자	이동을 행하는 사람
출발점	이동자가 출발하는 지점
경로	이동자가 경유하는 지점
목적지	이동자가 도착하는 지점

[그림 21.3] 이동의 인지모형

이다. 따라서 목적지의 유형은 전환된 각 동사의 독특한 의미를 결정한다. 다음 예를 보자.

(71) a. The tide had gone out, leaving the boat stranded on the rocks. (조수가 빠져 나간 뒤에 배가 바위 위에 좌초되었다.)
　b. Before going home, the fisherman beached his boat.(집으로 가기 전에 어부는 배를 뭍으로 끌어올렸다.)
　c. The plane was forced to land in Cairo.(비행기가 카이로에 어쩔 수 없이 착륙했다.)
　d. The submarine surfaced again.(잠수함이 다시 떠올랐다.)
　e. The plane was grounded there for 24 hours by the hijackers. (비행기가 비행기 납치범들에 의해 24시간 동안 그곳에 이륙되지 않은 채 있었다.)

(71a)의 leave the boat stranded는 'the land bordering a sea, lake, or river(바다나 호수, 강에 접하고 있는 땅)'를 의미하는 폐어인 strand(바닷가)라는 명사와 관련이 있다. 폭풍 때문에 좌초된 배는 속수무책이고 움직일 수 없게 된다. 배가 성공적으로 육지에 상륙하지 않았기 때문에 배가 좌초된(stranded) 것이다. (71b)에서 to beach가 지시하는 도착의 유형은 다르다. to beach의 의미는 '배를 바다로부터 해안으로 끌어당기다'이다. 따라서 육지에 도달할 때만이 land라는 명사는 동사로 전환될 수 있다. (71c)가 그 예이다. 이 경우에, 목적지인 육지의 특정 부분이 전체 이동을 대표한다. (71d)에서 to surface는 수면을 목적지로

선택하며, (71e)에서 ground는 육지를 그 목적지로 선택한다.

이런 전환의 각 실례는 목적지가 주변 상황을 또한 대표할 수 있음을 보여준다. to strand는 난파 장면을 환기시키며, to beach는 배가 해안에 다다를 때 배에서 뛰어 내리는 상황을 상기시키며, to land는 바다나 공중에서 의도적인 도착을 암시하며, to surface는 수영이나 수중 장면을 상기시키며, to ground는 강요된 접촉을 환기시킨다.

다음은 기타 장소 동사들이다.

(72) a. bottle(병에 담다), box(상자에 넣다), can(통조림하다)
　　　b. house(숙박시키다), jail(투옥하다), harbor(항구에 정박하다)
　　　c. bench(착석시키다), field(경기에 참가시키다)
　　　d. bundle(다발로 하다), pile(겹쳐 쌓다), slice(얇게 썰다)
　　　e. book(예약하다), map(지도를 만들다), register(등록하다)

(72a) 동사들은 음식 보존의 장면을 환기시킨다. (72b)에서와 같이 더 추상적인 목적지가 은신처나, (72c)에서와 같이 진열일 수도 있다. 또는 (72d)에서와 같이 목적지는 물건에 특이한 형태를 제공할 수 있다. (72e)에서와 같이 새로운 인공물을 초래하는 추상적인 심적 이동도 이동의 인지모형을 포함한다.

세 번째는 상태성의 인지모형이다. 상태성의 인지모형에서 수동자는 부류 구성원자격이나 속성을 할당받는다. 다음이 그 예이다.

(73) author(저술하다), nurse(간호하다), knight(나이트 작위를 주다)

예컨대, 명사 nurse는 '간호사'나 '유모'라는 두 가지 의미를 가진다. 다음과 같은 전환된 동사 nurse의 의미는 명사 nurse의 두 가지 의미의 특정 부분에 윤곽부여 해서 나온다고 말할 수 있다.

(74) a. Mary nursed the sick soldiers.(메리는 아픈 군인들을 간호했다.)
 b. Mary nursed her father's ailment.(메리는 아버지의 병을 간호했다.)
 c. Cathy nursed the crying child in her arms.(캐시는 우는 아이를 팔로 안았다.)
 d. Cathy nursed the baby five mornings per week.(캐시는 일주일에 다섯 번 아기를 돌봐준다.)
 e. Gilly nursed the baby since the baby's mother could not breast-feed her child.(길리는 아기 엄마가 아기를 모유로 키울 수 없었기 때문에 그 아기에게 젖을 먹였다.)
 f. The baby nursed at the woman's breast.(그 아기는 그 여자의 가슴의 젖을 빨아먹었다.)

nurse의 동사 의미와 명사를 비교해 보면, 동사 의미가 명사 의미보다 더 풍부함을 알 수 있다. 명사 nurse의 전체 두 의미 중에서 특정 부분을 선택해서 nurse의 동사 의미를 표현했기 때문에 그것은 당연한 결과이다.

21.4. 환유와 간접화행

이 절에서는 주어진 인지모형 중에는 특정 부분을 선택해서 전체 인지모형을 대표하는 환유라는 인지과정으로 전통적인 화용론의 주제인 간접화행(indirect speech act)을 다룰 것이다. 즉 부분에서 전체를 대표하는 환유 과정이 간접화행의 생성과 이해를 어떻게 설명하는지를 보여 줄 것이다. 여기에서는 '요청'의 간접화행에만 논의를 국한시킬 것이다.
 화자가 누군가에게 요청을 할 때는 자신이 어떤 정보나 행위를 원하는지 상대방이 인식할 수 있도록 충분한 정보를 제공해야 한다. 자신의 목적이 성취될 수 있도록 하기 위해서는 상대방이 자신의 의사를 충분히 이해할 수 있어야 한다. 화자가 청자에게 무언가를 요청할 때, 청자는 요청을 들어 주어야 한다는 부담을 가지기 마련이다. 화자가 상대방의 입장을 생각하지 않고 자기 방식대로 자신의 의사를 직접적으로 전달한다면, 청자의 체면이 손상되는 경우가 발생하기도 한다. 그러나 다행스럽게도, 사람들은 상대방의 체면을 세워 주면서 행동하는 것이 상례이다. 즉 화자가 청자에게 요청을 할 때 발생할 수 있는 청자의 체면에 가해질 수 있는 위협을 제거하기 위해서 화자는 보통 다음과 같이 간접적으로 요청을 한다.

(75) Could you lend me ten dollars?(10달러 정도 빌려 주실 수 있습니까?)

이렇게 간접적으로 요청을 함으로써, 청자는 요청을 받아들이든지 아니면 거절할 수 있는 선택권을 가질 수 있다.

간접적으로 요청을 하는 화자는 요청의 인지모형의 현저한 부분을 언급함으로써 전체 요청 행위가 기술되고 있다는 것을 청자가 인식할 수 있다고 가정한다. 즉 위의 예를 요청으로 이해하기 위해서 청자 자신의 능력에 대한 질문이 결국은 요청이라는 전체 행위를 언급하는 것으로 간주해야 한다. 이런 점으로 미루어 볼 때, 간접화행을 행하고 그것을 이해하는 것은 부분에서 전체를 추론하는 환유라는 인지과정을 포함한다고 말할 수 있다.

이처럼 간접화행이 부분에서 전체를 추론하는 환유 과정을 포함한다는 것이 무엇을 의미하는지 보기 위해 다음과 같은 요청의 인지모형을 먼저 제시해 보자.

1단계: 전제	화자가 바라지 않는 현상이 존재한다
2단계: 바람	화자는 그 현상에 대해 바라는 부분이 있다
3단계: 능력	청자는 화자의 요청을 들어 줄 수 있는 능력이 있다
4단계: 의향	청자는 화자의 요청을 들어 줄 의향이 있다
5단계: 행위	청자는 화자의 요청을 들어 주는 행위를 한다
6단계: 감사	화자는 청자가 자신의 요청을 들어 준 것에 대해 감사한다

[그림 21.4] 요청의 인지모형

간접화행을 할 수 있는 방법은 상당히 많이 있다. 다양한 간접화행의 형태는 화자와 청자 사이의 거래 행위의 부분을 선택하고 있다. 이런 거래 행위에서는 청자가 화자의 요구에 응하기 위해서 참여했으면 하고 화자가 바라는 일련의 전체 행위를 추론하는 것이 청자의 임무이다. 예컨대, 문을 좀 닫아 달라는 요청은 다음과 같이 다양한 간접화행의 형태를 취한다.

(76) a. It's cold in here.(여기는 춥다.)
　　 b. I would like the door shut.(문이 닫혔으면 좋겠다.)
　　 c. Can you shut the door?(문을 닫아 줄 수 있습니까?)
　　 d. Will you shut the door?(문을 닫아 주시겠습니까?)
　　 e. You will shut the door.(당신은 문을 닫아 줄 것이다.)
　　 f. Thanks for your shutting the door.(문을 닫아 줘서 고맙습니다.)

(76a)는 요청의 인지모형 중에서 화자가 1단계 부분을 선택해서 전체 요청 행위를 의도하며, (76b)는 2단계 부분을 선택해서, (76c)는 3단계 부분을 선택해서, (76d)는 4단계 부분을 선택해서, (76e)는 5단계 부분을 선택해서, (76f)는 6단계 부분을 선택해서 전체 요청 행위를 의도하는 것이다. 이런 식으로 부분을 사용해서 전체를 의도하는 것은 환유 과정인 것이다.

　　 Searle(1979)을 비롯한 많은 연구는 이런 다양한 발화가 나름대로 공손한 간접적인 요청 화행을 행하는 관습적인 방법인 것으로 간주한다. 즉 어떤 자의적인 이유 때문에 사람들은 이런 문장의 형태를 사용해서 간접화행을 하고 있으며, 이런 특별한 형태의 발화는 단지 관습의 문제로 간주될 뿐이다. 그러나 간접화행의 다양한 형태를 단순히 관습의 문제로 귀결시키는 Searle의 입장에는 문제가 있다. 즉 다른 여러 종류의 간접화행은 주어진 사회적 상황에 대해서 동일하게 적절하지 않을 수가 있다는 것이다. 화행에 관한 Searle과 같은 전통적인 입장은 왜 어떤 간접적인 요청 화행이 다른 간접적인 요청 화행보다 더 적절한 것으로 간주되는지를 설명할 수 없다. 그는 단지 한 특별한 간접화행을 사용하는 것은 자의적인 현상이라고 말할 뿐이다.

그러나 요청이 많은 양의 정보를 고려해서 행해지는 거래 행위인 것으로 간주하면 이런 문제는 해결될 수 있다. 거래 행위에서는 화자가 청자와 거래를 하기 위해서 자신이 무엇을 필요로 하는지를 먼저 결정해야 한다. 그리고 나서 화자는 청자가 자신이 필요로 하는 것을 들어 줄 수 있는지를 여러 정보를 이용해서 고려해야 한다. 요청의 행위도 유사하다. 화자는 진정 자기가 무엇을 원하는지를 결정하고, 자신이 원하는 것을 들어 줄 수 있을 만한 청자를 찾아간다. 그리고 청자가 화자 자신이 원하는 것을 들어 줄 수 있을지의 여부를 모든 이용 가능한 정보를 고려해서 결정한다. 그리고 화자는 청자가 요청을 들어 주는 데 가장 큰 장애가 되는 것을 발화함으로써 청자를 간접적으로 유도한다.

다음 두 예는 길가는 사람에게 시간을 물어 볼 때 사용할 수 있는 간접화행이라고 가정해 보자.

(77) a. Do you have the time?(시계 있습니까?)
     b. Do you like to tell me the time?(시간 좀 가르쳐 주시겠습니까?)

위에서 제시한 요청의 전체 행위 중에서 (77a)는 청자의 능력에 관한 3단계를 선택해서 나온 발화이며, (77b)는 화자의 의향에 관한 4단계를 선택해서 나온 발화이다. 이 두 간접화행 중에서 (77b)보다 (77a)가 더 적절하다. 왜냐하면, 청자가 이 정보를 제공할 때 있을 수 있는 가장 큰 장애물은 그가 시계를 가지고 있지 않아 시간을 모를 수 있기 때문이다. 화자는 이런 가능성을 배제할 수 없기 때문에 우회적으로 요청을 해야 하는 것이다. 그래서 화자는 청자가 화자의 요청에 응하는 데 장애가 될 수 있는 부분을 발화해서 요청을 하는 것이다. 즉 이것은 화자가 위에서 제시한 요청의 전체 행위 중에서 청자의 능력에 관한 3단계 부분을 선택해서 전체 요청 행위를 한다는 것을 뜻한다.

또 다른 예로써, 몇 시에 시계점이 문을 닫는지를 알고 싶어서 시계점 주인에게 다음과 같이 물어 보는 것은 적절하지 못하다.

(78) Do you know what time you close?(당신은 몇 시에 문을 닫는지 아시나요?)

왜냐하면, 시계점 주인은 몇 시에 가게 문을 닫는지를 확실히 알고 있기 때문이다. 즉 이 경우에 청자는 화자가 요구하는 요청을 들어 줄 능력을 가지고 있다는 것은 너무 당연하기 때문에 전체 요청 행위 중에서 3단계는 청자가 화자의 요청을 들어 주는 데 장애가 되지 않는다. 이런 상황에서 가장 그럴 듯한 장애물은 시계점 주인이 화자가 원하는 정보를 제공해 주고 싶은 마음이 있느냐는 것이다. 즉 이 경우에는 전체 요청 행위 중에서 청자의 의향인 4단계가 청자가 화자의 요청을 들어 주는 데 장애물로 작용한다. 따라서 이런 상황에서는 전체 요청 행위 중에서 4단계를 선택하는 다음과 같은 간접화행이 더 적절한 것이다.

(79) Will you tell me what time you close?(몇 시에 문을 닫을지 말씀해 주시겠습니까?)

이렇게 화자가 간접적으로 요청이라는 화행을 할 때, 청자에게 있을 수 있는 가장 큰 잠재적인 장애물을 선택함으로써 청자는 간접화행을 더욱더 쉽게 이해할 수 있다. 이런 상황을 고려해보자. 메리가 외출 준비를 하면서 자신의 청색 바지와 함께 입을 스웨터가 있기를 바란다. 그때 그녀는 같이 사는 친구의 청색 캐시미어 스웨터가 자기 바지와 잘 어울릴 거라고 생각한다. 물론 가끔씩 친구는 자기에게 그 옷을 빌려주지만, 친구가 이미 그 옷을 세탁소에 맡겼을 수 있다. 이런 상황에서 메리는 친구에게 다음과 같은 간접적인 요청 화행을 할 수 있다.

(80) a. Can you possibly lend me your blue sweater?(청색 스웨터를 빌려 줄 수 있겠니?)
b. Would you mind lending me your blue sweater?(청색 스웨터를 빌려 줘도 괜찮니?)

이 이야기에 언급되는 장애물은 청자가 화자에게 청색 스웨터를 빌려 줄 수 있는 능력에 관한 3단계 부분이다. 따라서 3단계를 선택해서 나온 (80a) 발화가 4단계를 선택하는 (80b)보다 더욱더 적절한 간접화행이 된다.

이러한 설명은 간접화행을 이해할 때 부분을 통해 전체를 이해하는 환유라는 인지과정이 중요한 역할을 담당하고 있음을 강조하고 있다. 화자는 자신의 요청을 대화상에서 거래 행위의 부분으로 계획한다. 따라서 사람들은 청자가 거래 행위를 완성하는 데 장애가 되는 것을 두드러지게 하고 싶어 하는 것이다. 화자는 현저한 장애물을 선택함으로써 청자가 환유적으로 거래 행위가 완성되기 위해서 발생하는 전체 일련의 행위를 추리할 수 있다고 가정한다.

요컨대, 주어진 하나의 요청 상황에 대해 다양한 간접화행이 존재할 수 있는 현상을 전통적인 화행론에서는 그것이 단지 자의적이며 관습적이라고 말한다. 그러나 각 간접화행은 주어진 전체 요청 사건 중에서 상황에 적절한 부분만을 선택해서 선택된 부분이 전체 요청 사건을 대표하는 것인데, 이것은 부분으로 전체를 이해하는 언어 사용자의 환유라는 인지과정 때문에 가능한 것이다. 즉 우리가 요청을 할 때 다양한 간접화행을 하는데, 왜 하필 특정한 간접화행만 행해지는지의 문제를 환유를 통해 해결할 수 있다.

제22장 아이러니

22.1. 아이러니의 정의
22.2. 아이러니의 기능
22.3. 아이러니의 유형
22.4. 아이러니의 의미구성
    22.4.1. 비유적 아이러니
    22.4.2. 문자적 아이러니

    일반적으로 아이러니는 어떤 표현의 문자적 의미와 그 표현이 전달하는 의미 사이에 반대 의미가 있는 표현을 말한다. 즉 문장의미(sentence meaning)와 화자의미(speaker meaning) 사이에 대립이 있다는 것이 전통적인 아이러니에 대한 정의였다. 이런 아이러니를 비유적 아이러니라고 한다. 그러나 문장의미와 화자의미 사이에 대립이 없지만 아이러니로 분류되는 경우도 있다. 이런 아이러니를 문자적 아이러니라고 한다. 대립의 개념이 아이러니를 정의하는 데 본질적이기 때문에, 아이러니를 정의할 때 대립의 개념을 포기할 수는 없다. 필자는 대립이라는 것이 문장의미와 화자의미 사이에서 발생하는 것이 아니라 아이러니 표현 자체와 그것이 사용되는 상황 사이에서 발생한다고 규정할 것이다.
    이 장에서는 아이러니에서 대립성의 개념을 다루는 층위를 언어 표현과 상황 사이에 두고, 비유적 아이러니와 문자적 아이러니라는 두 가지 유형의 아이러니를 개념적 혼성 이론의 틀을 사용해서 통합적으로 분석하고자 한다. 아이러니를 개념적 혼성 이론으로 분석한다는 것은 아이러니의 의미가 구성되는 방식을 입력공간 구축, 공간횡단 사상, 선택적 투사라는 세 가지 하위 과정으로 이루어진 개념적 혼성이라는 인지과정으로 살펴보는 것이다. 이런 목적을 위해 아이러니의 정의, 기능, 유형을 일반적인 관점에서 먼저 살펴볼 것이다. 그리고 나서 비유적 아이러니의 의미구성 방식과 문자적 아이러니의 의미구성 방식을 차례로 살펴보고자 한다.

22.1. 아이러니의 정의

어떤 사람의 행동에 대한 반응으로 Thank you!라는 말을 했다고 가정해 보자. 이 발화는 상황에 따라 다양하게 해석할 수 있다. '감사하다'는 뜻으로 해석되는가 하면 '불쾌하다'는 의미로 해석될 수도 있다. 예컨대, 친구가 꽃병을 깨뜨렸는데, 그것은 친척에게서 결혼 선물로 받은 것이기 때문에 버리고 싶어도 버릴 수 없는 처치 곤란한 물건이었다면, Thank you!라는 발화는 안도감을 표현하는 글자 그대로의 표현이 된다. 그러나 만일 그 꽃병이 소중한 물건이라고 한다면, Thank you!라는 발화는 불쾌한 감정을 암시하는 아이러니가 된다.

이처럼 아이러니는 글자 그대로의 의미인 문장의미와 그것이 전달하고자 하는 화자의미 사이에 대립이 생기는 언어 현상이다. 즉 Thank you!는 표면적으로 호의적인 의미를 담고 있지만, 그것이 전달하는 의미는 불쾌함이라는 의미이다. 이런 식으로 문장의미와 화자의미 사이에 대립이나 불일치를 담고 있는 언어 현상이 아이러니이다. 더욱이 문장의미와 화자의미 사이에 대립을 담고 있는 아이러니를 비유적 아이러니(figurative irony)라고 한다. 물론 대립의 개념으로 아이러니를 정의하는 것은 너무 제한적인데, 이 정의로는 대립되는 의미가 없는 아이러니의 경우는 설명하지 못하기 때문이다. 또한 문장의미와 화자의미가 서로 다른 경우에 아이러니가 발생한다는 식으로 차이성에 의해 아이러니를 정의하기도 한다. 차이성에 의해 아이러니를 정의하는 것은 너무 비제한적인데, 이 정의로는 아이러니 외에 은유, 환유, 과장법과 같은 다른 비유 현상도 아이러니의 정의에 포함되기 때문이다.[1]

그러나 아이러니가 모두 대립이나 차이의 개념으로만 이해되는 것은 아니다. 추운 날씨에 누군가가 계속해서 문을 열어두고 나다니는 상황을 보고, 문을 닫아 달라는 요청으로 다음과 같이 다양한 방법이 있다.

(1) a. Shut the door!(문 닫아!)
   b. Would you please shut the door?(문 좀 닫아 주시겠습니까?)
(2) You always leave the door open!(당신은 항상 문을 열어 두고 다니는군!)
(3) a. The door seems to be open.(문이 열려 있는 것처럼 보입니다.)
   b. I am so glad you remember to shut the door.(당신이 문 닫는 것을 기억해 주신다면 너무 기쁠 겁니다.)
   c. I think people who shut doors when it's cold outside are really considerate.(나는 바깥이 추울 때 문을 닫는 사람들은 정말 사려 깊은 사람이라고 생각합니다.)
   d. I love sitting in a draft.(나는 외풍에 앉아 있는 것을 좋아하지.)

(1)은 서로 정중성(politeness)에서만 차이가 날뿐 모두 동일하게 직접적인 요청을 하는 직접화행(direct speech acts)이다. 반면에, (2)는 요

---

[1] Winner & Gardner(1993: 428-430)에서는 아이러니와 은유를 세 가지 점에서 비교한다. 첫 번째는 구조의 차이이다. 은유에서 말하는 것과 의미하는 것 사이의 관계는 유사성으로서, 그 유사성은 이미 존재하고 있는 것일 수도 있으며 은유에 의해 창조된 것일 수도 있다. 반면에 아이러니에서는 그 둘 사이의 관계는 대립 관계이다. 즉 화자는 자신이 긍정적인 태도를 가지고 있다고 언급함으로써 무언가에 대해 부정적인 태도를 전달한다. 두 번째는 의사소통적 기능의 차이이다. 은유는 주로 구체적인 개념을 사용해 추상적인 개념을 새로운 방법으로 기술하고 설명하는 기능을 한다. 즉 은유는 어떤 개념을 새로운 관점으로 보여 주는 기능을 한다. 반면에 아이러니는 무언가에 대한 화자의 비판적인 태도를 보여 주는 기능을 한다. 세 번째는 이해에 대한 요구 사항의 차이이다. 은유를 이해하기 위해서는 근원영역과 목표영역 사이의 유사성을 발견하기 위해 그 두 영역에 대한 충분한 지식을 가지고 있어야 한다. 반면에 아이러니를 이해하기 위해서는 화자의 마음 상태에 대해 추리할 수 있는 능력이 필요하다.

청에 대한 간접화행(indirect speech acts)이다. (3)은 상대방의 행동에 대해 불평을 하는 아이러니이다. (3)의 예에는 문장의미와 화자의미 사이의 대립이 없다. 즉 두 의미 사이에 대립이 없으면서도 문자적인 의미 자체가 아이러니가 될 수 있는 것이다. (3)과 같은 아이러니를 문자적 아이러니(literal irony)라 한다.

아이러니는 발화 차원이나 상황적 차원에서 상대방이 불일치를 인식하는 경우에 아이러니의 자격을 갖게 된다. 아이러니를 인식하기 위해서 대화 참여자들은 언어적, 문맥적, 상황적, 개인적인 배경 지식이 필요하다. 즉 화자의 의도와 반대되는 것을 표현한다고 해서 무조건 그 표현이 아이러니의 자격을 가지는 것이 아니라, 그 반대 의도가 청자에게도 역시 그대로 인지되어야만 아이러니로서의 진정한 자격을 얻게 되는 것이다. Gibbs(1994: 362)는 아이러니의 자격 조건에 대해 이렇게 이야기한다. "비록 대부분의 대화 문맥에서 아이러니를 쉽게 이해할 수 있지만, 언어적 아이러니를 이해하기 위해 화자와 청자는 언급되고 있는 주제에 대한 어떤 감각을 공유해야 한다. 아이러니는 대화 참여자가 동일한 신념이나 지식을 공유하고 있다는 것을 확신할 때만 거짓이나 부조리한 진술과는 달리 즐거운 놀이로 인식될 수 있다." 다음 예를 보자.

(4) a. John's a real Einstein.(존은 정말 아인슈타인이다.)
　　b. John's stupid.(존은 어리석다.)

누군가가 (4b)를 의미하기 위해서 (4a)와 같은 아이러니를 발화했다면, 화자와 청자는 둘 다 이미 존의 지능에 대한 의견을 공유하고 있어야 한다. 아이러니를 이해한다는 것은 '너와 내가 서로를 이해한다'는 태도를 내포하고 있는 셈이다.

22.2. 아이러니의 기능

아이러니의 몇 가지 기능을 살펴보면, 첫째, 아이러니는 누군가의 행동이나 어떤 상황을 평가하는 것인데, 이런 평가에는 비난과 같은 부정적인 평가 및 칭찬과 같은 긍정적인 평가 두 가지가 있다. 다음 예를 보자.

(5) a. Good job!(잘했군!)
 b. I don't like you at all!(난 당신이 너무 싫어!)

(5a)는 아이가 집에서 장난을 치다가 컵을 깨뜨린 상황에서 부모가 그 아이에게 할 수 있는 발화로서, 이것은 아이의 행동을 비난할 때 사용하는 아이러니이다. 이것은 '칭찬에 의한 비난(blame-by-praise)' 아이러니이다. 반면에 (5b)는 내가 당신을 무척이나 사랑한다는 뜻으로서 사랑하는 남녀 사이에서 일어날 수 있는 아이러니이다. 이것은 '비난에 의한 칭찬(praise-by-blame)' 아이러니이다.

'비난에 의한 칭찬' 아이러니는 '칭찬에 의한 비난' 아이러니와 비교할 때 그렇게 빈번히 발생하지 않는다. '비난에 의한 칭찬' 아이러니는 두 가지 화용적 격률을 위배한다. 즉 이런 아이러니는 '거짓이라고 믿는 바를 말하지 말라'는 Grice(1975)의 첫 번째 질의 격률과 정중성의 격률을 어기는 것이다. 반면에, '칭찬에 의한 비난' 아이러니는 오해를 초래할 수 있기는 하지만, 이런 아이러니는 질의 격률만 위배할 뿐이고, 발화의 명제적 내용은 긍정적인 판단을 표현하기 때문에 정중성의 격률은 준수된다. 따라서 아이러니의 주요 목적은 부정적인 평가를 하는 것이고, 긍정적인 평가를 하는 것은 부차적인 것이다.

둘째, 아이러니는 진정한 의도를 숨기고 말한 것에 대한 책임을 회피할 수 있도록 해 준다. 다음과 같은 연인 간의 대화를 보자.

(6) Jane: Why don't you want to kiss me?(나랑 키스하고 싶지 않으세요?)

　　　Tom: Well dear, if I kissed you, I'd get all excited....I'd get beside myself, and I'd take you, by force, right here on the living room rug, and then our little guests would walk in, and ... well, just think what your father would say about that.(글쎄, 내가 만약 당신에게 키스를 하면, 나는 너무 흥분되어서 정신을 잃고 바로 여기 응접실 융단에서 강제로 당신을 가지게 될 것이고, 그러면 우리 꼬마 손님들이 걸어 들어와서, 그리고 … 글쎄, 당신 아버지가 그것에 대해 뭐라고 말할지 생각해 보라구.)

남자의 발화는 자신이 문자적으로 의미하는 바와 반대되는 것, 즉 "Kissing you would not get me excited(당신에게 키스해도 나는 흥분되지 않는다)"를 표현함으로써 여자를 속이고 있다.

셋째, 아이러니는 때로는 대중의 혼란을 초래할 수도 있다. 영국의 락 그룹인 The Beatles가 1964년 인기 절정에 있었을 때 존 레논이 다음과 같이 발언했다고 전해진다.

(7) The Beatles are more popular than Jesus Christ.(비틀즈는 예수보다 더 인기가 많다.)

사실 그는 이 말을 자신의 그룹을 자랑하려는 의도가 아니라 비틀즈가 예수와 같은 부류가 아님에도 불구하고 사람들이 마치 예수와 같은 부류인 것처럼 생각하고 행동한다는 것을 전달하고 싶었다고 전해진다. 그의 발언은 영국에서는 대수롭지 않게 받아들여졌지만, 미국에서는 종교 지도자들이 존 레논의 이상한 생각에 비난을 퍼부었고, 라디오 방송국은 비틀즈의 음악을 틀지 않았으며, 사람들은 그들의 음반을 불태우고 심지어 비틀즈가 미국으로 공연을 갔을 때 상당한 저항을 했었다.

존 레논과 같은 경우는 화자의 의도와는 상관없이 아이러니가 청자에 의해 잘못 해석되는, 즉 글자 그대로 해석되는 경우이다. 화자는 자신의 발언을 아이러니로 의도했음에도 불구하고 상대방은 그 발언을 글자 그대로 해석함으로써 혼란스러운 일이 발생하는 것이다. 이런 점에서 "아이러니는 위험한 일이다. 독자나 청자가 아이러니 사용의 그 이면에 있는 진정한 의미를 간파할지의 여부를 확인할 수 없으며 심지어 사람들이 누군가가 처음부터 아이러니하게 말하고 있는지를 인지할지의 여부조차 결코 확신할 수 없을 것이다"(Gibbs 1994: 262).

22.3. 아이러니의 유형

일반적으로 아이러니는 크게 세 가지 유형으로 나뉜다. 언어적 아이러니(verbal irony), 상황적 아이러니(situational irony), 극적 아이러니(dramatic irony)가 그것이다. 앞에서 살펴본 예들은 모두 언어적 아이러니이다. 화자가 어떤 말을 하고 그 말과 반대되는 것을 의미하거나 다른 것을 의미하는 경우가 언어적 아이러니이다. 이처럼 언어적 아이러니에는 문장의미와 화자의미 사이에 불일치가 있다. 언어적 아이러니에서 이보다 더 중요한 것은 화자가 의식해서 의도적으로 아이러니를 사용한다는 점이다.

상황적 아이러니는 대화 참여자가 통제할 수 없는 어떤 상황이 아이러니하게 되는 경우이다. 언어적 아이러니와 상황적 아이러니 둘 다의 경우에는 양립 가능하지 않은 것들 사이에 마찰이 있으며, 언어적 아이러니의 경우에는 화자가 자신의 발화에 의해 그런 마찰을 제시하는 반면에, 상황적 아이러니는 어떤 상황이 우연히 아이러니한 것으로 인식되는 비의도적이라는 것이 그 특징이다. 어떤 소매치기가 남의 돈을 소매치기하는 와중에 다른 소매치기에게 자신의 돈을 소매치기 당하는 경우가 상황적 아이러니의 전형적인 경우이다.

언어적 아이러니와 상황적 아이러니의 또 다른 차이는 언어적 아이러니는 아이러니 표지가 없기 때문에 청자가 아이러니를 인식해야 하지만, 상황적 아이러니는 다음과 같은 아이러니 표지가 있다는 점에서 명시적이다.

(8) a. it is ironic that...(…한 것은 아이러니하다)
    b. ironically...(아이러니하게도)
    c. it would be a bitter irony...(그것은 약간 아이러니일 것이다)
    d. there is a certain irony(어떤 아이러니가 있다)

다음 예를 통해서 언어적 아이러니와 상황적 아이러니를 구별해 보자.

(9) a. ?Oedipus is being ironic when he pledges his own destruction.(?오이디푸스가 자신을 파멸시키겠다고 약속할 때 그는 아이러니하고 있다.)
    b. It is ironic that Oedipus pledges his own destruction.(오이디푸스가 자신을 파멸시키겠다고 약속한 것은 아이러니하다.)
(10) a. ?It is ironic that Socrates would insist on his ignorance.(?소크라테스가 자신이 무지하다고 주장한다면 아이러니하다.)
    b. Socrates is being ironic when he insists on his ignorance.(소크라테스가 자신이 무지하다고 주장할 때 그는 아이러니하고 있다.)

(9)의 경우에, 오이디푸스는 자기도 모르게 자신을 파괴시키겠다고 맹세하기 때문에 이것은 상황적 아이러니이다. 따라서 (9b)는 자연스럽지만, 언어적 아이러니로 풀이되는 (9a)는 이상하게 들린다. (10)의 경우에, 소크라테스는 자신의 철학적인 목적을 위해 의도적으로 무지한 척하면서 언어적 아이러니를 사용하는 경우인데 이때에 아이러니 표지에 의해 명시되고 있는 (10a)는 이상하게 들린다. 일반적으로 말해서, 아이러니한 것을 말하려는 의도는 가질 수 있지만 아이러니한 것을 행할 의

도는 가질 수 없다. 왜냐하면, 어떤 행동이 아이러니하다는 것은 그 행동이 다소 예상 밖의 일이며 자신의 관점과 일치하지 않기 때문이다.

극적 아이러니는 화자가 청자에게는 이해 가능한 의미를 가지고 있지만 화자 자신이 모르고 있는 낱말을 발화하는 극적인 장치이다. 예컨대, 소포클레스의 "오이디푸스 왕"(Oedipus Tyrannus)에서 오이디푸스는 라이어스(Laius)의 살해자에게 저주를 퍼붓는데 이때 그 저주가 오이디푸스 자신에게 떨어진다는 것을 모르고 있다. 오이디푸스가 내뱉는 저주의 발언은 비의도적인 것으로 아이러니한 것인데, 청중은 이것을 바로 알 수 있으며, 이것은 소포클레스가 청중이 이해할 수 있도록 상세하게 의도한 상황이다. 일반적으로 극적 아이러니는 다음을 가정한다. 첫째, 청중은 주인공보다 더 많은 것을 안다. 둘째, 등장인물은 어떤 면에서는 적절하지 않으며 현명하지도 않게끔 반응을 보인다. 셋째, 아이러니한 효과를 위해 등장인물들이나 상황들은 대조된다. 넷째, 등장인물이 자신의 행동에 대해 이해하고 있는 것과 극이 그 행동에 대해 드러내 보이고 있는 것 사이에는 상당한 대조가 있다.

22.4. 아이러니의 의미구성

전통적으로 아이러니는 문장의미와 화자의미 사이의 대립이나 불일치, 부정으로 정의되었다. 이것은 아이러니 표현 자체의 의미와 그것이 전달하고자 하는 의미 사이의 대립에 입각한 정의이다. 그러나 필자는 아이러니 표현과 그 표현이 사용되는 상황 사이의 대립이나 불일치에 기초해서 아이러니를 정의해야 한다고 가정한다. 이런 식의 정의는 아이러니의 의미가 청자나 독자에게 이해되는 방식을 명확하게 해 주는 기초가 된다. 이 절에서는 아이러니의 세 가지 유형 중에서 언어적 아이러니에 초점을 두고, 문장의미와 화자의미 사이에 대립이 있는 비유적 아이러니의 의미구성 방식과 두 의미 사이에 대립이 없는 문자적 아이러니의 의미구성 방식을 개념적 혼성 이론에 기초해서 논의할 것이다.

22.4.1. 비유적 아이러니

아이러니의 의미가 구성되는 방식을 개념적 혼성 이론으로 검토한다는 것은 아이러니의 의미구성을 위한 두 개의 입력공간이 기본적으로 구축되어야 함을 전제한다. 전통적으로 아이러니의 글자 그대로의 의미인 문장의미와 그 표현이 전달하고자 하는 화자의미 사이에 불일치가 있는 것으로 간주되기 때문에, 문장의미가 입력공간$_1$을 설정하는 데 사용되고 화자의미가 입력공간$_2$로 설정되는 데 사용될 수 있다고 쉽게 생각할 수도 있을 것이다.

그러나 아이러니에 불일치, 모순, 대립을 포함하는 비유적 아이러니도 있지만, 두 의미 사이에 모순이 없고 서로 일치하는 문자적 아이러니도 있다. 따라서 아이러니의 대립성을 문장의미와 화자의미 사이에서 언급할 것이 아니라, 더 넓은 의미에서 대립성의 개념을 살펴보아야 할 필요가 있다. 필자는 아이러니의 특징인 대립성이 아이러니 표현 자체와 그것이 사용되는 상황 사이에서 작용하는 것으로 간주하고자 한다. 이런 점에서 개념적 혼성 이론에서는 아이러니가 나타나는 상황이 구조화되어 입력공간$_1$이 구축되고, 그 상황에서 발화된 아이러니 표현 자체가 구조화되어 입력공간$_2$가 구축된다. 그리고 개념적 혼성의 결과로 생긴 혼성공간에서 아이러니의 의미가 발현되는 것으로 간주한다.

이 절에서 편의상 언어적 아이러니를 크게 두 가지 유형으로 나누어 그 의미구성 방식을 검토할 것이다. 하나는 문장의미와 화자의미 사이에 대립이 있는 비유적 아이러니이고, 다른 하나는 두 의미 사이에 대립이 없는 문자적 아이러니이다. 물론 두 가지 유형의 아이러니 모두 상황과 아이러니 표현 사이에 대립이 있다.

제22장 아이러니 513

먼저, 이런 상황을 가정해 보자. 브렌다는 개인적으로 디트로이트라는 도시를 싫어하는데, 어쩔 수 없이 그곳에서 여름을 보내야 한다. 브렌다는 이런 자신의 상황에 대해 다음과 같이 말하고 있다.

   (11) I have always wanted to spend the summer in Detroit.(나는 항상 디트로이트에서 여름을 보내고 싶어 했었지.)

브렌다는 결코 디트로이트에서 여름을 보내고 싶어 하지 않기 때문에, 자신이 한 말과 반대되는 것을 의미하고 있다. 다시 말해서, 이런 발화를 듣는 청자는 누구나 의도된 불일치를 인식할 수 있다. 그러나 그녀의 이런 불평은 어떤 다른 상대방에게 하는 것이 아니라, 단순히 자신이 하기 싫은 일을 해야 한다는 자신의 운명을 비난하고 있다. 이런 의미에서 그녀 자신이 아이러니의 희생자인 것이다. 또는 자기를 디트로이트로 보내는 어떤 사람을 비난하고 있는지도 모른다.

  먼저 위의 상황에 기초해서 입력공간$_1$을 구축할 수 있다. 이 상황은 크게 두 개의 사건으로 구성되어 있다. 하나는 참여자인 브렌다가 디트로이트라는 도시를 싫어한다는 사건$_1$(Event$_1$; E$_1$)이고, 다른 하나는 그녀가 그곳에서 여름을 보내야 하는 사건$_2$(Event$_2$; E$_2$)이다.[2] (11)의 아이러니 표현에 기초해서 구축된 입력공간$_2$ 역시 두 가지 사건으로 구성되어 있는데, 하나는 내가 디트로이트에서 여름을 보낸다는 것이고, 다른 하나는 그것을 내가 항상 원했다는 것이다. 이렇게 각 입력공간은 두 개의 사건으로 구성되어 있다. 물론 두 입력공간에 공통적인 총칭공간이 있는데, 총칭공간은 두 개의 사건으로 이루어져 있다. 두 입력공간에 공간횡단 사상과 선택적 투사가 작용해 (11)의 의미구성을 위한 다음과 같은 개념적 통합 망이 형성된다.

---

2) 두 개의 사건이 있다는 것은 그 문장에 동사가 두 개 있다는 사실에 기인한다.

514 제8부 비유적 의미

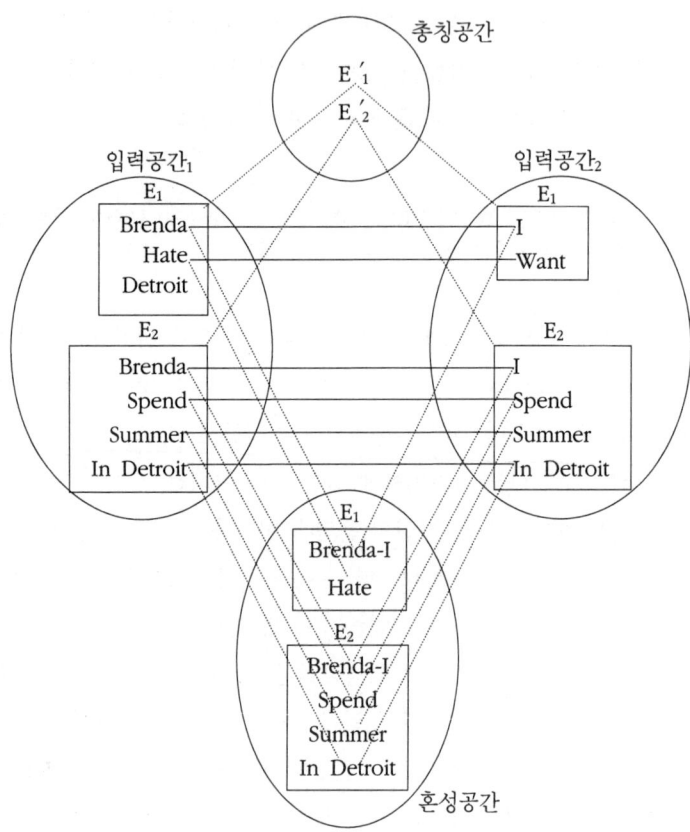

[그림 22.1] I have always wanted to spend the summer
in Detroit의 의미구성을 위한 개념적 통합 망

공간횡단 사상에 의해, 입력공간₁의 사건₁을 구성하는 [Brenda], [Hate]는 입력공간₂의 사건₁을 구성하는 [I], [Want]와 각각 일대일로 대응된다. 그리고 입력공간₁의 사건₂를 구성하는 모든 요소들이 입력공간₂의 사건₂를 구성하는 요소들과 일대일 대응관계를 이룬다. 선택적 투사에 의해, 입력공간₁의 [Brenda]와 입력공간₂의 [I]가 혼성공간으로 투사되어 융합되고, 입력공간₁의 [Hate]가 단독으로 투사되어 혼성공간에서 사건₁을 구성한다. 그리고, 입력공간₁의 사건₁과 입력공간₂의 사건₂가 전체적으로 혼성공간으로 투사되어 각각 융합된다. 이런 투사의 결과로, 브렌다인 내가 여름을 디트로이트에서 보내게 되는데, 그 자체를 브렌다인 내가 싫어한다는 의미가 구성된다.

또 다른 예로 이런 상황을 가정해 보자. 수잔은 개인적으로 현재 상당히 곤란에 처해 있는 실정이다. 이런 자신의 상황에 대해 수잔은 다음과 같이 말한다.

(12) Isn't life easy?(삶이 쉽지 않은가?)

이런 발화를 듣는 청자는 만일 그가 수잔의 곤란함을 안다면 수잔에게 현재 삶이 쉽지 않다는 것으로 이해할 것이다. 앞의 경우와 마찬가지로, 수잔은 자신의 처지에 대해 불평을 하고 있다. 상황에 따라서 이 아이러니의 희생자는 수잔 자신이 될 수도 있고, 그녀의 삶을 힘들게 하는 특정한 사람일 수도 있고, 단순히 수잔 자신의 운명일 수도 있다.

수잔이 현재 곤란함에 처해 있는 상황은 입력공간$_1$을 구축하는 데 이용된다. 이런 자신의 입장에 대한 수잔의 발화인 (12)는 입력공간$_2$를 구축하는 데 사용되는데, "삶이 쉽지 않은가?"라는 말은 자신이 쉬운 삶 속에 처해 있음을 뜻한다. 이렇게 구축된 두 입력공간에 공간횡단 사상과 선택적 투사가 작용해 (12)의 의미구성을 위한 [그림 22.2]와 같은 개념적 통합 망이 형성된다.

두 입력공간에 공통적인 총칭공간이 있는데, 이것은 어떤 사람이 특정한 상황에 처해 있다는 내용을 구조화한 것이다. 공간횡단 사상에 의해, 입력공간$_1$의 [Susan], [In], [Trouble]이 입력공간$_2$의 [I], [In], [Easy life]와 각각 대응된다. 선택적 투사에 의해, 입력공간$_1$의 [Susan], [In]과 입력공간$_2$의 [I], [In]이 혼성공간으로 투사되어 각각 융합되며, 입력공간$_1$의 [Trouble]만이 단독으로 혼성공간으로 투사된다. 이런 개념적 혼성의 결과로, 수잔인 내가 현재 곤란함에 처해 있다는 의미가 구성된다.

516   제8부 비유적 의미

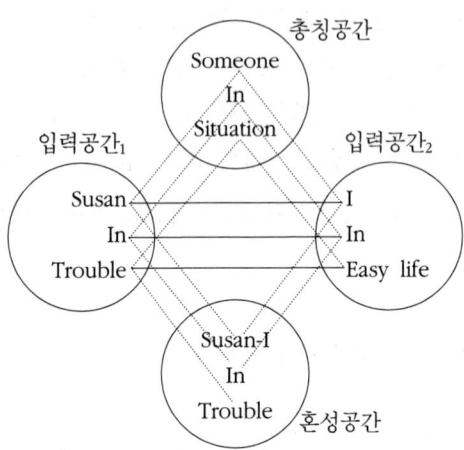

[그림 22.2] Isn't life easy?의 의미구성을 위한 개념적 통합 망

또 다른 예로 이런 상황이 있다고 하자. 톰은 항상 시험에서 A를 받는 성적이 좋은 학생인데도 불구하고 자기 점수에 대해 매번 걱정을 한다. 즉 그는 어떤 때는 90점을 받아 A^-가 되고 어떤 때는 98점을 받아 A^+가 된다. 그러나 그는 항상 A^+만을 받고 싶어 한다. 이번 시험에서는 90점으로 A^-를 받았다. 이에 대해 한 친구가 다음과 같이 말한다.

(13) I see you got your usual low score.(나는 네가 너의 보통의 낮은 점수를 받았다는 것을 안다.)

톰처럼 100점 중에서 보통 98점을 받는 사람이 90점을 받으면 상당히 기분이 나쁠 것이다. 위의 아이러니에서 친구는 톰이 불필요하게 자신의 점수에 대해 걱정하고, 그보다 훨씬 낮은 점수를 받는 사람의 기분을 상하게 한다는 이유로 톰을 비난하고 있다. 톰이 받은 90점이라는 점수가 자기 입장에서는 낮은 점수이지만 다른 학생들에게는 높은 점수이다. 따라서 이 두 점수 사이에 불일치가 있다. 친구가 톰을 칭찬하는 것처럼 보이지만 사실은 그를 비난하고 있다. 친구는 톰을 비난하지만 그는 톰의 기분을 상하게 하지는 않는다. 만일 친구가 I wish you wouldn't whine about your stupid scores(나는 당신이 당신의 어리석은 점수에 대해 우는 소리를 하지 않기를 바란다)라고 노골적으로 그를 비난한다면, 톰도 화를 내거나 자기 입장을 변호하고자 할 것이다.

(13)에 대한 의미구성 방식을 설명하기 위해서 톰이 일반 학생들에 비해 높은 점수를 받는 상황을 근거로 입력공간$_1$이 구축되고, 톰이 자신의 점수에 대해 걱정하는 것을 본 친구가 한 발언은 입력공간$_2$를 구축하는 데 사용된다. 입력공간$_2$는 두 개의 사건으로 구성되어 있는데, 하나는 친구가 어떤 사실을 안다는 사건$_1$이고, 다른 하나는 톰이 낮은 점수를 받았다는 사건$_2$이다. 이렇게 구축된 두 입력공간에 공간횡단 사상과 선택적 투사가 작용해 (13)의 의미구성을 위한 다음과 같은 개념적 통합 망이 형성된다.

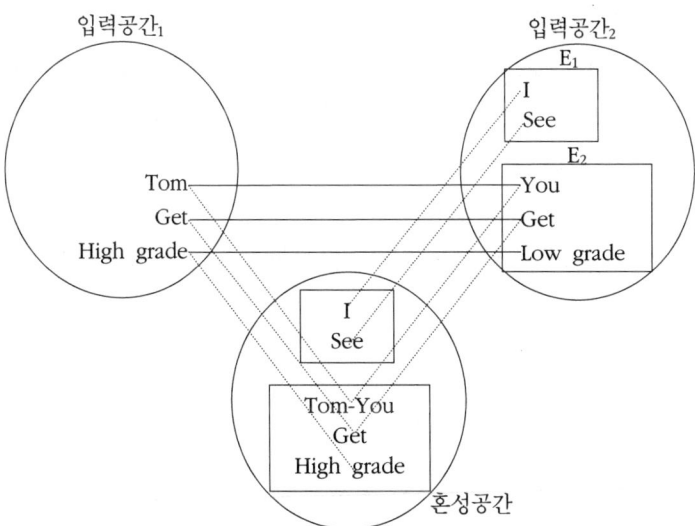

[그림 22.3] I see you got your usual low score의 의미구성을 위한 개념적 통합 망

공간횡단 사상에 의해, 입력공간₁의 [Tom], [Get], [High grade]와 입력공간₂의 사건₁의 요소인 [You], [Get], [Low grade]가 각각 일대일로 대응된다. 선택적 투사에 의해, 입력공간₂의 사건₁의 모든 요소들이 혼성공간으로 투사된다. 그리고 입력공간₁의 [Tom], [Get]과 입력공간₂의 사건₁의 요소인 [You], [Get]가 혼성공간으로 투사되어 각각 융합되며, 입력공간₁의 [High grade]가 혼성공간으로 투사된다. 이런 개념적 혼성의 결과로 톰이 높은 점수를 받았다는 것을 친구인 내가 안다는 의미가 구성된다.

22.4.2. 문자적 아이러니

문장의미와 화자의미가 동일하지만 아이러니가 발생하는 경우도 있다. 이런 경우에는 문장의미와 화자의미에 대립이나 불일치가 없다. 이런 아이러니를 문자적 아이러니라 한다. 문자적 아이러니에도 불일치가 있지만, 여기서의 불일치는 문장의미와 화자의미 사이의 불일치가 아니라 상황에서 생기는 불일치이다. 이 절에서는 문자적 아이러니의 의미구성 방식을 개념적 혼성 이론으로 검토하고자 한다.

이런 상황을 가정해 보자. 수잔은 지금 운전 중이다. 수잔이 신호를 넣지 않고 좌회전을 해서 빌과 충돌할 뻔했다. 이런 상황에서 빌이 다음과 같이 말했다.

(14) I love people who signal.(나는 신호를 보내는 사람을 좋아해.)

물론 차선을 바꿀 때 사람들이 신호를 보낸다고 해서 빌이 그 사람들 모두를 사랑하는 것은 아니기 때문에 그의 말은 약간 과장되어 있다. 그러나 빌은 신호를 보내지 않는 사람보다는 신호를 보내는 운전자를 선호한다는 것은 확실하다. 따라서 빌은 수잔처럼 차선을 변경할 때 신호

제22장 아이러니   519

를 보내지 않는 운전자를 비난할 목적으로 과장법의 형태로 진실을 말하고 있다. 물론 빌은 수잔의 운전 자체에 관해서는 노골적으로 언급을 하지 않고 있기 때문에 수잔의 기분을 상하게 하지 않는다.

(14)의 의미구성 방식을 개념적 혼성으로 파악하기 위해서, 두 개의 입력공간이 구축된다. 입력공간$_1$은 두 개의 사건으로 구성되어 있는데, 사건$_1$은 수잔이 신호를 보내지 않는다는 것이고, 사건$_2$는 수잔과 빌이 위험에 빠질 수 있다는 것이다. 이 경우에 사건$_1$은 사건$_2$의 원인이 된다. 입력공간$_2$는 빌이 차선을 바꿀 때 신호를 넣는 사람을 좋아한다는 아이러니 표현에 기초해서 구축된다. 이렇게 구축된 두 입력공간에 공간횡단 사상과 선택적 투사가 작용해 (14)의 의미구성을 위한 다음과 같은 전체 개념적 통합 망이 형성된다.

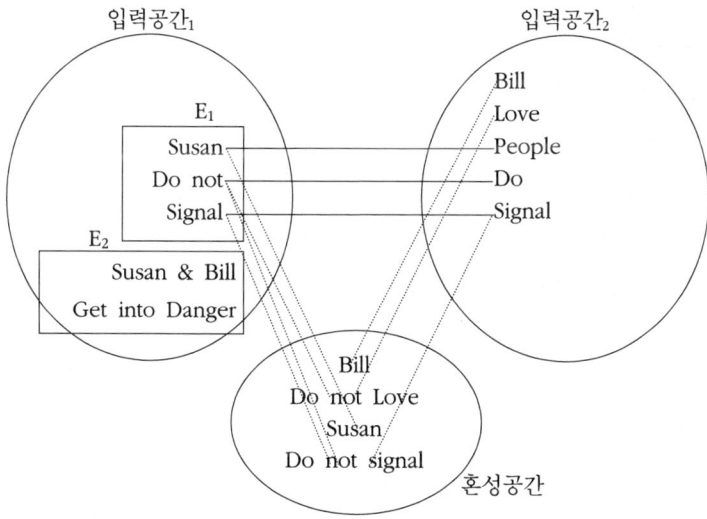

[그림 22.4] I love people who signal의 의미구성을 위한 개념적 통합 망

먼저, 공간횡단 사상에 의해 입력공간$_1$에 있는 사건$_1$의 [Susan], [Do not], [Signal]이 입력공간$_2$의 [People], [Do], [Signal]과 각각 일대일로

대응한다. 입력공간$_1$의 사건$_2$는 그에 상응하는 대응요소가 입력공간$_2$에 없다. 이런 점에서 공간횡단 사상은 부분적이다. 다음으로, 선택적 투사에 의해 입력공간$_2$의 [Bill]이 혼성공간으로 투사되며, 입력공간$_1$의 [Do not]과 입력공간$_2$의 [Love]가 혼성공간으로 투사되어 [Do not Love]로 융합된다. 입력공간$_1$의 [Do not], 입력공간$_2$의 [Signal]이 혼성공간으로 투사되어 [Do not Signal]로 융합된다.[3] 이런 개념적 혼성의 작용으로 빌이 신호를 넣지 않는 수잔을 좋아하지 않는다는 의미가 구성된다.

또 다른 예로 다음의 대화를 보자.

(15) Ruth: How was your blind date?(처음 만난 데이트 상대가 어땠어?)
　　　Sandra: He had nice shoes.(신발은 좋은 걸 신고 있었지.)

위의 대화에서 루스는 처음 만나 데이트한 남자에 대한 샌드라의 의견을 묻고 있는데, 샌드라는 그 남자가 좋은 신발을 신고 있다는 사실만을 전달하고 있다. 물론 그 남자가 좋은 신발을 신고 있다는 것이 참일 수 있다. 이런 식으로 샌드라는 함께 데이트한 남자의 신발에 대해서만 이야기함으로써 그와 좋은 시간을 갖지 않았다는 메시지를 전달한다. 아마 그 남자가 성격이 나쁘거나 웃는 것이 마음에 들지 않거나 매너가 나빴기 때문일 것이다. 샌드라는 그 남자가 좋은 신발을 신고 있다는 진실을 말하지만, 그 남자의 다른 부정적인 면은 생략함으로써 그와 좋은 시간을 보내지 않았다는 아이러니한 의미를 전달하고 있는 것이다. 이런 식의 샌드라의 아이러니는 문장의미와 화자의미 사이에 불일치가 없는 문자적 아이러니이다. 문자적 아이러니는 이런 식으로 특정한 요소를 생략하거나 과장해서 아이러니 의미를 전달할 수도 있다.

(15)의 의미구성을 위해서 두 개의 입력공간이 구축되어야 한다. 입

---

[3] [그림 22.4]에서 입력공간1의 [Do not]이 두 번 투사되고 있는 것을 볼 수 있다. 한 요소가 두 번 투사되는 이런 경우에 대한 정당성을 제시하지 못하고 있는데, 이것은 추후 연구로 남겨둔다.

제22장 아이러니   521

력공간₁은 샌드라의 데이트 상대의 실제 신상에 관한 내용에 기초해서 구축된다. 즉 그는 실제로 좋은 신발을 신고 있으며 여성에게 매너가 좋지 않으며 웃는 모습이 보기 좋지 않거나 성격이 나쁘다는 것이다. 입력공간₂는 샌드라의 아이러니에 기초해서 구축된다. 그리고 두 입력공간에 공통적인 총칭공간이 있는데, 그것은 어떤 사람이 어떤 속성을 가지고 있다는 사실이다. 이렇게 구축된 두 입력공간에 공간횡단 사상과 선택적 투사가 작용해 (15)의 의미구성을 위한 개념적 통합 망이 형성된다.

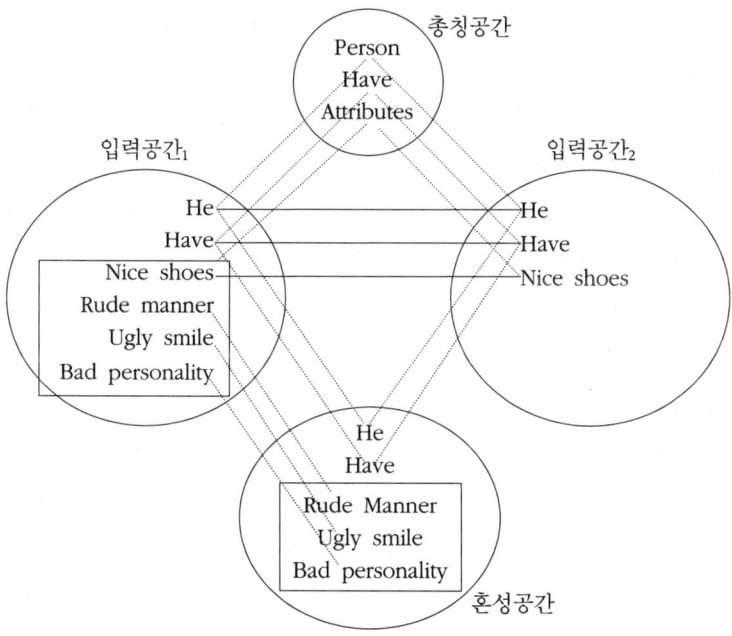

[그림 22.5] Ruth: How was your blind date? / Sandra: He had nice shoes의 의미구성을 위한 개념적 통합 망

먼저, 공간횡단 사상에 의해 입력공간₁의 [He], [Have], [Nice shoes]와 입력공간₂의 동일한 대응요소들이 각각 일대일로 대응된다. 다음으로, 선택적 투사에 의해, 입력공간₁의 [He], [Have]와 입력공간₂의 동일

한 대응요소들이 혼성공간으로 투사되어 각각 융합된다. 그리고 입력공간$_2$에서 그가 가지고 있는 속성들 중에서 [Nice shoes]를 제외한 다른 속성들이 개별적으로 혼성공간으로 투사된다. 이렇게 해서 창조된 혼성공간은 그가 매너가 나쁘고 웃는 모습이 보기 흉하고 성격이 나쁘다는 의미를 담고 있는데, 이것은 결국 샌드라가 이런 부정적인 속성을 가지고 있는 데이트 상대와 좋은 시간을 갖지 못했다는 의미가 구성되는 방식을 명시적으로 보여 주고 있다.

요컨대, 아이러니는 대립어의 개념, 즉 말하는 내용과 전달되는 내용이 서로 대립되는 경우를 말하며, 언어적 아이러니, 상황적 아이러니, 또는 극적 아이러니가 있다. 이 중에서 언어적 아이러니는 문장의미와 화자의미 사이에 대립이 있는 비유적 아이러니와 대립이 없는 문자적 아이러니로 나뉜다. 아이러니 표현의 요체는 의미의 대립성에 있으므로 언어적 아이러니를 주로 분석하였으며, 종전의 정의와는 달리 의미의 대립성을 문장의미와 화자의미에서 찾지 않고 아이러니 표현 그 자체와 그것이 사용되는 상황에서 찾았다. 그러한 방식은 두 가지 유형의 아이러니인 비유적 아이러니와 문자적 아이러니의 의미구성 방식을 개념적 혼성의 개념을 사용해서 통합적으로 분석할 수 있다는 장점이 있다. 개념적 혼성 이론에서는 아이러니 표현 자체에 대한 입력공간이 구축되고, 상황에 대한 다른 하나의 입력공간이 구축되어 두 입력공간에 공간횡단 사상과 선택적 투사가 작용함으로써 아이러니의 의미가 구성되는 방식을 명시적으로 보여 줄 수 있는 개념적 통합 망이 형성된다.

용어집

가산명사와 질량명사(count and mass nouns)
　명사는 어떤 영역에서 지역을 지시하고, 지역은 상호 연결된 일련의 실체들로 정의된다. 명사는 크게 가산명사와 질량명사로 나뉘는데, 가산명사는 '사물'을 지시하고 질량명사는 '물질'을 지시하는 경향이 강하다. 가산명사와 질량명사 사이의 구별은 내적 동질성 및 그것과 연상되는 분리성, 반복성, 고유한 한정성과 같은 개념으로 포착할 수 있다. 첫째, 사물과 물질은 한정성에서 서로 차이가 난다. 즉, 사물에는 특징적인 형태와 잘 한정된 경계가 있는 반면, 물질에는 그런 경계가 없어서 그 자체가 그릇의 형태에 맞추어 형성된다. 둘째, 사물과 물질은 내적 동질성에서 차이가 난다. 물질은 내적 동질성의 특징을 가지고 있다. 어떤 물질의 한 부분을 떼어 내어도 그것은 그 물질로 간주되며, 물질을 증가해도 증가한 물질 그 자체 또한 물질로 간주된다. 사물은 전형적으로 분리되는 성분들로 구성되는 내적 구조를 가지고 있으며, 한 사물의 각 부분 그 자체는 사물로 간주될 수 없다. 예컨대, 자전거의 각 부품 그 자체는 자전거일 수가 없다. 셋째, 가산명사는 반복성의 성질을 가지고 있기 때문에, keys, dogs, desks에서와 같이 복수로 사용될 수 있는 반면, 물질명사에는 반복성의 성질이 없기 때문에 복수형이 없다. 가산명사와 질량명사의 구별은 해석의 문제이기 때문에 동일한 명사가 사물 범주화의 기준이 적용되기도 하고 물질 범주화의 기준이 적용되기도 한다.

가족닮음(family resemblance)
　가족닮음이란 가족 구성원들 사이에는 체격, 용모, 눈 색깔, 걸음걸이, 성격 등 다양한 닮은 특성을 지니고 있는데, 이런 특성 중 두세 자질을 공유하는 경우가 일반적이며, 실제로 이 자질 모두 다 갖고 있는 가족 구성원이 나타나는 일은 드문 것처럼, 한 낱말에 여러 의미들이 있을 때, 그 여러 의미들에 공통된 단 하나의 자질이 있는 것이 아니라, 그 여러 의미들은 서로 겹치고 교차하는 유사성의 망이 있다는 의미의 성질을 말한다.

강요(coercion)
: 한 단위가 그것이 결합하는 어떤 단위의 상술상의 변화를 강요하는 현상이다. 예컨대, drop a book에서 drop은 book의 사물 해석을 강요하고, translate a book에서 translate는 book을 언어적 텍스트로 개념화하는 것을 강요한다.

개념적 은유(conceptual metaphor)
: 보통 A IS B와 같은 구조로 상술되는 두 영역 사이의 추상적인 사상 관계로서, A는 목표영역이고 B는 근원영역이다. A IS B는 목표영역 A가 근원영역 B와 동일하다는 것이 아니라 근원영역이 목표영역으로 부분적으로 사상되며, 목표영역이 근원영역에 의해 이해된다는 것을 표상한다. 하나의 개념적 은유에는 많은 언어적 은유가 있는데, 이런 언어적 은유는 개념적 은유의 실례라고 말할 수 있다. 예컨대, 개념적 은유 '이론은 건물이다'는 This theory has shaky foundations(이 이론의 근거는 불안정하다)와 같은 언어적 은유에 의해 정교화 된다.

개념적 통합 망(conceptual integration network)
: 개념적 통합 망은 개념적 혼성 이론에서 입력공간이 구축되고, 입력공간에 공통적인 총칭공간이 형성되고, 입력공간에서 투사됨으로써 혼성공간이 형성되어 창조되는 네공간 망을 말한다. 개념적 통합 망에는 두 개의 입력공간과 두 입력공간에 공통적인 총칭공간, 두 입력공간에서 선택적으로 투사되어 형성되는 혼성공간이 있다. 혼성공간에는 총칭공간에서 포착되는 총칭구조가 들어 있지만, 혼성공간에는 총칭공간보다 더 특이한 구조가 들어 있으며 또한 혼성공간에는 입력공간에 없는 구조가 형성될 수도 있다. 두 입력공간은 공간횡단 사상에 의해 연결되는데, 공간횡단 사상이란 두 입력공간 사이의 체계적인 대응관계를 말한다. 공간횡단 사상은 두 입력공간의 요소들 사이를 연결하고 있는 실선으로 표시된다. 입력공간에서 선택적 투사에 의해 혼성공간이 형성되는데 선택적 투사는 점선으로 표시된다.

개념적 혼성(conceptual blending)
: 개념적 혼성은 합성적이지 않은 개념적 통합 과정이다. 개념적 혼성은 입력공간 구축을 포함해서, 입력공간들 간의 공간횡단 사상 및 입력공간에서 혼성공간으로의 투사를 포함하는 강력한 인지과정이다. 따라서 먼저

입력공간이 구축되고, 입력공간에 공통적인 총칭공간이 형성되고, 입력공간에서 투사되어 혼성공간이 형성되어 네공간 망인 개념적 통합 망이 만들어진다. 둘이나 그 이상의 입력공간에서 선택한 요소가 혼성공간으로 투사될 때, 혼성공간에는 입력공간에서 도출되지 않은 발현구조가 생긴다. 예컨대, That surgeon is a butcher(그 외과의사는 도축자이다)의 특수한 의미는 각각 외과의사와 도축자의 활동에 속하는 입력공간에서 나온 요소들을 통합하고, 혼성공간에서 외과의사가 무능력하다는 해석이 발현된다.

객관적 이동과 주관적 이동(objective and subjective motion)

객관적 이동은 물리적 이동을 말하는 것으로 이런 이동은 각기 순간순간에 대응하는 상태 관계의 각 단면을 시간의 흐름에 따라 조립하고 전개해 가는 연속주사를 채택한다. The car ran from Seoul to Busan와 같은 문장에서 자동차는 이동체로서 객관적 이동을 하고 있다. 주관적 이동은 실제 이동이 아니라 가상 이동이다. 주관적 이동의 경우에 이동의 근원은 물리적인 실체가 아니라 화자의 심적 시선이다. The highway runs from Seoul to Busan과 같은 경우에 고속도로는 비이동체이기 때문에 고속도로가 이동하는 것이 아니라 화자가 심적으로 두 도시 사이의 고속도로를 따라가고 있는 것이다. 여기에서는 물리적 이동이 없지만 개념화자는 특별한 방향에서 심리적 경로를 따라 나아가며 시간이 경과됨에 따라 단일의 지점에서 전체 경로를 점유한다.

고정체와 고정화(ground and grounding)

고정체는 발화 사건의 문맥을 가리킨다. 고정체는 사건의 참여자, 시간, 장소, 상황적 문맥, 선행 담화, 발화 행위 참여자의 공유 지식 등으로 이루어져 있다. 고정화는 실체를 고정체에 관해서 위치부여하는 과정이다. 명사구의 경우에 고정화는 명사구에서 한정사에 의해 이루어진다. 예컨대, boy와는 달리 a/the boy는 한정사에 의해 고정화된다고 말할 수 있다. Langacker(1991b: 98)에 따르면, 고정화는 발화 행위 참여자가 지시된 실체와 심적 접촉을 하도록 해 준다.

공간 형성자(space builder)

공간 형성자는 새로운 정신공간을 형성하거나 담화에서 이미 소개된 정신공간을 지시하는 문법적 장치이다. in Len's picture, in John's mind, in 1929, at the factory, from the point of view와 같은 전치사구, really, probably, possibly, theoretically와 같은 부사, if와 같은 연결어, Max believes, Mary hopes와 같은 주어-동사 결합체가 공간 형성자의 예이다.

관용어(idiom)

Taylor(2002)는 어떤 표현을 관용어로 간주할 수 있는 두 가지 방법에 대해 이야기한다. 첫째, 관용성은 표현의 의미에 있을 수 있다. 어떤 표현의 의미가 부분들의 의미 및 부분들의 결합 방식으로부터 해결될 수 없는 경우에 그것은 관용어이다. 이런 관점에서 관용어는 의미적 비합성성으로 묘사된다. 의미적 비합성성에서 말하는 관용어는 그것을 구성하는 부분들이 해당 언어의 다른 표현에서 가지는 의미로부터 그 의미를 연산할 수 없는 표현이다. 둘째, 표현의 관용성은 형식적 양상에 있다. 비관용적 표현과는 달리, 관용어는 일반적인 통사 규칙을 적용해서 조합되지 않는다.

구문(construction)

구문이란 구성 요소들과 독립적으로 의미를 가지는 언어 표현을 말한다. 여기서 말하는 구문은 "만약 C가 F_i의 어떤 양상이나 S_i의 어떤 양상이 C의 구성 요소들이나 이전에 성립된 다른 구문들로부터 엄격하게 예측될 수 없는 형태 의미 쌍 $\langle F_i, S_i \rangle$이면, C는 구문이다"는 Goldberg(1995: 4)의 구문에 대한 정의에 근거한다. 구문에 대한 이런 정의는 특정 언어 표현의 전체 의미가 구성 요소들의 의미 및 구성 요소들의 결합 방식에서 도출된다는 의미의 합성성 원리와 대립된다.

근원영역과 목표영역(source and target domain)

개념적 은유에 참여하는 두 영역 중 추상적인 개념을 이해하는 데 사용되는 구체적인 개념적 영역을 근원영역이라고 하고, 이해하고자 하는 개념적 영역을 목표영역이라고 한다. 즉 목표영역은 근원영역을 사용해서 우리가 이해하고자 하는 영역이고, 근원영역은 언어적 은유에서 목표영역을 이해하기 위해 구체적인 낱말이나 언어 표현을 빌려오는 영역이다.

근원적 의미와 인식적 의미(root and epistemic meaning)

근원적 의미와 인식적 의미는 서법동사가 가지고 있는 두 가지 유형의 의미이다. 근원적 의미는 우리의 사회·물리적 세계에서의 능력이나 허락,

의무를 나타낸다. 능력, 허락, 의무와 같은 의미는 물리적인 제약과 힘 또는 사회적 제약과 관계가 있다. 인식적 의미는 추리, 논쟁, 이론화에서 찾을 수 있는 개연성이나 가능성, 필연성을 나타낸다.

급진적 구문문법(radical construction grammar)

급진적 구문문법은 구문문법 체제로 유형학적 변이를 설명하기 위해 제안된 이론이다(Croft 2001 참조). 급진적 구문문법은 비고전적 범주 구조 및 용법 토대적 모형을 채택한다. 급진적 구문문법은 구문에 대한 비환원주의적 접근법을 취하고 구문에 들어 있는 요소들 사이의 자립적인 통사적 관계를 거부한다. 급진적 구문문법은 구문을 통사적 표상의 기본적이고 본원적인 요소로 간주하고, 범주를 그것이 나타나는 구문에 의해 정의한다. 급진적 구문문법은 구문에 대한 조직적인 원리를 제공하기 위해 용법 토대적 모형을 채택하고 유형 이론으로부터 통사적 공간(syntactic space)이라는 개념과 의미적 지도 모형(semantic map model)을 들여온다. 급진적 구문문법은 통사론과 같은 것은 없다고 제안한다. 즉, 우리가 알고 있는 통사론은 문법 구문에 있는 의미구조의 부수 현상일 뿐이다. 즉 급진적 구문문법은 구문에 들어 있는 부분들 사이의 관계를 순수하게 의미적인 용어로 정의한다.

기본층위 구조(basic-level structure)

기본층위는 분류법에서 가장 현저한 층위이다. chair, hammer, dog는 기본층위 용어이다. furniture, tool, animal, artefact, creature는 기본층위에 대한 상위어이다. upholstered chair, claw hammer, Scottish Terrier는 기본층위에 종속된 하위어이다. 기본층위는 어떤 개념에 대한 심적 이미지를 형성할 수 있는 층위이다. 반면에 상위어의 개념에 대해서는 심적 이미지를 형성하는 것이 불가능한 것은 아니지만 그만큼 어렵다. 기본층위의 또 다른 특징으로, 기본층위에서는 범주화되는 실체가 종종 구성 부분 및 그것이 담당하는 역할에 의해 기술된다. 기본층위 용어인 의자에는 앉는 부분이나 다리, 등받이, 팔걸이가 있다. 의자의 기능은 사람이 그 위에 앉는 것이다. 반면에 상위어인 가구에 대해서는 유사한 진술을 하는 것이 불가능할 것이다. 가구 한 점에는 특징적인 부분이 없으며 일반적인 가구의 특징적인 기능이 없다. chair, hammer, apple과 같은 기본층위 용어는 형태론적으로 간단하고 상당히 빈번하게 나타나는 경향이 있는 반면, deck-chair 및 claw hammer와 같은 하위어는 종종 형태론적으로 복합적이고, mammal, implement, artefact와 같은 상위어는 때때로 과학적인 느낌, 즉 딱딱한 느낌이 든다.

다의성(polysemy)

단 하나의 언어 형태에 둘이나 그 이상의 의미가 있으며, 그 의미들은 서로 관련성이 있는 의미의 성질을 말한다. 다의성의 경우에 여러 의미들은 은유, 환유, 영상도식과 같은 인지 기제를 통해서 관련성을 확보한다.

대립어(opposites)

대립어는 두 개의 낱말이 서로 반대되는 의미를 가지는 의미의 성질을 말한다. 두 낱말이 대립어가 될 수 있는 대립성의 세 가지 속성이 있는데, 첫 번째 속성은 이원성이다. 즉 대립어는 두 낱말 사이에서만 발생한다. 두 번째 속성은 본유성이다. 대립어는 화용적 원인 때문이 아니라 논리적인 원인 때문에 대립적이어야 한다. 세 번째 속성은 명백성이다. 두 대립어는 대립하도록 하는 성질이 그 의미의 현저한 부분이어야 한다. 이런 속성을 가지고 있는 대립어는 크게 네 가지 유형으로 나뉜다. 첫 번째는 상보어 또는 이원적 대립어이다. 이것은 한 낱말의 부정은 다른 낱말의 긍정을 함의하는 대립성이다. 상보어는 담화 영역을 두 개의 상보적인 집합으로 양분하기 때문에 중간 단계가 존재하지 않는다는 점에서 이원적 분류를 형성한다. 둘째는 반의어이다. 이것은 한 낱말의 긍정이 반드시 다른 낱말의 부정을 함의하는 것이 아닌 대립성이다. 셋째는 역동어이다. 역동어는 두 개의 말단 상태 사이에서 반대 방향으로의 움직임이나 변화를 지시하는 특성이 있다. 넷째는 역의어이다. 역의어는 대안적 관점으로부터 두 실체 사이의 관계를 기술한다.

도상성(iconicity)

도상성은 언어의 형태가 의미에 동기부여 한다는 언어의 성질을 말한다. 도상성은 언어의 형태와 의미 사이에 자연스러운 관계가 있다고 본다는 점에서, 기존의 객관주의 언어학과 결별을 선언하는 것이며 체험주의 철학에 근거한 인지언어학의 정신을 가장 잘 표명한다고 말할 수 있다. 도상성이 형태가 의미를 반영하는 것이라고 할 때, 그 형태는 언어 형태의 순서, 거리, 양이 될 수 있는데, 그런 점에서 도상성에는 시간적 순서의 원리, 거리의 원리, 양의 원리라는 세 가지 원리가 있다. 시간적 순서의 원리는 언어 구문 속에 들어 있는 낱말들의 배열 순서와 낱말들이 묘사하는 사건들의 발생 순서 사이에 유사성을 지각할 수 있으며, 더 나아가 낱말들의 배열 순서는 사건들의 발생 순서에 의해 동기부여 되는 현상을 말한다. 거리의 원리는 낱말들이 더 가까이 있으면 둘 사이에 미치는 효과가 더 강해서 의미적으로 더 가까워지는 경향이 있다는 것이다. 양의 원리는 언어 형태의 양과 의미의 양 사이에 비례관계가 있다는 것을 말한다. 즉 형태의 양이 많으면 의미의 양 또한 많다는 것이다.

도식과 실례(schema and instances)

도식은 더욱더 풍부하게 상술된 실례에 비해 추상적인 표상으로서, 도식은 실례들에 공통된 것을 추상하는 개념이다. 대조적으로 실례는 도식을 정교화 하며, 여러 실례들은 유사성에 의해 서로 관련된다. 예컨대, 음운 단위 '모음'은 '장모음'과 '단모음'에 대한 도식이고, '장모음'과 '단모음'은 '모음'의 실례이다. 다시 '단모음'은 [æ], [ɛ] 등에 대한 도식이다. 도식-실례 관계를 순환적으로 적용해서 분류법이 도출된다.

동기부여(motivation)

인지언어학은 언어 연구에서 예측 가능성과 정확성을 목표로 하지 않는다. 인지언어학은 변이의 특징을 가진 언어 현상이 왜 그러한 모습을 가질 수밖에 없는지에 대한 동기를 찾고자 한다. 한 가지 현상에 대해 여러 동기들이 가능할 수 있지만, 이런 동기들은 규칙적인 패턴을 산출해 낼 수 있다. 이런 동기들의 패턴에 대한 탐구는 언어적 보편소가 아니라 인지적 보편소를 찾고자 하는 작업이다. 인지언어학은 예측을 하는 학문이 아니기 때문에, 그것은 예측을 용이하게 하는 구체적인 보편소를 추구하지 않는다. 즉 인지언어학은 그런 보편소가 바람직하지도 않으며 현실적으로 얻을 수 있는 것도 아니라고 가정한다. 인지언어학의 궁극적인 목표는 인간의 인지가 엄격한 절대적인 규칙이 아니라 경향성에 의해 이해할 수 있는 언어 현상에 어떻게 동기부여 하는지를 이해하고자 하는 것이다. 즉, 인지언어학에 따르면, 인간은 규칙 지배적인 연산 장치가 아니라, 자유 의지를 가진 개인으로서, 규칙적이고 예측 가능한 방법이 아니라 잘 동기부여 된 패턴에 따라서 그런 자유 의지를 발휘한다.

동음성(homonymy)

단 하나의 언어 형태에 둘이나 그 이상의 의미가 있으며, 그 의미들은 서로 관련성이 없는 의미의 성질을 말한다. 엄격하게 말하면 동음성의 경우에는 하나의 형태에 하나의 의미가 있고, 또 다른 형태에 또 다른 의미가 있는 것이라고 말할 수 있다.

동의어(synonyms)

동의어는 동일한 의미를 가지는 낱말을 말한다. 동의성은 크게 세 가지로 유형으로 나눌 수 있다. 첫째는 절대적 동의성으로서, 이것은 의미의 완전한 동일성을 가리키며, 두 낱말이 모든 문맥에서 동일하게 정상적인 경우를 절대적 동의성이라고 한다. 둘째는 명제적 동의성으로서, 이것은 두 낱말이 명제적 동의어이면, 그 둘은 진리조건적 속성을 가진 표현에서 서로 대치되어도 그 표현의 진리치는 바뀌지 않는다. 셋째는 근사적 동의성으로서, 이것은 두 낱말 사이에 사소하거나 배경화 된 차이를 가진 경우이다.

망모형(network model)

망모형은 언어 범주화에 대한 모형이다. 범주의 구성원은 망에 있는 마디로서, 두 가지 유형의 범주화 관계를 통해 서로 연결된다. 첫 번째 유형의 범주화 관계는 원형에서의 확장이다. 원형에서의 확장은 [A] --> [B]로 나타낸다. 점선 화살표는 명시성에 있어서 기본값과 확장값 사이에 약간의 충돌이 있음을 나타낸다. 따라서 [A] --> [B]는 어떤 점에서 [B]가 [A]와 양립하지 않음에도 불구하고 [A]에 의해서 범주화된다는 것을 나타낸다. 두 번째 유형의 범주화 관계는 도식에 대한 정교화 관계이다. 이것은 [A] → [B]로 나타낸다. 이 관계는 상세화 관계로서, [B]는 [A]의 상세화와 상응하지만 더 정확하고 상세하게 특징지어진다.

모호성(vagueness)

단 하나의 언어 형태에 둘이나 그 이상의 의미가 있으며, 여러 의미들이 하나의 일반적인 의미로 통합되는 의미의 성질을 말한다. 다시 말해서, 모호성은 일반적인 단 하나의 의미를 가지고 있는 하나의 언어 형태와 관계있는데, 하나의 언어 형태가 여러 가지 의미를 가지지만 그 의미들은 서로 구별되지 않으며 또는 한층 더 일반적인 의미와 구별되지 않는 의미의 성질이다.

문법화(grammaticalization)

문법화는 어휘적 항목이 문법적 의미를 얻게 되는 과정이다. 즉, 문법화는 어휘적 형태가 문법적 형태로, 또는 덜 문법적 형태가 더 문법적 형태로 변화되는 언어 내적인 현상이다. 인지언어학에서는 언어 내적인 문법화가 언어 외적 요인들, 특히 인지에 의해 동기부여 된다고 가정한다. 이렇게 인지언어학은 문법화를 한 대상이 다른 대상에 의해서 기술되고 이해되는 인지과정으로 간주한다.

문법화 모형(models of grammaticalization)
 탈색 모형에 따르면, 문법화 과정 중에 모든 어휘적 내용은 희미하게 되고 문법적 내용만 남는다. 이처럼 의미가 점점 희미해지는, 즉 탈색되는 과정에서 의미 변화에 초점을 두는 모형이 탈색 모형이다. 탈색 모형은 의미의 소실이나 약화에 초점을 두지만, 실제 문법화에서 나타나는 의미 추가 현상을 간과해서는 안된다는 입장에서 나온 것이 소실-획득 모형이다. 즉 탈색 모형이 [AB > B]의 형식을 취한다면, 소실-획득 모형은 [AB > BC]의 형태를 취한다. 즉 문법화에서는 의미의 소실과 의미의 획득이 동시에 발생한다는 것이다. 탈색 모형과 소실-획득 모형은 근원영역과 목표영역이 나누어져 있기 때문에, 문법화의 진행이 점진적이라는 사실을 설명하지 못하는 난점이 있다. 이런 난점을 보완한 것이 중복 모형이다. 탈색 모형이나 소실-획득 모형 등은 주로 그 적용범위가 문법화에서의 의미 변화를 설명하는 데 국한되어 있지만, 원형확장 모형은 의미 범주의 변화뿐만 아니라 의미 범주들의 구조도 고려된다는 특징이 있다. 환유-은유 모형에서는 문법화에 나타나는 두 가지 기제를 포함하도록 만들어져 있다. 첫 번째 기제는 은유 과정이고, 두 번째 기제는 환유 과정이다. 환유 과정은 연속적으로 의미 중복을 발생시켜서 연쇄 구조를 갖게 한다.

백과사전적 지식(encyclopedic knowledge)
 백과사전적 지식이란 언어 자체에서 얻을 수 있는 언어적 지식이나 사전적 지식과 대비되는 지식으로서, 이것은 우리가 이 세계에 존재하면서 이용할 수 있는 사회적 지식, 주관적 지식, 경험적 지식 등 모든 지식을 말한다. 언어 표현의 의미가 언어 자체에만 주어져 있는 것이 아니라 백과사전적 지식에 근거해서 언어 표현을 해석하고 언어 표현의 의미가 구성되어야 한다는 것이 인지언어학이 취하는 의미론에 대한 입장이다.

범주화(categorization)
 범주화는 인간의 가장 기본적인 인지과정으로서, 사물을 분류하는 인간의 능력을 말한다. 인간을 포함한 모든 동물에게는 범주화 능력이 있는데, 동물은 음식을 먹을 수 있는 것과 먹을 수 없는 것으로 범주화하고, 주위 환경을 해로운 것과 해롭지 않은 것으로 범주화해야만 생존할 수 있다. 의미 연구에서 말하는 범주화는 한 낱말의 여러 의미들이 있을 때, 어떤 의미가 그 낱말의 의미에 포함되고 어떤 것이 포함되지 않는가를 판단하는 과정이다.

비합성성(compositionalty)

비합성성은 인지언어학에서 주창하는 의미의 성질로서 합성성과 대립되는 용어이다. 합성성은 전체 표현의 의미가 각 구성소의 의미 및 구성소들의 결합 방식에 의해 전적으로 결정되는 의미의 성질을 말한다. 합성성은, 전체 표현의 각 구성소는 언어 체계 내에서 고정적이며 결정적인 의미를 가지고 있으며, 각 구성소가 결합해서 전체 표현을 형성한다고 보는 성질이다. 이러한 방식은 전체 표현의 의미에 각 구성소가 고정된 결정적인 기여를 하며, 각 구성소의 의미 특성은 전체 표현에서 그대로 남으며, 전체 표현의 의미는 일반 규칙에 의해 그 구성소의 의미들로부터 완전하게 예측할 수 있다고 가정한다. 이에 반해, 의미의 비합성성은 복합적 표현의 의미가 부분이 가지는 의미의 함수 및 부분들의 결합 방식인 것만은 아니라고 본다. 보통 전체의 의미는 부분이 기여하는 의미보다 더 특정적이고 심지어 그것과 다르며, 실제로 구성 요소에는 없는 그 자체의 의미가 있을 수도 있다.

사상(mapping)

개념적 은유의 근원영역과 목표영역 사이에 일련의 체계적인 대응관계가 있는데, 이것은 근원영역을 구성하는 개념적 요소나 속성이 목표영역의 구성 요소와 대응된다는 것을 뜻한다. 이와 같은 개념적 대응관계를 사상이라고 한다. 은유적 사상은 부분적인데, 은유적 사상의 부분적 본질을 크게 은유적 전경화와 은유적 활용으로 나누어 설명할 수 있다. 은유적 전경화는 목표영역에 적용되고, 은유적 활용은 근원영역에 적용된다. 은유적 전경화는 은폐 과정과 반드시 함께 이루어진다. 목표영역의 한 개념은 여러 가지 양상을 가지고 있고, 특정한 개념적 은유가 하나의 양상에 초점을 두면, 그 개념의 다른 양상들은 초점을 받지 않고 은폐된다. 즉, 전경화와 은폐 과정은 서로를 전제하는 것이다. 은유적 활용이란 주어진 한 목표영역을 이해할 때 근원영역의 특정 양상만을 활용한다는 것이다.

사역이동 구문(caused-motion construction)

사역이동 구문은 행위자가 특정 행동을 해서 수동자가 특정 방향으로 이동하도록 하는 'NP₁ V NP₂ PP'와 같은 통사적 구조를 가진 구문을 말한다. 동사는 NP₁의 지시물이 수행하는 행동을 나타내며, 그 행동은 NP₂가 지시하는 실체가 PP가 나타내는 경로를 따르도록 초래한다. We ordered them out of the house(우리는 그들에게 명령해서 집에서 나가도록 했다)가 사역이동 구문의 전형적인 예이다.

상술(specification)

상술은 명사구 및 절에 관해서, 기본 명사나 기본 동사가 지시하는 실체의 유형이 더 구체적인 내용을 받는 과정이다. 예컨대, house가 big house나 house that was build in 1998이 되는 것처럼, 기본 명사가 형용사나 관계절에 의해 수식될 때, 그 기본 명사는 상술된다고 말해진다. 절의 경우에는 기본 동사에 참여자나 환경을 진술할 때 그 기본 동사가 상술된다고 말해진다.

상승 구문(raising construction)

상승 구문은 종속절의 한 요소가 주절의 주어가 되어 있는 구문을 말한다. 종속절의 주어가 주절의 주어가 되는 구문을 주어 상승 구문이라고 하는데, John is likely to win이 그 예이다. 그리고 종속절의 목적어가 주절의 주어가 되는 구문을 목적어 상승 구문이라고 하는데, The crossword is difficult to solve가 그 예이다.

실례화(instantiation)

실례화는 명사의 경우에 명사가 지시하는 유형과 명사구가 선택하기에 알맞은 실례 사이의 관계이다. 실례화는 정교화라고도 하는데, 즉 유형을 더 구체적으로 그리고 더 정확하고 더 자세하게 묘사하는 과정을 말한다.

아이러니(irony)

아이러니는 보통 문장의미와 화자의미 사이에 의미적 대립이 있는 현상을 말한다. 이렇게 문장의미와 화자의미 사이에 대립이 있는 것을 비유적 아이러니라고 한다. 문장의미와 화자의미가 동일하지만 아이러니가 발생하는 경우도 있는데, 이런 경우에는 문장의미와 화자의미에 대립이나 불일치가 없다. 이런 아이러니를 문자적 아이러니라 한다. 문자적 아이러니에도 불일치가 있지만, 여기서의 불일치는 문장의미와 화자의미 사이의 불일치가 아니라 상황에서 생기는 불일치이다.

연어(collocation)
연어는 낱말의 공기에 대한 전형적 패턴이다. heavy drinker는 확정된 연어이지만 heavy eater는 그렇지 않다.

영상도식(image schema)
영상도식은 선개념적인 체험을 구조화한 인지적 구성물이나 인지모형이다. 영상도식은 일상 경험에서 반복되는 패턴으로서, 우리의 일상 환경에서 신체적 경험, 대상 조작, 지각적 상호작용에 의해 생성된다. 주위 환경과의 신체적, 물리적 경험에서 발생한다는 의미에서 영상도식은 구체화되어 있다고 말할 수 있다. 신체가 영상도식을 구성하는 데 참여하기 때문에 영상도식은 또한 구체화된 도식이나 운동감각적 도식이라고도 한다. 영상도식은 동적이고 유연하기 때문에 낱말의 다의성이 자연스럽게 설명될 수 있다. 영상도식은 은유 과정의 원천이 되기도 한다.

영상 체계(imaging system)
영상 체계는 시간이나 공간 내의 실체들 사이의 각기 다른 종류의 관계를 특징짓는 인지체계이다. 즉 영상 체계는 언어 구조에 동기부여 하는 인지과정이다. Talmy가 말하는 영상 체계는 주어진 하나의 장면을 다양한 방식으로 인지하고 지각해서 서로 다르게 구조화하는 인지능력인 Langacker가 말하는 해석(construal)과 유사한 개념이다. Talmy는 영상 체계로서 네 가지 유형의 인지과정을 제시하는데, 구조적 도식화, 원근법 배치, 힘역학, 주의 배분이 그것이다.

완료적 과정과 미완료적 과정(perfective and imperfective process)
동사는 주어가 행하는 과정을 가리킨다. 동사가 가리키는 과정은 크게 완료적 과정과 미완료적 과정으로 나눌 수 있다. 동사의 완료적-미완료적 구별과 명사의 가산-질량 구별 사이에 놀라운 유사성이 있다. 명사의 가산-질량 구별에 사용되는 내적 동질성, 분리성, 반복성, 한정성이라는 동일한 기준이 동사의 완료적-미완료적 구별의 경우에도 적용된다. 질량명사는 물질을 지시한다. 물질은 내적으로 동질적인 것으로 해석된다. 결과적으로 물질은 분리 가능하고 확장 가능하다. 물질의 실례가 한정적이긴 하지만 그렇다고 경계가 그 개념에 고유한 것은 아니다. 이것은 미완료적 과정에도 정확하게 동일하다. 미완료적 과정은 내적으로 동질적인 것으로 간주되기 때문에 어떤 구획이라도 타당한 실례로 간주되고 시간적 경계가 무한히 확장될 수 있다. 반면, 완료적 과정은 개별화되는 사물과 유사하다. 완료적 과정은 내적 구조를 가지고 있고 고유하게 한정적이다. 완료적 과정은 순간적 사건과 확장적 사건으로 나눌 수 있다. 순간적 사건은 시간상의 한 시점에서 나타나기 때문에 시간적 확장이 없다. 확장적 사건은 사실상 오랜 기간 동안 전개되는 사건이다. 미완료적 과정은 상태적 사건과 역동적 과정인 활동으로 나뉜다. 상태적 과정은 실제로 거의 변화가 일어나지 않고 어떤 상황이 단순히 지속될 뿐이다. 활동은 일이 발생하고 일이 이루어지고 변화가 있지만 고유한 끝이 없는 과정이다.

원형(prototype)

원형은 그 범주를 대표할 만한 가장 전형적이고 적절하고 중심적이며 이상적인 좋은 보기를 말한다. 곧 원형적 보기는 중심적 보기이며, 비원형적 보기는 주변적 보기가 된다. 원형의 유형으로 전형적 보기, 사회적 판박이 보기, 이상적 보기, 모범적 보기, 생성원 보기, 하위모형 보기, 현저한 보기가 있다.

원형성(prototypicality)

원형성은 범주의 원형적 구성원과 비원형적 구성원을 가지는 범주의 성질을 말한다. 새 범주의 경우에 로빈과 참새는 그 범주의 원형적 구성원인 반면 펭귄은 비원형적 구성원이다. 원형성을 가진 범주에는 네 가지 특징이 있다. 첫째, 범주는 범주 구성원자격의 정도를 보인다. 이것은 범주의 모든 구성원이 동일하게 그 범주를 대표하는 것이 아니라, 한 구성원이 다른 구성원들보다 그 범주를 더 잘 대표한다는 것을 뜻한다. 둘째, 범주는 가족닮음 구조를 보여준다. 이것은 범주의 의미구조가 겹치고 교차하는 유사성의 복잡한 망의 형태를 지님을 뜻한다. 셋째, 범주는 그 가장자리가 흐릿하다. 넷째, 범주는 기준속성인 일련의 필요충분조건에 의해 정의될 수 없다.

원형 이론(prototype theory)

원형 이론은 고전 범주화 모형에 대비되는 인지언어학에서 제기된 범주화 모형이다. 원형 이론에 따르면, 사람들이 사물을 범주화할 때 이상적인 보기, 즉 원형에 근거를 둔다. 즉 사람들은 아마도 어떤 사물을 해당 범주의 원형의 특징과 대비시킴으로써 그 사물이 그 범주의 구성원이 되는 정도를 결정한다. 그것은 원형과 정확하게 일치할 필요는 없으며, 단지 그 범주와 충분히 유사하면 그 범주의 구성원으로 판단되는 것이며, 각 사물이 그 범주의 구성원이 되는 데는 구성원자격의 정도가 있다.

원형 효과(prototype effect)

범주의 원형적 구성원은 비원형적 구성원과 비교해 볼 때 특별한 효과를 가지고 있는데, 그것을 원형 효과라고 한다. 원형 효과란 범주 구성원들 사이의 비대칭성으로서, 원형이 비원형에 대해 특권적, 우월적 효과를 나타내는 것을 뜻한다. 예컨대, 색채어의 경우에, whiten와 *bluen의 대비를 통해서 알 수 있듯이 원형적 색채어만 사역적 동작개시 접미사 -en에 의해 파생되며, whiteness와 *purpleness의 대비를 통해서 알 수 있듯이 원형적 색채어만 접미사 -ness와 결합하여 추상명사가 될 수 있다.

윤곽부여(profiling)

윤곽부여는 본질적으로 틀이나 Langacker가 말하는 바탕 내의 어떤 요소를 전경화 하거나 두드러지게 하는 과정이다.

은유의 유형(types of metaphor)

인지언어학에서는 은유를 관습성, 기능, 본질, 일반성의 층위에 의해 분류한다. 첫째, 은유는 관습성에 의해 관습적 은유(또는 일상 은유와 사은유)와 비관습적 은유(또는 시적 은유와 신은유)로 나뉜다. 둘째, 은유는 그것이 행하는 인지적 기능에 따라 구조적 은유, 존재론적 은유, 방향적 은유로 세분화된다. 구조적 은유의 인지적 기능은 화자들이 근원영역의 인지모형에 의해 목표영역을 이해하도록 해 주는 것이다. 존재론적 은유의 인지적 기능은 단순히 추상적인 목표영역에 존재론적 위상을 제공할 뿐이다. 방향적 은유의 인지적 기능은 목표영역의 개념들을 우리의 개념적 체계에서 응집력 있도록 만들어 주는 것이다. 방향적 은유라는 명칭은 이런 기능을 하는 대부분의 은유들이 위-아래, 중심-주변 등과 같은 인간의 기본적인 공간적 방위와 관련이 있다는 사실에서 비롯된다. 셋째, 어떤 은유는 근원영역이 가지고 있는 기본적인 지식구조에 입각하고 있다. 이런 유형의 은유에서는 근원영역이 가지고 있는 기본적인 지식구조가 근원영역에서 목표영역으로 사상된다. 반면에 영상도식 은유의 경우에는 근원영역의 개념이 환기시키는 영상도식의 개념적 요소들이 근원영역에서 목표영역으로 사상된다. 영상이 훨씬 더 풍부한 영상 토대적인 영상은유가 있는데, 이 은유는 영상도식이 아니라 풍부한 영상을 이용한다. 넷째, 개념적 은유는 일반성의 층위에 따라 특정적 층위 은유와 총칭적 층위 은유(또는 대연쇄 은유)로 나뉜다.

의미(meaning)

인지언어학에서는 의미가 언어에 중심적인 역할을 한다. 인지언어학에서 말하는 의미는 엄격한 논리적인 규칙에 따라서 상징을 조작해서 존재하는 것이 아니며 낱말 속에 있는 것도 아니다. 인지언어학은 의미가 구체화되어 있다는 전제로부터 시작한다. 이것은 의미가 인간의 신체적인 경험에 근거를 두고 있음을 뜻한다. 그리고 인지언어학에서는 의미를 개념화와 동일시한다. 개념화란 주위 세계나 사물을 바라보는 방식이다. 즉 의미란 논리학에서 말하는 진리조건이 아니라 우리 인간이 주위 세계를 인지하고 지각하는 방식과 밀접하게 관련이 있다.

의미구성(meaning construction)

의미구성이란 언어가 고유하게 의미를 가지고 있는 것이 아니라 개념적 혼성과 같은 인지과정에 의해 창조되고 발현된다는 것이다.

인지와 지각(cognition and perception)

인지는 우리 주위의 세계나 사물을 알고 배우고 이해하는 과정이다. 인지는 환경에 대한 정보를 수집하고 처리하고 저장하는 두뇌의 기능이기도 하다. 지각은 우리의 감각 기관을 사용해서 우리 주위의 세계나 사물을 인식하는 인지능력이다.

인지과정(cognitive process)

인지과정은 인간의 일상 경험에 의해 구조화된 인지모형에 기초해서 작용하는 인지능력이다. 인지능력이란 인간이 주어진 대상을 바라보고 그것에 대해 생각하고 그것에 대해 인지하고 그것에 대해 해석할 수 있는 능력으로서, 이런 능력을 언어 연구에 사용하는 것이 인지언어학이다. 인지언어학에서는 일반적인 인간의 인지능력과 언어능력을 별개로 취급하지 않고 언어능력이 인지능력에 포함되는 것으로 간주한다.

인지모형(cognitive model)

인지모형은 한 낱말이 환기시키는 개념들이 조직되는 방식을 모형으로 나타낸 인지적 구성물로서, 이것은 우리 일상의 지각적 경험으로부터 구조화된다. 인지모형은 개념적 구조나 인지적 구조나 인지영역으로 불리기도 한다. 인지언어학의 문헌에서 밝혀진 인지모형으로 틀, 영상도식, 정신공간이 있다.

인지문법(cognitive grammar)

인지문법은 Langacker(1987, 1990a, 1990b)에서 명시적으로 다루어지고 있는 상당히 혁신적인 언어 이론이다. 인지문법은 언어를 인지의 통합된 국면으로 간주하며, 문법을 고유하게 의미가 있는 것으로 간주한다. 인지문법은 언어 의미론에 대한 개념주의적 설명을 전제하는데, 그것은 동일한 상황을 다양한 방식으로 해석할 수 있는 우리의 능력을 고유하게 인정한다. 의미에 대한 이런 관점을 취하는 인지문법은 모든 문법적 요소에 개념적 내용이 있는 것으로 본다. 따라서 문법은 본질적으로 상징적이며, 문법은 결국 개념적 내용을 구조화하고 상징화하는 것이 된다. 문법적 구조가 본질상 상징적이기 때문에 그것은 의미구조와 음운구조 사이의 상징적 연결에 의해 완전하게 기술될 수 있다. 인지문법의 몇 가지 가정을 살펴보면, 첫째 의미는 진리조건과 동일시되는 것이 아니라 심적 경험, 즉 개념화와 동일시된다. 둘째, 언어 범주는 전형적으로 복합적이기 때문에, 언어 범주를 적절하게 기술하기 위해서는 단 하나의 구조가 아니라 실례화와 확장이라는 관계에 의해 연결되어 망조직을 형성하는 일련의 구조가 필요하다. 어휘 항목은 전형적으로 다의적이다. 어휘 항목의 의미는 관련된 의미들의 망조직으로 이루어져 있으며, 어떤 의미는 다른 의미에 비해 도식적이고 어떤 의미는 원형적 의미에서 확장된 의미이다. 셋째, 언어 의미론은 그 범위가 백과사전적이다. 어휘 항목의 의미는 일반적으로 제한된 사전적 정의로 포착될 수 없다. 우리가 해당 실체에 대해 알고 있는 모든 것이 원칙적으로 그 표현의 의미에 기여하는 것으로 간주된다. 따라서 의미론과 화용론 및 언어적 지식과 비언어적 지식 사이를 명확하게 구분할 수 없다. 넷째, 표현의 의미는 그 표현이 환기시키는 개념적 내용만으로 되어 있는 것이 아니라, 그 내용이 어떻게 해석되는지도 중요하다. 두 표현이 동일한 개념적 내용을 환기시키지만 그것이 부과하는 해석에 의해 의미가 서로 다를 수도 있다.

인지언어학(cognitive linguistics)
　　인지언어학은 언어 분석에 대한 언어 내적 접근법이 아니라 언어 외적 접근법이다. 이것은 인지언어학이 언어 현상을 해명할 때 그 실마리를 언어 내에서 찾는 것이 아니라 인지 및 지각과 같은 언어 외적인 현상을 활용한다는 것을 뜻한다. 인지언어학은 데이터 친화적이고 사용자 친화적인 언어학으로서, 인간의 몸이 경험하는 체험을 언어 연구의 중심에 놓는 체험주의 철학을 바탕으로 한다. 인지언어학은 언어 분석에서 의미론의 중요성을 인정하고, 의미가 본질적으로 백과사전적이라고 본다. 그리고 인지언어학의 가장 큰 장점은 언어의 본질, 즉 언어가 형태와 의미로 구성되어 있다는 사실을 가장 철저하게 인정하고, 형태 위주의 연구도 아니고 의미 위주의 연구도 아닌 형태와 의미를 함께 고려하는 총체적 접근법이라는 것이다. 인지언어학은 언어가 지금의 모습으로 사용되고 지금의 모습을 하고 있는 원인을 해명할 때 인지 및 지각과 같은 인간의 모습에서 그 실마리를 찾는 순수하게 인간적인 언어학 방법론이다. 인지언어학은 언어를 아는 것이 무엇을 의미하며, 언어가 어떻게 습득되며, 언어가 어떻게 사용되는지를 인지적으로 타당하게 설명하는 것을 목표로 한다.

전경-배경 조직(figure-ground organization)
　　전경-배경 조직이란 전경과 배경이 선택되는 방식을 말한다. 지각적 장면 그 자체는 하나의 배경이 되고 그 중에서 특정한 양상이 그 배경에서 두드러지게 될 수 있다. 청각의 경우에서는 특정한 사람의 목소리가 배경 소음에서 두드러지게 되어 그 사람의 목소리를 듣게 되는 경우가 있다. 이처럼 주어진 장면에서 어떤 요소는 주의를 받아 전경의 위상을 부여받고, 다른 요소는 주의를 받지 못해 배경의 위상을 부여받는 방식을 전경-배경 조직이라고 한다. 전경은 실제로 이동하거나 개념적으로 이동 가능한 사물이며, 배경은 지시 틀 내에서 정적인 무대를 가지고 있는 지시물이다. 전경-배경 조직이 지각적 차원에서 발생하든 청각적 차원에서 발생하든 간에 그것은 감각적 차원의 문제에만 적용되는 것은 아니다. 전경-배경 조직은 또한 우리가 어떤 상황에 대해 생각하고 그것을 개념화하는 방식과도 관계가 있다. 즉, 전경-배경 조직은 어떤 주어진 장면을 언어로 표현할 목적으로 그 장면을 조직하는 방식에서도 표명된다. The farmer shot the rabbit과 The rabbit was shot by the farmer는 모두 동일한 상황을 기술하지만, 전자는 농부가 전경이 되어 농부가 무엇을 했는지에 대한 관점을 표현하는 방법이고, 후자는 토끼를 전경으로 취하고 토끼에게 어떤 일이 발생했는지에 대해 이야기하는 관점을 표현하는 방법이다.

접근 원리(access principle)

접근 원리는 동일시 원리라고도 하는데, 이것은 매체 요소를 기술함으로써 새로운 정신공간에 있는 그 대응요소인 목표 요소에 접근하도록 해 준다. 즉, 접근 원리는 한 정신공간에 있는 요소를 명명하거나 기술하는 언어 표현이 다른 정신공간에 있는 그 대응요소에 접근하는 데 사용될 수 있다는 원리이다. 이 원리를 Sweetser & Fauconnier(1996: 7)의 말로 풀이하면 다음과 같다. "만일 첫 번째 영역에서 두 번째 영역이 인지적으로 접근 가능하고 매체와 목표 사이에 연결이 있다면, 한 실체(매체)를 명명하거나 기술하는 표현이 다른 영역에 있는 실체(목표)에 접근(따라서 언급)하는 데 사용될 수 있다."

정교화 거리(elaborative distance)

정교화 거리는 도식과 실례 사이의 거리, 즉 실례를 상술하기 위해 도식에 첨가할 필요가 있는 내용의 양을 가리킨다. 도식과 풍부하게 상술된 실례 사이의 정교화 거리는 더 짧을 것이고, 도식과 풍부하게 상술되지 않은 실례 사이의 정교화 거리는 더 길다. 예컨대, 도식이 '쥐를 잡아먹는 포유동물'이고 실례가 '고양이', '족제비'일 때의 도식과 실례 사이의 정교화 거리는 도식이 '사람의 거주지에서 발견할 수 있는 다리가 있는 사물'이고 실례가 '개', '걸상'일 때의 도식과 실례 사이의 정교화 거리보다 더 짧다.

정신공간(mental space)

정신공간은 인지적 구성물로서 넓은 의미에서 말하는 인지모형의 한 유형이다. 정신공간은 언어 표현이 제공하는 지침에 따라서 담화가 진행되면서 우리가 생각하고 말할 때 구성되는 부분적인 개념적 구조이다. 정신공간은 외부 세계를 직접적으로 반영하는 것이 아니라 잠재적인 실재에 대한 선택적인 인지적 형상으로서, 정신공간은 특정한 시나리오의 실체나 관계에 대한 부분적 표상이다. 정신공간이 개념적 구조이지만, 정신공간은 틀 및 영상도식과 같은 기타 인지모형과는 다르다. 왜냐하면 정신공간은 부분적으로 인지모형과 문맥의 구조를 이용해서 구성되고, 정신공간은 요소들을 담고 있는 매우 부분적인 집합체이며 인지모형에 의해 구조화되기 때문이다. 즉, 정신공간은 인지모형과 동일한 것이 아니라 그것에 의존한다. 여러 정신공간은 상호 연결되며 담화가 진행됨에 따라 수정되기도 한다.

주관화(subjectification)
주관화는 언어 행위에 말하는 발화 행위자가 참여하고, 그가 언어 행위에 참여함으로써 언어의 형식적인 형태가 영향을 받는다는 사실에 관한 것이다. 더 전문적으로 말하면, 주관화는 어떤 실체에 대한 상대적인 객관적 해석에서 더 주관적 해석으로의 변이이다.

주관화 모형(models of subjectification)
Langacker(1990)는 초기에 주관화를 어떤 관계가 객관적 축에서 주관적 축으로 재정렬이나 대치되는 것으로 정의했었다. 즉 객관적으로 해석되는 무대 위의 요소들 사이에서 유지되는 Y와 같은 어떤 관계적 성분이 Y'라는 유사한 관계로 재정렬이나 대치되는데, Y'라는 관계는 무대 위의 상황과 고정체의 특정 면 사이에 유지되고 있다. Y'와 고정체는 무대 밖에 있으며 주관적으로 해석되기 때문에, Y가 주관화를 겪는다고 말할 수 있다. 이런 주관화 과정은 탄도체와 지표라는 참여자의 위상에 영향을 미치는 것이 아니라, 원래의 객관적 관계의 어떠한 면이 무대 위에 남아서 윤곽부여를 받는지에만 영향을 미친다. 주관화를 대치의 개념으로 설명하는 것은 주관화 과정 자체가 불연속적임을 암시한다. 이것은 인간의 인지과정이 본질적으로 연속적이라는 사실과 일치하지 않는다는 점에서 너무 기계론적인 모형으로 문제시된다. 그래서 Langacker(1999)에서는 재정렬이나 대치가 아니라 변이에 의해 주관화를 기술한다. 주관화는 어떤 실체에 대한 상대적인 객관적 해석에서 더 주관적 해석으로의 변이이다. 그는 주관적 성분이 객관적 개념에 내재하면서 항상 거기에 있으며, 객관적 개념이 사라질 때 주관적 성분이 뒤에 남는다고 주장한다.

주사(scanning)
주사는 연속주사와 요약주사로 나뉜다. 연속주사는 동사에 의한 동적 인지에서처럼 과정을 하위 사건의 연속으로 파악하는 것을 말하며, 요약주사는 명사 및 형용사에 의한 정적인 인지과정에서처럼 완성된 하나의 단위, 즉 사건을 통합된 전체로서 파악하는 것을 말한다. 또한, 연속주사는 한 형상의 다른 형상으로의 연속적 변형을 포함하며, 그 성분 지위는 시간을 통하여 분포되는 반면, 요약주사는 단일의 일관된 게슈탈트를 구성하며, 그 성분 지위는 공존하고 동시적으로 이용할 수 있다는 점에서 대비된다. 비유적으로 말하자면, 연속주사는 활동사진의 연속물을 보는 것과 같으며, 요약주사는 낱낱의 정지된 사진을 보는 것과 같다. 요약주사의 한 유형으로 심적주사가 있는데, 심적주사는 화자의 마음속에서 이루어지는 장면의 구조화 방식을 뜻한다.

주의 배분(distribution of attention)

주의 배분은 주어진 장면이나 사건을 구성하는 요소들에 대해 각기 다르게 주의를 배분하는 인지능력이다. 바꾸어 말해서, 주의 배분은 특정한 전체 장면 중에서 우리의 관심을 끄는 요소에 주의를 기울이는 능력이다. Talmy(1996a)에서는 주의 배분이라는 용어 대신에 주의 창문화라는 용어를 사용해서, 주의 창문화라는 인지과정을 주의 배분의 한 유형으로 간주한다. 즉, 사건틀의 특정 요소를 전경화 하는 인지과정이 주의 창문화이다. 사건틀의 특정 부분을 배경화 하는 반대 과정은 공백화이다. 주의 창문화에서, 장면을 구성하는 특정 부분은 주의의 전경에 놓이고 나머지 부분은 배경에 놓인다.

체험주의(experientialism)

체험주의 철학은 인간이 몸을 가지고 있다는 사실을 매우 중요하게 생각하는 철학이다. 체험주의 철학에 따르면, 의미란 항상 특정 사람에게 의미이며, 의미는 체험과 밀접한 관계가 있다. 다시 말해서, 체험주의 철학에서 의미는 구체화되어 있다.

탄도체와 지표(trajector and landmark)

탄도체는 어떤 관계에서 더 현저한 참여자이고 지표는 그 관계에서 현저하지 않은 참여자이다.

퍼지성(fuzziness)

퍼지성이란 범주들 사이에 명확한 경계가 있는 것이 아니라 그 경계가 모호하고 퍼지다는 범주 경계의 성질이다.

틀(frame)

틀은 낱말 의미를 이해하고 기술하는 데 전제는 되지만 표현은 되지 않은 인지적 구성물로서, 인지모형의 한 유형이다. 틀은 특정 낱말이 환기시키는 일련의 지식 구조로서, 그 지식 구조에는 그 낱말에 대한 개념이 가지고 있는 객관적인 자질뿐만 아니라 문화적이고 백과사전적인 지식도 포함되어 있다. 의미 분석에 인지적 구성물인 틀을 이용하는 의미론을 틀의 미론이라고 한다. 틀은 시나리오(또는 스크립트)와 유사한 개념이다. 시나리오는 문화적으로 정의된 행동들의 순서, 즉 이야기 도식이며, 또는 잘 알려진 상황을 정의하는 미리 결정되고 정형화된 행동들의 순서이다.

해석(construal)

해석은 동일한 상황을 다양한 방법으로 구조화하고 해석하는 우리 인간의 인지능력이다. 즉, 해석은 주어진 사태가 언어적 표현의 목적 때문에 언어 사용자에 의해 구조화되는 인지과정이다. 언어는 주어진 실체를 객관적으로 표현한다기보다는 사람들이 그것을 바라보고 개념화하는 방식을 반영한다. 이런 점에서 사람들이 동일한 장면이나 상황을 각기 다르게 바라보고 해석한다는 것은 아주 자연스럽다. 새로 출판된 동일한 책을 언급할 때, new releases나 new arrivals라고 말할 수 있는데, 전자는 출판사의 관점을 표현한 것이고 후자는 서점의 관점을 표현한 것이다. 해석은 관습적 영상이라고 하며, 개념화와 유사한 개념이다. 해석의 첫 번째 차원은 상세성의 층위로서, 화자는 주어진 실체나 장면을 다양한 상세성의 층위에서 해석할 수 있다. 두 번째 차원은 규모와 범위이다. 세 번째 차원은 배경 가정과 경험이다. 네 번째 차원은 윤곽부여이다. 다섯 번째 차원은 원근법인데, 여기에 관점과 주관적 해석 및 객관적 해석이 포함된다. 여섯 번째 차원은 주사이다.

환유(metonymy)

환유는 동일한 하나의 인지모형에서 매체라는 하나의 개념적 실체가 목표라는 다른 개념적 실체에 정신적 접촉을 제공하는 인지과정이다. 또는 환유는 잘 이해되거나 지각하기 쉬운 사물의 부분을 사용해 그 사물 전체나 그것의 특정한 부분을 대표하는 인지과정이다. 예컨대, I am in the telephone book에서, '나'라는 실체를 지시하는 표현 I가 주어진 인지모형 내에서 I와 밀접하게 관련된 my name and phone number를 가리키고 그것과 정신적 접촉을 하도록 하는 인지과정이다.

환유의 유형(types of metonymy)

환유는 먼저, 부분-전체 관계에 기초해서 작용하는 인지과정이라는 점에서 환유를 전체-부분 환유와 부분-부분 환유를 나눌 수 있다. 다음으로 환유의 경우에 한 실체가 다른 실체를 지시한다고 할 때 그 실체의 종류에 따라 환유를 공간적 환유, 시간적 환유, 추상적 환유로 나눌 수 있다. 공간적 환유는 한 실체가 다른 실체를 지시할 때 그 실체가 공간적 실체인 환유를 말한다. 공간적 환유는 전체-부분 유형과 그릇-내용물 유형으로 세분화된다. 시간적 환유 역시 두 가지 유형으로 나누어지는데, 하나는 전체 사건과 하위 사건 사이의 관계에 근거를 두는 것이고, 다른 하나는 선행 상황과 후속 상황 사이의 관계에 근거를 두는 것이다. 추상적 환유의 경우에는 어떤 실체가 가지고 있는 추상적인 자질이 전체 실체를 대표한다.

활성지역(active zone)

참여자 A가 어떤 상황에 참여할 때, 종종 A의 어떤 부분이 다른 부분보다 그 상황에 더 밀접하게 관여하는데, A의 이런 부분은 활성지역을 구성한다. John kicked the table과 같은 문장은 존과 탁자라는 두 참여자를 포함하고 있는 사건을 기술한다. 존은 행위자이고 탁자는 수동자라고 말할 수 있지만, 존의 몸 전체가 차는 사건에 동등하게 관여하는 것은 아니며, 탁자의 모든 부분이 차임을 당하는 것은 아니다. 아마도 존의 한쪽 발이 탁자와 접촉을 하고 다리와 같은 탁자의 한 부분만이 영향을 받는다. 이런 경우에 존의 한쪽 발과 탁자의 다리가 활성지역이다. 또 다른 예로 I heard the piano는 피아노를 들은 것이 아니라 피아노에서 나는 소리를 들었다는 것을 의미하며, I am in the phone book는 물리적인 존재로서의 내가 전화번호부 안에 들어 있다는 것이 아니라 나의 이름과 전화번호라는 나의 속성이 전화번호부에 인쇄되어 있다는 것을 의미한다. 전통적으로, 이런 예는 환유의 실례로 간주된다. 한 실체 e를 가리키는 낱말은 주어진 인지모형에서 e와 밀접하게 연상되는 실체를 지시하는 데 사용된다.

참고문헌

김동환. 1999. 「틀의미론과 의미구조」. 언어과학연구 16, 언어과학회.
_____. 2000. 「도상성과 의미구조」. 김신곤 박사 정년기념논문집, 창원대학교 출판부.
_____. 2002. 『개념적 혼성 이론: 인지언어학과 의미구성』. 서울: 박이정.
김종도. 2002. 『인지문법의 디딤돌』. 서울: 박이정.
박정운. 2000. 「Charles J. Fillmore: 틀의미론」. 이기동 교수 회갑기념논총.
이기동. 1992. 『영어 동사의 문법』. 서울: 신아사.
_____. 1995. 『영어 동사의 의미 上·下』. 서울: 한국문화사.
이기동 편저. 2000. 『인지언어학』. 서울: 한국문화사.
이성하. 1998. 『문법화의 이해』. 서울: 한국문화사.
이정화. 2000. 「Leonard Talmy: 언어와 인지」. 이기동 교수 회갑기념논총.
임상순. 1998. 「지시적 이동동사 COME과 GO에 관하여」. 인문과학 5, 113-154. 서울시립대학교 인문과학연구소.
임지룡. 1995. 「유상성의 인지적 의미분석」. 문학과 언어 16. 문학과 언어연구회.
_____. 1997. 『인지의미론』. 서울: 탑출판사.
_____. 1998. 「주관적 이동표현의 인지적 의미특성」. 담화와 인지 5-2, 181-205.
_____. 2000a. 「Gilles Fauconnier: 정신공간 이론」. 이기동 교수 회갑기념논총.
_____. 2000b. 「한국어 이동사건의 어휘화 양상」. 현대문법연구 20, 23-45.
Armstrong, L., R. Gleitman & H. Gleitman. 1983. What some concepts might not be. *Cognition* 13, 263-308.
Barcelona, A. (ed.). 2000. *Metaphor and metonymy at the crossroads: A cognitive perspective*. Berlin·New York: Mounton De Gruyter.
Beardsley, M. C. 1962. The Metaphorical twist. In M. Johnson. (ed.). 1981. *Philosophical perspectives on metaphor*. Minneapolis: University of Minnesota Press.
Beaugrande, R. & W. Dressler. 1981. *Introduction to text linguistics*. London: Longman.

Benveniste, E. 1968. Mutations of linguistic categories. In W. P. Lehmann & Y. Malkiel. (eds.). 1968. *Directions for historical linguistics: A symposium.* Austin: University of Texas Press, 83-94.
_____. 1971. *Problems in general linguistics.* Coral Gables: University of Miami Press.
Berlin, B. & P. Kay. 1969. *Basic color terms: Their universality and evolution.* Berkeley: The University of California Press.
Black, M. 1955. Metaphor. In M. Johnson. (ed.). 1981. *Philosophical perspectives on metaphor.* Minneapolis: University of Minnesota Press.
Boers, F. 1996. *Spatial prepositions and metaphor: A cognitive semantic journey along the up-down and the front-back dimensions.* G. Narr.
Bolinger, D. 1977. *Meaning and form.* London: Longman.
Bregman, C. 1990. What is the invariance hypothesis?. *Cognitive linguistics* 1-2, 257-266.
Bybee, J. L. 1985. Morphology: *A study of the relation between meaning and form.* Amsterdam/Philadelphia: John Benjamins Publishing Company.
Bybee, J. L. & W. Pagliuca. 1985. Cross linguistic comparison and the development of grammatical meaning. In J. Fisiak. (ed.). 1985. *Historical semantics, historical word formation.* The Hague: Mouton, 59-83.
Choi, S. & M. Bowerman. 1991. Learning to express motion in English and Korean: The influence of language-specific lexicalization patterns. *Cognition* 41, 83-121.
Clausner, T. & W. Croft. 1999. Domains and image schemas. *Cognitive linguistics* 10, 1-31.
Coates, J. 1983. *The semantics of the modal auxiliaries.* London & Canberra: Croom Helm.
Coleman, L. & P. Kay. 1981. Prototype semantics: The English word LIE. *Language* 57, 26-44.
Coulson, S. 1995. Analogic and metaphoric mapping in blended spaces. *Center for research in language newsletter* 9-1, 2-12.

Coulson, S. 1997. *Semantic leaps: The role of frame-shifting and conceptual blending in meaning construction.* Ph.D. Dissertation, University of California, San Diego.
_____. 1999. What's so funny: Conceptual blending in humorous examples. In V. Hermand. (ed.). 1999. *The poetics of cognition: Studies of cognitive linguistics and the verbal arts.* Cambridge: Cambridge University Press.
_____. 2001. *Semantic leaps: Frame-shifting and conceptual blending in meaning construction.* Cambridge: Cambridge University Press.
Coulson, S. & G. Fauconnier. 1999. Fake guns and stone lions: Conceptual blending and private adjectives. In B. Fox., D. Jurafsky & L. Michaelis. (eds.). 1999. *Cognition and function in language.* Palo Alto, CA: CSLI.
Coulson, S. & T. Oakley. 2000. Blending basics. *Cognitive linguistics* 11, 175-196.
Craig, C. (ed.). 1986. *Noun classes and categorization.* Amsterdam/Philadelphia: John Benjamins Publishing Company.
Croft, W. 2001. *Radical construction grammar: Syntactic theory in typological perspective.* Oxford: Oxford University Press.
Croft, W. & D. A. Cruse. 2004. *Cognitive linguistics.* Cambridge: Cambridge University Press.
Cruse, D. A. 1990. Prototype theory and lexical semantics. In S. L. Tsohatzidis. (ed.). 1990. *Meanings and prototypes: Studies in linguistic categorization.* London: Routledge.
Dancygier, B. & E. Sweetser. 1996. Conditionals, distancing, and alternative spaces. In A. Goldberg. (ed.). 1996. *Conceptual structure, discourse, and language.* Stanford: Center for the study of language and information.
Dean. P. 1988. Polysemy and cognition. *Lingua* 75, 325-61.
Dewell, R. 1994. Over again: Image-schema transformations in semantic analysis. *Cognitive linguistics* 5, 351-380.
Dirven, R. & M. Verspoor. 1998. *Cognitive exploration of language and linguistics.* Amsterdam/Philadelphia: John Benjamins Publishing Company.

Evans, Vyvyan. 2004. *The structure of time: Language, meaning and temporal cognition.* Amsterdam/Philadelphia: John Benjamins Publishing Company.

Fauconnier, G. 1986. Roles and connecting paths. In C. Travis. (ed.). 1986. *Meaning and interpretation.* Oxford: Blackwell.

_____. 1988. Quantification, roles and domains. In U. Exo *et al.* (eds.). 1988. *Meaning and mental representations.* Bloomington and Indianapolis: Indiana University Press.

_____. 1990. Domains and connections. *Cognitive linguistics* 1-1, 151-174.

_____. 1997. *Mappings in thought and language.* Cambridge: Cambridge University Press.

_____. 1999. Methods and generalizations. In T. Janssen & G. Redeker. (eds.). 1999. *Cognitive linguistics: Foundations, scope, and methodology.* Berlin · New York: Mounton De Gruyter.

Fauconnier, G. & E. Sweetser. (eds.). 1996. *Spaces, worlds, and grammar.* Chicago: The University of Chicago Press.

Fauconnier, G. & M. Turner. 1994. Conceptual projection and middle spaces. *UCSD Cognitive science technical report* 9401. San Diego.

_____. 1996a. Optimality principles and conceptual Integration. UCB/UCSD Workshop in cognitive linguistics, January 1996.

_____. 1996b. Blending as a central process of grammar. In A. Goldberg. (ed.). 1996. *Conceptual structure, discourse and language: Bridging the gap.* Stanford: Center for the Study of Language and Information.

_____. 1998a. Conceptual integration networks. *Cognitive science* 22-2, 133-187.

_____. 1998b. Principles of conceptual integration. In J-P. Koenig. (ed.). 1988. *Discourse and cognition: Bridging the gap.* Stanford: Center for the Study of Language and Information.

_____. 1999. Metonymy and conceptual integration. In K-U. Panther & G. Radden. (eds.).1999. *Metonymy in language and thought.* Amsterdam/Philadelphia: John Benjamins Publishing Company.

_____. 2000. Compression and global insight. *Cognitive linguistics* 11, 283-304.

Fauconnier, G. & M. Turner. 2002. *The way we think: Conceptual blending and the mind's hidden complexities*. New York: Basic Books.
Fillmore, C. 1968. The case for case. In E. Bach & R. T. Harms. (eds.). 1968. *Universals in linguistic theory*. New York: Holt, Rinehart & Winston.
_____. 1975. An alternative to checklist theories of meaning. In C. Cogen, H. Thompson, G. Thurgood & K. Whistler. (eds.). 1975. *Proceedings of the Berkeley Linguistic Society*, Berkeley: Berkeley Linguistics Society, 123-31.
_____. 1982. Frame semantics. In The Linguistic Society of Korea. (ed.). 1982. *Linguistics in the morning calm*, 111-137. Seoul: Hanshin Publishing Co.
_____. 1985. Frames and the Semantics of Understanding. *Quaderni di semantica* VI.2, 222-253.
Fillmore, C. & B. T. S. Atkins. 1992. Towards a frame-based lexicon: The semantics of RISK and its neighbors. In A. Lehrer & E. F. Kitty. (eds.). 1992. *Frames, fields and contrasts: New essays in semantic and lexical organization*. Hillsdale: Lawrence Erlbaum Associates.
_____. 1994. Starting where the dictionaries stop: The challenge for computational lexicography. In B. T. S. Atkins & Zampoli. (eds.). 1994. *Computational approaches to the lexicon*. Clarendon Press.
Finegan, E. 1995. Subjectivity and subjectivisation: an introduction. In D. Stein & S. Wright. (eds.). 1995. *Subjectivity and subjectivisation: Linguistic perspectives*. Cambridge: Cambridge University Press.
Fischer, O. & M. Nänny. (eds.). 2001. *The Motivated sign: Iconicity in language and literature 2*. Amsterdam/Philadelphia: John Benjamins Publishing Company.
Freeman, M. 1997. Grounded spaces: Deictic-self anaphors in the poetry of Emily Dickinson. *Language and literature* 6-1, 7-28.
Geeraerts. D. 1985. Cognitive restrictions on the structure of semantic change. In J. Fisiak. (ed.). 1985. *Historical semantics, historical word formation*. The Hague: Mouton, 127-153.
_____. 1990. The lexicographical treatment of prototypical polysemy. In

S. L. Tsohatzidis. (ed.). 1990. *Meanings and prototypes: Studies in linguistic categorization.* London: Routledge, 195-210.

Geeraerts, D. 1997. *Diachronic prototype semantics: A contribution to historical lexicology.* Oxford: Clarendon Press.

Gibbs, R. 1994. *The poetics of mind: Figurative thought, language, and understanding.* Cambridge: Cambridge University Press.

Gibbs, R. & H. Colston. 1995. The cognitive psychological reality of image-schemas and their transformations. *Cognitive linguistics* 6, 347-378.

Givón, T. 1971. Dependent modals, performatives, factivity, Bantu subjunctives and what not. *Studies in African linguistics* 2-1, 61-81.

_____. 1979. *On understanding grammar.* New York: Academic Press.

_____. 1984. *Syntax: A functional-typological introduction* Vol. I. Amsterdam/Philadelphia: John Benjamins Publishing Company.

_____. 1985. Iconicity, isomorphism and non-arbitrary coding in syntax. In J. Haiman. (ed.). 1985b. *Iconicity in syntax.* Amsterdam/Philadelphia: John Benjamins Publishing Company.

_____. 1989. *Mind, code, and context: Essays in pragmatics.* Hillsdale, New Jersey & London: Lowrence Erlbaum Associates.

_____. 1990. Isomorphism in the grammatical code: Cognitive and biological considerations. Eugene, Oreg. Typescript.

_____. 1993. *English grammar.* Amsterdam/Philadelphia: John Benjamins Publishing Company.

Goldberg, A. 1995. *Constructions: A construction grammar approach to argument structure.* Chicago: The University of Chicago Press.

Goldberg, A. (ed.). 1996. *Conceptual structure, discourse, and language.* Stanford: Center for the study of language and information.

Grady, J. 2000. Cognitive mechanisms of conceptual integration. *Cognitive linguistics* 11, 335-346.

Grady, J., T. Oakley & S. Coulson. 1999. Blending and metaphor. In R. Gibbs & G. J. Steen. (eds.). 1995. *Metaphor in cognitive linguistics.* Amsterdam/Philadelphia: John Benjamins Publishing Company.

Grice, H. P. 1975. Logic and Conversation, In P. Cole & J. L. Morgan. (eds.). 1975. *Syntax and semantics* 3. New York: Academic Press.

Haiman, J. 1980. The Iconicity of grammar: Isomorphism and motivation. *Language* 56, 515-540.
_____. 1983. Iconic and economic motivation. *Language* 59, 781-819.
_____. 1985a. *Natural syntax: Iconicity and erosion*. Cambridge: Cambridge University Press.
Haiman, J. (ed.). 1985b. *Iconicity in syntax*. Amsterdam/Philadelphia: John Benjamins Publishing Company.
Heine, B. 1993. *Auxiliaries: Cognitive forces and grammaticalization*. Oxford: Oxford University Press.
_____. 1997a. *Cognitive foundation of grammar*. Oxford: Oxford University Press.
_____. 1997b. *Possession: Cognitive sources, forces, and grammaticalization*. Cambridge: Cambridge University Press.
_____. 1998. On explaining grammar: The grammaticalization of have-constructions. *Theoretical linguistics* 24, 29-41.
Heine, B., U. Claudi & F. Hünnemyer. 1991. *Grammaticalization: A conceptual framework*. Chicago: The University of Chicago Press.
Herskovits, A. 1986. *Language and spatial cognition: An interdisciplinary study of the prepositions in English*. Cambridge: Cambridge University Press.
Hiraga, M. 1994. Diagrams and metaphors: Iconic aspects in language. *Journal of pragmatics* 22, 5-21.
_____. 1998. Metaphoric-icon links in poetic texts: A cognitive approach to iconicity. *Journal of the university of the arts*, 16.
Hoffman, R. 1982. Recent research on metaphor. *Annals of the New York academy of science, section on linguistics*. Typescript.
Holland, D. & N. Quinn. (eds.). 1987. *Cultural models in language and thought*. Cambridge: Cambridge University Press.
Hopper, P. J. 1991. On some principles of grammaticalization. In E. C. Traugott & B. Heine. (eds.). 1991. *Approaches to grammaticalization*. 2 volumes. Amsterdam/Philadelphia: John Benjamins Publishing Company.
Hopper, P. J. & S. A. Thompson. (eds.). 1982. *Studies in transitivity*. Syntax and semantics 15. New York: Academic.

Hopper, P. J. & E. C. Traugott. 1993. *Grammaticalization*. Cambridge: Cambridge University Press.

Hüllen, W. & R. Schulze. (eds.). 1988. *Understanding the lexicon: Meaning, sense and world knowledge in lexical semantics*. Tübingen: Niemeyer.

Jakobson, R. 1971[1965]. Quest for the essence of language. *Selected writings*. Vol. II: *Word and language*. The Hague: Mouton, 345-377.

Johnson, M. 1987. *The body in the mind*. Chicago: University of Chicago Press.

―――. 1993. *Moral imagination: Implications of cognitive science for ethics*. Chicago: The University of Chicago Press.

Kemmer, S. & A. Verhagen. 1994. The grammar of causatives and the conceptual structure of events. *Cognitive linguistics* 5, 115-56.

Kleiber, G. 1990. *La sémantique du prototype: Catégories et sens lexical*. Paris: Presses Universitaire de France.

Kövecses, Z. 2000. *Metaphor and emotion: Language, culture, and body in human feeling*. Oxford: Oxford University Press.

―――. 2002. *Metaphor: A practical introduction*. Cambridge: Cambridge University Press.

Kövecses, Z. & G. Radden. 1998. Metonymy: Developing a cognitive linguistic view. *Cognitive linguistics* 9, 37-77.

Kumashiro, T. & R. W. Langacker. 2003. Double-subject and complex-predicate constructions. *Cognitive linguistics* 14, 1-45.

Kuryłowicz, J. 1965. The evolution of grammatical categories. In J. Kuryłowicz. 1975. *Esquisses linguistiques II*. Munich: Fink.

Labov, W. 1973. The boundaries of words and their meaning. In C-J. N. Bailey & R. W. Shuy. (eds.). 1973. *New ways of analyzing variation in English*. Washington: Georgetown University Press, 340-373.

Lakoff, G. 1986. Classifiers as a reflection of mind. In C. Craig. (ed.). 1986. *Noun classes and categorization*. Amsterdam/Philadelphia: John Benjamins Publishing Company.

―――. 1987. *Women, fire, and dangerous things: What categories reveal about the mind*. Chicago: University of Chicago Press.

Lakoff, G. 1988. Cognitive semantics. In U. Eco, M. Santambrogio & P. Violi. (eds.). 1988. *Meaning and mental representations*. Bloomington & Indianapolis: Indiana University Press, 119-154.
_____. 1992. Metaphors and war: The metaphor system used to justify war in the Gulf. In M. Pütz. (ed.). 1992. *Thirty years of linguistic evolution*. Amsterdam/Philadelphia: John Benjamins Publishing Company.
_____. 1993. How metaphor structures dreams: The theory of conceptual metaphor applied to dream analysis.
_____. 1996a. *Moral politics: What conservatives know that liberals don't*. Chicago: The University of Chicago Press.
_____. 1996b. Sorry, I'm not myself today: The metaphor system for conceptualizing the self. In G. Fauconnier & E. Sweetser. (eds.). 1996. *Spaces, Worlds and Grammar*. Chicago: The University of Chicago Press.
Lakoff, G. & M. Johnson. 1980. *Metaphors we live by*. Chicago: The University of Chicago Press.
Lakoff, G. & M. Turner. 1989. *More than cool reason: A field guide to poetic metaphor*. Chicago: The University of Chicago Press.
Lakoff, G. & M. Johnson. 1999. *Philosophy in the flesh: The embodied mind and its challenge to western thought*. New York: Basic Books.
Lakoff, G. & R. Núñez. 2000. *Where mathematics comes from: How the embodied mind brings mathematics into being*. New York: Basic Books.
Langacker, R. W. 1987. *Foundations of cognitive grammar*. vol. Ⅰ. Stanford: Stanford University Press.
_____. 1990. Subjectification. *Cognitive linguistics* 1, 5-38.
_____. 1991a. *Foundations of cognitive grammar*, vol. Ⅱ. Stanford: Stanford University Press.
_____. 1991b. *Concept, image, and symbol: The cognitive basis of grammar*. Berlin · New York: Mounton De Gruyter.
_____. 1993. Reference-point constructions. *Cognitive linguistics* 4, 1-38.
_____. 1995. Raising and transparency. *Language* 71, 1-62.

Langacker, R. W. 1998. On subjectification and grammaticalization. In J-P. Koenig. (ed.). 1998. *Discourse and cognition: Bridging the gap.* Stanford: Center for the Study of Language and Information.

_____. 1999. *Grammar and conceptualization.* Berlin · New York: Mouton de Gruyter.

Lee, D. 1997. Frame conflicts and competing construals in family argument. *Journal of pragmatics* 27, 339-360.

_____. 2001. *Cognitive linguistics: An introduction.* Oxford & New York: Oxford University Press.

Lehrer, A. & E. F. Kitty. (eds.). 1992. *Frames, fields and contrasts: New essays in semantic and lexical organization.* Hillsdale: Lawrence Erlbaum Associates.

Liddell, S. K. 1998. Grounded blends, gestures, and conceptual shifts. *Cognitive linguistics* 9, 283-314.

Lindner, S. 1982. What goes up doesn't necessarily come down the *ins* and outs of opposites. *CLS* 18, 305-323.

_____. 1983. *A lexio-semantic analysis of English verb particle constructions with* out *and* up. IULC.

Lowe, J. B., C. F. Baker & C. Fillmore. 1997. A frame-Semantic Approach to Semantic Annotation.
[http://www.icsi.berkeley.edu/~framenet/docs/siglex.html]

Lyons, J. 1977. *Semantics.* Cambridge: Cambridge University Press.

_____. 1982. Deixis and subjectivity: Loguor, ergo sum?. In, R. Jarvella & W. Klein. (eds.). *Speech, place and action: Studies in deixis and related topics.* John Wiley & Sons Inc.

Mandelblit, N. 1997. *Grammatical blending: Creative and schematic aspects in sentence processing and translation.* Ph.D. Dissertation, University of California, San Diego.

Mandelblit, N. 2000. The grammatical marking of conceptual integration: From syntax to morphology. *Cognitive linguistics* 11, 197-252.

Mandelblit, N. & G. Fauconnier. 2000. How I got myself arrested: Underspecificity in grammatical blends as a source for constructional ambiguity. In A. Foolen & F. Van der Leek. (eds.). 2000. *Constructions in cognitive linguistics.* Amsterdam/Philadelphia: John

Benjamins Publishing Company.

Matsumoto, Y. 1996a. How abstract subjective motion?: A comparison of coverage path expression and access path expressions. In A. Goldberg. (ed.). 1996. *Conceptual structure, grammar, and discourse*. Stanford: CSLI Publications, 359-373.

_____. 1996b. Subjective motion and English and Japanese verbs. *Cognitive linguistics* 7, 183-226.

Matsumoto, Y. 1996c. Linguistic evidence for subjective (fictive) motion. In K. Yamanaka. (ed.). 1996. *The locus of meaning: A festschrift for professor Yoshihiko Ikegami*. Tokoy: Kurosio, 209-220.

Medin, D. L. & E. E. Smith. 1984. Concepts and concept formation. *Annual review of psychology* 35, 113-38.

Meillet, A. 1912. L'évolution des formes grammaticales. Scientia 12. (Reprinted in A. Meillet. 1948. *Linguistique historique et linguistique générale*. Paris: Edouard Champion.

Muehleisen, V. & M. Imai. 1997. Transitivity and the incorporation of ground information in Japanese path verbs. In M. Verspoor *et al.*(eds.). 1997. *Lexical and syntactical constructions and the construction of meaning: Proceedings of the Bi-Annual ICLA Meeting in Albuquerque*, July 1995. Amsterdam/Philadelphia: John Benjamins Publishing Company, 329-346.

Müller, W. G. & O. Fischer. (eds.). 2003. *From sign to signing: Iconicity in language and literature 3*. Amsterdam/Philadelphia: John Benjamins Publishing Company.

Nakamura, W. 1997. A cognitive approach to English adverbs. *Linguistics* 35, 247-287.

Nänny, M. & O. Fischer. (eds.). 1999. *From miming meaning: Iconicity in language and literature 1*. Amsterdam/Philadelphia: John Benjamins Publishing Company.

Nunberg. G. D. 1978. *The pragmatics of reference*. Bloomington: The Indiana University Linguistics Club.

Nunberg. G., I. A. Sag & T. Wasow. 1994. Idioms. *Language* 70: 491-538.

Oakley, T. 1995. *Presence: the conceptual basis of rhetorical effect*. Ph.D. Dissertation, University of Maryland.

Oakley, T. 1998. Conceptual blending, narrative discourse, and rhetoric. *Cognitive linguistics* 9, 321-360.

Ohori, T. 1998. *Studies in Japanese grammaticalization: cognitive and discourse perspectives*. Tokyo: Kurosio Publishers.

Palmer, G. B. 1996. *Toward a theory of cultural linguistics*. Austin: University of Texas Press.

Panther, K-U. & Z. G. Radden. (eds.). 1999. *Metonymy in language and thought*. Amsterdam/Philadelphia: John Benjamins Publishing Company.

Panther, K-U. & L. Thornburg. 2000. The EFFECT FOR CAUSE metonymy in English grammar. In A. Barcelona. (ed.). 2000. *Metaphor and metonymy at the crossroads: A cognitive perspective*. Berlin · New York: Mounton De Gruyter.

Papafragou, A. 1996. On metonymy. *Lingua* 99, 169-195.

Pelyvás, P. 1996. *Subjectivity in English: Generative grammar versus the cognitive theory of epistemic grounding*. Frankfurt & Main: Lang.

Posy, M. 1988. Scenes-and-frames semantics as a neo-lexical field theory. In W. Hüllen & R. Schulze. (eds.). 1988. *Understanding the lexicon: Meaning, sense and world knowledge in lexical semantics*. Tübingen: Max Niemeyer Verlag.

Preminger, A. & T. Brogan. (eds.). 1993. *The new princeton encyclopedia of poetry and poetics*. Princeton: Princeton University Press.

Quine, W. 1951[1961]. Two dogmas of empiricism. *From a logical point of view* (2nd ed.), 20-46. New York: Harper. (Originally published in *Philosophical review*, 60: 20-43, 1951.)

Radden, G. 1996. Motion metaphorized: The case of coming and going. In E. H. Casad. (ed.). 1996. *Cognitive linguistics in redwoods: The expansion of a new paradigm in linguistics*. Berlin · New York: Mouton de Gruyter.

Radden, G. & Z. Kövecses. 1999. Towards a theory of metonymy. In K-U. Panther & G. Radden. (eds.). 1999. *Metonymy in language and thought*. Amsterdam/Philadelphia: John Benjamins Publishing Company.

Richards, I. A. 1936. The Philosophy of rhetoric. In M. Johnson. (ed.). 1981.

Philosophical perspectives on metaphor. Minneapolis: University of Minnesota Press.

Robert, A. 1996. Blending in the interpretation of mathematical proofs. Second conference on conceptual structure, discourse, and language Buffalo.

Rosch, E. 1973. On the internal structure of perceptual and semantic categories. In T. E. Moore. (ed.). 1973. *Cognitive development and the acquisition of language*. New York: Academic Press, 111-144.

Rosch, E. 1975. Cognitive representations of semantic categories. *Journal of experimental psychology*, general 104, 193-223.

Rosch, E. & C. B. Mervis. 1975. Family resemblances: Studies in the internal structure of categories. *Cognitive psychology* 7, 573-605.

Rosch, E. & B. Lyoyd. (eds.). 1978. *Cognition and categorization*. Hillsdlale: Erlbaum.

Rudzka-Ostyn, B. (ed.). 1988. *Topics in cognitive linguistics*. Amsterdam/Philadelphia: John Benjamins Publishing Company.

Saeed, J. I. 1997. *Semantics*. Oxford: Basil Blackwell.

de Saussure, F. 1916. *Course in general linguistics*. R. Harris trans. C. Bally. C, A. Sechehaye & A. Reidlinger. (eds.). London: G. Duckworth.

Schank, R. C. & R. Abelson. 1977. *Scripts, goals, plans and understanding*. Hillsdale: Erlbaum.

Searle, J. I. 1979. *Expression and meaning*. Cambridge: Cambridge University Press.

Semino, E. & J. Culpeper. (eds.). 2002. *Cognitive stylistics: Language and cognition in text analysis*. Amsterdam/Philadelphia: John Benjamins Publishing Company

Shepherd, S. 1981. Modals in Antiguan Creole, child language acquisition, and history. Unpublished PhD dissertation, Stanford University.

Sohn, H. M. 1976. Semantics of compound verbs in Korean. *Korean journal of linguistics* 1-1, 142-150.

Simone, R. (ed.). 1995. *Iconicity in language*. Amsterdam/Philadelphia: John Benjamins Publishing Company.

Slobin, D. I. 1996. Typology and rhetoric: Verbs of motion in English and spanish. In M. Shibatani & S. A. Thompson. (eds.). 1996. *Grammatical constructions: Their form and meaning.* Oxford: Oxford University Press.

Smith, E. E & D. L. Medin. 1981. *Categories and concepts.* Cambridge: Harvard.

Stein, D. & S. Wright. *Subjectivity and subjectivisation.* Cambridge: Cambridge University Press.

Stockwell, P. 2002. *Cognitive poetics: An introduction.* London & New York: Routledge.

Sweetser, E. 1984. Semantic structure and semantic change: A cognitive linguistic study of modality, perception, speech acts, and logical relations. Ph.D. Dissertation, University of California, Berkeley.

_____. 1987. The definition of LIE: An examination of the folk theories underlying a semantic prototype. In D. Holland & N. Quinn. (eds.). 1987. *Cultural models in language and thought.* Cambridge: Cambridge University Press.

_____. 1988. Grammaticalization and semantic bleaching. *Proceedings of the Berkeley Linguistic Society* 14, 389-405.

_____. 1990. *From etymology to pragmatics: Metaphorical and cultural aspects of semantic structure.* Cambridge: Cambridge University Press

_____. 2000. Blended spaces and performativity. *Cognitive linguistics* 11, 305-334.

Sweetser, E. & G. Fauconnier. 1996. Cognitive links and domain: Basic aspects of mental space theory. In G. Fauconnier & E. Sweetser. (eds.). 1996. *Spaces, worlds, and grammar.* Chicago: The University of Chicago Press.

Talmy, L. 1975. Semantics and syntax of motion. In J. Kimball. (ed.). 1975. *Syntax and semantics,* vol. 4. New York: Academic, 181-238.

_____. 1976. Semantic causative types. In M. Shibatani. (ed.). 1976. *Syntax and semantics* (vol. 6): *The grammar of causative constructions.* New York: Academic Press.

Talmy, L. 1978. Figure and ground in complex sentences. In J. H. Greenberg. (ed.). 1978. *Universals of human language* (vol. 4): *Syntax*. Stanford: Standford University Press.
_____. 1983. How language structures space. In H. L. Pick & L. P. Acredolo. (eds.). 1983. *Spatial orientation: Theory, research, and application*. New York: Plenum Press.
Talmy, L. 1985. Lexicalization patterns: semantic structure in lexical forms. In T. Shopen. (ed.). 1985. *Language typology and syntactic description* (vol. 3): *Grammatical categories and the lexicon*. Cambridge: Cambridge University Press.
_____. 1988a. Force dynamics in language and cognition. *Cognitive science* 12, 49-100.
_____. 1988b. The relation of grammar to cognition. In B. Rudzka-Ostyn. (ed.). 1988. *Topics in cognitive linguistics*. Amsterdam/Philadelphia: John Benjamins Publishing Company.
_____. 1991. Path to realization: A typology of event conflation. *Proceedings of the seventeenth annual meeting of the Berkeley Linguistic Society*. Berkeley: Berkeley Linguistic Society, 480-519.
_____. 1996a. The windowing of attention. In M. Shibatani, & S. A. Thompson. (eds.). 1996. *Grammatical constructions: Their form and meaning*. Oxford: Oxford University Press.
_____. 1996b. Fictive motion in language and "ception". In P. Bloom, M. A. Peterson, L. Nadel & M. F. Garrett. (eds.). 1996. *Language and space*. Cambridge: Cambridge University Press, 211-76.
_____. 2000a. *Toward a cognitive semantics Vol Ⅰ: Concept structuring systems*. Cambridge: The MIT Press.
_____. 2000b. *Toward a cognitive semantics Vol Ⅱ: Typology and process in concept structuring*. Cambridge: The MIT Press.
Taub, S. F. 2001. *Language from the body: Iconicity and metaphor in American Sign Language*. Cambridge: Cambridge University Press.
Taylor, J. R. 1989/1995. *Linguistic categorization: Prototype in linguistic theory*. Oxford: Oxford University Press.
_____. 2002. *Cognitive grammar*. Oxford: Oxford University Press.
Thompson, S. A. & Y. Koide. 1987. Iconicity and 'indirect object' in

English. *Journal of pragmatics* 11, 399-406.

Traugott, E. C. 1989. On the rise of epistemic meanings in English: An example of subjectification in semantic change. *Language* 65, 31-55.

Traugott, E. C. 1995. Subjectification in grammaticalisation. In D. Stein & S. Wright. (eds.). *1995. Subjectivity and subjectivisation: Linguistic perspectives.* Cambridge: Cambridge University Press.

_____. 1996. On the role of constructions in grammaticalization. In B. Joseph & R. Janda. (eds.). 1996. *Handbook of historical linguistics.* Oxford: Blackwell.

Traugott, E. C. & B. Heine. (eds.). 1991. *Approaches to grammaticalization.* 2 volumes. Amsterdam/Philadelphia: John Benjamins Publishing Company.

Traugott, E. C. & E. König. 1991. The semantics-pragmatics of grammaticalization revised. In E. C. Traugott & B. Heine. (eds.). 1991. *Approaches to grammaticalization.* 2 volumes. Amsterdam/Philadelphia: John Benjamins Publishing Company.

Tuggy, D. 1993. Ambiguity, polysemy, and vagueness. *Cognitive linguistics* 4, 273-290.

Turner, M. 1987. *Death is the mother of beauty.* Chicago: The University of Chicago Press.

_____. 1991. *Reading minds: The study of English in the age of cognitive science.* Princeton: Princeton University Press.

_____. 1996. *The literary mind.* Oxford: Oxford University Press.

_____. 2001. *Cognitive dimensions of social science.* Oxford: Oxford University Press.

Turner, M. & G. Fauconnier. 1995. Conceptual integration and formal expression. *Journal of metaphor and symbolic activity* 10-3, 183-203.

_____. 1998. Conceptual integration in counterfactuals. In J-P. Koenig. (ed.). 1998. *Discourse and cognition: Bridging the gap.* Stanford: Center for the Study of Language and Information.

_____. 1999. A mechanism of creativity. *Poetics today* 20-3, 397-418.

_____. 2000. Metaphor, metonymy, and binding. In A. Barcelona. (ed.).

2000. *Metaphor and metonymy at the crossroads: A cognitive perspective.* Berlin · New York: Mounton De Gruyter.

Tyler, A. & V. Evans. 2001. Reconsidering prepositional polysemy networks: The case of over. *Language*, 77-4: 724-65.

_____. 2003. *The semantics of English prepositions: Spatial scenes, embodied meaning, and cognition.* Cambridge: Cambridge University Press.

Ullmann, S. 1962. *Semantics: An introduction to the science of meaning.* Oxford: Basil Blackwell.

Ungerer, F. & H-J. Schmid. 1996. *An introduction to cognitive linguistics.* London: Longman.

Veale, T. 1996. Pastiche: A metaphorical-centred computational model of conceptual blending, with special reference to cinematic borrowing. Unpublished ms.

Veale, T. & D. O'Donoghue. 2000. Computation and blending. *Cognitive linguistics* 11, 253-282.

Waugh, L. R. 1994. Degrees of iconicity in the lexicon. *Journal of pragmatics* 22, 55-70.

Wierzbicka, A. 1985. *Lexicography and conceptual analysis.* Ann Arbor: Karoma.

Winner, E. & H. Gardner. 1993. Metaphor and Irony: Two Levels of Understanding. In A. Ortony. (ed.). 1993. *Metaphor and thought.* Cambridge: Cambridge University Press, 425-443.

Wittgenstein, L. 1953. *Philosophical investigations.* Transl. by G. E. M. Anscobe, 2nd edn. Oxford: Blackwell.

Yoneyama, M. 1997. Verbs of motion and conceptual structure: A contrast between English and Japanese. In K. Yamanaka & T. Ochori. (eds.). 1997. *The locus of meaning.* Tokoy: Kuroshio Publishers, 263-276

Yule, G. 1985. *The study of language.* Cambridge: Cambridge University Press.

Zbikowski, L. 1997. Conceptual blending and song. Unpublished ms.

_____. 2001. *Conceptualizing music: Cognitive structure, theory, and analysis.* New York: Oxford University Press.

주제색인

ㄱ

가산-질량 명사(count-mass nouns) 337
    고유한 한정성(inherent boundedness) 337
    내적 동질성(internal homogeneity) 337
    반복성(replicability) 337
    분리성(divisibility) 337
가상 이동(fictive motion) 244
가족닮음(family resemblance) 141, 147
간접화행(indirect speech act) 497, 506
강요(coercion) 353
개념배열(conceptual arrangement) 255
    개념화자(conceptualizer) 255
    윤곽(profile) 255
    직접 범위(immediate scope) 246, 255
    최대 범위(maximal scope) 255
    해석관계(construal relationship) 255
개념적 구조(conceptual structure) 40
개념적 은유(conceptual metaphor) 190, 219
    범주적 은유(categorial metaphor) 219
개념적 통합 망(conceptual integration network) 270
    입력공간(input spaces) 270
    총칭공간(generic space) 270, 272
    혼성공간(blended space) 270, 272
개념적 혼성(conceptual blending) 20, 29, 268, 269, 273, 503
    공간횡단 사상(cross-space mapping) 271, 503
    입력공간 구축(establishment of input spaces) 270, 503
    투사(projection) 270

개념적 혼성 이론(conceptual blending theory) 427
개념적 환유(conceptual metonymy) 205
객관성(objectivity) 253
객관주의(objectivism) 32
객관주의 의미론(objective semantics) 325
게슈탈트(gestalt) 92, 250
격문법(case grammar) 63
경로(path) 166, 167
    가상 경로(fictive path) 173
    닫힌 경로(closed path) 171
    열린 경로(open path) 170
경로 창문화(path windowing) 169
    마지막 창문화(final windowing) 169
    중간 창문화(medial windowing) 169
    처음 창문화(initial windowing) 169
고정체(ground) 255, 344
고정화(grounding) 343
고정화 서술(grounding predication) 256
공간 형성자(space builder) 121
과정(process) 348
    미완료적 과정(imperfective process) 349
        상태적 사건(stative) 354
            습관적 과정(habituals) 356
        활동(activities) 354
            반복적 과정(iteratives) 355
    완료적 과정(perfective process) 349
        순간적 사건(punctual event) 353
        확장적 사건(extended event) 353
관습성(conventionality) 301
구문(construction) 411
    사역이동 구문(caused-motion construction) 420, 421
    상승 구문(raising construction) 411
        목적어 상승 구문(object raising construction) 414
        주어 상승 구문(subject raising construction) 417

주제색인 565

구문문법(construction grammar) 39
구체화된 도식(embodied schema) 93
그릇 은유(container metaphor) 283, 446
근원구조(source structure) 215
    근원개념(source concept) 215
    근원명제(source proposition) 215
급진적 구문문법(radical construction grammar) 20
기본층위 구조(basic-level structure) 91
기억(memory) 121
    단기기억(short-term memory) 121
    장기기억(long-term memory) 121
기저 공간(base space) 120, 121

ㄴ

낱말(word) 214, 307
    기능어(function word) 214, 307
    내용어(content word) 214, 307
네공간 모형(four-space model) 269

ㄷ

다공간 모형(many-space model) 269
다의성(polysemy) 154
다의성 오류(polysemy fallacy) 325
대격대명사(accusative pronoun) 132
대명사 지시(pronominal reference) 131
대립성(opposition) 362
    명백성(patency) 363
    본유성(inherentness) 363
    이원성(binarity) 362
        본유적 이원성(inherent binarity) 363
        우연적 이원성(accidental binarity) 363

대립어(opposite) 364
　　반의어(antonyms) 364
　　상보어(complementaries) 364
　　역동어(reverses) 366
　　역의어(converses) 366
　　이원적 대립어(binary opposites) 364
　　비양립어(incompatibles) 362
대응요소(counterpart) 123
도상성(iconicity) 40, 393
　　거리의 원리(distance principle) 395
　　시간적 순서의 원리(temporal sequence principle) 394
　　양의 원리(quantity principle) 397
도식-토대적 범주화(schema-based categorization) 153
동음성-모호성(homonymy-vagueness) 308
　　교차 해석(crossed readings) 309
　　논리적 기준(logical test) 308
　　말재롱(pun) 310
　　정의적 기준(definitional test) 309
동기부여(motivation) 24, 393
동사(verbs) 351
　　미완료적 동사(imperfective verbs) 351
　　완료적 동사(perfective verbs) 351
동의성(synonymy) 379
　　근사적 동의성(near synonymy) 382
　　명제적 동의성(propositional synonymy) 380
　　절대적 동의성(absolute synonymy) 379
두영역 모형(two-domain model) 268

만족조건(conditions of satisfaction) 93
망모형(network model) 153, 312
　　실례(instance) 312
　　도식(schema) 311

주제색인　567

　　　유사성(similarity)　312
　　　정교화(elaboration)　153, 272, 312
　　　정교화 거리(elaborative distance)　312
　　　현저성의 정도(degree of salience)　312
명사(noun)　334, 343
　　　가산명사(count noun)　334
　　　질량명사(mass noun)　335
명사구(noun phrase)　343
명제태도 동사(propositional attitude verb)　129
목표구조(target structure)　215
무대(setting)　76
문맥 유도적 재해석(context-induced reinterpretation)　230
문법적 의미(grammatical meaning)　214
문법화(grammaticalization)　40, 211, 307
　　　소실-획득 모형(loss-and-gain model)　223
　　　원형확장 모형(prototype-extension model)　226
　　　중복 모형(overlapping model)　224
　　　탈색 모형(bleaching model)　221
　　　환유-은유 모형(metonymic-metaphorical model)　227
문장의미(sentence meaning)　503
문화모형(cultural model)　40
물질(substance)　335
물질 범주화(substance categorization)　339

반사실성(counterfactuality)　490
발현구조(emergent structure)　272
　　　완성(completion)　272
　　　정교화(elaboration)　153, 272
　　　합성(composition)　272
방사 범주(radial category)　24, 261
백과사전적 지식(encyclopedic knowledge)　64
범주화(categorization)　137, 312

범주화 모형(categorization model) 138
    고전 범주화 모형(classical categorization model) 138
    원형 범주화 모형(prototype categorization model) 143
        원형 이론(prototype theory) 143
보조화(auxiliation) 212
보편소(universals) 25
    언어적 보편소(linguistic universals) 25
    인지적 보편소(cognitive universals) 25
복잡성(plexity) 385
    단일화(unit-excerping) 385
    복수화(multiplexing) 385
본질(essential) 138
부분적 사상(partial mapping) 195
    은유적 전경화(metaphorical highlighting) 195
        은폐(hiding) 195
    은유적 활용(metaphorical utilization) 195
불투명 문맥(opaque context) 128
불투명 해석(opaque reading) 128
비교구문(comparative construction) 237
비합성성(noncompositionality) 299
    관용어(idiom) 301
    명사 합성어(noun compound) 299
    비유법(figuration) 302
    연어(collocation) 304
    화용적 해석(pragmatic interpretation) 304

사건(event) 351
사건틀(event frame) 165
    상호관계 사건틀(interrelationship event-frame) 169
    순환적 사건틀(cyclic event-frame) 169
    이동 사건틀(motion event-frame) 166
        경로 사건틀(path event-frame) 169

인과관계 사건틀(causation event-frame) 169
        참여자 상호작용 사건틀(participant-interaction event-frame) 169
사물(object) 335
사물 범주화(thing categorization) 339
사적 인지(backstage cognition) 119
사상(mapping) 193
    대응관계(correspondence) 193, 271
        인식론적 대응관계(epistemic correspondence) 271
        존재론적 대응관계(ontological correspondence) 271
상(aspect) 396
상술(specification) 343
상태(state) 351
상투적 어구(cliched phrase) 450
서법(modal) 396
서법동사(modal verbs) 451
    근원적 의미(root meaning) 451
    인식적 의미(epistemic meaning) 451
서술(predication) 246
선택적 투사(selective projection) 268, 273, 503
성분분석(componential analysis) 139
소유구문(possessive construction) 231
    서술적 소유구문(predicative possession) 231
    속성적 소유구문(attributive possession) 231
속담(proverb) 450
수도관 은유(conduit metaphor) 35
스크립트(script) 66
시나리오(scenario) 66
    이동 시나리오(motion scenario) 67
시제(tense) 396
실례화(instantiation) 343
실례화의 영역(domain of instantiation) 345
심리적 타당성(psychological plausibility) 18

ㅇ

아이러니(irony)　507
　극적 아이러니(dramatic irony)　509, 511
　비난에 의한 칭찬 아이러니(praise-by-blame irony)　507
　언어적 아이러니(verbal irony)　509
　　문자적 아이러니(literal irony)　506, 518
　　비유적 아이러니(figurative irony)　504, 512
　상황적 아이러니(situational irony)　509
　칭찬에 의한 비난 아이러니 (blame-by-praise irony)　507
액어법(zeugma)　309
약화(attenuation)　260
양화(quantification)　343
어휘의미론(lexical semantics)　361
어휘적 의미(lexical meaning)　214
어휘화(lexicalization)　182
언어적 구성물(linguistic construction)　65
언어적 은유(linguistic metaphor)　190
역할 원형태(role archetype)　77
연결자(connector)　122, 201
영상 체계(imaging systems)　29, 163, 383
　구조적 도식화(structural schematization)　164, 383
　원근법 배치(deployment of perspective)　164, 387
　주의 배분(distribution of attention)　163, 165, 182, 390
　힘역학(force dynamics)　164
영상도식(image schema)　90
　그릇 도식(container schema)　96
　부분-전체 도식(part-whole schema)　98
　연결 도식(link schema)　99
　중심-주변 도식(center-periphery schema)　101
　힘역학 도식(force dynamic schema)　454
　　강요 도식(compulsion schema)　454
　　권능 도식(enablement schema)　458
　　장벽제거 도식(removal of blockage schema)　456

in의 영상도식(image schema of in) 108
      포함 도식(containment schema) 108
   out의 영상도식(image schema of out) 103
      비포함 도식(non-containment schema) 103
      재귀 도식(reflexive schema) 104
      출발 도식(departure schema) 105
   over의 영상도식(image schema of over) 316
      덮기 도식(covering schema) 322
      상위 도식(above schema) 320
      상위-횡단 도식(above-across schema) 317
      재귀 도식(reflexive schema) 323
   up/down의 영상도식(image schema of up/down) 109
      아래 도식(down schema) 109
      위 도식(up schema) 109
      접근 도식(approach schema) 110
영상도식 변형(transformation of image schema) 29
영역(domain) 191
   근원영역(source domain) 191
   목표영역(target domain) 191
운동감각적 도식(kinaesthetic schema) 93
요소(element) 271
   관계(relation) 271
   실체(entity) 271
   속성(attribute) 271
원근법 방식(perspective mode) 387
   동적인 근거리 원근법 방식(moving close-up perspective mode) 388
   정적인 원거리 원근법 방식(steady-state long-range perspective mode) 388
원칙적 다의성 모형(principled polysemy model) 261
원형(prototype) 148
   모범적 보기(paragon) 149
   사회적 판박이 보기(social stereotype) 148
   생성원 보기(generator) 150
   이상적 보기(ideal) 149

　　　　전형적 보기(typical example)　148
　　　　하위모형 보기(submodel)　150
　　　　현저한 보기(salient example)　150
원형성(prototypicality)　147
원형 효과(prototype effect)　150
원형에서의 확장(extension from the prototype)　153
유추(analogy)　211
유형(type)　345
융합(conflation)　182
융합(fusion)　276
은유(metaphor)　444
　　　구조적 은유(structural metaphor)　444
　　　관습적 은유(conventional metaphor)　440
　　　　　사은유(dead metaphor)　440
　　　　　일상 은유(everyday metaphor)　440
　　　대연쇄 은유(great chain metaphor)　450
　　　　　총칭적 층위 은유(generic-level metaphor)　450
　　　　　특정적 층위 은유(specific-level metaphor)　449
　　　방향적 은유(orientational metaphor)　444, 446
　　　비관습적 은유(unconventional metaphor)　440
　　　　　시적 은유(poetic metaphor)　198, 441
　　　　　신은유(new metaphor)　441
　　　영상 은유(image metaphor)　449
　　　　　일회적 영상 은유(image metaphor)　449
　　　영상도식 은유(image-schema metaphor)　448
　　　존재론적 은유(ontological metaphor)　444, 445
은유적 사상(metaphorical mapping)　94
은유적 연결(metaphorical link)　271
은유적 전이(metaphorical transfer)　93
은유적 추상(metaphorical abstraction)　219
은유적 확장(metaphorical extension)　106
의미(meaning)　23
의미관계(sense relations)　361
　　　결합적 관계(syntagmatic relations)　361

계열적 관계(paradigmatic relations) 361
의미구성(meaning construction) 269, 279
의미의 구체화(embodiment of meaning) 25
의미의 점검표이론(checklist theory of meaning) 63
의미적 유연성(semantic flexibility) 297
이동(motion) 252
    주관적 이동(subjective motion) 252
    객관적 이동(objective motion) 252
이동동사(motion verb) 167
이동 사건(motion event) 167
    경로(path) 166, 167
    방식(manner) 166, 167
    배경(ground) 166, 167
    원인(cause) 166, 167
    이동(motion) 166, 167
    전경(figure) 165, 166, 167
이상화된 인지모형(idealized cognitive model) 28
이중 은유화(double metaphorization) 491
인간의 정신(human mind) 132
    자아(Self) 132
    주체(Subject) 132
인과관계(causation) 176
    사건 인과관계(event-causation) 176
    저자 인과관계(author-causation) 176
    행위자 인과관계(agent-causation) 176
인과적 연쇄 창문화(causal-chain windowing) 169
인접성(contiguity) 202
인지(cognition) 22
인지모형(cognitive domain) 28
인지문법(cognitive grammar) 39
인지언어학(cognitive linguistics) 21
인지적 구성물(cognitive construction) 66, 95, 118
인지적 접목(cognitive splicing) 176, 179
일방향성 원리(unidirectionality principle) 192

ㅈ

자립 통사론(autonomous syntax) 212
자질의 이원성(binarity of features) 362
    모순율(law of contradiction) 139
    배중률(law of the excluded middle) 139
재귀대명사(reflexive pronoun) 132
전경-배경 조직(figure-ground organization) 390
전환(conversion) 492
점화(priming) 151
접근 원리(access principle) 125
    동일시 원리(identification principle) 124, 125
        매체(trigger) 124
        목표(target) 124
정신공간(mental space) 28, 118, 119
정신공간 망(network of mental spaces) 123
정중성(politeness) 505
제유(synecdoche) 473
주관성(subjectivity) 253
주관주의(subjectivism) 35
주관화(subjectification) 243, 245
주관화 모형(subjectification model) 257
    변이(shift) 258
    재정렬(realignment)이나 대치(replacement) 257
주의 창문화(windowing of attention) 165
    배경화(backgrounding) 166, 418
        공백화(gapping) 166
    전경화(foregrounding) 166
중간공간(middle space) 273
지각대상(object of perception) 253
지각배열(viewing arrangement) 255
    관찰자(viewer) 254
        무대 위 지역(on-stage region) 255
        지각관계(perceptual relationship) 255

초점(focus)　255
　　최대 시야(maximal field of view)　254
지각의 주체(subject of perception)　253
지시적 불투명성(referential opacity)　128
지시적 연결(referential link)　129
지시적 전이(referential transfer)　130
지역(region)　335
지연 지시(deferred reference)　201
지표(landmark)　103, 248
　　이차적 지표(secondary landmark)　83
　　일차적 지표(primary landmark)　83
직시적 표현(deictic expression)　218, 256
직접화행(direct speech acts)　505
진리조건(truth condition)　93

ㅊ

차원(dimension)　383
　　전환 작용(conversion operation)　383
　　　　구체화(reification)　384
　　　　행동화(actionalizing)　384
참조점 관계(reference-point relation)　206
　　개념화자(conceptualizer)　207
　　목표(target)　207
　　지배영역(domination domain)　207
　　참조점(reference point)　207, 391
처소성(locateness)　168
　　제로이동(zero-movement)　168
체험적 게슈탈트(experiential gestalt)　158
체험 토대적 도식화(experience-based schematization)　63
체험주의(experientialism)　37
초점 조정(focal adjustment)　29
추론(inference)　203
층위화(layering)　225

ㅌ

타동구문(transitive construction) 157
    비원형적 타동구문(unprototypical transitive construction) 158
    원형적 타동구문(prototypical transitive construction) 157
탄도체(trajector) 103, 248
탈범주화(decategorization) 215
통합(incorporation) 182
통합(integration) 274
투명한 해석(transparent reading) 128
틀(frame) 63
    비행기 여행 틀(flight frame) 87
    상거래 틀(transaction frame) 79
    식당 틀(restaurant frame) 88
    타동사건 틀(transitive event frame) 76
틀부여(framing) 29
틀부여 기능(framing function) 185
    동사 틀부여된 언어(verb-framed language) 186
    위성어 틀부여된 언어(satellite-framed language) 186
틀 요소(frame element) 68
틀 요소 집단(frame element group) 68
틀의미론(frame semantics) 63

ㅍ

퍼지성(fuzziness) 141

ㅎ

한정성(boundedness) 367, 386
    비한정화(debounding) 387
    한정화(bounding) 387
함의(entailment) 380
합성성 원리(principle of compositionality) 294

　　　　첨가적 양식(additive modes)　295
　　　　상호작용적 양식(interactive modes)　295
　　　　　　내심적 결합(endocentric combination)　295
　　　　　　　　간접적 결합(indirect combinations)　296
　　　　　　　　부울 결합(Boolean combination)　295
　　　　　　　　부정적 기술자(negational descriptor)　296
　　　　　　　　상대적 기술자(relative descriptor)　296
　　　　　　외심적 결합(exocentric combination)　295
해석(construal)/관습적 영상(conventional imagery)　29, 68, 244, 339
　　규모(scale)와 범위(scope)　246
　　배경 가정(background assumption)과 예상(expectation)　247
　　상세성의 층위(level of specificity)　245
　　원근법(perspective)　248
　　　　객관적 해석(objective construal)　248
　　　　관점(viewpoint)　248
　　　　주관적 해석(subjective construal)　248
　　주사(scanning)　250
　　　　심적주사(mental scanning)　251
　　　　연속주사(sequential scanning)　250
　　　　요약주사(summary scanning)　250
　　윤곽부여(profiling)　64, 68, 247, 414, 418
　　　　윤곽(profile)과 바탕(base)　248
행위 명사(action noun)　485
행위 주체(agentive subject)　260
현저성 원리(saliency principle)　207
　　의사소통적 원리(communicative principle)　207
　　인지적 원리(cognitive principle)　207
형상(accident)　138
형태화(morphologization)　212
화용적 사상(pragmatic mapping)　201
화용적 연화제(pragmatic softner)　490
화자의미(speaker meaning)　503

확장의 정도(degree of extension)　387, 389

축소(reduction)　390
    확대(magnification)　390
환유(metonymy)　200
    공간적 환유(spatial metonymy)　480
    부분-부분 환유(part-part metonymy)　476
    시간적 환유(temporal metonymy)　481
    언어적 환유(linguistic metonymy)　204
    전체-부분 환유(whole-part metonymy)　472
    추상적 환유(abstract metonymy)　484
활성지역(active zone)　208
활성지역/윤곽 불일치(active-zone/profile discrepancy)　210

인명색인

Abelson, R. 66
Atkins, B. 65

B

Baker, B. 65
Beaugrande, R. 66, 89
Benveniste, E. 212, 243
Berlin, B. 151
Black, M. 88
Boers, F. 261
Brogan, T. 200
Bybee, J. 47, 222, 396, 397

C

Claudi, U. 60, 221, 451
Clausner, T. 29, 51
Coates, J. 225
Coulson, S. 55, 119, 269, 270, 272
Croft, W. 20, 29, 51
Cruse, A. 20, 47, 362, 379

Dean, P. 310

Dressler, W. 66, 89

F

Fauconnier, G. 20, 28, 29, 40, 55, 118, 122, 201, 268, 274, 288, 289, 300, 428
Fillmore, C. 28, 29, 39, 51, 63, 65, 69, 70, 72, 89, 165
Finegan, E. 253
Freeman, M. 269

G

Gardner, H. 505
Geeraerts, D. 21, 38, 39, 42, 147
Gibbs, R. 46, 51, 53, 54, 190, 201, 203, 205, 268, 506, 509
Givón, T. 212, 227, 333, 401
Goldberg, A. 39, 81, 269, 411, 423
Grady, J. 272
Grice, P. 507

H

Haiman, J. 40, 58, 395
Heine, B. 47, 60, 213, 215, 221, 223, 224, 226, 227, 230, 236, 237, 451
Herskovits, A. 261
Hoffman, R. 218
Hopper, P. 46, 60, 157, 213, 225

Johnson, M. 17, 20, 28, 31, 33, 34, 35, 36, 37, 46, 47, 51, 53, 91, 95, 96, 189, 191, 203, 206, 218, 263, 268, 398, 400, 444, 454, 456, 458, 472, 479

인명색인 581

Kay, P. 49, 151
König, E. 224
Kövecses, Z. 47, 53, 54, 190, 191, 195, 204, 207, 402, 442
Kuryłowicz, J. 212

Labov, W. 141, 142
Langacker, R. 17, 19, 27, 28, 29, 39, 41, 42, 43, 46, 48, 54, 56, 68, 69, 74, 84, 85, 89, 94, 153, 154, 163, 201, 203, 204, 206, 208, 210, 244, 245, 250, 252, 254, 262, 267, 311, 333, 335, 344, 348, 473
Lakoff, G. 17, 19, 20, 28, 29, 31, 32, 34, 35, 36, 46, 47, 48, 50, 51, 53, 91, 92, 95, 96, 132, 148, 154, 157, 189, 190, 191, 201, 204, 206, 218, 263, 268, 308, 316, 317, 319, 321, 323, 325, 326, 329, 398, 400, 444, 466, 472
Lee, D. 20, 47, 51, 68, 133, 134, 413, 414, 418
Lindner, S. 17, 21, 51, 103, 105, 107, 109, 110, 111, 368, 371, 372
Lyons, J. 244, 452

Meillet, A. 211, 212

Nunberg, G. 200, 201, 301

Oakley, T. 269, 272, 274

P

Pagliuca, W. 222
Palmer, G. 43, 65, 66, 164
Panther, K-U. 54
Posy, M. 69
Preminger, A. 200

Q

Quine, W. 308

R

Radden, G. 53, 54, 204, 207
Richards, I. 189
Rosch, E. 18, 143, 144, 145, 150

S

Sag, I. 301
Schank, R. 66, 88
Saeed, J. 124, 129, 130, 131
Searle, J. 499
Schmid, H-J. 20, 47, 170, 173, 178, 181, 183, 185
Seisaku, K. 253
Shepherd, S. 453
Sweetser, E. 53, 55, 119, 122, 123, 125, 127, 189, 190, 213, 268, 451, 454, 458, 459

T

Talmy, L. 19, 29, 55, 56, 132, 163, 164, 173, 175, 178, 182, 185, 244, 383, 389, 407

Taylor, J. 20, 43, 47, 48, 50, 138, 145, 146, 155, 343, 344, 345
Thompson, A. 157
Traugott, E. 46, 56, 60, 212, 224, 244
Turner, M. 29, 40, 46, 53, 55, 120, 189, 203, 268, 269, 274, 428

Ungerer, F. 20, 47, 87, 170, 173, 178, 181, 185

Verhagen, A. 176

Wasow, T. 301
Winner, E. 505
Wittgenstein, L. 141, 155

Zbikowski, L. 269